Georg Fischer
Wege in die Bibel

Georg Fischer

Wege in die Bibel

Leitfaden zur Auslegung

Unter Mitarbeit von
Boris Repschinski
und Andreas Vonach

kbw bibelwerk

4., durchgesehene Auflage 2011

ISBN 978-3-460-32435-0

www.bibelwerk.de
Umschlag: Finken & Bumiller, Stuttgart
Satz und Repro: primustype Robert Hurler GmbH, Notzingen
Gedruckt in der Tschechischen Republik

Inhaltsverzeichnis

Abkürzungsverzeichnis

ÄE	Äußerungseinheit
ao	altorientalisch
AT	Altes Testament
BHS	Biblia Hebraica Stuttgartensis
BHS[t]	BHS transcripta → S. 187
c	Kapitel
dtrG	Deuteronomistisches Geschichtswerk*
DV	Dei Verbum
E	Empfänger
ELB	Elberfelder Bibel
EÜ	Einheitsübersetzung
f	folgend(e)
griech.	griechisch
hebr.	hebräisch
hg./Hg.	herausgegeben, Herausgeber
Jh.	Jahrhundert
Kap.	Kapitel
KN	Kommunikationsniveau
lat.	lateinisch
LXX	Septuaginta*
MT	Masoretischer* Text
n	Anmerkung
NT	Neues Testament
ntl.	neutestamentlich
P.	Person
par	parallel (bei Synoptikern*)
Pl.	Plural
Q	(Logien-) Quelle; mit Zahl: Qumran
S	Sender
S.	Seite
Sing.	Singular
v	Vers(e)
→	siehe
*	Verweis auf Glossar → S. 183 ff

„Selig der Mensch, der …
an Jahwes Weisung sein Gefallen hat und
über seine Weisung
nachsinnt bei Tag und bei Nacht!“
(Ps 1,1f)

Vorwort

Am Anfang der Beschäftigung mit der Bibel fühlen sich viele hilflos: Kann ich diese alten Texte wirklich verstehen? Wie gelange ich zu einer richtigen Auslegung? Gibt es Weisen, die den Zugang zum Wort Gottes auch einem Nicht-Fachmann – diese und andere Anreden im Buch sind nicht geschlechtsspezifisch gemeint – erschließen?
Solche und ähnliche Fragen bewegen Menschen, wenn sie intensiver die Bibel lesen wollen, sei es für sich persönlich, sei es in der pastoralen Arbeit, sei es an einer Universität. Für sie wollten wir jenes Buch schreiben, das wir selber gerne am Beginn unserer Beschäftigung mit der Bibel gehabt hätten.
Die Freude und Kraft, die wir selbst mit dem Wort Gottes erfahren haben, bewegte uns, diese auch anderen mitzuteilen. Nach Jahren des Wartens und Überlegens wagen wir nun, aus unserer Sicht grundlegende Schritte, Unterscheidungen und Informationen in knapper Form zu präsentieren. Wer sind ‚wir‘? Wir alle sind Mitarbeiter der Biblischen Abteilungen an der Theologischen Fakultät der Universität Innsbruck. Zu Grundausbildungen an deutschsprachigen Fakultäten kommen Spezialstudien in Jerusalem bei Andreas Vonach, in Chicago bei Boris Repschinski, und in Rom, am Päpstlichen Bibelinstitut bei Georg Fischer hinzu, sowie das Unterrichten der Bibel in verschiedenen Ländern Asiens, Amerikas, Afrikas und Europas; diese internationale Weite und Offenheit hat uns tief geprägt und ist auch Basis für unser Buch.
Eine weitere gemeinsame Grundlage ist die Überzeugung der Zusammengehörigkeit von AT und NT. Sie wirkt sich in der Zusammenarbeit des Neutestamentlers Boris Repschinski mit zwei Alttestamentlern aus. Das ganze Buch ist Frucht eines gemeinschaftlichen Prozesses über lange Zeit. Die Namen der Mitarbeiter im Inhaltsverzeichnis verweisen auf sie als jeweils verantwortliche Autoren.
Was können Leser in diesem Leitfaden erwarten? Unser Hauptziel ist, mit Teil I einen *eigenen* Weg der Auslegung vorzustellen, den prinzipiell alle selbständig gehen können. Er soll zusammen mit Teil II, der eine geordnete Übersicht über die Vielfalt der exegetischen Methoden einschließlich neuer Zugänge gibt, *Orientierung* gewähren in der unüberschaubar gewordenen Fülle von Auslegungsweisen, die nicht nur für Laien fast einem Dschungel gleicht.
Die Hintergründe und Zusammenhänge für diesen eigenen Weg und die Methodenfülle möchte Teil III erklären; er ist anspruchsvoll, weil er auch theoretische Fragen behandelt. Zugleich aber stellt er die notwendige wissenschaftliche Grundlage für die übrigen Teile dar. Dabei erhalten auch die Eigenart der Bibel und die Beziehung mit dem Glauben in Kap. 8 eigene Aufmerksamkeit.
Das Bemühen, dass die Ausführungen praktisch und anwendbar sind, hat uns immer bewegt. Teil IV geht noch eigens auf drei Gebiete ein: das Umfeld des Studiums, die pastorale Arbeit

und den persönlichen Umgang mit dem Wort Gottes. Diese Hinweise stammen aus der Erfahrung und sollen für die Praxis dienen. Die Anhänge in Teil V stellen dazu weitere wesentliche und brauchbare Informationen zusammen.
Der Weg des Verstehens von Texten weist viele Ähnlichkeiten mit anderen Prozessen der Wahrnehmung auf. Deswegen wollten wir diese Parallelen sowohl bei der Darlegung der Methoden erwähnen als auch grafisch anschaulich machen. Dafür hat Mag. art. Elke Staller eine Reihe von Bildern gezeichnet, die Lesenden das Erfassen der entscheidenden Momente der Wahrnehmung bei den einzelnen Schritten oder Methoden erleichtern sollen. Zusätzlich hat Mag. Mira Stare manche Zusammenhänge in Diagrammen verdeutlicht; alle mit Ausnahme der Schaubilder 3-5 und 7-10 stammen von ihr. Ihnen beiden gilt dafür unser herzlicher Dank. Wir hoffen, damit die Beziehung zwischen dem Auslegen der Bibel und sonstigen Vorgängen des täglichen Lebens aufzuzeigen und so die Schritte beim Verstehen biblischer Texte transparenter zu gestalten.
Dieses Buch ist nicht vollständig, es kann es auch nicht sein. Wir haben ausgewählt, was sich bewährt hat, und wollten dies in knapper Form vorlegen. So ist die Mitarbeit von Ihnen als Lesenden gefragt. Dafür finden Sie wiederholt Beispiele und Übungen, die Ihnen helfen, das Erarbeitete zu überprüfen und anzuwenden. Weil wir die Darlegung so einfach wie möglich zu machen versuchten, haben wir oft auf Details oder längere Ausführungen verzichtet; die teilweise kommentierte Literaturliste in Anhang 7 öffnet zusammen mit den Hinweisen in den jeweiligen Kapiteln den Zugang zu weiterführender und speziellerer Literatur.
Wenn Ihnen dieser Leitfaden in solcher Weise als Orientierungs- und Arbeitsbuch dient und Ihnen hilft, selber besser die Heilige Schrift zu verstehen, dann erfüllt sich unser Bestreben. Dabei danken wir besonders auch Frau Isolde Faeth und Herrn Wolfgang Hein vom Verlag Katholisches Bibelwerk, die durch ihre Erfahrung in Layout und Lektorat vieles geklärt, schön gestaltet und verbessert haben. Unser Dank gilt auch Bernhard Heindl SJ und Clemens Sedmak für ihre wertvollen Hinweise.
Widmen wollen wir unser Buch all denen, die uns den Zugang zur Bibel eröffnet haben. Am Ende bleibt uns, Ihnen Freude mit diesem Buch, mehr aber noch mit dem Wort Gottes zu wünschen.

Innsbruck, im April 2000

Boris Repschinski SJ
Andreas Vonach
Georg Fischer SJ

Vorwort zur 3. Auflage

Die erfreuliche Aufnahme dieses in vielerlei Hinsicht besonderen Methodenbuches hat nun zu einer dritten Auflage geführt, auch dank des Einsatzes von Lektor Tobias Dulisch. Abgesehen von Korrekturen einiger Druckfehler wurde sie bei Literatur, Umgang mit dem Computer, u. a. auf den aktuellen Stand gebracht und in Manchem (Seitenverweise, Umschrifttabellen, ...) noch benutzerfreundlicher gemacht. Möge dieses Buch so weiterhin Vielen helfen, Gottes Wort tiefer zu verstehen!

Innsbruck, im April 2008

Georg Fischer SJ

TEIL I

Ein eigener Weg zur Bibel

Einführung

Texte sind Geschenke. Sie sind Mitteilung einer Person an uns als Adressaten. Für Geschenke bedarf es der Wertschätzung, die sich richten kann auf die Beziehung oder auch auf den Inhalt. Dies gilt in noch vertieftem Maß für biblische Texte als göttliche Mitteilung. Wertschätzung gilt ihnen Gottes wegen und auch aufgrund der jahrtausendelangen Tradition ihrer Überlieferung. Zugleich aber ist ihr Inhalt für das Empfinden mancher Menschen heute fremd, alt. Sie brauchen Hilfen und Wege, diese Distanz zwischen dem Denken der Gegenwart und früheren Ausdrucksweisen zu überwinden. Ein biblischer Schlüsseltext dazu ist Apg 8,30–31. Philippus fragt den äthiopischen Beamten: „Verstehst du auch, was du liest?“, und dieser antwortet: „Wie könnte ich es denn, wenn mich nicht jemand anleitet?“ Im Griech. bedeutet das Wort für ‚anleiten‘ wörtlich „auf dem Weg führen“. Das ist das Anliegen dieses ersten Teiles.

Der hier vorgeschlagene Weg soll vor allem die Fähigkeit zu selbständigem Lesen, Verstehen und Auslegen fördern. Dies gilt zunächst für die Bibel, doch lassen sich viele Schritte auch für andere Texte verwenden. Hier besteht eine enge Verwandtschaft mit den Literaturwissenschaften.

Die beiden Kap. 1 – Textwahrnehmung und 2 – Textdeutung wollen auf nachvollziehbare Weise einen eigenen und sicheren Zugang zu biblischen Texten öffnen. Darin geschieht Exegese*, wörtlich vom Griech. ‚auseinanderlegen‘: Die einzelnen Untersuchungsschritte entfalten das in einem Text verdichtet Ineinandergelegte.

Die Abfolge der Schritte im 1. Kap. möchte ein Modell vorgeben, das sich vielfach bewährt hat. Dieser Weg beginnt bei der Annäherung an den Text (1.1) und zieht sich weiter über die drei Hauptaspekte (Gesamt-) Gestalt (1.2), (Fein-) Gestaltung (1.3) und Gehalt (1.4), mit je zwei Untersuchungsschritten (Diagramm 1). Der Unterschied zwischen 1.2 und 1.3 liegt in der Blickweise: Bei Gestalt ist der Gesamttext im Blick; bei Gestaltung erhalten Details und kleinere Elemente die Aufmerksamkeit. Es geht bei allen diesen Schritten um den ganzen Text, doch ändert sich die Perspektive, mit der er betrachtet wird.

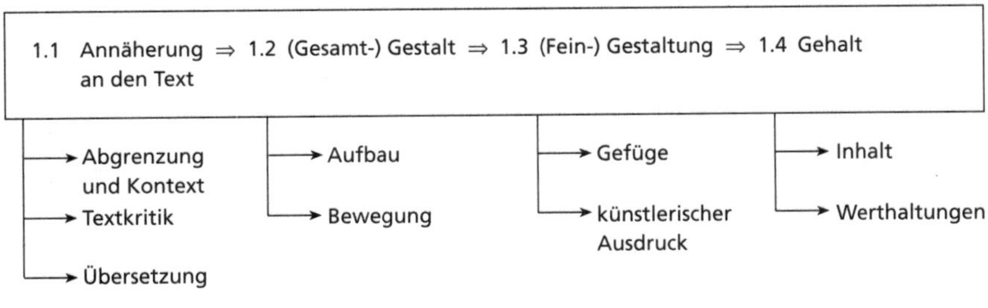

Diagramm 1

Bei der Vorstellung finden sich jeweils
zuerst eine Art **Steckbrief** zur Orientierung, bei dem gleichbleibend zu wichtigen Gesichtspunkten kurze Informationen in Stichworten als Anleitung und Überblick gegeben werden, mit einem Bild als Wahrnehmungsparallele;

- ■ dann Beispiele zur Veranschaulichung, ausgewählt aus Exodus 3–4 im AT und Lukas 4,14–30 im NT;
- ☞ anschließend Diskussion und Ergänzungen, wobei problematische Punkte angesprochen und weitere wesentliche Aspekte hinzugefügt werden;
- ✍ schließlich eine Übung, die helfen soll, das Dargelegte eigenständig anzuwenden und so zu sehen, ob der Weg richtig erkannt worden ist; die Auflösungen dazu stehen ab S. 173;
- 🕮 gelegentlich Hinweise auf weiterführende oder hilfreiche Literatur. Diese Angaben sind sehr sparsam und beziehen sich oft auf nur einen Aspekt zuvor; das gilt auch für die anderen Teile des Buches. Mehr Literatur ist zu finden in der Liste im Anhang 7.

Die Vorstellung dieser einzelnen Schritte ist knapp, exemplarisch und auf das Wichtigste beschränkt. Sie möchte Impulse und Orientierung geben sowie einen Weg vermitteln, den jeder selbst gehen kann.

Noch ein Wort zu den Steckbriefen: Sie dienen sowohl für die Schritte in Kap. 1 als auch für die Methoden in Kap. 4–6 zu einer Kurz-Charakterisierung der jeweiligen Eigenart. Dabei informieren *Aufgabe und Sinn* über das Anliegen der entsprechenden Untersuchungsweise. *Wahrnehmungsparallelen* sprechen Zusammenhänge mit unserem sonstigen Erkennen an; das Analysieren von Texten hat nämlich viele Ähnlichkeiten mit anderen Formen des Wahrnehmens. Zusätzlich versuchen Bilder diese Verbindung anschaulich und einprägsam zu machen. Das überwiegend verwendete Motiv dazu stammt von einem Barockhaus aus der Innstraße in Innsbruck.

Kriterien zeigen dann die entscheidenden Gesichtspunkte, auf die es bei der Untersuchung ankommt. Sie führen so in die Methodik des Vorgehens ein. *Anwendung* verweist auf Bereich, Durchführbarkeit und Voraussetzungen, die für die jeweilige Methode gelten. *Schwierigkeiten* benennt häufiger sich stellende Probleme; diese erfahren unter ‚Diskussion und Ergänzungen' nach den Beispielen eine Fortführung und teilweise auch Vertiefung. Schließlich lässt *Ergebnis* den zu erwartenden Ertrag, die Früchte des untersuchenden Bemühens in den Blick kommen. Diese bei allen Methoden gleich durchgehaltenen Gesichtspunkte sollen zu einem raschen Erkennen des Wichtigen führen, während die weiteren Ausführungen dies dann breiter entfalten.

Wer sich einmal vertraut gemacht hat mit diesen vier Schritten, kann mit ihnen die wesentlichen Aussagen einer Bibelstelle in relativ kurzer Zeit entdecken. Für dieses mehrfache Lesen genügen dann wenige Stunden, um ein dem Text nahekommendes Bild zu gewinnen. Zugleich aber kann derselbe Weg viel genauer gegangen werden: Wenn die Aufmerksamkeit sich auf die vielen Verbindungen und auch die kleinen Details richtet sowie wissenschaftliche Präzision anstrebt, dann können diese Untersuchungen zusammen mit dem Deuten von Kap. 2, das die Schritte von Kap. 1 in eine Gesamtinterpretation zusammenfasst, ebenso Wochen oder Monate dauern.

Es wäre falsch, einen dieser Schritte oder auch den gesamten Weg der Auslegung im Sinn einer chemischen Formel oder eines Kochrezeptes als rein technische Anweisungen zu verstehen, die eine Maschine ausführen könnte. Jeder Schritt der Wahrnehmung verlangt Personen als Ausführende, Menschen mit ihrer je eigenen Beobachtungsfähigkeit und einem möglichst feinen Gespür.

Noch mehr gilt das für die Textdeutung in Kap. 2, das vor allem für jene gedacht ist, die sich, etwa für eine Seminar- oder Diplomarbeit, länger mit einem Text auseinander setzen müssen. Gerade für sie ist die Unterscheidung zwischen Wahrnehmung und Deutung eines Textes wesentlich, auch wenn grundsätzlich viele Beobachtungen von vornherein gedeutet werden. Doch verlangt eine verantwortliche Exegese deren Auseinanderlegen (vgl. Bild) und somit ihre Trennung.

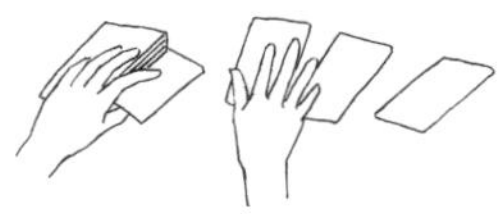

Das 2. Kap. verweist zuerst nochmals auf die Bewusstwerdung (siehe hier unten, anschließend) zurück und lenkt so das Interesse auf Ausgangspunkt und Voraussetzungen der eigenen Deutung. Nach der Klärung dieser Grundlagen kann in den drei Schritten Vorgehensweisen (2.1), Dialog (2.2) und eigene Auslegung (2.3) dem Ziel eines selbständigen Verstehens nahegekommen werden.
Gerade der zweite Punkt Dialog, in dem es um das Gespräch mit anderen Personen geht, entweder im direkten Austausch oder indirekt über deren Veröffentlichungen, wehrt einer isolierten oder gar individualistischen Auslegung. Das Verstehen biblischer Texte erfolgt in großem Maß innerhalb einer sehr langen und breiten Tradition, die bereits viel Wertvolles und Richtiges erbracht hat. Es lohnt sich, ihre guten Früchte zu kennen.
Wer selber den Weg durch die Schritte des 1. Kapitels gegangen ist, wird mit offeneren Augen und besserem Verständnis andere Deutungsversuche lesen und schätzen können. Die eigene Vertrautheit mit dem Text ist die Basis, auf der erst Auslegungen des Textes durch andere sinnvollerweise angesehen werden. Die Abkürzung, sich die Deutung gleich von anderen in Gesprächen oder ihren Artikeln bzw. Büchern vorgeben zu lassen, macht abhängig und kann die Chance verbauen, persönlich in je eigener Weise vom biblischen Text bereichert zu werden.
Bibellesen ist so alt wie die Bibel selbst. So haben sich im Lauf der Zeit auch gebräuchliche Weisen des Lesens, Methoden* (vom griech. ‚Nach-Weg, Nachgehen'), entwickelt. Meistens waren sie von besonderen Interessen bestimmt oder durch wissenschaftliche Standpunkte geprägt und haben teils großen Einfluss gewonnen.
Im II. Teil wollen wir auf die wichtigsten und verbreitetsten dieser Zugänge eingehen. Dabei kommen sowohl traditionelle Weisen des Bibellesens (3. Kap.) als auch die in der historisch-kritischen* Exegese verwendeten Methoden (4. Kap.) und ebenso neuere Ansätze zur Sprache (5. und 6. Kap.).

Wenn im folgenden gelegentlich griechische oder sogar hebräische Zeichen erscheinen, so geschieht das wegen der gewünschten Genauigkeit. Es soll in keinem Fall abschrecken. Immer wird auch die deutsche Bedeutung mit angegeben, und die Erklärung ist ebenso zu verstehen ohne Kenntnis dieser alten Sprachen.
Manche der im 1. Kap. (und auch in Teil II) angegebenen Untersuchungsweisen verlangen zu einer präzisen Durchführung die Arbeit am Text in der Originalsprache. Wer sie beherrscht, kann alle Schritte der Reihe nach vollziehen. Wem diese alten Sprachen unbekannt sind, der möge bitte vor allem bei 1.1.2, 1.1.3 und 1.3 die Hinweise bei Anwendung beachten. Mit jenen Einschränkungen kann auch eine des Griechischen oder Hebräischen nicht kundige Person sinnvoll diesen Weg der Auslegung beschreiten. Das Diagramm 2 zeigt die entsprechenden Schritte bei Verwendung einer Übersetzung.
Bevor der Weg zur Auslegung nun frei wird, sei noch der Standort bedacht: Von der Einstellung zu Beginn als dem Ausgangspunkt hängt das weitere Gehen ab. Zur Reflexion darauf mag

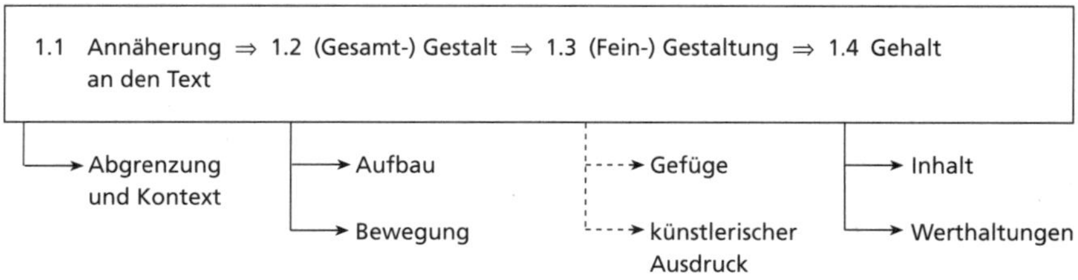

Diagramm 2

auch der folgende Abschnitt Bewusstwerdung helfen. Interesse, Offenheit und Wertschätzung gegenüber den Texten sind ausgezeichnete Voraussetzungen für eine fruchtbare Beschäftigung mit ihnen.

Das Hauptgebot im Deuteronomium heißt „Höre, Israel!“ (Dtn 6,4). In dieser Haltung des Hörens öffnen sich biblische Texte leichter. Wer ihnen Aufmerksamkeit schenkt, Fragen an sie stellt, wird mit Freude entdecken, dass sie vieles und Tiefes, auch Neues und Schönes zu sagen haben.

Bewusstwerdung

Jede Person, die einen Text auszulegen beginnt, trägt teils auch unbewusst viele Prägungen und Vorentscheidungen in sich. Sie zu erkennen ist unerlässlich für eine dem Text gerecht werdende Deutung und ebenso für eine wissenschaftliche Interpretation. Letztere steht ja unter dem Anspruch, dass sie das eigene Vorgehen reflektiert sowie ihre Deutungen bewusst und begründet vornimmt.

Die Bewusstwerdung richtet sich vor allem auf drei nie auszulassende Momente: die Person der Auslegenden; das Umfeld, innerhalb dessen die Deutung erfolgt; der Text selbst.

Die Bewusstwerdung richtet sich auf
- Person
- Umfeld
- Text

Die ganze *Person* der Auslegenden ist mitbeteiligt am Vorgang der Deutung, mit Standpunkt, Zielen, Absichten, Haltungen, Geschlecht (Frau, Mann), Religionszugehörigkeit, Vorurteilen…

„Selig ihr Armen“ (Lk 6,20) klingt anders für hungernde, ausgebeutete Menschen als für vom Reichtum Übersättigte. So wird die Bibel verschieden wahrgenommen aus der Sicht lateinamerikanischer Befreiungstheologie, aus der Sicht der westlichen Wohlstandswelt oder aus der Sicht asiatischer Min-jung-Theologie. Je nach Standpunkt verändert sich die Wahrnehmung.

Gleiches gilt für die Interessen und Ziele, mit denen ich an einen Text herangehe. Was ich suche, bestimmt mit darüber, was ich bemerke. Die Entscheidung, die Zahl der Buchstaben oder die historische Entstehung oder die inhaltliche Botschaft zu untersuchen, führt zu je entsprechenden Resultaten.

Ähnliches trifft auch für all die anderen Faktoren wie Absicht, Haltungen, persönliche Situation usw. zu, die sich mit dem Auslegen verbinden. Sie alle beeinflussen ebenso wie die eigenen Kenntnisse, Defizite und Schwerpunkte die Deutung. Manche Menschen sind z. B. in Traurigkeit nicht in der Lage, einen biblischen Text aufzunehmen, andere wiederum sind gerade dann besonders offen und dankbar dafür. Einige verwenden die Bibel, um ihre eigene Belesenheit und Schriftbewandtheit zu zeigen, andere zum Trösten und Aufbauen. Grundsätzlich ist auch die Stellung in bzw. zu einer Gemeinschaft für die Deutungen entscheidend; dazu mehr in Teil III.

Auch wenn Lesen und Verstehen eines Textes zunächst oft eine Person alleine betreffen, so kommen doch beim Auslegen und Deuten noch weitere Aspekte in den Blick. Das soziale und zeitliche *Umfeld* beeinflusst jede Person bei ihrer Interpretation. Dabei spielen auch mögliche Adressaten eine ganz wichtige Rolle.

Je nach Standpunkt verändert sich die Wahrnehmung.

Für wen ich auslege hat Einfluss auf die Auswahl dessen, was ich suche, sowie darauf, was und wie ich es sage. Die Teilnehmer an einem Gottesdienst erwarten anderes als exegetische Fachkollegen, Kinder anderes als Erwachsene. So hat sich die Deutung auch nach dem Zielpublikum zu richten, ihre Vorbildung, Bedürfnisse und Interessen ernst zu nehmen. Zugleich ist die Auslegung oft geprägt durch Erfahrungen mit der Gemeinschaft, durch deren Werte und durch die Vorstellungen der jeweiligen Zeit. Viele gesellschaftlich geprägten Ansätze in der Schriftauslegung der Gegenwart (→ Kap. 5) tragen dem Rechnung.

Schließlich ist sich dessen bewusst zu werden, dass in der Bibel ein fremder *Text* als Mitteilung an uns ergeht. Wir Menschen des dritten Jahrtausends sind nicht die Erstadressaten, die ihre Autoren beim Schreiben vor Augen hatten. Viele der in ihr enthaltenen Aussagen sind uns aufs erste fern, in einem scheinbar weiten Abstand zu unserer Zeit und deren Fragen.

Wichtige Fragen am Beginn:
- Was ist mein Standpunkt?
- Was suche ich?
- In welchem Umfeld und
- für wen geschieht meine Auslegung?

Dieses Moment der Distanz soll und darf nicht vorschnell zur Seite geschoben werden. Auch fehlen uns oft viele Informationen oder Hintergründe, die sehr hilfreich zur Deutung der Texte wären, ebenso wie Menschen, die noch kompetent, aus eigener Sprachbeherrschung, den Sinn mancher Formulierungen in den Originalsprachen zuverlässig klären könnten. So bleibt ein Element der Fremdheit trotz aller Bemühungen immer bestehen.

Anderseits aber sind diese Texte Mitteilungen, geschrieben mit der Absicht der Kontaktaufnahme und Weitergabe. So gilt es auch für Lesende heute, sich hineinnehmen zu lassen in diese Beziehung und ungeachtet des Abstandes dennoch zu hören, was sie uns zu sagen haben.

■ Beispiel

Jesu Verkündigung in Nazaret (Lk 4) klingt anders für jemand, der sich etwa als Kirchenbesucher in der Rolle eines gläubigen Zuhörers sieht, als für eine Person, die selber wiederholt predigen muss. Je nach Standpunkt erfolgt eine erste unbewusste Identifizierung mit den Synagogenbesuchern oder mit Jesus. Die Auslegung von Lk 4 gewinnt im heutigen Umfeld des Elends eines großen Teils der Menschheit und des Widerstandes gegen kirchliche Verkündigung neue Brisanz. Jesu Botschaft erweist sich auch in der Gegenwart als äußerst aktuell.

1. Kapitel

Textwahrnehmung

Ähnlich wie bei menschlichen Begegnungen gibt es auch bei Texten anfangs eine Phase des Nahekommens. Sie hilft zu einer ersten Vertrautheit und macht mit wichtigen Merkmalen bekannt.

1.1 Annäherung

Die anfängliche Begegnung mit dem Text soll zu einem möglichst genauen, zutreffenden Bild von ihm führen.
Wer die Originalsprachen Griechisch oder Hebräisch nicht versteht, möge die Übersetzung langsam, aufmerksam lesen und 1.1.1 Abgrenzung und Kontext auszuführen versuchen. Manche Anmerkungen in der Bibel und der evtl. Vergleich mit einer anderen Übersetzung lassen zusätzliche Momente am Text erfassen.
Wer dagegen in der Originalsprache den Text untersuchen kann, vermag nach der Abgrenzung mit dem zweiten Schritt (1.1.2 Textkritik) eine gesicherte Textbasis zu erstellen und bei der eigenen Übersetzung (1.1.3) in intensiven Kontakt damit zu treten.

1.1.1 Abgrenzung und Kontext

Aufgabe und Sinn	Grenzen und Einfügung einer (kleinen) Texteinheit erkennen Voraussetzung für weitere Untersuchungen
Wahrnehmungs-parallelen	erkennen von Einzel-Gegenständen innerhalb einer Gesamtheit, z. B. ein Haus in einer Häuserfront, eine Symphonie in einem musikalischen Gesamtwerk
Kriterien	• Wechsel in der Handlung, bes. von Ort, Zeit, Personen • Einleitungs- und Schlussformeln oder -signale • Veränderungen in Vokabular, Stil, Gattung, Thema • innere Zusammengehörigkeit (Kohärenz*) größer als Verbindungen nach außen • neue Information, so eher am Beginn, oder Redundanz*, wiederholend, mehr am Ende
Anwendung	notwendige Untersuchung, für alle Arten von Texten; kann weitgehend auch an einer Übersetzung erfolgen
Schwierigkeiten	Oft sind an den „Grenzen" Übergänge, die Verbindungen in beide Richtungen zeigen. Auch können Überschneidungen mit der „Untergliederung" (1.2.1) innerhalb einer Texteinheit auftreten. In beiden Fällen geht es um das Abwägen, welche Momente (Trennen oder Zusammenhalt) stärker sind.
Ergebnis	ein klares Untersuchungsobjekt, in seiner ganzen Gestalt und den wichtigsten Beziehungen

■ Beispiele

AT Exodus 3,1 – 4,17

a) *Beginn* in 3,1: Gegenüber dem Ende von Ex 2 ändern sich Person (Mose, betont anfangs genannt), Ort (Steppe, Gottesberg) sowie Handlung (hüten).
Im Hebr. gibt es überdies zwischen c2 und 3 ein masoretisches* Signal für Textgliederung, eine Setuma* (ס *s* „geschlossen"), und in v1a einen gleichmäßigen Rhythmus von Hebungen und Senkungen, der sich von zuvor abhebt.
b) *innere Kohärenz*: Mose und Gott kommen ins Gespräch und verbleiben dabei bis 4,17.
c) *Ende* mit 4,17: In v18 kehrt Mose zurück zu Jitro, was eine Veränderung in Ort, Person und Handlung bedeutet; auch das Vokabular ist mit „zurückkehren" neu. 4,17 dagegen enthält kein einziges neues Wort mehr, es ist redundant; alle Wörter von 4,17 finden sich bereits in 4,2.9.15.
Nach 4,17 steht im Hebräischen eine Petucha* (פ *p* „offen"), ein noch stärkeres Signal für eine Abschnittgrenze als die Setuma.
d) *Kontexte*: Das Ende von Ex 2 berichtet intensiv Gottes Wahrnehmung, ohne Konsequenzen im Handeln (v24f). In direkter Folge dazu kann die Berufung des Mose in Ex 3,1 – 4,17 als Gottes Reaktion auf die Not der Israeliten und ihr Schreien gesehen werden. – Hatten im Dialog die Einwände des Mose die Ausführung des Befehls Gottes fünfmal hinausgezögert, zeigt 4,18–20 Moses Gehorsam gegenüber der Sendung. Sein Widerstreben geht zusammen mit der grundsätzlichen und nachfolgenden Bereitschaft zur Übernahme des Auftrags.
So erscheinen Ex 2,23–25 und 4,18–20 (und weiter bis v31) wie Übergänge zwischen c2, der Berufung des Mose und c5.

NT Lk 4,14–30

a) *Beginn*: In 4,13 endet die Geschichte der Versuchung Jesu in der Wüste, in v16 beginnt die Geschichte von Jesu Lehre in der Synagoge von Nazaret. V14–15 bilden eine Brücke, oder eine Naht, zwischen den beiden Geschichten, indem sie sowohl zurück als auch voraus blicken. V14: Rückkehr nach Galiläa, neue Verfassung Jesu als „erfüllt vom Geist", die Kunde verbreitet sich. V15: „Lehre in den Synagogen" bereitet auf die Synagoge von Nazaret vor, „geehrt von allen" auf die überraschende Reaktion der Nazarener.
b) *Innere Kohärenz*: Fast die ganze Geschichte spielt in der Synagoge von Nazaret. Dreimalige Anrede Jesu an die Nazarener mit deren dreimaliger Reaktion: i) Schriftlesung → Erwartungshaltung; ii) „Heute ist erfüllt" → „Ist dieser nicht…"; iii) „Wahrlich, ich sage euch…" → Wut, Rand des Abgrundes.
c) *Ende*: 4,30: „er ging weg"; 4,31: Ortswechsel nach Kafarnaum
d) *Kontexte*: Nach der Versuchung ist Jesus von der Kraft des Geistes erfüllt; nachfolgend viele Wunder, die Reaktion der Menschen wird langsam positiver (4,36; 4,39). In der Geschichte Jesu nach Lukas steht die Perikope an sehr exponierter Stelle als erstes öffentliches Auftreten Jesu. Somit ist der Predigt und dem Schriftwort wahrscheinlich hohe Bedeutung zuzumessen; aber auch die negative Reaktion der Nazarener ist bedeutungsvoll für die weitere Entwicklung des Evangeliums.

☞ Diskussion und Ergänzungen

Was unter (textlicher) ‚Einheit' zu verstehen ist, stellt sich hier als Grundfrage. Für Untersuchungen praktisch sind jene relativ selbständigen, abgeschlossenen Abschnitte, die eine eigene

Aussage entfalten wie die beiden ausgeführten Beispiele. Doch sind diese kleinen Einheiten als Teile größerer Einheiten wahrzunehmen: Ex 3f innerhalb der Befreiungserzählung Ex 1–15, diese wiederum innerhalb des Buches Exodus, und letzteres im Gesamt der Tora*. → 7.2.1. Beide Beispiele belegen, dass Texteinheiten nicht mit Kapitelgliederungen übereinstimmen müssen. Vorsicht ist auch gegenüber den Überschriften und Unterteilungen mancher Bibelausgaben geboten. Diese Angaben können zutreffen, leiten aber gelegentlich auch abseits. Manche Übergänge sind Brücken wie hier Lk 4,14 f. Ähnlich stellt Ex 2,23–25 eine Art Kommentar zu c1f dar und bereitet gleichzeitig c3f vor.
Die beiden scheinbar entgegenstehenden Aspekte Grenze und Verbindung als zusammengehörig zu sehen, ist für diesen Schritt entscheidend.

✍ Übungen
AT Wo endet die Einheit, die in Gen 11,1 beginnt? Warum?
NT In Phil 1 berichtet Paulus über sich selbst und seine Situation im Licht der Verkündigung Christi. Wo beginnt der Abschnitt, wo endet er?

📖 Literatur: Egger, *Methodenlehre* § 6.

1.1.2 Textkritik

Dieser und der folgende Schritt sind nur am Original möglich. Wer dazu keinen Zugang hat, möge die Hinweise bei ‚Schwierigkeiten‘ beachten und zu 1.2 übergehen.

Aufgabe und Sinn	Von keinem biblischen Text ist uns das Original überliefert. Uns liegen nur verschiedene Abschriften, Manuskripte* und Ausgaben vor. Die Textkritik kann versuchen, über sie zu einem dem Original möglichst nahekommenden Text zu gelangen.
Wahrnehmungsparallelen	Zufügungen bzw. Veränderungen an einem Bau, wie Gasthausschild, Schaukasten und Satellitenantenne, stellen die Frage nach dem ursprünglichen Zustand. Musikstücke werden meist für die Herausgabe bearbeitet, manchmal auch für andere Besetzungen umgeschrieben.
Kriterien	In der Textkritik werden seit langem vor allem zwei Prinzipien verwendet, die lateinisch benannt sind: *lectio difficilior** (= schwierigere Lesart) und *lectio brevior** (= kürzere Lesart). Bei Varianten verdienen normalerweise jene Formen Vorrang, die kürzer und/oder schwerer zu verstehen sind. Weiters gebührt jener Form der Vorzug, aus der sich leichter die andere als abgeleitet erklären lässt.
Anwendung	Unerlässliche und weitgehend zuverlässige Hilfsmittel sind die kritischen Ausgaben der Bibel in den Originalsprachen, mit ihren ‚Apparaten‘, das sind geordnete Verweise auf andere Lesarten, meist am unteren oder seitlichen Rand.
Schwierigkeiten	Die beiden Schritte Textkritik und Übersetzung sind nur am Original möglich. Wem die alten Sprachen nicht vertraut sind, der kann sich behelfen, indem er mehrere Übersetzungen vergleicht. Die Unterschiede zwischen

ihnen geben manchmal einen Spielraum der Deutung wieder oder machen auf Schwierigkeiten beim Verstehen des Originals aufmerksam. Gute Übersetzungen enthalten Informationen dazu auch in den Anmerkungen am Fuß der Seiten. In der Regel bewährt es sich, vor allem für Anfänger, bei den von den kritischen Bibelausgaben im Haupttext gebotenen Lesarten zu bleiben. Davon abzuweichen erfordert ein hohes Maß an Erfahrung und Kenntnis größerer Zusammenhänge.

Ergebnis eine zuverlässige Textbasis

■ Beispiele

AT In der Mitte von Ex 3,16 heißt es im Hebr. „...der Gott Abrahams, Isaaks und Jakobs". Der griech. Text bietet statt dessen „...der Gott Abrahams und der Gott Isaaks und der Gott Jakobs". – Die hebr. Fassung ist kürzer und unterscheidet sich von den Formulierungen in 3,6.15, zu denen die griech. Wiedergabe als Angleichung erscheint. Somit ist die hebr. Textform schwieriger, und aus ihr wird leichter das Entstehen der griech. Form verständlich als umgekehrt. Also ist anzunehmen, dass „der Gott Abrahams, Isaaks und Jakobs" in Ex 3,16 eher dem Original entspricht.

NT In Lk 4,24 heißt es wörtlich: „Amen, ich sage Euch..." Einige Manuskripte haben hier „Amen, amen, ich sage Euch..." Dies lässt sich vielleicht durch die Unaufmerksamkeit eines Kopisten erklären. Vielleicht hat auch das Johannesevangelium hier Einfluss genommen, da es das Wort ‚Amen' immer verdoppelt. Von Lukas ist jedenfalls der doppelte Gebrauch des Amen sonst nicht bekannt. Auch Matthäus und Markus ist die Doppelung fremd.

☞ Diskussion und Ergänzungen

Für das AT ist die BHS (Biblia Hebraica Stuttgartensis = Stuttgarter Hebräische Bibel) am gebräuchlichsten. Eine neue Ausgabe (Biblica Hebraica Quinta = „Fünfte Hebräische Bibel") ist in Vorbereitung. Neben diesem auf der Muster-Handschrift des Leningradensis* basierenden Werk haben jüdische Gelehrte eine Herausgabe auf der Grundlage des Aleppo-Codex* begonnen. Die Unterschiede sind jedoch in den meisten Fällen nicht bedeutend. Beide Handschriften gehören zur masoretischen* Tradition, von daher die Abkürzung MT (= masoretischer Text). Für das NT hat sich das Novum Testamentum Graece (= Griechisches Neues Testament) in der jeweils neuesten, inzwischen schon 27., Auflage durchgesetzt.

Wir sind heute dank der Anstrengungen und Fortschritte vieler Fachleute in der glücklichen Lage, einen in hohem Maß zuverlässigen biblischen Text in preiswerten Ausgaben zugänglich zu haben. Der Text des NT ist auf weite Strecken sicher, und der überwiegende Teil der Varianten hat kaum oder keinen Einfluss auf die Bedeutung. Dabei ist der Text des griechischen NT – im Unterschied zu MT – ein ‚Mischtext', zusammengesucht aus vielen verschiedenen Manuskripten*.

Allein für das NT existieren etwa 5000 solcher Manuskripte. Manche enthalten nur kurze Abschnitte, manche sind nur kleine Fetzen, andere wiederum enthalten große Teile und komplette Texte des NT. Dazu kommen noch antike Übersetzungen ins Lateinische, Syrische und Koptische, sowie von den Kirchenvätern zitierte biblische Texte. Das älteste neutestamentliche Manuskript stammt aus dem zweiten Jahrhundert. Es ist berühmt geworden unter dem Namen „Papyrus 52" und enthält ein kleines Fragment aus dem Johan-

Papyrus 52

nesevangelium. Alle diese Manuskripte werden für einen kritischen Text miteinander verglichen. Da durch neue Ausgrabungen und Funde immer wieder Manuskripte zu Tage treten, ist diese Aufgabe nie abgeschlossen. Aber die große Zahl schon bekannter Manuskripte ergibt eine relativ sichere Textbasis.
Für das AT hat sich durch die Entdeckung von Qumran eine neue Situation ergeben. Einerseits bestätigen die dort gefundenen Handschriften die außergewöhnliche Treue des uns überlieferten hebr. Textes (MT), insofern sie teils bis auf den Buchstaben genau mit den uns bisher bekannten ältesten Handschriften übereinstimmen, obwohl sie bis etwa 1000 Jahre früher, ins 2./3. Jh. v. Chr., zurückreichen. Anderseits hat man in Qumran auch stark abweichende Textformen gefunden, wobei sich aber die Frage nach ihrer Qualität, Herkunft und Funktion stellt. Daneben gibt es auch griech. Bücher im AT mit ihnen eigenen Problemen.
Bei Problemen mit dem Verstehen des Textes hat man bis in jüngere Zeit gerne Konjekturen*, das sind Vorschläge für Veränderungen, verwendet. Gegenüber solchen durch keine Handschrift belegten Eingriffen hat sich heute zu Recht eine skeptische Haltung durchgesetzt.

✍ Übungen

AT Wie ist „und den Turm“ am Ende von Gen 11,8 bei Septuaginta und Samaritanus zu beurteilen?

NT Gehört die Geschichte von der Ehebrecherin in Joh 7,53 – 8,11 zu den ältesten Texten?

🕮 Literatur

AT: Würthwein, *Text*; Tov, *Criticism*; Zenger, *Einleitung*, für die griech. Bücher des AT; NT: Aland, *Text*.

1.1.3 Übersetzung

Aufgabe und Sinn

Der oben erstellte, kritisch gesicherte Text bildet die Basis für eine weitgehend getreue Wiedergabe in einer lebenden Sprache. Eine solche Übertragung erleichtert gerade für weniger mit den alten Sprachen Vertraute die weitere Beschäftigung mit dem Text, ist aber auch für Fachleute wegen der mit der gesprochenen Sprache verbundenen Gefühle und Gedankenverbindungen unersetzlich.

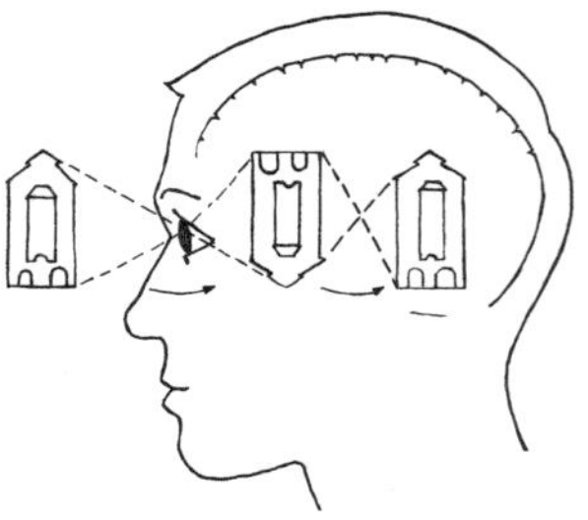

Wahrnehmungsparallelen

Das ‚Original-Haus‘ bleibt an seiner Stelle; nur über die Sehorgane entsteht im menschlichen Gehirn eine Summe von Reizen, die zu einer Abbildung zusammengefügt werden. Diese hat mit dem wirklichen Haus manches gemeinsam, ist aber nicht mit ihm identisch.

Kriterien

Für die Übersetzung ist zunächst eine möglichst wörtliche, aber noch verständliche Übertragung sinnvoll. Diese erfährt im Laufe der Untersuchungen Korrekturen, so dass am Ende der Auslegung eine Überarbeitung erfolgen soll (2.3). Unter Umständen ist es dann auch angebracht, eine freiere und leichter zugängliche Wiedergabe zu erstellen.
Eine Untergliederung des Textes in Äußerungseinheiten (S. 135) empfiehlt sich; sie hilft sehr, sich später genauer auf Versteile zu beziehen.

Anwendung	sinnvoll nur möglich vom Original; Ersatz durch Vergleich mehrerer Übersetzungen
Schwierigkeiten	Der Vorgang des Übersetzens erfordert dauernd Entscheidungen, die auch mit der Deutung des Textes zusammenhängen. Von daher ist die oben nahegelegte Überprüfung und eventuelle Überarbeitung am Ende der Auslegung notwendig.
Ergebnis	ein erster Verstehensversuch, als Grundlage für alle weiteren Untersuchungen

■ Beispiele

AT Ex 3,9 verwendet den sehr häufigen Ausdruck *bne-jiśra'el*, wörtlich „Söhne Israels", freier „Israeliten". Bei der wortgetreuen Wiedergabe ist zu bedenken, ob die Wahl von „Söhne" zutreffend ist angesichts dessen, dass auch Frauen (3,22) mit im Blick sind.
Der letzte Satz von Ex 3,22 wird meist mit „und ihr werdet die Ägypter ausplündern" oder ähnlich wiedergegeben. Dabei stimmen zwei Ausdrücke nicht: Eigentlich steht ‚Ägypten', wie auch oft sonst in der Exoduserzählung (z. B. in Ex 14,30f), womit symbolisch eine Macht benannt ist, die sich gegen Gott stellt. Und zweitens bedeutet *naṣal* auch im Piel* ‚retten' (siehe Ez 14,14) und nicht ‚ausplündern'. In Übereinstimmung mit dem Kontext des friedlichen Abschiednehmens von v21f sagt Gott damit auch die Rettung Ägyptens an.
NT Der Beginn des Jesajazitates Lk 4,18 ist auf schwierige Weise konstruiert, weil am Beginn ein Verb fehlt. Wörtlich heißt es: „Der Geist des Herrn auf mir..." Die nachfolgende Konstruktion ist noch schwieriger, weil unklar ist, ob die Verkündigung der frohen Botschaft an die Armen von der Salbung abhängig ist oder von der Sendung. Dementsprechend sind zwei Übersetzungen möglich: „Der Geist des Herrn ist auf mir, weil er mich gesalbt hat, Armen gute Botschaft zu verkündigen; er hat mich gesandt, Gefangenen Freiheit auszurufen..." (ELB) oder „Der Geist des Herrn ruht auf mir; denn der Herr hat mich gesalbt. Er hat mich gesandt, damit ich den Armen eine gute Nachricht bringe; damit ich den Gefangenen die Entlassung verkünde..." (EÜ). Beide Übersetzungen interpretieren einen unklaren Originaltext.

☞ Diskussion und Ergänzungen

Für keine der biblischen Sprachen (das alte Hebräisch, Aramäisch und Koine-Griechisch*) gibt es heute jemand, der mit ihnen als ihrer Muttersprache vertraut wäre. So kann der Sinn mancher Wendungen oft nur noch erahnt werden, und es bedarf für einen Anderssprachigen beträchtlichen Feingespürs, manchmal die genauen Nuancen zu erfassen. Vier kleine Beispiele:

- In Ex 3,3 hat *'amar*, sonst meist ‚sagen', eher die Bedeutung „denken" oder „sich sagen", weil kein Adressat genannt ist.
- Das Zeitwort *ba'ar*, in v2 zuvor mit ‚brennen' übersetzt, muss in der Frage „Warum verbrennt der Dornbusch nicht?" mit der Nuance ‚verbrennen' wiedergegeben werden.
- Der letzte Satz von 3,7 ist mit *ki* eingeleitet, das oft begründend als ‚denn, weil' verwendet ist. Hier aber betont es eine neue Aussage: „Ja, ich kenne..."
- Im Vaterunser heißt eine Bitte „unser tägliches Brot gib uns heute" (Lk 11,3; Mt 6,11). Das griech. Wort für täglich, *epiousios*, ist jedoch sonst nicht bekannt. Es könnte auch ‚für den nächsten Tag' oder gar ‚für die Existenz nötig' übersetzt werden.

Besonders bei schwierigen Passagen bewährt sich, Übersetzungen in andere moderne Sprachen heranzuziehen.

📖 Literatur

Wörterbücher von Gesenius, Koehler-Baumgartner (HALAT); relativ genaue deutsche Übersetzungen sind die „Revidierte Elberfelder Bibel“ und die „Neue Zürcher Bibel“. Im Französischen sind zu empfehlen „La Bible de Jérusalem“, die Traduction Œcuménique de la Bible und die Bible der „Bibliothèque de la Pléiade“; englisch sind verbreitet die „Revised Standard Version“ (RSV) und die „New American Bible“ (NAB), für das AT ist auch die Übersetzung der Jewish Publication Society (JPS) lohnenswert. Hilfreich sind ebenso Interlinear-Übersetzungen.

1.2 (Gesamt-) Gestalt

Nach der ersten Annäherung (in 1.1) kann das Wahrnehmen der Form des Textes beginnen. Seine Gestalt wird meist in einem statischen (1.2.1 Aufbau) und einem dynamischen Aspekt (1.2.2 Bewegung) zugänglich.

1.2.1 Aufbau

Aufgabe und Sinn	Die in der Abgrenzung (1.1.1) gewonnene Texteinheit ist meist noch in sich untergliedert und baut sich aus mehreren Abschnitten mit je eigenen Akzentuierungen auf. Das Erkennen dieser Teile ist wesentlich für das Gesamtverständnis.
Wahrnehmungsparallelen	Ein höheres Haus weist Keller, Parterre, einige Stockwerke und Dachgeschoss auf. Art der Türen und Fenster u. a. lassen oft schon von außen eine solche Bauweise erkennen. In der Musik setzen sich Trios, Symphonien, Opern... in der Regel auch aus mehreren Sätzen zusammen.
Kriterien	wieder dieselben wie in 1.1.1, dazu noch: Häufung von charakteristischem Vokabular bildet Schwerpunkte; dafür ist das Erstellen einer Wortstatistik, d. h. das Auflisten jedes Wortes, der Reihenfolge nach, mit allen Vorkommen, meist sehr hilfreich. Wo mehrere Veränderungen bei den angegebenen Kriterien zusammenkommen, liegt eine Grenze für einen (Unter-) Abschnitt vor.
Anwendung	Wortwiederholungen sind festzuhalten, ebenso, in welchem Bereich des Textes sie sich häufen. Empfehlenswert und oft leicht machbar ist die Darstellung des Aufbaus in einer Übersicht oder einem evtl. sogar farbigen Schaubild. Auch an Übersetzungen gut durchführbar.
Schwierigkeiten	Je nach verwendeten Gesichtspunkten können die Untergliederungen verschieden ausfallen. Wenn mehrere Kriterien zusammen in eine Richtung weisen, konvergieren, dann ist der so sich ergebende Aufbau sicherer.
Ergebnis	Untergliederung und verwendete Formen enthüllen die statische Struktur, das ‚grobe Gerüst' des Gesamttextes. Diese Organisation in Abschnitten ist eine Hilfe, die Position von Einzelelementen zu erkennen und sie zu gewichten.

■ Beispiele

AT In Ex 3,1 – 4,17 können mit den am häufigsten wiederholten Zeitwörtern die vier Bereiche erhoben werden: 3,1–9 für „sehen“, 3,10–22 für „senden“, 4,1–9 für „glauben“ und 4,10–17 für „reden“.

Damit deckt sich im wesentlichen jene Unterteilung, die durch die am meisten verwendeten Hauptwörter und das Beachten der Sprecherwechsel entsteht, nur dass in Ex 3 dann vier Abschnitte erscheinen: 3,1–6 „Inszenierung“, 3,7–12 „Gottes Anliegen“, 3,13–15 „der Sendende“, 3,16–22 „Jahwes Plan“.

Außerdem folgt Ex 3f dem Berufungsschema, und ebenso der Gattung „Bericht von der Entsendung des Retters“, wodurch sich wieder andere Untergliederungen im Aufbau ergeben.

NT In Lukas 4,14–30 sind mehrere Elemente zu unterscheiden, die die gesamte Perikope strukturieren. Verben der Bewegung dominieren Einleitung und Abschluss, während die drei inneren Glieder der Perikope von der direkten Rede Jesu getragen werden, an die sich die Reaktion nur kurz anschließt. Nur die mittlere Reaktion der Nazarener enthält auch direkte Rede. Auffällig ist auch noch die Länge der äußeren Reden Jesu verglichen mit der Kürze der inneren Ansage, dass sich das Schriftwort erfüllt habe (Diagramm 3).

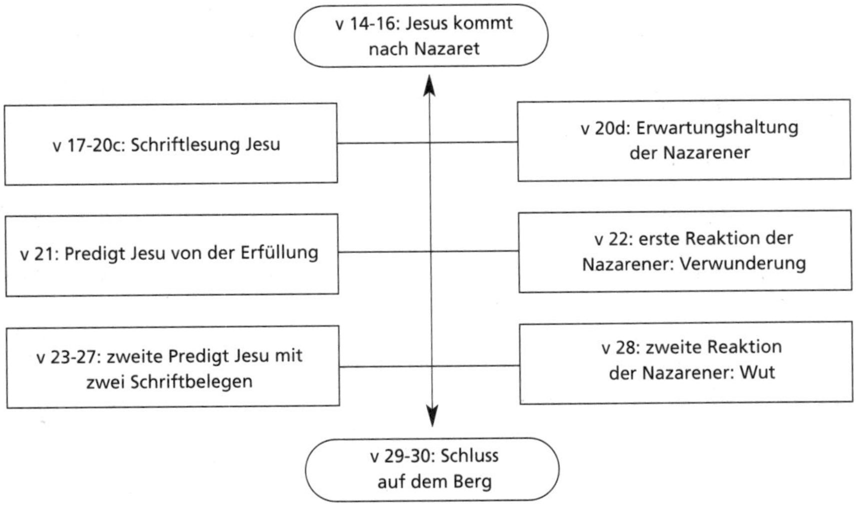

Diagramm 3

☞ Diskussion und Ergänzungen

Sehr häufig begegnen folgende drei Weisen der Anordnung: Texte oder ihre Teile sind parallel (= in gleicher Weise, ||), chiastisch (= kreuzförmig, X) oder konzentrisch (= auf einen Mittelpunkt hin) aufgebaut. → 9.1.3.

Jeder Text ist auf seine Weise einmalig, und doch folgen die meisten Texte zugleich vorgeprägten Formen. Die individuelle Ausgestaltung verleiht dem Text seine Eigenart, die oft dabei mitverwendeten ‚Muster-Aufbauweisen‘ lassen ihn aber auch bestimmten Texttypen zuordnen. Beide Aspekte müssen zusammen wahrgenommen werden.

Solche vorgeprägten Formen können sehr verschieden sein, z. B. ein Schema, d. h. eine gleichbleibende Abfolge von Elementen wie das Berufungsformular, oder eine Gattung wie die Loblieder, oder Kleinformen wie Scheltworte, usw. → Form- und Gattunsanalyse, 4.1 und 4.2.

Zwei Schritte stehen also an: einmal das Erkennen vorliegender Prägungen und damit von Verbindungen mit anderen Texten durch Vergleich; sodann aus dem Vergleichen heraus das Wahrnehmen des eigenen Aufbaus für den untersuchten Text (2.1.3).

✍ Übungen

AT Welcher Aufbau zeigt sich durch die dominierenden Subjekte in Gen 11,1–9?
Wie untergliedern die beiden Formeln „so spricht Jahwe" (Jer 30,2) und „siehe, Tage kommen,..." (Jer 30,3) Jer 30 – 31?
NT Wie gliedert sich der Prozess Jesu vor Pilatus in Joh 18,28 – 19,16?

🕮 Literatur

LAUSBERG, *Handbuch*; zur Untergliederung von Ex 3f FISCHER, *Jahwe*, 47–58, und die Schaubilder S. 82 und 95.

1.2.2 Bewegung

Bewegung ist hier nicht im Sinn von Ortsveränderung zu verstehen, sondern als Suche nach jener Dynamik, die sich vom Beginn eines Textes bis zu seinem Ende hin entfaltet. Im Blick sind Entwicklung und Ablauf des Textes.

Aufgabe und Sinn Texte sind geordnete Abfolgen von Wörtern und Sätzen. Durch diese festgelegte Reihung entsteht eine Richtung vom Anfang zum Ende. In die so entstehende Dynamik sind alle Elemente des Textes einbezogen und tragen an ihrer Stelle zum Wachsen der Gesamtbedeutung bei. Jeder Lesevorgang vollzieht diese Bewegung nach.

Wahrnehmungsparallelen Das Innere eines Hauses öffnet sich beim Begehen. Gänge, Treppen und Türen bringen in einzelne Zimmer, die nur über diese Wege zugänglich werden. – In der Musik entfaltet sich die auf einem Notenblatt fixierte Abfolge der Noten eines Stückes beim Spielen und Hören zu einer Melodie mit Rhythmus.

Kriterien Rede- und Kommunikationsstruktur; Zeitenfolge; Ortsveränderungen; privilegierte Positionen, vor allem Beginn und Schluss; formale Strukturen; Emotionen; Entwicklung von Themen und Formulierungen; Abfolge der Wörter und Sätze, sowie deren Verknüpfung; Weiterführungen, Steigerungen, Kontraste.

Anwendung auch an Übersetzungen ohne größere Einschränkungen möglich (Ausnahme: Wortstellung); sehr sinnvoll ist auch zu versuchen, ob die Untergliederung oder die Schwerpunkte (aus 1.2.1 Aufbau) eine Entwicklung zeigen und so eine Aussage erlauben.

Schwierigkeiten	Das – selten erreichbare – Ideal wäre, bei einem Text erklären zu können, warum ein Wort auf das andere an je seiner Stelle folgt. Doch gehört ein wenigstens elementares Erfassen dieser Dynamik zum Verstehen von Texten. Die oben genannten Kriterien liegen auf verschiedenen Ebenen; wenn mehrere konvergieren, wird die Deutung zuverlässiger. Bei der Abfolge von Sätzen und Wörtern ist zu beachten, dass sie hier im Blick auf die (Gesamt-) Bewegung erfolgt, während in 1.3 (Fein-) Gestaltung die Perspektive auf die Einzelheiten ausgerichtet ist.
Ergebnis	den Text als lebendiges Gebilde wahrnehmen, in dem die Abläufe Kraft und Dynamik entwickeln

■ Beispiele

AT Die Reden in Ex 3,1 – 4,17 zeigen eine ungewöhnliche Verteilung. Wenn man die eingeleiteten Reden zählt, redet Gott 15mal, Mose dagegen nur 8mal. Gott hat damit von Häufigkeit und Umfang des Sprechens her das Übergewicht. Er behält auch das letzte Wort.

Doch kommt ebenso Mose im Sprechen mehrfach die Initiative zu. Das zeigt sich, wo sein Reden Unterabschnitte eröffnet, wie in 3,13; 4,1 und 4,10. Die von ihm dort formulierten Einwände treiben den Dialog voran. Sein letzter Einwand in 4,13 führt sogar zu einer Eskalation mit dem Zorn Gottes in v14.

Die formale Struktur von Begehren – Erfüllung erlaubt, zwei Ebenen des Gesamttextes wahrzunehmen. Auf der Ebene der kurzfristigen Wünsche Gottes reagiert und gehorcht Mose jedes Mal sofort und korrekt: 3,4 Anruf – Antwort; v5 Befehl, die Sandalen auszuziehen – zwar nicht berichtet, aber vorauszusetzen; v6 Selbstmitteilung – Gesicht verhüllen, usw. Doch auf der Ebene der langfristigen Sendung, erstmals ausgesprochen in 3,10 mit: „Geh! Ich sende dich…“ verzögern die fünf Einwände des Mose die Erfüllung dieses Begehrens Gottes; es wird erst in 4,18 mit Moses Gehen eingelöst. Dieser Aufschub durch die Einwände ist wesentlich mitverantwortlich für die Spannung der Erzählung.

NT Mehrere Elemente halten die Dynamik der Perikope Lk 4,14–30 aufrecht. Die Reaktion der Nazarener steigert sich von Mal zu Mal in ihrer Extremität: von einer Erwartungshaltung nach dem Jesajazitat über Verwunderung nach der Erfüllungsansage bis hin zur Wut und zum Anschlag auf Jesu Leben nach den Verweisen auf die Witwe von Sarepta und den aussätzigen Syrer Naaman.

Eine ähnliche Steigerung lässt sich am Ende der Perikope feststellen: Die Nazarener stehen auf, stoßen Jesus zur Stadt hinaus, führen ihn an den Rand des Berges, wollen ihn hinabstoßen. Diese Bewegung hat jedoch einen überraschenden Schluss, weil sie nicht zur Vollendung kommt: Jesus schreitet durch die Menge und geht weg. Indem die Erzählung etwas entwickelt, das dann nicht zur Vollendung kommt, streicht sie die Autorität Jesu noch weiter heraus.

☞ Diskussion und Ergänzungen

Die beiden Aspekte ‚Aufbau‘ und ‚Bewegung‘ gehören zusammen wie die zwei Seiten einer Medaille. Das Mit- und Ineinander von statischer Struktur und dynamischer Entwicklung verleiht Texten ihre Lebendigkeit. Die Unterscheidung von „Text als Produkt“ und „Text als Prozess“ vermag diesen Doppelaspekt zusätzlich zu beleuchten.

Noch ein Beispiel aus den Psalmen möge diese Gestaltwahrnehmung verdeutlichen. Ps 136 wiederholt refrainartig 26x „denn ewig währt seine Verbundenheit“ als Antwort auf Gottes

Größe und zeigt so einen sehr regelmäßigen Aufbau. Dieser Lobpreis führt aber hin auf v23 ff. Dort lassen „der unser gedachte in unsrer Niedrigkeit... und uns unseren Bedrängern entriss" sowie „der Brot gibt allem Fleisch" die eigentliche Dynamik erkennen. Das erste und einzige Vorkommen der 1. P. Pl. verweist auf eine Gruppe in Not, die Gott lobt für Errettung aus ausweglosem Lage und ihn als für alle sorgend erfährt. Die Bewegung auf dieses Ende hin gibt einen Schlüssel zum Verständnis des ganzen Psalms. Von daher klärt sich auch der seltsame Kontrast zwischen dem Zerschlagen der Feinde und dem Refrain: Aus der Sicht dieser bedrängten und verfolgten Gruppe lässt sich ihr dankbares Lob auch dafür begreifen.

✍ Übungen

AT Welche Abfolge gibt es bei den räumlichen Veränderungen in Gen 11,1–9? Wie ist sie zu erklären?

NT Welche dramatische Bewegung der Erzählung wird durch den häufigen Ortswechsel in Joh 18,28 – 19,16 ausgedrückt?

🕮 Literatur

Conroy, *Absalom* (für Text als Prozess und Produkt).

1.3 (Fein-) Gestaltung

Die Sorgfalt und Mühe von Autoren betrifft nicht nur die Form ihrer Texte als Ganzes, sondern ebenso alle einzelnen Elemente, sogar kleine Details.

1.3.1 Gefüge

Aufgabe und Sinn

Jeder Text reiht Wort an Wort und Satz an Satz, in einer geordneten Abfolge. Sie erschließt viele Feinheiten nicht nur des Textes, sondern auch der durch ihn beschriebenen Welt. Dabei bewegen sich die Texte, mit Schwankungen, innerhalb von Regeln der Sprachverwendung (Grammatik) und der Zusammenfügung (= Syntax) von Äußerungen. Die Weise des Umgangs damit ist auch prägend für die Eigenart von Texten.

Wahrnehmungsparallelen

Ein Haus wird aus einzelnen Teilen, z. B. Ziegel, Schicht für Schicht, Träger, Decken, usw. aufgebaut. Dabei folgen die Bauleute Grundsätzen des Zusammenfügens und Regeln der Statik. – Für Syntax können auch die „Schnitte" zwischen einzelnen Einstellungen beim Film als Vergleich dienen (→ 5.1.5).

Kriterien

Beziehungen und Abfolge von Wörtern und Sätzen; dabei ist besonders zu achten auf

- die Verschiebungen, die sich von Wort zu Wort ergeben und so dosiert neue Information vermitteln
- die Verbindungen der Wörter: Sind sie einmalig, oder geprägte Wendungen, oder feste Formeln,...?
  Hierfür sind Konkordanzen sehr hilfreich.
- Verweissysteme über Fürwörter, Wiederholungen, Orts- bzw. Zeitangaben...

- Übereinstimmungen mit bzw. Abweichungen von anderen Texten, gebräuchlicherweise gefasst in die Regelsysteme der Grammatiken und Wörterbücher
- Für die Syntax sind auf Satzebene vor allem die Zeitwörter (bestimmt, oder Partizipien, ...) und die Weise der Zusammenstellung (gleichordnend oder unter-, mit welcher Art von Beziehung) wichtig. Gelegentlich werden betonte Satzglieder vorangestellt als casus pendens*.

Anwendung — Auf einem elementaren Niveau ist dieser Schritt bereits für die Übersetzung (1.1.3) notwendig; für eine zuverlässige Auslegung ist darüber hinaus eine genaue Feinanalyse gefordert. Dabei soll sich die Wahrnehmung vor allem auf die oben zuerst genannten Kriterien richten. Zusätzlich sind Formulierungen und Fügungen mit den ‚Normen' der Grammatik-Lehrbücher bzw. der Lexika zu vergleichen sowie die Aneinanderfügung der Sätze und ihre Bezüge systematisch zu untersuchen; Vorbilder hierfür sind Arbeiten der ‚Richter-Schule', vgl. 3.2.1.

Schwierigkeiten — Viele wesentliche Erkenntnisse sind an Übersetzungen möglich. Zu sicheren Aussagen bezüglich Details bedarf es des Originals.

Ergebnis — Erkennen der sprachlichen Feingestaltung und damit der reichen, im Text ausgedrückten Welt, sowie der Einfügung in die ‚Standard'-Sprachverwendung und der Strukturierung des Textes.

■ Beispiele

AT Bereits am Beginn von Ex 3 lässt eine Fügung aufmerken. Gleich der erste Satz in v1 bringt die Zusammenstellung von „Jitro" mit „Schwiegervater" und „Priester von Midian" und verweist damit auf 2,16.21 zurück. Dort aber trägt diese Person den Namen Reguël. So stellt sich die Frage nach dem Grund für die verschiedenen Namen, zumal auch 4,18 Jitro weiterführt. 3,1 enthält mit „hinter die Wüste" eine einmalige Formulierung – vielleicht Ausdruck dessen, dass Mose Besonderes wagt und auch erreicht: den Gottesberg, hier mit dem Horeb gleichgesetzt.

Was Grammatik und Syntax betrifft, bleibt Ex 3,1 – 4,17 weitgehend innerhalb der klassischen Ausdrucksweisen; einige Besonderheiten sind:

Ex 3,14 „ich werde sein, wer immer ich sein werde": ein das Verb des Hauptsatzes wiederholender Relativsatz, vgl. Ex 33,19; diese Konstruktion bringt eine Nuance des Offenbleibens ein, im Sinn von ‚wer immer'.

Ex 4,1 *w^{e}hen* bedeutet eigentlich „und siehe", steht hier jedoch für die Einleitung eines unvollständigen Bedingungssatzes „aber wenn ...", wohl zum Ausdruck der Rat- oder Hilflosigkeit Moses.

Meistens findet sich in Ex 3f fortlaufendes Erzählen und Reden, syndetisch* zusammengefügt mit ו *w-* „und" bzw. Narrativ*. Seltener sind asyndetische Verbindungen, unverbundenes Nebeneinanderstellen, z. B. in Ex 3,15 bei „... hat mich zu euch gesandt. Dies ist mein Name ...", oder abhängige Sätze, wie in 3,4 „dass er abgewichen war". Das verstärkt den fließenden Charakter von Ex 3 f.

NT Grammatikalisch bietet Lk 4,14–30 keine Auffälligkeiten. Die Konstruktionen sind einfach gehalten, der griech. Stil ist unkompliziert. Dies wäre an sich nichts Besonderes, wäre nicht von Lk 1,1–4 her bekannt, dass Lukas ein sehr elegantes Griechisch schreiben kann und den klassischen Stil gut beherrscht. Hier jedoch enthält er sich stilistischer Feinheiten. Der Satzbau ist weitgehend eine Aneinanderreihung von Hauptsätzen, nur durch wenige Partizipien unterbrochen.

Auffällig ist, dass die Hauptsätze durch *kai* verbunden werden, das griechische Wort für „und“. Dies geschieht 23-mal, zumeist in den Teilen, die keine direkte Rede enthalten. Da dies untypisch für den lukanischen Stil ist, wird oft angenommen, dass Lukas hier durch den dreifachen Schriftbeleg aus der Hebräischen Bibel auch zu dem narrativen Stil des Hebr. angeregt wurde, der oft mit „und“ eine narrative Sequenz schildert. Auffällig ist auch, dass die Reihung mit *kai* in v30 abbricht. Dort wird ein adversatives *de* (eine eigentlich oft unübersetzbare Partikel, die der Textgliederung dient) eingefügt, und das Hauptverb mit einem Partizip ergänzt.
In anderen ntl. Erzähltexten begegnet man oft dem sehr abrupten Wechsel zwischen Gegenwart und Vergangenheit. Dies dient der sprachlichen Verlebendigung und Unmittelbarkeit, z. B. in Mk 2,1–12. Dieser Gebrauch der Gegenwart wird „historisches Präsens“ genannt und ist ein besonderes Stilmittel des Markusevangeliums. Die Übersetzung der Elberfelder Bibel geht diesem Stilmittel sehr treu nach, in der Einheitsübersetzung ist dieser Wechsel nicht mehr nachvollziehbar.

☞ Diskussion und Ergänzungen
Es bedarf eines großen sprachlichen Feingefühls, bei den ‚toten‘ biblischen Sprachen zu unterscheiden zwischen ‚korrekten‘ und ‚abweichenden‘ Formen. Auch differieren die Auffassungen der Grammatik-Lehrbücher in diesem Punkt.

✍ Übungen
AT Die Abfolge der Erzählerbemerkungen in Gen 11 wird in v9 mit „darum“ und „denn“ verändert. Wie ist das zu deuten?
NT Beurteilen Sie das Gefüge von Mt 10,37–39 anhand der Weise, wie die Sätze konstruiert und aneinander gereiht sind.
Für Übungen mit Konkordanzen → 5.1.3

🕮 Literatur
Für das AT die Lehrbücher von JENNY, JOÜON, MURAOKA u. a.,
für das NT BLASS-DEBRUNNER.

1.3.2 Künstlerischer Ausdruck

Aufgabe und Sinn	Biblische Texte sind nicht nur ‚Pflicht‘-Übungen im Sinn des Aneinanderfügens von Wörtern nach grammatikalischen Regeln, sondern meist gelungener, freier Ausdruck kreativ begabter Personen. Diese künstlerische Gestaltung trägt ebenso zur Vermittlung der Botschaft bei.
Wahrnehmungsparallelen	Häuserfassaden, Design und Werbung sprechen über Farben, Formen, Arrangements u. a. Menschen an; manches springt so ins Auge oder prägt sich bleibend ein. Das gilt teils noch mehr für Kunstwerke in Klang, Bild, …
Kriterien	alle Arten von Stilmitteln, (sprachlichen) Bildern

Anwendung	in erster Linie bei Poesie (Psalmen, viele Profeten, Sprichwörter, ...), aber auch bei fast allen anderen biblischen Büchern, seit erkannt wurde, dass viele von ihnen literarische Kunstwerke sind, siehe z. B. die ‚Kunstprosa' in Jeremia. Es geht darum, den Raum der ‚Freiheit' zu erspüren, den Autoren für ihre Gestaltung nützen, und die dabei angestrebten Wirkungen zu erkennen. Weithin, z. B. bei Bildern, auch an Übersetzungen möglich
Schwierigkeiten	In noch höherem Maß als beim Gefüge mit dem Achten auf Grammatik und Syntax ist hier die Sensibilität der Lesenden gefordert. Das Abwägen, ob eine Formulierung üblich, gewöhnlich ist, oder ob sie eigens gesetzt ist zur Erzielung bestimmter Wirkungen, bedarf reicher Erfahrung.
Ergebnis	Erahnen der ‚Schönheit' eines Werkes

■ Beispiele

AT Ex 3,1: Im Hebr. besteht ein gleichmäßiger Rhythmus in v1a, abwechselnd mit Hebungen und Senkungen: Dieser ‚Trott des Alltags' wird bald unterbrochen werden!

3,2: Alliteration (gleicher Anlaut) **bo**ʿer **ba**ʾeš „brennend im Feuer" und ʾenännu ʾukkal „er wurde nicht aufgezehrt"; ebenso gleich sechsmal mit א ʾ in 3,6, ab „ich bin..." – letzteres könnte die Konstanz bei Gott ausdrücken.

Bei 3,15 steht im Parallelismus*: „Dies ist mein Name für immer, und dies ist mein Andenken von Geschlecht (zu) Geschlecht". In poetischer Feierlichkeit wird die Gabe des Jahwenamens als ewige Setzung bestimmt.

NT Lk 4,16–30 verwendet einen Chiasmus*, nach dem griech. Buchstaben Chi (χ). Dies ist die kunstvolle Überkreuzung von Textelementen, die sich entsprechen. Im Griechischen ist dieses Stilmittel sehr beliebt, in Prosa wie auch in Poesie. Die eingehende Schriftlesung Jesu in v16–20 ist chiastisch gearbeitet. Dadurch wird die Aufmerksamkeit in die Mitte des Abschnittes gelenkt, also auf das Jesajazitat in v18 f (Diagr. 4). Es bekommt so besondere Bedeutung.

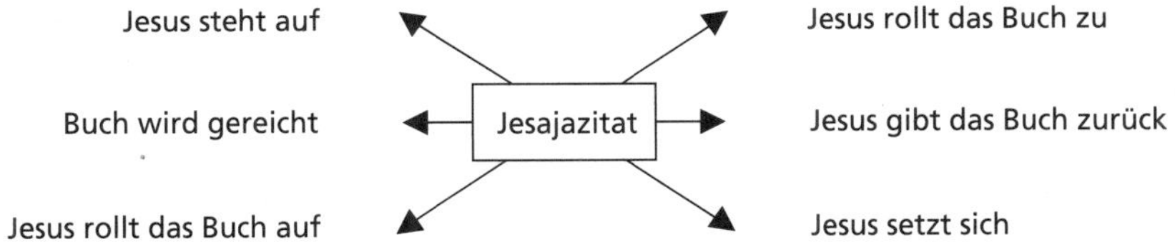

Diagramm 4

Lukas gestaltet die Beispiele der Witwe von Sarepta und des Syrers Naaman in v25–27 parallel. Parallelführungen sind ein beliebtes Stilmittel, das hier der künstlerischen Vertiefung des Argumentes dient (Diagramm 5).

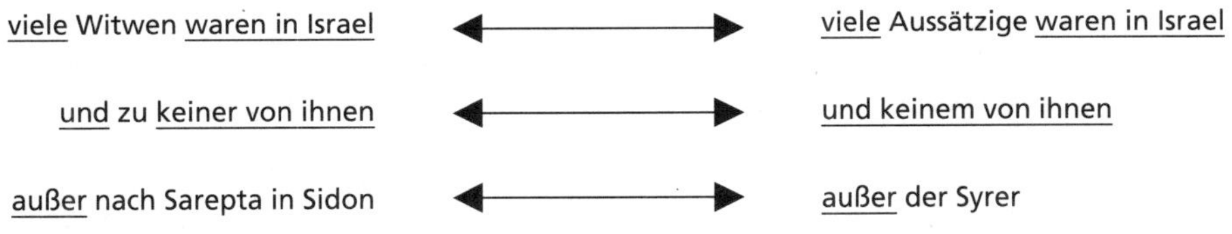

Diagramm 5

Die parallele Führung der Beispiele erhöht die Schlagkraft des Argumentes. Neben dem parallelen Gebrauch einzelner Wörter, die syntaktisch bedeutsam sind, gibt es auch eine inhaltliche Parallele: Zweimal wird hingewiesen auf den Gegensatz zwischen Israel und dem Heil, das Heiden widerfährt.
Auf lautlicher Ebene benutzt Lukas u. a. Alliterationen*, die allerdings nur im Griech. nachvollziehbar sind. Auffällig ist hier v16 mit einer doppelten Alliteration: *en tē hēmera tōn* **s***ab-batōn eis tēn* **s***ynagōgēn kai* **an***estē* **an***agnōnai* „...am Sabbat in die Synagoge und stand auf, um zu lesen".

☞ Diskussion und Ergänzungen
Gefüge mit Grammatik sowie Syntax und künstlerischer Ausdruck verhalten sich zueinander wie Pflicht und Kür. Die Aufmerksamkeit für die poetische Dimension der Bibel ist in den letzten Jahrzehnten stark gestiegen; zu Recht erkennt man nun in vielen ihrer Werke kunstvolle Gestaltungen, bis in kleine Details hinein.

✍ Übungen
AT Was hat der gleiche Redebeginn in Gen 11,3f.7 zu besagen?
Welche Wortspiele finden sich in Gen 11,3 (nur hebr.)?
NT Mit welchen künstlerischen Mitteln ist die Seesturmerzählung in Mt 8,23–27 gestaltet?

📖 Literatur: BÜHLMANN, *Stilfiguren*; SCHIRRMACHER, *Vielfalt.*

1.4 Gehalt

Das Interesse von Autoren richtet sich meist darauf, durch ihre Texte auch Inhalte und Werte zu vermitteln. Ihnen gilt abschließend und zusammenfassend die Aufmerksamkeit.

1.4.1 Inhalt

Aufgabe und Sinn — Texte sind Mitteilung von etwas, einer Botschaft. Sie zu entdecken gehört zu einer vollständigen Auslegung.

Wahrnehmungsparallelen — Zu einem Haus gehören neben Bauweise und Aussehen auch Ausstattung und Aussage, erkennbar am Vergleich der beiden Dachgiebel im Bild.

Eine CD enthält nicht nur eine Ansammlung von Tönen, sondern in der Regel Werke von Komponisten, Lieder, Instrumentalstücke, ..., die bestimmte Inhalte (Stimmungen, Gefühle, Texte) vermitteln.

Kriterien — Alle Bedeutung tragenden Elemente vermitteln zusammen die Botschaft. Besonders wichtig sind dabei Häufungen von ähnlichen Ausdrücken, die sich zu Wortfeldern gruppieren lassen, sowie Motive (typische Elemente) und Themen, die Verbindungen zu anderen Texten erstellen (→ 5.1.3 Intertextualität).

Anwendung	Die in 1.2.1 erhobenen Wiederholungen und Wortfelder untersuchen im Blick auf • Inhalte • Sinnlinien • Gegensätze u. a. Schließlich, alles überschauend, Hauptaussagen oder Kern der Botschaft zu erkennen versuchen. Auch weitgehend an Übersetzungen möglich.
Schwierigkeiten	Oft führen die eigenen Überzeugungen zu einer getrübten oder sogar verzerrten Wahrnehmung des ,fremden' Inhalts biblischer Texte, die dann mit Problemen der Gegenwart überlagert werden. Mit zunehmender Erfahrung sind mehr Themen vertraut und ihr Erkennen wird leichter.
Ergebnis	Wahrnehmen von Botschaft, Mitteilungsabsicht und Schwerpunkten eines Textes

■ Beispiele

AT *Wortfelder:* In Ex 3,2–9 kommt gehäuft ‚sehen' (und blicken v6) vor, in 3,10–21 das Wortfeld ‚Sendung' (mit senden, gehen, kommen, herausführen), in 4,1–9 ‚Glaubwürdigkeit' (mit glauben, hören, Stimme) und in 4,10–16 ‚reden' (auch Mund, lehren, Zunge). Diese vier Wortfelder sind umfangmäßig eingegrenzt, unterstützen eine entsprechende Untergliederung (→1.2.1) und zeigen darüber hinaus eine Bewegung (→1.2.2) vom Sehen zum Reden auf; letzteres gründet in Auftrag (= Sendung) und Verlässlichkeit (Wortfeld ‚glauben').

Im Bereich von Ex 3,7–22 erstellen die beiden oppositionellen Wortfelder Ägypten und Pharao auf der einen Seite (v7–12.16-22 in jedem Vers Ägypten), Israel einschließlich Israeliten, Volk, ihr/euer/euch in v7–18 auf der anderen Seite eine starke Spannung, aus der jedoch die Offenbarung des Jahwenamens in 3,13–15 herausgehoben ist.

Motive: Gottes Bote(n) begegnet öfter in der Bibel: Gen 16; 18f; 22; Num 22... Dass wie hier in Ex 3,2 Jahwes Bote „erscheint", hat Parallelen in Ri 6,12; 13,3. – „Zieh deine Sandalen aus!" in Ex 3,5 kommt ein einziges anderes Mal in Jos 5,15 vor. Diese beiden nur mit dem deuteronomistischen Geschichtswerk* bestehenden ‚exklusiven' Verbindungen deuten eine literarische Nähe an. Mit „Ich bin der Gott..." beginnt Gott in Ex 3,6 seine Selbstvorstellung, ähnlich wie in anderen Gotteserscheinungen (Gen 17,1; 26,24...).

Themen: Ex 3 – 4 enthalten eine Fülle bedeutender Themen, z. B. die Beauftragung des Mose (→1.2.1 Form Berufungsbericht), der Name Gottes (in 3,13–15, vgl. Gen 32,30; Ri 13,17), die Auseinandersetzungen mit Pharao (Ex 5; 7 – 11; 12 – 14), u. a. Die außergewöhnliche Häufung wichtiger Themen und die vielen Beziehungen mit anderen Stellen lassen in Ex 3f einen Schlüsseltext vermuten.

NT Lukas 4,16–30 zeigt auf, dass Wortfelder oft mit Inhaltsfeldern verknüpft sind. Ein zentraler Begriff in der Perikope ist „Profet." Der Begriff kommt dreimal vor (v17.24.27), aber es werden auch drei spezifische Profeten genannt: Jesaja, Elija und Elischa. Es fällt auf, dass dieses Begriffsfeld in den beiden äußeren Aussagen Jesu auftaucht, während die zentrale Aussage Jesu von der Erfüllung spricht; auch dies ein Thema aus dem profetischen Bereich. Damit wird der Fokus der Aussage Jesu die in ihm gegenwärtige Erfüllung der profetischen Schriften. Die genannten Profeten, deren Taten und das Zitat aus Jesaja dienen dazu, die Tätigkeit und Person Jesu zu beschreiben.

Ein zweites wiederkehrendes Motiv ist mit dem Begriff „Synagoge" gegeben. Viermal (v15.16.20.28) wird dieser Begriff benutzt, kulminierend in dem Hinauswurf Jesu aus der

Synagoge. Schon hier wird angedeutet, dass Jesus widerfährt, was später auch den Jüngern widerfahren wird: der Ausschluss aus der Synagoge (vgl. 6,22).
Die Verknüpfung dieser beiden Themenkreise führt zum eigentlichen Höhepunkt der Perikope: Die Juden, zu deren Geschichte die Profeten gehören, erteilen der Erfüllung der profetischen Schriften eine Absage und werden damit ihrer Geschichte untreu. Damit macht Lukas eine massive theologische Aussage über das Verhältnis von Juden und Christen seiner Zeit.

☞ Diskussion und Ergänzungen
Vielfach konzentrieren Menschen sich gleich am Anfang der Beschäftigung mit einem Text auf dessen Inhalt. Sie sind interessiert daran, was er zu sagen hat. Demgegenüber ‚verzögert' der hier vorgestellte Weg das Erfassen der Aussage durch die Vorschaltung der Schritte Annäherung, Gestalt und Gestaltung. Dies erlaubt einerseits, der oft unlösbaren Verbindung von Form und Inhalt gerecht zu werden, und anderseits, die sonst sich meist auf wenige Aspekte beschränkende Wahrnehmung der Botschaft mithilfe der anderen Beobachtungen in einen größeren Zusammenhang zu stellen. Sie ist so auch besser abgesichert.
Die Semantik* (vom griech. *sēmainō*, ‚bezeichnen') beschäftigt sich mit der Bedeutung und betrifft sowohl Wort- als auch Satz- und Textebene. Die so genannten Untersuchungen erhellen oft auch die Inhalte von Texten und helfen, sie präziser wahrzunehmen.

✍ Übungen
AT Was bedeutet die Gegenbewegung beim Tun von Menschen und Gott in Gen 11,1–9?
NT Welche Themen werden in Mt 25,31–46 besonders betont?

1.4.2 Werthaltungen

Aufgabe und Sinn	Wie jedes Handeln ist auch Schreiben angestoßen von Überzeugungen und Werten. Texte spiegeln soziale Normen und wollen zu bestimmten Verhaltensweisen bewegen. Das Erkennen solcher Absichten öffnet den Zugang zu den gesellschaftlichen Hintergründen und Zusammenhängen.
Wahrnehmungsparallelen	Jeder menschliche Ausdruck hängt zusammen mit Werten, sowohl auf der Seite der Produktion als auch auf der Seite der Wahrnehmung. Ein Architekt legt sein Bekenntnis ab zu Qualität, Schönheit, Leben ... in Form und Art seiner Bauten, wie z. B. durch das Madonnenbild im Giebelfeld; Ähnliches gilt für Komponisten, Maler u. a. Ihre Werke lösen unwillkürlich Stellungnahmen aus: Gefallen, Ablehnung, gemischte Gefühle; diese wiederum sind mit den Urteilen und dem Werte-Empfinden der Wahrnehmenden eng verbunden. 
Kriterien	• Wertungen wie gut, schlecht, gerecht, Frevler, ... • besetzte Bilder oder Konzepte: Quelle – (rissige) Zisternen; heilig, Zorn, Bann, ... • Mit wem geht die Sympathie des Autors? • Haltungen der Personen, vor allem im Reden • Namen, Titel und Bezeichnungen
Anwendung	weitgehend auch an der Übersetzung möglich

Schwierigkeiten

- Viele biblische Erzählungen enthalten sich expliziter Wertungen, zeigen aber ihre Einstellungen durch die entstehenden Folgen auf; Gen 37 z. B. ist ohne ein Werturteil zum Verkauf des Bruders Josef.
- Manchmal sind Werthaltungen versteckt oder verborgen.
- Grundsätzlich ist jede Äußerung mit einem Wert verbunden, sodass alles auf zugrundeliegende Wertvorstellungen zu befragen ist. Besonders ergiebig sind aber neben den obigen Kriterien Schwerpunkte (Wiederholungen, Wortfelder,...), Zusammenhänge und Gegensätze in Texten.

Ergebnis

Erahnen der Welt, d. h. von Wertsicht, Selbstverständnis, Überzeugungen... des Autors und seiner Umwelt durch den Text; evtl. sogar Erkennen seiner geschichtlichen Situierung, des Sitzes im Leben*.

■ Beispiele

AT Gottes Erscheinen in einem Busch in Ex 3,2–4 wird in der rabbinischen Tradition gedeutet als Solidarisierung mit dem armen Volk in Not. Das Symbol* Busch versinnbildlicht durch seine Niedrigkeit und Unansehnlichkeit im Vergleich zu einem Baum Gottes Sich-Einlassen auf solche Armseligkeit.
Mehrere Elemente bringen das Gefälle zwischen Gott und Mensch zum Ausdruck. Ex 3,5 erwähnt das Ausziehen der Sandalen als Befehl, v6 anschließend die Angst Moses, Gott anzuschauen. In 4,10 bezeichnet Mose sich selbst als „dein Diener" und Gott zweimal als „mein Herr".
Ex 4,14 nennt zum ersten Mal in der Bibel, von Gen 1 her zu lesen beginnend, Jahwes Zorn. Diese starke Gemütsregung lässt den zuvor erfolgten Einwand des Mose „Bitte mein Herr, sende doch, durch wessen Hand du senden willst!" in v13, insgesamt sein fünfter, als nicht mehr angemessen erscheinen.
NT Wenn es um bestimmte Werthaltungen in einer Perikope geht, muss so ein Thema in einer Perikope durch andere Stellen belegt werden, bevor es zu einem Thema im gesamten lukanischen Doppelwerk erhoben werden kann. Aus der Inhaltsanalyse ist schon klargeworden, dass in Lk 4,14–30 sich Wortfelder und deren wertende Besetzung teilweise überschneiden. So ist die Synagoge ein Ort der Feindseligkeit, ein Thema, dass sich sowohl im Lukasevangelium als auch in der ebenfalls von Lukas verfassten Apostelgeschichte weiterverfolgen lässt. Weitere lukanische Werthaltungen lassen sich aus der Analyse der erwähnten Profeten und ihrer Weissagungen und Taten entnehmen: Aus den vielen möglichen Profezeiungen und Taten aller drei Profeten wählt Lukas diejenigen aus, die explizit von „guten Werken" berichten. In der Jesajastelle werden Arme, Gefangene, Blinde und Zerschlagene als diejenigen erwähnt, die von Gott auserwählt sind, für die dieser Knecht Gottes gesalbt wird (das griechische Wort für Gesalbter ist *Christos*). Auch Elija und Elischa widmen sich besonders den Benachteiligten der Gesellschaft: einer Witwe und einem Aussätzigen. Damit zielt Lukas auf solche, die durch soziale Ungerechtigkeiten benachteiligt sind. Dass Lukas überzeugt ist, dass sich diese Werte durchzusetzen verstehen, zeigt er, indem Jesus durch die Menge seiner Gegner einfach hindurchgeht.

☞ Diskussion und Ergänzungen

Das Achten auf Konzepte, Einstellungen und Überzeugungen samt den damit in den Lesenden angestrebten Wirkungen wird heute oft als Pragmatik* (vom griech. *pragma* ‚Tat, Tun') benannt. Zu einer vollständigen Auslegung gehört dieses Erkennen der im Text stehenden Werte und Absichten.

Als Maßstab für deren Beurteilung darf nicht nur unsere Zeit genommen werden: „Auge um Auge, Zahn um Zahn" ist zu sehen im Umfeld des Alten Orients, als Fortschritt in der Eingrenzung von unkontrollierter Vergeltung → S. 113.

Spannungen zwischen Aussagen und Kontext bzw. Lebenshaltung können auf Ironie deuten. Ein Beispiel dafür ist Jona 2,9: „Die nichtige Götzen verehren, verlassen ihre Verbundenheit", das im Kontrast zu dem Verhalten von Matrosen und Profeten in Jona 1 steht.

✍ Übungen

AT Welche Sicht drückt sich in der Erklärung der Baumaterialien von Gen 11,3 aus?

NT Welchen Wert misst Matthäus dem jüdischen Gesetz in 12,1–8 zu?

2. Kapitel

Textdeutung

Der Schritt der Bewusstwerdung (→ vor Kap. 1) steht ganz am Anfang der Beschäftigung mit einem Text, also noch, bevor mit der Textwahrnehmung begonnen wird, und er ist nochmals eigens und verstärkt erfordert vor der Deutung, weil er sie intensiv beeinflusst. Es lohnt die dort am Ende gestellten Fragen für sich zu beantworten. Dies gilt besonders für jene, für die dieses 2. Kap. speziell geschrieben ist: Menschen, die sich längere Zeit intensiver um das Verstehen eines Textes bemühen und dies vielleicht auch schriftlich niederlegen wollen.

Zusätzlich gehören zur Bewusstwerdung am Beginn der Textdeutung noch zwei Erkenntnisse. Zunächst ist dem Missverständnis zu wehren, Textwahrnehmung und -deutung seien zwei getrennte, isolierte Vorgänge. Sie sind vielmehr meistens miteinander verbunden und werden unwillkürlich zusammen vorgenommen, wie z. B. eine gewisse Anordnung von als Fenster, Tür, Dach usw. an einer Fassade gedeuteten Elementen fast automatisch als Haus aufgefasst wird, ohne dass Seitenwände gesehen werden (→ Bild, und 5.1.4 Strukturalismus).

Dieses Beispiel macht aber auch deutlich, dass die beiden Schritte der Wahrnehmung und Deutung für eine verantwortete Exegese unterschieden werden müssen. Attrappen wie sie im Theater eingesetzt werden, Scheinfassaden an manchen Kirchen und andere Erfahrungen von Illusionen oder Täuschungen verlangen die Trennung von Beobachtung und Interpretation; sie mahnen auch bei Texten zur Vorsicht bei der Auslegung. Diese hat sich immer an allen Beobachtungen zu orientieren und daran als angemessen, zutreffend auszuweisen.

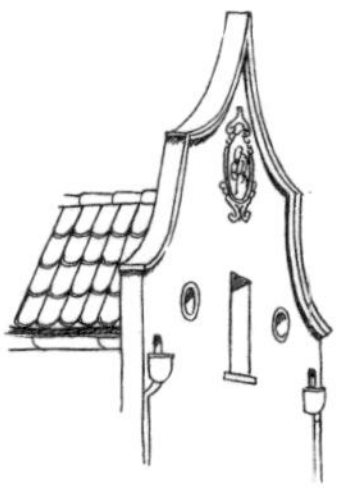

Zum anderen führen die oben genannten verschiedenen Standpunkte, Interessen, Haltungen der Auslegenden, die unterschiedlichen Umfelder sowie die fehlenden Informationen über die Texte, die bezüglich ihrer Deutung große und bleibende Lücken lassen, zu voneinander abweichenden Interpretationen. Von daher ist eine bestimmte Deutung immer nur eine unter vielen, angewiesen auf Dialog und Auseinandersetzung (→ 2.2).

Damit ergibt sich für die persönliche Deutung diese Abfolge:

- Auswertung der Textwahrnehmungen von Kap. 1 → Vorgehensweisen 2.1
- Ergänzung mit anderen Positionen → Dialog 2.2
- abschließend, als Ergebnis → eigene Auslegung 2.3

2.1 Vorgehensweisen

Bei jedem Verstehen laufen ganz komplexe Prozesse ab. Dies gilt ebenso für das Verstehen biblischer Texte und damit für die oben genannten Untersuchungsschritte. Hier möchten wir versuchen, einige wesentliche Momente dieser sonst miteinander verbundenen Vorgänge einzeln nacheinander herauszuheben, auch wenn sie oft ineinander verschachtelt ablaufen. Das soll helfen, sie genauer und systematisch zu betrachten, und so ihr Nachvollziehen erleichtern.

1. Beobachten
2. Sammeln und Sichten
3. Vergleichen und Unterscheiden
4. Benennen
5. Bewerten
6. Empfinden und Fühlen

} ⇒ 7. Deuten ⇒ 8. Erster Entwurf

Diagramm 6

2.1.1 Beobachten

Zwei verschiedene Typen der Wahrnehmung sind bei Textanalysen wichtig, eine mit grundsätzlicher Offenheit, die andere mit gezieltem Suchen. Meist empfiehlt sich am Beginn möglichst unvoreingenommen den Text zu lesen, auf sich wirken zu lassen, aufmerksam zu bemerken, was einem auffällt, und dies aufzuschreiben. Dieser Ersteindruck bleibt für die folgende Beschäftigung eine tragende Grundlage, die unser erstes Textverständnis als Vergleichspunkt bewahrt.
Nach dieser ersten Durchsicht folgen weitere Lesegänge, mit den in Kap. 1 angegebenen Schritten oder auch mit den später in Teil II genannten Zugängen. Dabei sind für die Ausrichtung des Suchens die in den Steckbriefen erwähnten Kriterien leitend. Sie geben an, worauf sich sinnvollerweise die Aufmerksamkeit richten soll.

Für alle Wahrnehmungsweisen gilt, dass Beobachtungen festgehalten werden sollen in kurzen schriftlichen Notizen, vom Ersteindruck angefangen und jeweils bei jedem weiteren Lesegang. Wo dies nicht geschieht, überlagern spätere Erkenntnisse frühere Entdeckungen und können so wichtige Beobachtungen verdecken.

2.1.2 Sammeln und Sichten

Wesentlich für Verstehen ist neben den verschiedenen Analyse-Schritten auch deren Zusammenfassen; das Auseinanderlegen bedarf ergänzend immer wieder der Synthese, des Zusammensetzens. Aus diesem Grund ist es sinnvoll nach einigen Arbeitsgängen die bis dahin entstandenen Materialien zu sammeln und gemeinsam in den Blick zu nehmen mit der Frage, ob sich etwas zeigt oder ergibt.

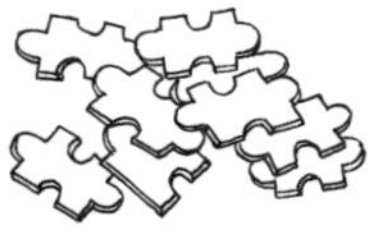

Bei diesem Sammeln ereignet sich durch das Nebeneinanderstellen unterschiedlicher Zugänge, Beobachtungen und sonstiger Informationen ein Mischen, das durch bisher ungewohnte Kombinationen neue Assoziationen und Erkenntnisse beim Auslegenden auslösen kann.
Dass es dazu kommt, liegt zu einem großen Teil daran, wie die Auslegenden ihre Materialien sichten, d. h. nach verschiedenen Gesichtspunkten durchsehen und zu ordnen versuchen, vor

allem aber deren Gewicht als Begründungen abwägen. Das hat auch mit sieben zu tun, insofern nur manches brauchbar ist, anderes sich dagegen nicht verwenden lässt oder als falsch herausstellt. Günstigerweise hebt man dabei in den Unterlagen Bedeutsames oder weiter zu Bedenkendes hervor; dazu eignen sich farbliche Markierungen, Pfeile, Unterstreichungen u. a.

Solches Sichten besteht nicht darin, unangenehme oder herausfordernde Erkenntnisse wegzulassen und sich nur auf die dem Auslegenden passenden Aspekte aus den Unterlagen zu fixieren. Im Gegenteil, gerade nicht dem eigenen Denken konforme Ideen fördern stark ein geistiges Wachsen, insofern wir uns damit auseinander setzen.

Auf das Sieben folgt der Versuch, das als wertvoll und zutreffend Erkannte zu ordnen, es in eine passende Reihenfolge zusammenzustellen. Dabei überlegen die Auslegenden, welchen Platz die Beobachtungen bzw. Erkenntnisse einnehmen. Gesichtspunkte dafür können sein die Tragkraft für die Argumentation, wobei stärkere Gründe eher am Anfang zu nennen sind, logische Abfolge in der Darlegung, stimmiger zeitlicher Ablauf oder andere, für das Umfeld wichtige Aspekte.

Sammeln und Sichten ergänzen sich idealerweise wie bei einem Puzzle. Manchmal wird Auslegenden geschenkt, dass sich einzelne Beobachtungen ergänzen und so ineinander greifen, ja sogar zusammenfallen, wie die Teile eines solchen Zusammensetzspieles. Zugleich wird daran deutlich, dass das Sammeln alleine nicht genügt: Anhäufen von Materialien bedeutet noch nicht Verstehen.

2.1.3 Vergleichen und Unterscheiden

Auf diesen beiden Vorgehensweisen liegt für das Verstehen enormes Gewicht. Gerade im biblischen Bereich gibt es Gebiete, in denen sie sich besonders nahe legen, nämlich bei den synoptischen* Evangelien sowie bei der Chronik, die sich in langen Passagen mit Texten aus den Samuel- und Königsbüchern berührt. Das Vergleichen dieser ähnlichen Stellen hilft sehr, die Eigenart des jeweils auszulegenden Textes besser zu erfassen.

Doch bestehen über diese bekannten einander nahe stehenden Schriften hinaus viele weitere Ähnlichkeiten zwischen Texten, die ein Vergleichen erlauben oder gar erfordern. Das Motiv des Hirten in Joh 10 z. B. legt nahe, Ps 23 und Ez 34 zum Verständnis heranzuziehen. Die Berücksichtigung solcher nahe kommender Stellen führt zu so etwas wie einem perspektivischen, dreidimensionalen Wahrnehmen: Der Vergleich mit einem anderen ähnlichen Text ergibt wie bei zwei Häusern nebeneinander einen Kontrast, der schärfer den auszulegenden Text erkennen lässt.

Dabei bestehen immer zwei Momente, einerseits Gemeinsames zwischen den beiden Texten, anderseits sich Abhebendes; diese beiden Aspekte ergänzen sich auch bei Abgrenzung und Kontext (→ 1.1.1). Zuerst ist festzuhalten, was die Vergleichstexte verbindet. Auf dieser Grundlage gilt es sodann zu unterscheiden, was verschieden ist, wie hier die Erker, und auch zu fragen, was die Gründe für das Trennende sind. Schließlich ist bei beiden Momenten, dem Gemeinsamen wie dem Unterscheidenden, zu überlegen, was sie bedeuten. Manchmal lassen sich dabei auch die dahinter stehenden Haltungen und Interessen erkennen.

Solches Vergleichen und Unterscheiden unterfängt unbewusst die meisten unserer Verstehensprozesse. Das Wahrnehmen erfolgt auf der Basis des Schatzes von Erfahrungen und Wissen aus unserer Vergangenheit, wobei

unwillkürlich mit ähnlichen Eindrücken verbunden wird. Auf die Bibel angewandt heißt das, dass in der Liturgie gehörte Stellen oder früher selbst gelesene Abschnitte dadurch aktiviert werden und sich dann erneut fruchtbar für das Verstehen auswirken können.
Für Beispiele und Übungen dazu → 4.3 und 4.4

2.1.4 Benennen

Beobachtungen und Erfahrungen erfolgen oft auf einer Ebene, die noch vorsprachlich ist. Für die weitere Verarbeitung müssen die wahrgenommenen Sachverhalte in Worte gefasst werden. Damit werden sie auch für andere kommunizierbar.
Wenn wir etwas Erkanntem einen Namen geben, so gewinnt dies eine eigene Existenz. So erlaubt z. B. die Benennung der geprägten Abfolge der fünf Elemente von Andeutung der Not bis hin zum Zeichen als Berufungsschema (→ 1.2.1), eine sonst schwer greifbare Textstruktur mit einem Begriff zu fassen und damit besser weiter umzugehen, gerade auch im Vergleich mit anderen ähnlichen Texten.
Meist können solche Namen aus dem kulturellen Milieu übernommen werden. Doch weil selbstständiges Untersuchen biblischer Texte auch zum Entdecken von Neuem führen kann, sind gelegentlich entsprechende neue Ausdrücke gefordert.

Das gilt noch verstärkt, wo es sich nicht nur um einzelne Begriffe, sondern um Beschreibungen komplexer Zusammenhänge handelt. Viele Auslegende erfahren die Darstellung dessen, was sie wahrgenommen haben, als ein Ringen um die treffenden Wörter und Sätze. Die Sprache der Darlegung soll angemessen beschreiben, was sehr feinfühlig und auf mehreren Ebenen erkannt wurde, und dies ist ein ausgesprochen kreativer und meist nicht mühelos ablaufender Vorgang.

2.1.5 Bewerten

Sosehr grundsätzlich Vorsicht angebracht ist bei diesem Schritt, weil immer auch unsere Maßstäbe dabei hineinspielen, sosehr ist er auch notwendig: Nicht alles ist gleich wichtig und ebenso wenig ist alles zutreffend oder gut. Wie oben in Kap. 1 am Ende (1.4.2) das Achten auf die in einem Text enthaltenen Werte stand, so müssen auch im Blick auf eine vorzulegende Deutung Wertungen vorgenommen werden.
Das Bewerten trägt entscheidend die oben besprochenen Vorgänge des Sichtens und Unterscheidens mit. Es hängt auch eng zusammen mit den bei Bewusstwerdung (S. 4) angesprochenen Ausrichtungen; je nach Adressat, Umfeld und eigenen Zielen kann dieselbe Beobachtung unterschiedlich wichtig sein.

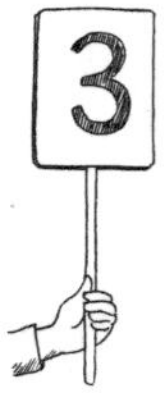

Beim Werten geht es nicht um Kritisieren oder Bloßstellen, sondern um ein Voranschreiten miteinander auf dem Weg der Erkenntnis. Die Verpflichtung gegenüber der Wahrheit, der Gemeinschaft und dem als gut Erfahrenen erfordert, immer wieder Wertungen vorzunehmen. Diese begleiten und leiten alle Prozesse des Verstehens.

2.1.6 Empfinden und Fühlen

Angesichts eines verbreiteten Wissenschaftsoptimismus, der ausschließlich dem Intellekt und den davon bestimmten Analyseschritten Geltung zugesteht, ist für das Verstehen auch die Bedeutung des Einfühlens und Erspürens zu betonen. In Ergänzung zu den vom Verstand geprägten Untersuchungen bedarf es balancierend der von Gefühlen und persönlicher Teilnahme getragenen Zugänge. Auf diese Weise kann auch eine zu verkopfte Auslegung vermieden werden.

Anstatt den Text immer gleichsam von außen, als Objekt, zu betrachten, geht es beim Einfühlen um den Versuch, sich hineinnehmen zu lassen in die Welt eines Textes und seiner Personen und probeweise, von deren Standpunkten und Erfahrungen her, ihre Sicht einmal für sich zu übernehmen oder anzuwenden.

Dafür eignen sich Figuren des Textes besonders, weil sie relativ leicht Identifikationen erlauben. Bei der Berufung des Mose z. B. lässt sich von Ex 3,2 bis 3,6 sein Weg nachvollziehen, von der geweckten Aufmerksamkeit in v2f zum Angerufenwerden in v4 bis zum angstvollen Bedecken seines Gesichts in v6. Dabei erleben Auslegende dessen Erfahrungen mit und nach. Sie können sich aber auch als einfache Teilnehmer oder Zuschauer an den Rand des im Text berichteten Geschehens stellen und so intensiver mitzubekommen versuchen, was beschrieben wird.

Die Formulierung „sich hineinnehmen zu lassen" entspricht dem Ideal, dass Auslegende mit solchem Ergriffenwerden beschenkt oder davon überkommen werden. Wo dieses Hineingenommenwerden nicht stattfindet, lassen sich auch aktiv Schritte des Sich-Hineinbegebens setzen, etwa über die oben angedeuteten Identifikationen oder über mitfühlende Teilnahme (→ 5.2.3 Psychologische Schriftauslegung). Solche Sympathie gegenüber dem Text, seinen Inhalten und Personen ist eine dringend geforderte Ergänzung zu der in den wissenschaftlichen Zugängen einzuhaltenden Distanz.

Es geht dabei nicht um eine Preisgabe vernünftigen Denkens, Begründens und Suchens nach Objektivität, sondern um den notwendigen Ausgleich durch einen persönlichen und beteiligten Zugang. Erst in der Verbindung beider Wege kann ganzheitliche Auslegung geschehen. So haben sich denn auch Gefühle, Empfindungen und Eingebungen zum Verständnis des Textes an dessen äußeren wissenschaftlich beobachtbaren Merkmalen auszuweisen und zu bestätigen.

> Wissenschaftlich ‚objektives' und persönlich ‚subjektives' Untersuchen ergänzen einander.

2.1.7 Deuten

Dies ist wohl die schwierigste aller Vorgehensweisen zum Verstehen. Mit ein Grund dafür liegt darin, dass deuten eine Mischung verschiedener Vorgänge enthält: Es ist zugleich ein Zusammennehmen, Durchdringen, Verdichten und Verbinden.

Zunächst gehört zum Deuten die synthetische Zusammenschau aller hier oben genannten Aktivitäten, der in Kap. 1 beschriebenen Zugänge sowie aller daraus entstandenen Unterlagen. Im Prozess dieses letzten Sammelns und Sichtens soll ein – vorläufig, für diesen ersten Durchgang abschließendes – Gesamtbild angestrebt werden.

Ein solches Gesamtbild kann zu Stande kommen, wenn die Ebene eines oberflächlichen Zusammentragens verlassen wird zu Gunsten eines Durchdringens auf die entscheidenden,

bestimmenden Momente hin. Die mit dem Überblick über alles ermöglichte Gesamtperspektive erlaubt, wie in der Musik bei einer Partitur, eine neue Sicht der tragenden und ausschlaggebenden Elemente eines Textes. Wenn mehrere von ihnen in eine Richtung deuten, zusammenklingen, erhöht dies die Wahrscheinlichkeit einer Auslegung. Solche Konvergenz als Zusammenkommen mehrerer Elemente auf verschiedenen Ebenen ist in der Regel ein Anzeichen für Stimmigkeit.

Mit dem Überblick über das Ganze verbindet sich der Vorgang des Verdichtens: Die Konzentration auf wesentliche Aspekte verlangt, andere auszuscheiden und wegzulassen. Die damit erfolgende Verkürzung bzw. Reduktion bedeutet aber nicht nur Gefährdung oder Verarmung, sondern ist notwendig und birgt auch die Chance, das Wichtige klar und unverstellt wahrzunehmen.

Schließlich ist Deuten im letzten und zutiefst ein Vermittlungsvorgang. Das deutsche Fremdwort Interpretation leitet sich vom lat. *interpretari*, eigentlich ‚zwischensprechen', ab. Jedes Deuten verbindet unterschiedliche Horizonte, den des Textes über den des Auslegenden mit dem derer, für die die Deutung erfolgt. Dieses Geschehen ist äußerst komplex; es wird deswegen eigens ausführlicher in Teil III (v.a. → 7.3.2) auch auf seine Hintergründe hin reflektiert.

2.1.8 Erster Entwurf

Die oben genannten Vorgänge münden idealerweise ein in eine kurze schriftliche Darlegung des bisher gewachsenen eigenen Gesamtverständnisses des Textes. Diese Fixierung in der Schrift dient als bleibende Arbeitsbasis und als nützlicher Orientierungspunkt für die folgenden Untersuchungsschritte.

Dieser erste Entwurf muss nicht in allem vollständig ausgearbeitet werden. Im Gegenteil, es ist sogar meist günstiger, weil oft vieles offen bleibt, ihn als Skizze in Thesen oder auch in Fragen zu formulieren, evtl. gar nur mit kurzen Sätzen oder Stichwörtern zu umreißen. Diese verhaltene Ausgestaltung entspricht seinem Charakter, Zwischenstufe im Erkenntnisprozess zu sein.

■ Beispiel

(vereinfacht, weil auf nur zwei Wahrnehmungen in einem begrenzten Abschnitt reduziert)

Das Untersuchen der in Ex 3 vorkommenden Wörter (= beobachten) zeigt Schwerpunkte (= sammeln und sichten): In v2–9 begegnet im Hebräischen 9x eine Form von sehen, in v1–6 5x Mose, 7x Gott, 2x Jahwe und 1x sein Bote. Im Vergleich mit anderen Teilen lassen sich unterscheiden Abschnitte, die von bestimmten Haupt- (3,1–6) bzw. Zeitwörtern (3,1–9) beherrscht werden, und als Inszenierung bzw. Wortfeld des Sehens benennen. Der Vorzug für die Unterteilung 3,1–6 hängt mit der Bewertung der voll einsetzenden Rede in v7 zusammen. Einfühlend kann man innerlich diese erste Begegnung von Gott und Mose nachvollziehen. Schließlich ist es möglich, diese Eingangsverse als Vorstellung der beiden Hauptpersonen zu deuten sowie dies in einem ersten Entwurf zusammen mit anderen Beobachtungen etwas weiter auszuführen.

2.2 Dialog

An diesem Punkt, *nach* dem Erarbeiten eines ersten eigenen Verstehens, sind die Voraussetzungen für Gespräch und Auseinandersetzung mit anderen Positionen gegeben. Dies legt sich aus mehreren Gründen nahe: Zum einen sind wir nicht die Ersten, die den betreffenden Bibeltext lesen; von daher ist es interessant und oft hilfreich zu sehen, was andere vor uns darin entdeckt haben. Zum anderen bleiben beim eigenen Deuten fast immer Lücken, Fragen und Unsicherheiten; hier sind wir angewiesen auf Anstöße und Informationen von außen.
Diese Verwiesenheit beim Verstehen der Bibel auf andere gehört mit zur Erfahrung der großen Deutegemeinschaft, die durch die Jahrhunderte hindurch und über alle Konfessionsgrenzen hinweg Menschen verbindet. In allen Erdteilen und Sprachen bemühen sich Einzelne und Gruppen, das Wort Gottes zu begreifen und tiefer in sich aufzunehmen. Alle, denen dieses Ziel auch ein echtes Anliegen ist, nehmen teil an dieser Gemeinschaft und werden in dem gleichgerichteten Bestreben miteinander geeint.
Für Auslegende wird das vor allem auf zwei Weisen aktuell, einerseits im Gespräch mit anderen Menschen, anderseits in der Beschäftigung mit spezieller Literatur. Der Austausch über eine bestimmte Schriftstelle mit anderen ist fast immer bereichernd. Das gilt bereits auf ganz einfacher Ebene, z. B. bei einer Bibelrunde. Jede Person bringt ihre Erfahrungen, ihre Sichtweise und damit ein eigenes Verständnis ein; dabei können sogar professionellen Schriftgelehrten neue Zusammenhänge und Einsichten aufgehen. Noch mehr trifft solches Bereichertwerden in der Regel auf den Austausch mit Fachleuten zu; manche Exegeten sind Spezialisten auf gewissen Gebieten und vermögen das Verständnis eines Textes in der Diskussion enorm weiterzuführen.
Wo solche Gesprächspartner nicht gegeben sind, kann spezielle Literatur den mündlichen Dialog ersetzen. Die so genannte Sekundärliteratur, d. h. zweite Literatur – die erste ist der Text selbst, den sie zu erklären versucht –, hat heute ein fast unüberblickbares Ausmaß angenommen, was gleichzeitig eine Chance ist. In einer bisher nie da gewesenen Fülle werden auf den verschiedensten Niveaus Erklärungen zu allen Teilen der Bibel angeboten, angefangen von den knappen Anmerkungen, etwa der Jerusalemer Bibel, über Artikel in den unterschiedlichen Zeitschriften bis hin zu Büchern und Kommentaren. Für Hilfen, solche Literatur zu finden → S. 181.
Im Dialog mit anderen Menschen bzw. mit der einschlägigen Literatur hat sich der erste Entwurf einer eigenen Deutung zu bewähren. Dabei kommt es zu Korrekturen, aber auch Bestätigungen; dazu mehr bei 2.3.
Die Beschäftigung mit der Literatur zur Bibel ist für viele Auslegende, Studierende wie Fachkollegen, eine ungeheure Herausforderung geworden. Auf der einen Seite besteht der Anspruch, doch die wichtigen Veröffentlichungen zu einer Stelle zu lesen; auf der anderen Seite kann das so viel sein, dass entweder die Zeit nicht dafür ausreicht oder der Aufwand sonst nicht zu rechtfertigen ist. Ein verantwortlicher Umgang in dieser Situation einer Zwickmühle hat als drei wichtige Faktoren: Anlass, Auswahl und Leseverhalten im Auge zu bewahren.

> Hilfreich sind
> - Achten auf Anlass
> - Auswahl der Literatur
> - Leseverhalten

Wohl die größte Hilfe ist, dem Anlass entsprechend zu arbeiten. Eine Seminararbeit darf weniger aufwändig sein als eine Dissertation, bei der doch annähernde Vollständigkeit erwartet wird. Wer wöchentlich predigen muss, kann nicht Monate für jede Vorbereitung aufbringen, sondern wird mit ein paar Stunden das Auslangen finden müssen.

Neben dem Anlass hängt die Auswahl der berücksichtigten Literatur von anderen Bedingungen ab wie dem Umfang der zur Verfügung stehenden Bibliothek, den eigenen Sprachkenntnissen, der Zeit, die jemand für eine Textauslegung einsetzen will; noch wichtiger sind freilich ein genaues Achten auf die eigenen Ziele, z. B. „Was suche ich?" → Bewusstwerdung vor Kap. 1, und auf die Qualität bzw. das Niveau von Veröffentlichungen.
Nach Letzterem kann und soll sich auch das Leseverhalten orientieren. Wertvolle, reichhaltige Artikel oder Bücher lohnen eine eingehendere Beschäftigung; andere dagegen sind von nur begrenzter Tragweite und eingeschränktem Horizont. Grundsätzlich empfiehlt sich, die bedeutenderen Beiträge zuerst zu lesen. Sie fassen meist besser zusammen und erlauben, andere dann leichter und schneller zu verstehen. Weitere Hinweise → 10.2.
Der Dialog mit anderen Menschen oder mit der Literatur bleibt unvollständig ohne die innere persönliche Aufnahme. Was andere ausdrücken, soll Eingang finden in uns, wobei sich alle oben bei 2.1 genannten Prozesse wiederholen. Das Gehörte oder Gelesene muss wiederum gesammelt und gesichtet, verglichen und unterschieden, bewertet und gedeutet werden. In diesem Prozess öffnet sich der Weg zum folgenden letzten Schritt.

2.3 Eigene Auslegung

Darin kommt der lange Prozess des Verstehens eines biblischen Textes zu seinem Höhepunkt und – vorläufigen – Abschluss. Nach der Mühe vieler Untersuchungsschritte (Kap. 1), den unterschiedlichen Vorgehensweisen (2.1) und dem Dialog mit anderen Auffassungen (2.2) nun begründeterweise eine persönlich erarbeitete Deutung vorlegen zu können erfüllt und krönt den gegangenen schwierigen Weg.

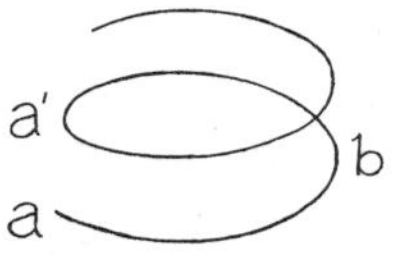

Gerade die Auseinandersetzung mit anderen Positionen lässt die Bewegung des Verstehens als Spirale wahrnehmen, insofern der eigene erste Entwurf (= a) zunächst auf einen anderen Standpunkt hin (= b) verlassen, dann aber jetzt wieder neu zum Versuch einer eigenen Deutung (= a′) zurückgekehrt wird. So schreitet Verstehen voran (→ 7.3.1 hermeneutische Spirale).
Der Dialog mit anderen hat vor allem drei Hauptauswirkungen. Vielfach bestätigt er eigene Entdeckungen, wobei häufig zusätzliche Gründe auftauchen, die die bisherige Deutung stärken können. Auf dem Niveau wissenschaftlicher Arbeiten liefert dies das Material, von dem die Anmerkungen und Fußnoten voll sind: Der Verweis auf andere Autoren mit der gleichen Auffassung dient als Beleg, Stütze und gibt dadurch der vorgebrachten Auslegung mehr Autorität.
Oft bringen die fremden Positionen auch Ergänzungen ein. Andere kommen auf Gedanken, die uns nie eingefallen wären, die aber dennoch zutreffend und wichtig sind und damit ein wesentliches Moment zu unserer Auslegung beitragen. Fairerweise sind auch solche hilfreichen Entlehnungen in Anmerkungen mit Namen des Autors und Quelle anzugeben.
Doch kann der Dialog uns ebenso korrigieren. Angesichts anderer Standpunkte und Argumente können wir zur Einsicht gelangen, dass unsere bisherige Deutung nicht angemessen oder sogar falsch ist. Auch eine solche Erkenntnis ist ein Geschenk und führt weiter, noch mehr freilich, wenn wir auch darauf reflektieren, was die Gründe für den Fehler bei unserem Deuten waren, und daraus lernen.

Wie bei 2.1 ist die Auslegung am Ende schriftlich zu fixieren, nun freilich in einer angemessenen, ausformulierten Weise, die auch für mit dem Text nicht so Vertraute von Ablauf und Begründungen her nachvollziehbar ist. Gelegentlich kann an dessen Stelle, je nach Anlass, auch die mündliche Mitteilung, etwa in einer Predigt oder Bibelrunde, oder sogar eine andere Ausdrucksform wie Bild oder Musik treten.
Bei der Darlegung unserer Ergebnisse ist es ein Dienst an den Adressaten, wenn wir auch den Grad der Sicherheit angeben, den die einzelnen Elemente unserer Deutung aufweisen. Manches mag als unumstößlich erscheinen, von mehreren Seiten her geprüft sein. Anderes dagegen birgt fragliche oder nicht zu klärende Momente. Grundsätzlich bewährt sich, die eigenen Deutungen und Resultate eher eine Stufe vorsichtiger zu bewerten und zu präsentieren; dies erspart, dass als sicher Ausgegebenes womöglich schon bald durch andere öffentlich korrigiert werden muss.

Deuten als unendliche Geschichte

Vielleicht sind manche Leser über den nur vorläufigen Abschluss oben erschrocken: „Wie lange soll der Deutevorgang denn noch gehen?“, könnten sie sich gefragt haben. Aus zwei Gründen aber handelt es sich nicht um ein endgültiges Ende.
Zum einen ist Deuten immer so etwas wie eine unendliche Geschichte: Schon am nächsten Tag können neue, bisher nicht gesehene Aspekte hinzutreten. Selbst jahrelanges Arbeiten an einem Text vermag ihn nicht auszuschöpfen, und durch Erkenntnisse anderer oder eigene Erfahrungen kann sich sein Verständnis bei derselben Person schon bald wieder verändern. Auf diese Weise sind durch die Zeiten hindurch unzählige Menschen gemeinsam und je neu beteiligt an diesem Vorgang, Gottes Wort tiefer zu verstehen.

Das Verstehen eines Textes erfüllt sich darin, ihn zu leben.

Zum Zweiten besteht die eigentliche Vollendung im Verstehen eines biblischen Textes darin, ihn zu leben. Erst in der Anwendung und Übernahme seiner Impulse und Anregungen in den eigenen Alltag findet die in ihm angelegte Dynamik ihren Abschluss. Eine solche Aktualisierung ermöglicht, dass der gedeutete Text seine Kraft entfalten kann, und wirkt so wiederum auf dessen Verstehen positiv und befruchtend zurück.

📖 Literatur: STECK, *Exegese* § 10.

Rückblick

Am Ende dieses I. Teiles liegt bereits die größte Strecke auf dem Weg zu einem selbstständigen Verstehen biblischer Texte hinter uns. Er enthält prinzipiell alle wichtigen Informationen, die für ein eigenes Auslegen notwendig sind.

Die vier Hauptschritte der Textwahrnehmung in Kap. 1 geben dabei einen Weg vor, der allen möglich ist und mit wiederholtem Üben zu zunehmender Vertrautheit und Sicherheit in der Auslegung führt. Sie ergeben zusammen und in ihrer Abfolge einen logischen und vollständigen Weg zum Verstehen von Texten, der sich als erster Zugang bei der intensiveren Beschäftigung mit einer Bibelstelle nahe legt.

Diese Beobachtungen bedürfen der Zusammenfassung in einer Deutung, wofür Kap. 2 entscheidende Hinweise auf die dabei ablaufenden Prozesse liefert. Sie sollen helfen, das eigene Vorgehen besser zu erkennen und so zu einer auch vor anderen verantwortbaren Auslegung zu gelangen.

TEIL II

Vielfalt exegetischer Methoden

Der in Teil I dargelegte Weg versuchte systematisch zusammenzufassen, was bisher auf verschiedene Weisen verstreut geschah, und ebenso, was an neuen Formen biblischer Auslegung aufbricht. Diese Zusammenschau in einem einheitlichen Weg (Kap. 1) bedarf nun noch der Ergänzung und Vertiefung. Dabei richtet sich das Bemühen mehr auf eine kurze und einfach verständliche Darlegung als auf subtile Details – diese können über die Literaturverweise weiter verfolgt werden.

Das dritte Kapitel gibt einen bei Qumran beginnenden Überblick über die Methoden zur Deutung der Bibel. Es informiert über die traditionellen Zugänge (3.1) und spricht die Entwicklungen bis in die neueste Zeit hin (3.2) an. Sie alle bezeugen die gewaltige Ausstrahlung der Bibel bis in die Gegenwart – ein Umstand, dem heute zunehmend auch in eigenen Untersuchungen zur Wirkungsgeschichte nachgegangen wird.

Das vierte Kapitel widmet sich der historisch-kritischen Methode, die in vielen Spielformen und unterschiedlichen Akzentuierungen die Exegese im 20. Jh. dominiert hat.

In den letzten Jahrzehnten haben mehrere neuere Strömungen stärkeren Einfluss auf die biblische Exegese gewonnen. Das fünfte Kapitel greift sie auf; die einen Ansätze kommen mehr von einer neuen Form der Literarkritik her (5.1), die anderen setzen bei der Erfahrung der Leser an (5.2).

Schließlich geht das sechste Kapitel auf jene Veränderungen ein, die durch die im letzten Jahrhundert gewachsenen Kenntnisse der Geschichte Israels und des Alten Orients entstanden sind.

3. Kapitel

Von den Anfängen bis zur Moderne – ein Methodenüberblick

3.1 Traditionelle Weisen der Auslegung

Die Interpretation und Aktualisierung biblischer Texte beginnt bereits in der Bibel selbst. Profeten und Schriften beziehen sich immer wieder auf Teile des Pentateuch* und legen diese in ihrem Sinne aus. Auch die Erfüllungszitate der Evangelien sind Beispiele für innerbiblische Auslegungen. Schon früh wurde erkannt, dass die Heiligen Schriften einer ständigen Interpretation und Erklärung bedürfen, um verstanden und als inspirierte* Schriften verehrt zu werden. Daher entwickelten sich bald auch außerbiblische Traditionen der Schriftauslegung.

3.1.1 Frühformen der Schriftinterpretation

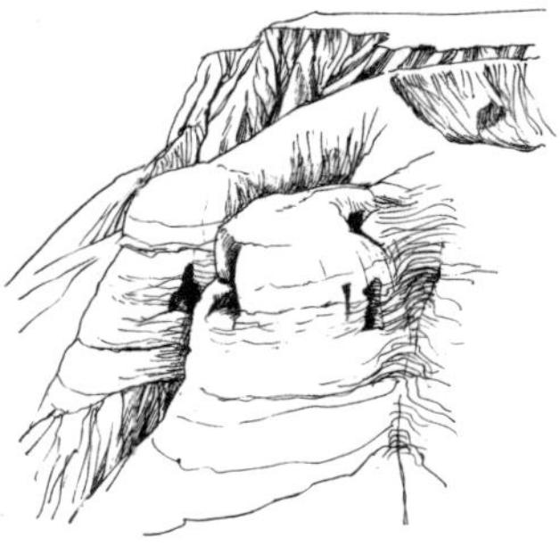

Qumran, Höhle 4

- *Die Pescharim aus Qumran als erste Kommentare*: Diese frühen „Kommentare“ zitieren stets einen Abschnitt des fortlaufenden Bibeltextes und leiten dann mit dem Wort *pischro* (= „seine Deutung“) zum Kommentar über. Die Deutungen haben keinen allgemeinen Charakter, sondern beziehen den Bibeltext direkt auf die besonderen historischen Umstände der eigenen Gemeinde. Wichtig ist hier die deutliche Unterscheidung zwischen dem Bibeltext selbst und der Auslegung desselben. Die Verfasser der Pescharim (Singular: „der Pescher“) arbeiten bereits mit Methoden der viel später aufkommenden Textkritik (Umstellungen von Buchstaben innerhalb eines Wortes, Ersetzen von Buchstaben durch ähnliche, Ersetzen von Wörtern durch ähnliche oder gleich klingende; → 1.1.2).

Doch ist Bibelauslegung in Qumran nicht für jedermann möglich, sondern an Inspiration* und Offenbarung gebunden. Nicht nur die Verfasser der Bibeltexte selbst, sondern auch deren Ausleger müssen also göttlich inspiriert sein. In Qumran fand man Pescharim zu Gen, einigen Profetenschriften und mehreren Psalmen; gemäß dem Selbstverständnis der Qumrangemeinde sind die Auslegungen von einem starken Endzeitbewusstsein geprägt. So ging man beispielsweise bei den Profetenschriften davon aus, dass die Profeten selbst gar nicht wussten, was ihre Ankündigungen genau bedeuten, da diese von Anfang an die Endzeit betrafen. Erst in der Gegenwart der Qumrangemeinde können sie ausgelegt und im wahren Sinn verstanden werden. Methodik und Grundansatz der Pescharim hinterließen deutliche Spuren in der weiteren rabbinisch-jüdischen Exegesetradition.

■ Beispiele:

Pescher zu Hab 2,4 („Aber der Gerechte wird durch seine Treue leben“): „Seine Deutung bezieht sich auf alle Täter des Gesetzes im Hause Juda, die Gott erretten wird aus dem Hause des Gerichts um ihrer Mühsal und ihrer Treue willen zum Lehrer der Gerechtigkeit“ (1QpHab 7,17 – 8,3).

Pescher zu Am 9,11 („An jenem Tag richte ich die zerfallene Hütte Davids wieder auf"): „Die Bücher der Tora sind die Hütte Davids. Durch die richtige Auslegung wird die Tora wieder aufgerichtet, Davids Unkenntnis der Tora behoben und Israel gerettet" (CD 7,15f).

- *Philo von Alexandrien – Wörtlicher und allegorischer Schriftsinn*: Philo, ein frommer Jude, der von ca. 20 v. Chr. bis ca. 50 n. Chr. in Alexandrien lebte und ein Anhänger der platonischen Philosophie und der stoischen Lebensweise war, bemühte sich in seinen Bibelauslegungen um eine Synthese von griechischer Philosophie und jüdischer Tradition. Bindend ist für ihn nur die Tora im engen Sinne, sodass sich seine exegetische Tätigkeit auf den Pentateuch* beschränkt; andere biblische Texte zitiert er nur gelegentlich zur Untermauerung der Tora*. Mose gilt ihm als der inspirierte Autor der Tora; der griechischen LXX*-Übersetzung, an der er sich weitestgehend orientiert, kommt für ihn gleiche Inspiriertheit zu wie dem hebräischen Original.
Philos Exegese ist geprägt von einem Nebeneinander von wörtlichem und allegorischem* (symbolisch-verborgenem, tieferem) Schriftsinn. Dabei gilt der wörtliche Schriftsinn allen Menschen (besonders bei Gesetzestexten ist dies auch sehr wichtig), während der allegorische auf einer höheren Stufe steht und nur einer „Heiligen Elite" zugänglich ist. Deshalb gilt auch für Philo, dass der Ausleger gleich dem Bibelautor göttlich inspiriert sein muss.
Vor allem beim allegorischen Sinn trägt Philo sehr stark seine persönlichen ethischen und philosophischen Auffassungen in den Text hinein (er übersetzt z. B. das *tohu wabohu* (= wörtl. „Wüste und Leere") in Gen 1,2 mit „unsichtbar und ungestalt" und interpretiert es in Anlehnung an Platon als Erschaffung der unsichtbaren Ideenwelt; die Schlange in Gen 3,1 sieht er als Bild für die Sinnenlust, indem er die Vielverflochtenheit und Vielgestaltigkeit der Bewegung der Schlange mit dem Hindurchwinden der Sinnenlust durch alle fünf Sinne vergleicht).
Durch seine Verbindung von griechischem Denken und der biblischen Welt hat Philo bedeutenden Einfluss auf das frühchristliche Bibelverständnis ausgeübt. An ihm orientierte sich die Exegesetradition der alten Kirche.
■ Beispiel für den „Zweifachen Schriftsinn" bei Philo: Gen 11 (Turmbau zu Babel)
wörtlich: Schilderung und Erklärung der Entstehung der griechischen und barbarischen Sprachen;
allegorisch: Gott macht sämtliche Teile der menschlichen Schlechtigkeit stumm, damit diese weder durch die eigene Stimme, noch durch Zusammenwirken mit anderen Schaden anrichten kann. Damit ist jede einzelne Untugend und die aus allen Teilen zusammengewirkte für immer unschädlich gemacht.

- *Josephus Flavius: Exegese als Geschichtsschreibung*: Der 37 n. Chr. in Jerusalem als Sohn einer aristokratisch-priesterlichen Familie geborene und um 100 n. Chr. in Rom verstorbene Josephus Flavius verfasste unter Verwendung mehrerer jüdischer Auslegungsweisen eine Art Nacherzählung der biblischen Geschichte („rewritten bible") für nichtjüdische Leser. Für ihn sind die biblischen Schriften Darstellung der Geschichte Israels, von Profeten verfasst, die ihre Kenntnisse göttlicher Inspiration verdanken. Der bedeutendste dieser Profeten war Mose, bedeutendster Teil der Tora der Dekalog. Trotz Anerkennung der göttlichen Inspiration* ist für Josephus nicht der Wortlaut, sondern der Inhalt der Schriften wesentlich. So lässt er z. B. in Ex 32 die Geschichte vom Goldenen Kalb weg, weil diese auf heidnische Leser anstößig wirken könnte, und spricht nur von verschiedenen Mutmaßungen innerhalb des Volkes über das

Schicksal des Mose, weil er so lange fort war. Im Gegensatz zu Philo stehen bei Josephus allegorischer und wörtlicher Schriftsinn nicht nebeneinander, sondern eine Stelle muss entweder wörtlich oder allegorisch erklärt werden.

☞ Verständnisfragen
Was charakterisiert die Pescharim? Worin unterscheiden sich Philo und Josephus Flavius bei der Anwendung der Allegorie?

📖 Literatur
DOHMEN – STEMBERGER, *Hermeneutik*, 38–74; REVENTLOW, *Epochen I*, 32–49; SCHÄFER, *Bibelauslegung*, 18–20.

3.1.2 Die frühen Rabbinen

Wenn wir auch über das frühjüdische Schulwesen nicht allzu viele sichere Quellen besitzen, so dürfte es sich doch im synagogalen Bereich aus der privaten Lehrtätigkeit einzelner Schriftgelehrter entwickelt haben, auf die die Bezeichnung „Rabbi“ (wörtl. „mein Meister“) im Laufe der Zeit als Berufstitel übergegangen ist.
Diese Rabbinen pflegten grundsätzlich zwei Arten der Schriftauslegung, nämlich die *halachische** (aus biblischen Texten werden verbindliche religiöse und soziale Gesetze abgeleitet) und die *haggadische** (erbauliche und spirituelle Schriftinterpretation ohne juridisch verbindlichen Charakter).
Folgende Grundregeln der Auslegung galten dabei von Anfang an:

- Der Tora kommt die höchste Autorität und damit auch eine klare Vorrangstellung unter den biblischen Schriften zu.
- Keine Auslegung darf in irgendeinem Widerspruch zur Tora stehen.
- Als Auslegungshilfen dienen vor allem andere parallele, ähnliche oder auch nur durch ein Stichwort verbundene Bibelstellen. Dabei wird von der Gleichzeitigkeit aller Schriften ausgegangen.

Schon früh jedoch entwickelte sich eine Art „Kanon“ von detaillierteren und genauer festgelegten Auslegungsregeln anerkannter Rabbinerpersönlichkeiten. Dieser wurde öfters erweitert und modifiziert. Überlieferte Hillel (1. Jh. n. Chr.) 7 Regeln, so wartete Rabbi Jischmael (um 130 n. Chr.) bereits mit 13 Regeln auf, die bis zum 6. Jh. wiederum auf 32 erhöht wurden. Da es sich bei den meisten Erweiterungen um Unterteilungen oder Modifikationen handelt, können die 7 Regeln Hillels als „Grundgerüst“ gesehen werden und mögen zur Illustration der frührabbinischen Exegese auch genügen.

Die 7 Regeln Hillels:

1. *Der Schluss vom Leichteren auf das Schwerere:* Diese Regel wurde sehr häufig – v.a. aber bei der Interpretation von Gesetzestexten – verwendet.

■ Beispiel:

Aus Dtn 21,22f („Wenn jemand ein Verbrechen begangen hat, auf das die Todesstrafe steht, wenn er hingerichtet wird und du den Toten an einen Pfahl hängst, dann soll die Leiche nicht über Nacht am Pfahl hängen bleiben, sondern du sollst ihn noch am gleichen Tag begraben. Denn ein Gehenkter ist ein Fluch Gottes.") wird abgeleitet, dass man die Toten noch am selben Tag begraben muss: „Wenn schon Gott sich über das vergossene Blut der Frevler grämt, um wie viel mehr über das Blut der Gerechten; und nicht nur das: Jeder, der seinen Toten über Nacht liegen lässt, übertritt ein Verbot" (mSan 6,5).

2. *Der Analogieschluss:* Fehlt bei einer von grundsätzlich inhaltsgleichen Aussagen eine Information, so kann sie entsprechend den Parallelstellen implizit ergänzt werden.

■ Beispiel:

Die Art der Bestrafung in Lev 7,18 wird aus Lev 19,8 erschlossen: „Dort (Lev 19,8) heißt es: ‚Wer davon isst, muss die Folgen seiner Schuld tragen'; und hier (Lev 7,18) heißt es: ‚Und die Person, die davon isst, muss die Folgen ihrer Schuld tragen'. Wie dort die Strafe die Ausrottung ist, so ist es auch hier die Ausrottung" (bKer 5a).

3. *Die Verallgemeinerung aus einer einzigen Bibelstelle:* Eine nur ein einziges Mal in der Bibel genannte Bestimmung wird auf andere ähnlich gelagerte Fälle angewendet.

■ Beispiel:

Die Zeugenregelung von Dtn 17,2–6 (v2 beginnt mit den Worten „wenn jemand angetroffen wird") wird durch diese Regel auf alle Gerichtsfälle angewendet, die mit den Worten „angetroffen wird" beginnen: „Aus der Regel, die dort gesagt wird: ‚Erst auf die Aussage von zwei oder drei Zeugen darf eine Sache recht bekommen', ist zu verallgemeinern: Überall, wo es heißt ‚angetroffen wird', ist dies von zwei oder drei Zeugen gemeint (SifDev 148).

4. *Die Verallgemeinerung aus zwei oder mehr Bibelstellen:* Analog zu 3., nur mit mehreren Belegtexten für die Verallgemeinerung.

5. *Allgemeines und Besonderes, Besonderes und Allgemeines:* Diese Regel besteht aus zwei Teilen:

a) Wenn einem Allgemeinbegriff eine Detailaussage folgt, ist im Allgemeinbegriff nur enthalten, was in der Detailaussage steht.

■ Beispiel:

Lev 1,2: „... Wenn jemand von euch eine Opfergabe geben will dem Herrn, sollt ihr von den Haustieren nehmen, vom Rind und Kleinvieh ...". „Haustiere" ist der Allgemeinbegriff, „Rind und Kleinvieh" die Detailaussage, folglich darf man ausschließlich Rinder und Kleinvieh opfern (vgl. SifBem).

b) Wenn einer Detailaussage ein Allgemeinbegriff folgt, fügt dieser der Detailaussage etwas hinzu und weitet damit die Detailaussage aus.

■ Beispiel:

Ex 22,9: „Wenn jemand seinem Nächsten einen Esel, ein Rind oder ein Schaf oder irgendein Tier in Verwahrung gibt …". „Einen Esel, ein Rind oder ein Schaf" ist die Detailaussage, „irgendein Tier" ist der Allgemeinbegriff, folglich gilt die folgende Aussage für alle Tiere, die man jemandem in Verwahrung gibt (vgl. MekhJ Shem).

6. *Gegenseitige Erschließung verschiedener Stellen:* Aneinanderreihung und Verkettung von Texten, deren Probleme eine analoge Lösung haben und die sich gegenseitig erklären können.

■ Beispiel:

MekhJ Shem zu Ex 15,3 („Der Herr ist ein Kriegsmann"): „Rabbi Juda sagt: Siehe das ist eine Schriftstelle reich an Bedeutung, die von vielen Stellen erläutert wird. … Er erschien ihnen wie ein Krieger, gegürtet mit einem Schwert, wie gesagt ist: ‚Gürte dein Schwert um deine Hüfte, du starker Held!' (Ps 45,4). Er erschien ihnen wie ein Reiter, wie gesagt ist: ‚Und er ritt auf einem Cherub und flog dahin'. … Er erschien ihnen mit einem Speer, wie gesagt ist: ‚beim Leuchten deines blitzenden Speers' (Hab 3,11). … Ich könnte verstehen, dass er irgendeines von diesen Dingen nötig hat, daher heißt es: ‚Der Herr ist sein Name'. Mit seinem Namen kämpft er und hat alle diese Dinge nicht nötig".

7. *Der Schluss aus dem Kontext:* Eine Bibelstelle kann aus sich selbst heraus unverständlich sein und der Ergänzung von anderen Stellen her bedürfen.

■ Beispiel:

bPes 118a erklärt beispielsweise Ex 23,1 im Licht des vorhergehenden Verses:

Ex 22,30: Ihr sollt Fleisch, das auf dem Felde zerrissen worden ist, nicht essen; den Hunden sollt ihr es vorwerfen.

Ex 23,1: Du sollst kein leeres Gerücht verbreiten.

bPes 118a: „Wer böse Anrede weitergibt oder anhört oder wer gegen seinen Nächsten falsches Zeugnis gibt, verdient es, den Hunden vorgeworfen zu werden".

Neben der Begründung von Gesetzen und dem Verfassen erbaulicher Schriften dienten diese Regeln vor allem auch dazu, offensichtliche Widersprüche innerhalb der biblischen Schriften entsprechend zu interpretieren und allzu profan erscheinende Texte auf die Tora hin zu deuten.

☞ Verständnisfrage

Welche beiden Arten der Schriftauslegung pflegten die frühen Rabbinen?

🕮 Literatur

DOHMEN – STEMBERGER, *Hermeneutik*, 75–108; REVENTLOW, *Epochen I*, 104–116.

3.1.3 Die frühchristliche Bibelauslegung

Lag das Hauptaugenmerk der frühen Rabbinen also auf der Toragemäßheit jeder Auslegung, so war das frühchristliche Bibelverständnis weitestgehend vom Gedanken der Typologie* geprägt. Die Vertreter dieser Methode lasen die biblischen Bücher vor allem unter dem Aspekt ihrer Anwendung auf die gegenwärtige Situation. Dabei fragten sie nach den typischen Gemeinsamkeiten der in der Schrift beschriebenen und der eigenen Situation. Am weitesten verbreitet war die Typologie von „Verheißung und Erfüllung", nach der das gesamte Alte Testament nur eine Verheißung dessen darstellt, was sich in Jesus Christus erfüllt hat.
Gerne bediente man sich auch der Typologie, um die gängige kirchliche Praxis biblisch zu begründen.
Die Frage nach dem Stellenwert des wörtlichen Schriftsinns führte bald zur Entstehung verschiedener Auslegungstraditionen, die man grob in zwei Schulen fassen kann.

- *Die alexandrinische und die antiochenische Schule:* Die bedeutendsten Vertreter der *alexandrinischen* Schule sind Klemens von Alexandrien (um 140 – ca. 215) und Origenes (185 – 254). Ersterer geht von der Verborgenheit der eigentlichen Aussage unter der Oberfläche der Schrift in der gesamten Bibel aus und wendet die allegorische Methode auch auf das NT an. Diese starke Betonung des tieferen Schriftsinnes führt die Vertreter dieser Schule zudem zur Annahme, dass kein Wort der Schrift ohne Bedeutung sei.
Origenes spricht von drei Schriftsinnen, die analog zur Dreiteilung der menschlichen Person bei Platon sind: dem menschlichen Leib entspricht der wörtliche Schriftsinn, der Seele die moralische Bedeutung und dem Geist die geistliche.
■ Beispiel:
Origenes' Kommentar zu Hld 1,2 („Er küsse mich mit Küssen seines Mundes"): Wörtlich versteht er diesen Satz als Teil eines Hochzeitsliedes, in dem die Braut auf das Kommen des Bräutigams und seine Küsse wartet. Geistlich bedeutet er die Sehnsucht der Kirche nach Verbindung mit dem Wort Gottes, moralisch die Pflicht der Gläubigen, mit diesen Worten bei Gott um das rechte Verständnis seiner Lehren zu beten (vgl. Or.comm.Cant. I,1).
In strikter Ablehnung einer historischen Entstehung und Entwicklung der biblischen Schriften erklärt Origenes die Tatsache von verschiedenen Fassungen eines Ereignisses dadurch, dass sich das Ereignis eben mehrmals in ähnlicher Weise ereignet habe. So habe beispielsweise Jesus das Vaterunser zweimal gelehrt, einmal in der matthäischen und einmal in der lukanischen Fassung.
- Demgegenüber pflegte die *antiochenische Schule* eine streng grammatisch-historische Auslegung und akzeptierte lediglich einen wörtlichen Schriftsinn. Vertreter dieser Richtung sind Diodor von Tarsus (Ende 4. Jh.), Johannes Chrysostomus (gest. 407), Theodoret (393–466) und – am bedeutendsten – Theodor von Mopsuestia (352–428).
Letzterer erklärt die Unterschiede bei den Synoptikern bereits dadurch, dass Markus und Lukas aus zweiter Hand seien; das Hohelied ist für ihn ein weltliches, erotisches Lied ohne geistlichen Inhalt, und vor allem schließt er jegliche direkte Vorhersage auf Christus bei den alttestamentlichen Profeten bereits aus.

■ Beispiel:
Theodors Kommentar zu Sach 1,8 („Ich schaute des Nachts und siehe, ein Mann, der auf einem roten Pferd ritt"), wo viele Ausleger den „Mann" als Hinweis auf den „Sohn Gottes" interpretierten: „... von denen, die vor dem Erscheinen des Herrn Christus lebten, kannte niemand den Vater und den Sohn" (Theodori Mopsuesteni commentarius in XII prophetas 325,3–4).
Dass sich in der Folge – vor allem in der lateinischen Tradition – mehr die alexandrinische Schule durchgesetzt hat, dürfte zu einem wesentlichen Teil daran liegen, dass ihr ein Großteil jener Persönlichkeiten gefolgt ist, die die weitere Theologie- und Kirchengeschichte bis zum heutigen Tag wesentlich geprägt haben. Hieronymus und Augustinus sollen exemplarisch dafür stehen.

- *Hieronymus* (347–420): Wenn er in seinen exegetischen Werken auch sehr viel Wert auf Wort- und Sacherklärungen gelegt hat (er hatte gute Kenntnisse der hebräischen Sprache, aber auch der palästinischen Realien), so ist er bei der Anwendung von Bibelstellen auf Glaubensfragen doch stets den alexandrinischen Grundsätzen gefolgt. So hat auch er eine dreifache Schriftdeutung entwickelt, nämlich nach einem wörtlichen, einem tropologischen* (= moralischen) und einem geistlichen Sinn, wobei der tropologische und geistliche Sinn in seinen Auslegungen meist zusammenfallen und die Stelle in aller Regel auf die Kirche und ihr Schicksal beziehen.
■ Beispiel:
Dan 2,45 („... wie von dem Berg ein Stein losbrach, aber nicht durch Hände und ... zermalmte"): Wörtlich ist dieser Stein ein Zeichen für das gottgewollte Ende des röm. Reiches, dem geistlichen Sinn nach ein Bild für Jesus Christus, der ohne Geschlechtsverkehr und menschlichen Samen vom Mutterleib gekommen ist (vgl. Hier.comm.Dan. II).

- *Augustinus* (354–430): Auch für ihn ist im Text das Unsichtbare wichtiger als das Sichtbare. Dass manche Stellen im wörtlichen Sinn unverständlich bleiben, sieht er als Absicht Gottes, um auf den tieferen Sinn hinzulenken.
■ Beispiel:
In Hld 4,2 („Deine Zähne sind wie eine Herde frischgeschorener Schafe") seien die durch Christus gereinigten Glieder der Kirche gemeint (Aug.doctr.chr. II; VI,7).

☞ Verständnisfragen
Welche Frage trennte die alexandrinische und die antiochenische Schule? Welche der beiden Schulen hat die lateinische Kirchentradition stärker beeinflusst?

🕮 Literatur
KREUZER – VIEWEGER, *Proseminar*, 18–20; REVENTLOW, *Epochen I*, 150–193; *II*, 9–104; SCHÄFER, *Bibelauslegung*, 40–55.

3.1.4 Die jüdische Exegese des Mittelalters

Insbesonders durch den Einfluss des Islam, der beim Koran nur ein wörtliches Verständnis akzeptiert und sehr viel Wert auf einzelne Wortbedeutungen und grammatikalische Feinheiten legt, entstehen ab dem Frühmittelalter mehrere Rabbinerschulen, die vor allem den Literalsinn biblischer Texte betonen und inhaltliche Aussagen auch aus grammatikalischen Analysen ableiten. In diesem Zusammenhang entstehen auch die Masoretenschulen*.
Die Vertreter dieser neuen Richtung – einer der bedeutendsten ist Saadja ben Josef (882–942) – gehen davon aus, dass die Bibel grundsätzlich wörtlich auszulegen ist, außer wenn die wörtliche Bedeutung Anstoß erregt, der Vernunft widerspricht oder der gängigen religiösen Praxis zuwiderläuft. Sie erkennen auch bereits historische Unterschiede zwischen einzelnen biblischen Büchern.

■ Beispiel:
Saadja ben Josef weist ausdrücklich darauf hin, dass das Gesetz nicht auf einmal, sondern im Laufe der Zeit gegeben wurde (Emunot 3,7).

Im Hochmittelalter kam es schließlich zu einer Synthese von wörtlicher Bibelauslegung und midraschischer* Tradition, die das Bibelverständnis der orthodoxen Rabbinen bis in die heutige Zeit prägt. Daher sollen die wichtigsten Vertreter kurz zur Sprache kommen:

- *Raschi (1040–1105):* Er setzt in seinen Kommentaren meist einen wörtlichen und einen geistlichen Sinn nebeneinander, und zwar nicht als Alternativen, sondern als sich ergänzende Aussagen, die beide in gleicher Weise „richtig" sind. Doch macht er keinen Hehl daraus, dass ihm der wörtliche Sinn der wichtigere ist, den er dementsprechend auch die „Grundbedeutung" nennt. Diese Vorgangsweise begründet er in der Einleitung zu seinem Hld-Kommentar: „Eines hat Gott gesagt, zweierlei habe ich gehört. Eine Schriftstelle hat mehrere Bedeutungen, doch gibt es am Schluss keine Schriftstelle, die ihre Grundbedeutung verliert".

■ Beispiel:
In seinem Exoduskommentar sagt er über Ex 23,2 („Folge nicht der Mehrheit zum Bösen"), nachdem er einige midraschisch-halachische Auslegungen zitiert hat: „Aber ich würde sagen, um den Vers nach seiner Grundbedeutung zu erklären, dass dies die Deutung ist: Wenn du Böse das Recht beugen siehst, sage nicht, weil sie die Mehrheit sind, schließe ich mich ihnen an" (BAMBERGER, *Pentateuchkommentar*, 220).

- *Raschbam (1085–1174)* tritt noch entschiedener für den Wortsinn ein, indem er manche Stellen sogar gegen die Halacha* nur wörtlich deutet.

- *Abraham Ibn Esra (1089–1164)* entwickelt bereits Ansätze zu einer historischen Bibelkritik (→ Kapitel 4). Er legt grundsätzlich nur nach dem Wortsinn aus, außer wenn die Halacha* auf dem Spiel steht; dann greift er auf traditionelle geistliche Deutungen zurück. Insgesamt bietet er aber sehr sorgfältige sprachliche Analysen und historische Argumente.

■ Beispiel:
In einem Exkurs im Zuge der Auslegung von Jes 40,1 sagt er: „... Wisse, dass die Ausleger der Gebote sagten, das Buch Samuel habe Samuel geschrieben. Das ist richtig, aber nur bis ‚Samuel starb' [1 Sam 25,1]. ...".

- *Moses Maimonides (1138–1204)*, einer der maßgeblichsten Rabbinen aller Zeiten, greift nur dann auf allegorische Auslegung zurück, wenn die bildliche Sprache der Bibel ihn dazu zwingt. Alle Stellen, die auch dem Wortsinn nach verständlich sind, müssen jedoch wörtlich aufgefasst werden.

- Unter dem Kunstwort *PaRDeS* ist eine Theorie des vierfachen Schriftsinnes bekannt geworden (**P**eschat = Wortsinn, **R**ämäz = lehrhafter Sinn, **D**erasch = ethischer Sinn, **S**od = geheimer/mystischer Sinn); diese ist jedoch in ihrer Reinform praktisch nirgends angewandt worden.
Wie sie als Theorie gedacht war, zeigt die Einleitung zum Midrasch Rut: „Die Worte der Tora gleichen einer Nuss.... So wie die Nuss außen die Schale und innen den Kern hat, so enthält die Tora Wortsinn, Midrasch*, Haggadah* und Geheimnis, alles innerhalb des anderen" (RutR 83a).
Besonders auf Grund ihrer Hebräischkenntnisse und der daraus resultierenden genauen und feinfühligen Wort- und Sprachanalysen sind die Kommentare dieser mittelalterlichen Rabbinerpersönlichkeiten auch für die christlichen Exegeten des Alten Testaments bis heute von nicht zu unterschätzendem Wert.

☞ Verständnisfragen
Was verbirgt sich hinter dem Kunstwort PaRDeS? Worin liegt die bleibende Bedeutung der mittelalterlichen Rabbinen auch für uns heute?

🕮 Literatur
Dohmen – Stemberger, *Hermeneutik*, 110–130; Kreuzer – Vieweger, *Proseminar*, 21; Reventlow, *Epochen II*, 234–258.

3.1.5 Christliche Exegese im Mittelalter

- *Frühmittelalter*: Bedingt vor allem auch durch die Umbrüche, die die Völkerwanderung mit sich brachte, gab es im frühen Mittelalter wenig Weiterentwicklung der Exegese im eigentlichen Sinn. Vielmehr wurde wenigstens in den Klöstern das patristische Erbe bewahrt. Unter den Gelehrten dieser Zeit haben wohl Beda Venerabilis (673–735) und der auf diesem aufbauende Alkuin (730–804) am meisten Ruhm erlangt, deren Werk in erster Linie eine Hieronymusrezeption darstellt.
Auch in den folgenden Jahrhunderten verläuft die Auslegung im Großen und Ganzen nach den Methoden des Altertums, wobei es meist bei einer einfachen Gegenüberstellung von historischem und allegorischem Schriftsinn ohne weitere Differenzierung bleibt.

- *Hochmittelalter*: Durch weitere Systematisierungen und Unterteilungen der gemeinhin als „allegorischer* Schriftsinn" überlieferten Deutungen, entwickelt sich mit der Zeit die „Lehre vom vierfachen Schriftsinn" (→ 3.1.4). Diese wird für die weitere Exegesegeschichte des Mittelalters prägend. Augustinus von Dacia hat ihr Anliegen im 13. Jh. mit folgendem Merksatz auf den Punkt gebracht: „Littera gesta docet, quid credas allegoria, moralis quid agas, quid speres anagogia" (Der Buchstabe lehrt das Geschehene; was zu glauben ist, die Allegorie*; der moralische Sinn, was zu tun ist; was zu hoffen ist, die Anagogie*).

Dabei kam dem ersten, also dem wörtlichen, Schriftsinn Priorität zu, weil man die göttliche Offenbarung bereits als historisches Ereignis anerkannte. Die folgenden drei Schriftsinne entsprachen den drei christlichen Grundtugenden Glaube (allegorischer Sinn), Liebe (moralischer Sinn) und Hoffnung (anagogischer* Sinn), wobei aus dem allegorischen eine dogmatische, aus dem moralischen eine moraltheologische und aus dem anagogischen eine eschatologische Aussage abgeleitet wurde.

■ Beispiel:

Augustinus von Dacias Erklärung der vierfachen Bedeutung von Jerusalem: „Jerusalem ist dem wörtlichen Sinn nach eine Stadt in Judäa. Und diese Stadt bezeichnet nach dem allegorischen Sinn die kämpferische Kirche, nach dem moralischen Sinn die gläubige Seele und deren Tun, nach dem anagogischen Sinn die triumphierende Kirche (= das himmlische Jerusalem)" (Cod.Basil. BX 9, fol. 40r).

In die Zeit des Hochmittelalters fällt auch die Entstehung der Scholastik*, die im Gegensatz zur allegorisch orientierten monastischen Tradition eher zum analytisch orientierten Denken geneigt war und sich im exegetischen Bereich vor allem an Hieronymus orientierte, da dort auch Angaben über Realien und Sprache zu finden waren. Charakteristisch für diese Richtung sind:

a) Erläuterungen des Bibeltextes in Form von Glossen* zwischen den Zeilen oder am Seitenrand, wobei dies einerseits Väterzitate, andererseits aber vor allem auch eigene Gedanken sein können;
b) Quaestiones*: sich aus dem Text ergebende Fragen werden gestellt und in einer Art Exkurs beantwortet; die Verselbstständigung dieser Form der Quaestiones führte im Laufe der Zeit zur Entstehung der systematischen Theologie als akademische Disziplin.

■ Beispiel:

Petrus Lombardus (ca. 1100–1160) beginnt seine Überlegungen zu Ps 1,1 gleich mit einer Quaestio: „Warum ist ihm (Ps 1) keine Überschrift vorangestellt, so wie den anderen? ... Diesem ersten Psalm ist deshalb keine Überschrift vorangestellt, weil dieser Psalm der Anfang ist und das Vorwort und die Grundlage" (Petrus Lombardus, Glossae continuae in Ps. 1–150).

Der Wegbereiter für die Vorrangstellung des Literalsinnes in der weiteren christlichen Exegesetradition war schließlich Hugo von St. Viktor, der seine Schüler lehrte, „dass du zuerst die Geschichte lernst und die Wahrheit der geschehenen Ereignisse, indem du von Anfang an bis zum Ende repetierst und, was geschehen ist, wann es geschehen ist, wo es geschehen ist und durch wen es geschehen ist, klug dem Gedächtnis anvertraust. Dies sind nämlich die vier Dinge, die besonders in der Geschichte erforderlich sind: Person, Handlung, Zeit und Ort" (Hugo von St. Viktor, Did. VI,3).

- *Die Hochscholastik*: Diese Epoche ist geprägt durch noch stärkeres Bemühen um den Literalsinn biblischer Texte. An die Stelle der allegorischen Bedeutung tritt immer mehr der „theologische Schriftsinn", der Bibeltexte entweder für die kirchliche Praxis oder die private Lebensführung aktualisiert. An erster Stelle steht dabei immer die wörtliche Auslegung, aus der dann der theologische Sinn erhellt werden kann. Die zunehmende Gründung von Universitäten führt außerdem dazu, dass zur Erläuterung des Schriftsinnes auch die Erkenntnisse anderer Wissenschaften herangezogen werden können.

Die wichtigsten Vertreter dieser Tradition sind Albertus Magnus (ca. 1200–1280) und Thomas von Aquin (ca. 1224–1274). Die Kommentare beider sind geprägt durch Wort-für-Wort-Auslegungen, die durch zahlreiche Quaestiones unterbrochen werden. Die fortlaufenden Auslegungen erhellen dabei die historisch-philologische Textgrundlage, die Quaestiones den theologischen Gehalt der Schriftstellen.

☞ Verständnisfragen
Welche vier Schriftsinne entwickeln sich im Mittelalter? Welche „Techniken" prägen die Schriftauslegung in der Scholastik?

📖 Literatur:
Dohmen – Stemberger, *Hermeneutik*, 161–166; Kreuzer – Vieweger, *Proseminar* 20f; Reventlow, *Epochen II*, 150–212; Schäfer, *Bibelauslegung*, 61–85.

3.1.6 Die jüdische Exegese der Neuzeit und Moderne

Die Diaspora* samt der zunehmenden Unterdrückung und Verdrängung des Judentums in zahlreichen Ländern einerseits, und das Fehlen einer autoritativen Letztinstanz in theologischen Fragen andererseits führten zur Bildung vieler kleiner Rabbinerschulen, die je für sich eine Art Inseldasein führten. Was sie alle verband, war lediglich das traditionelle Erbe großer Rabbinen wie Raschi (→ 3.1.4) oder Moses Maimonides (→ 3.1.4), deren Schriften (sowohl halachischer* wie haggadischer* Art) sie weiter tradierten, durch eigene Ergänzungen anreicherten und für die jeweilige zeitliche und örtliche Situation aktualisierten. Bekannt geworden sind solche Ergänzungen und Aktualisierungen einzelner Rabbinen unter der Bezeichnung „Tossafot" (hebr. „Hinzufügungen").
Gegen Ende des 18. Jh. begann sich das sogenannte „Reformjudentum" herauszubilden, eine unter dem Einfluss der Aufklärung entstandene Richtung, deren Ziel es ist, jüdische Tradition mit moderner Kultur in Einklang zu bringen. Dadurch ergab sich auch für die Bibelauslegung eine neue Situation, die das Judentum bis heute prägt. Blieben die ultraorthodoxen und orthodoxen Exegeten nämlich bis in die Gegenwart der alten rabbinischen Tradition treu, so machten sich die konservativen und reformierten Ausleger die Erkenntnisse der modernen Wissenschaften für ihre Exegese dienstbar. In ihren Reihen finden sich zahlreiche Pioniere auch auf dem Gebiet der historisch-kritischen Exegese (→ Kapitel 4), insbesonders der Textkritik, was seit der Mitte des 20. Jh. zu einer neuen Forschungsgemeinschaft von jüdischen und christlichen Bibelwissenschaftlern geführt hat.
Gerade auch auf dem Gebiet der postmodernen Literaturtheorien (→ 3.2.2) kamen weit reichende Impulse aus dem jüdischen Bereich (z. B. J. Derrida).

📖 Literatur: Schoeps, *Lexikon*, 693–696.

3.1.7 Tendenzen christlicher Exegese in der Neuzeit

Drei Ereignisse der beginnenden Neuzeit prägen die weitere Entwicklung:

- die Reformation, die dem wörtlichen Schriftverständnis endgültig zum Durchbruch verhalf;
- der Humanismus, dessen Begeisterung für antike Quellen ein neues Bewusstsein für die biblischen Urtexte schuf;
- die Erfindung des Buchdrucks, durch den auch die Ursprachentexte leichter zugänglich wurden und schnellere Verbreitung fanden.

- *Die neue Hinwendung zum Urtext*: Wegbereiter für die schrittweise Ersetzung der Vulgata* durch den „Urtext" sind Erasmus von Rotterdam (1467–1536) und Martin Luther (1483–1546). Ersterer schuf mit dem „Novum Instrumentum" eine zweispaltige Ausgabe des Neuen Testaments, wobei die linke Spalte den griechischen Urtext, die rechte seine eigene lateinische Übersetzung enthielt. Im unteren Seitenteil bot er zusätzliche Anmerkungen zum sprachlichen und sachlichen Verständnis. In der Auslegung selbst blieb er jedoch noch traditionell, d. h. er behandelte zuerst kurz den Wortsinn und ging dann auf den allegorischen* und v.a. den mystischen Schriftsinn ein:

■ Beispiel:
„Wie beim Menschen unter dem groben Werk des Körpers der Geist als Lenker des Körpers verborgen ist, so ist unter der Historie etwas Inneres und Feineres verborgen" (Erasmus, Paraphrases ad Galatas. In: J. Clericus (ed.), Desiderii Erasmi Opera omnia VII, 959).

Martin Luthers größtes Verdienst auf bibelwissenschaftlichem Gebiet ist sicher seine Übersetzung der Bibel aus den Urtexten ins Deutsche und damit die Ermöglichung der Bibellektüre für das einfache Volk. Er geht davon aus, dass die Bibel nicht allegorisch „überwuchert" werden soll, sondern aus sich selbst heraus und direkt verständlich sein muss. Wichtig ist für ihn die persönliche Konfrontation der Glaubenden mit dem Bibelwort; daher sieht er im wörtlichen Schriftsinn den „wahrhaft geistlichen Sinn", und zwar so, dass der Christ sich im Glauben das aneignet, was in der Schrift über Christus gesagt wurde.
Faktisch vertritt er damit einen „doppelten Wortsinn", und zwar einerseits einen historisch-grammatischen und andererseits einen prophetischen, der sich stets auf Christus bezieht (auch im AT).

■ Beispiel:
In seiner Auslegung von Ps 72,2 („dass er dein Volk richte in Gerechtigkeit...") erklärt er das Wort Gerechtigkeit wörtlich als Hinweis auf das Jüngste Gericht und prophetisch als die verborgene Scheidung zwischen Guten und Bösen durch Christus in der Kirche bzw. die Tötung des alten Menschen, die zugleich im Glauben angenommen und damit wirksam wird (vgl. D. Martin Luthers Werke [Weimarer Ausgabe]. Bd. 3, 464,10–465,3).

- *Baruch Spinoza und der Beginn der historisch-kritischen Exegese*: Spinoza (1632–1677) nimmt Luthers Grundsatz, dass die Schrift aus sich selbst zu interpretieren sei, auf, und formuliert drei Arbeitsbereiche der konkreten exegetischen Arbeit:

- genaue Erforschung und Kenntnis der hebräischen Sprache;
- Einbettung der Aussagen eines biblischen Buches in seinen historischen Hintergrund;
- Beobachtung des Zusammenwachsens der biblischen Traditionen zu einem biblischen Buch und bis hin zum ganzen Kanon.

Damit sind wesentliche Grundsätze der späteren historisch-kritischen Auslegung (→ Kapitel 4) bereits formuliert und Johann Lorenz Schmidt (1702–1749) kann bereits an Spinoza anknüpfend feststellen, dass über Mose nur aus dem Pentateuch* heraus etwas gesagt werden könne, während der Pentateuch* umgekehrt keinerlei christologische Züge enthalten könne. Noch einen Schritt weiter geht Richard Simon (1638–1712), der erstmals in der Exegesegeschichte überhaupt die Verfasserschaft des Mose für den Pentateuch* bestreitet.
Johann Salomo Semler (1725–1791) formuliert schließlich als erster den Satz, dass die Bibel nicht als ganze Wort Gottes *ist*, sondern dieses *enthält*.
In Fortführung dieses historisch-kritischen Weges entstehen im deutschen Sprachraum die beiden Tübinger Schulen sowie als konservativ-spiritualisierender Gegenpol der württembergische Pietismus.

- *Johann Albrecht Bengel (1687–1752) und der württembergische Pietismus*: Die Vertreter dieser im Wesentlichen auf Bengel zurückgehenden Antwort auf die historisch-kritische Exegese betonen vor allem die Einheitlichkeit der Bibel. Textkritische (bes. philologische) Betrachtungen sind deshalb wichtig, weil der Urtext der inspirierte Text ist. Und weil dieser Text inspiriert ist, kommt es vor allem auf den mystischen Sinn zur Erbauung der Gläubigen an.
Da diese Schule den Wortlaut der Bibel für das authentische Wort Gottes hält, wird jede Unterscheidung von Bericht und Hergang nivelliert und Einwände gegen den biblischen Buchstaben dem Bereich der Sünde zugeordnet.

- *Die evangelische und die katholische Tübinger Schule*: Ferdinand Christian Baur (1792–1860), der Gründer der evangelischen Tübinger Schule, gilt als der Erste, der im eigentlichen Sinn historisch-kritisch denkt, indem er die biblischen Quellenschriften als „historische Urkunden" bezeichnet und dazu festhält, dass solche Urkunden nie völlig objektiv, sondern immer von einer bestimmten Tendenz geprägt sind. Bedeutendster Schüler von Baur ist David Friedrich Strauß (1808–1874).

■ Beispiele zur Methodik der historisch-kritischen Exegese siehe im 4. Kapitel.
Das Hauptanliegen der katholischen Tübinger Schule ist eine „lebendige Auffassung von Schrift und Tradition", also der Versuch einer Verschmelzung von historisch-kritischer Exegese und kirchlicher Tradition. Die bedeutendsten Vertreter sind Johann Sebastian Drey (1777–1853) und Johann Adam Möhler (1796–1838). Sie sehen die Schrift als Verkörperung der übernatürlichen Offenbarung, die der Kirche zur Auslegung anvertraut ist. Deshalb muss man sie in jeder Zeit neu auslegen, aber nicht völlig abgelöst von der kirchlichen Tradition der Väterexegese.
In der Folge wird sich zunächst in der evangelischen, mit der Zeit aber auch immer mehr in der katholischen Bibelwissenschaft die historisch-kritische Methode etablieren.

- *Der „sensus plenior" als katholischer Kompromiss*: Gewissermaßen als Ersatz für den in der historisch-kritischen Tradition weitestgehend verloren gegangenen theologischen Schriftsinn hat A. Fernández 1925 die Theorie eines sogenannten „sensus plenior" (= vollerer Sinn) eingeführt, der in manchen Kreisen der katholischen Tradition bis heute Anwendung findet.
Man versteht den sensus plenior als einen Teil des Literalsinnes*, dessen Besonderheit darin besteht, dass dem biblischen Schriftsteller diese Bedeutung seines Textes selbst gar nicht bewusst war. Vielmehr kann der Heilige Geist, der Hauptverfasser der Bibel, den menschlichen Verfasser in der Auswahl seiner Ausdrücke so führen, dass diese eine Wahrheit ausdrücken, die dem Autor selbst nicht in ihrer ganzen Tiefe bekannt war.

■ Beispiel:
„Der Kontext von Mt 1,23 gibt dem Profetenwort von Jes 7,14 von der *ᶜalmah*, die empfangen wird, einen sensus plenior, indem Mt die Übersetzung der Septuaginta* übernimmt: ‚Die *Jungfrau* wird ein Kind empfangen'" (Päpstl. Bibelkommission, *Interpretation* 133).
Das Hauptproblem des sensus plenior liegt darin, dass es kein exegetisches Instrumentarium gibt, das ihn erheben kann. Er bleibt letztlich immer subjektiv und damit auch willkürlich.

☞ Verständnisfragen
Welchen Durchbruch erzielen v.a. Erasmus und Luther? Für welche Epoche machende Methode stehen die Tübinger Schulen? Was soll der „sensus plenior" ersetzen?

🕮 Literatur
DOHMEN – STEMBERGER, *Hermeneutik*, 171f; KREUZER – VIEWEGER, *Proseminar*, 21–25; Päpstl. Bibelkommission, *Interpretation*, 133f; REVENTLOW, *Epochen III*, 55–90; SCHÄFER, *Bibelauslegung*, 87–144.

3.2 Moderne und postmoderne Ansätze

In der ersten Hälfte des 20. Jahrhunderts wurde Exegese überwiegend mithilfe historisch-kritischer Methoden betrieben. Das heißt, dass die biblischen Texte vor allem unter der Rücksicht ihrer geschichtlichen Entstehung, der Autorenintention (→ 7.2.3) und der Rekonstruierbarkeit ältester Textstufen ausgelegt wurden. Spätestens ab den 70er-Jahren wurden jedoch Stimmen laut, die eine Neuorientierung forderten. Ihnen gemeinsam ist eine Rückbesinnung auf die Endgestalt der Bibeltexte, ähnlich wie bei einer Wohnanlage nicht nur die einzelnen Wohneinheiten, sondern vor allem die Gesamtanlage auf den Betrachter wirkt. Die meisten dieser Ansätze blieben dennoch für bestimmte historisch-kritische Fragestellungen durchaus offen, betrachten diese aber nicht als ausschließlich und primär. Zudem integrieren diese neueren Methoden auch wirkungsgeschichtliche Beobachtungen in die eigenen Textdeutungen. Grob können diese Zugänge in drei Strömungen untergliedert werden.

3.2.1 Literaturwissenschaftlich geprägte Ansätze

Inspiriert von der modernen Literatur- und Textwissenschaft haben mehrere Exegeseschulen begonnen, biblische Texte mit demselben Instrumentarium zu deuten wie andere literarische Werke.

- *Die Richter-Schule*: Im deutschsprachigen Raum hat sich eine Exegetengruppe um Wolfgang Richter und Harald Schweizer gebildet, die sorgfältige grammatikalische Analysen als Ausgangspunkt jeglichen Textverständnisses propagiert. Sie sehen Texte als in sich fixierte, komplizierte Geflechte von Bezügen. Da diese Geflechte nach logischen grammatikalischen Gesetzen aufgebaut sind, müssen sie auch durch grammatikalische Analysen „entflochten" werden, um die Bezüge klar erkennen und die Textaussagen verstehen zu können. Den ersten Schritt dazu bildet eine Aufgliederung des Textes in Äußerungseinheiten* (kleinste, selbstständig einen Sinn ergebende Texteinheit; → 9.1.2); diese werden zunächst je für sich und dann hinsichtlich ihrer Verknüpfung miteinander (Grammatik) in ihrer wörtlichen Aussage wahrgenommen. Erst im nächsten Schritt wird nach dahinter stehenden Bedeutungen gefragt.

■ Beispiel:

Gen 23,1f nach Äußerungseinheiten eingeteilt:

v1a Die Lebenszeit Saras betrug 127 Jahre,
v1b so lange lebte Sara.
v2a Sie starb in Kirjat Arba,
v2b das jetzt Hebron heißt,
v2c in Kanaan.
v2d Abraham kam
v2e um die Totenklage über sie zu halten
v2f und sie zu beweinen.

Grammatik: v1b = Hauptsatz, der den vorangehenden Hauptsatz wiederholend verstärkt; v2b = Relativsatz zur Näherbestimmung der Ortsergänzung des Hauptsatzes; v2e.f = Finalsatz zur Angabe des Zieles von Abrahams Kommen.

Wörtliche Aussage: Eine Frau stirbt in hohem Alter in Kirjat Arba; ein Mann kommt, um die Abschieds- und Begräbnisriten zu vollziehen.

Ansatzpunkte für dahinter stehende Bedeutungen: unrealistisches Alter; zweifache Näherbestimmung von Kirjat Arba; Begräbnisriten etc.

- *Neuere Literarkritik* (→ 5.2): Sie betrachtet die Aussageabsicht und Theologie biblischer Texte, vor allem aber ganzer biblischer Bücher, in der konkret vorliegenden Gestalt mit jenen literaturwissenschaftlichen Methoden, die für die entsprechende Textgattung adäquat sind. Ziel ist ein für den jeweiligen Text bzw. das jeweilige Buch spezifisches textimmanentes Verständnis zur Erhellung der „Welt des Textes" als solchem. Dazu werden aus der Literaturwissenschaft bekannte Analysewege für Erzählungen und Gedichte, in der neutestamentlichen Exegese auch für Briefliteratur, angewendet. Einer der bedeutendsten Wegbereiter für diese neue Exegesetradition ist Brevard S. Childs.

■ Beispiele zur Neueren Literarkritik siehe in Kapitel 5.2.

- *Kanonische Exegese*: Diese verfolgt dasselbe Anliegen wie die Richter-Schule und die Neuere Literarkritik, geht aber über beide insofern noch hinaus, als sie zusätzlich nach dem Kontext einzelner Texte und Schriften im biblischen Kanon* fragt. Der Kanon wird als Produkt einer

Glaubensgemeinschaft ernst genommen, das so eine Sinnkonstitution darstellt, die das Verständnis der Einzeltexte entscheidend mitbestimmt.
Kanonische Exegese setzt daher bei der Erhebung von Strukturprinzipien in der Anordnung der Schriften sowie der Herstellung von innerbiblischen Beziehungen an. Dadurch kann nicht nur das einzelne Textverständnis, sondern auch die Funktion der biblischen Texte für die jeweilige Glaubensgemeinschaft besser erhellt werden. Im deutschen Sprachraum hat sich dieser Zugang vor allem durch Erich Zenger etabliert.

■ Beispiele

a) Die Anordnung der Einzelpsalmen im Psalmenbuch bewirkt eine Dynamik von der Klage hin zum Lob; dieser Dynamik entspricht gleichzeitig der Aufbau vieler Einzelpsalmen. Dies lässt Rückschlüsse auf die Funktion der Psalmen für die Glaubensgemeinschaft zu.
b) Ps 111 und Ps 112 sind parallel aufgebaut. Was in Ps 111 über Gott gesagt wird, gilt in Ps 112 analog für Menschen, die sich entsprechend verhalten.

☞ Verständnisfragen

Was ist das zentrale Anliegen aller literaturwissenschaftlich geprägten Zugänge? Worin liegt das Besondere an der kanonischen Bibelauslegung?

🕮 Literatur

DOHMEN – STEMBERGER, *Hermeneutik*, 174f; KSELMAN – SUELZER, Old Testament, 1127–1129; KSELMAN – WITHERUP, New Testament, 1144f; SCHWEIZER, *Biblische Texte*, 24–48.

3.2.2 Leserorientierte Ansätze

Diese Zugangsweisen gehen davon aus, dass biblischen Texten nicht eine richtige und gültige Bedeutung zukommt, sondern dass sie prinzipiell offen sind für mehrere „zutreffende" Deutungen. Jede Leserin und jeder Leser muss vielmehr fragen, was der Text ihr oder ihm zu sagen hat. Durch den Akt des Lesens wird der Leser selbst Bestandteil des Textverständnisses. Begründet werden solche Ansätze entweder sprachphilosophisch (postmoderne Bibelkritik) oder spirituell-existenziell (Kontextuelle Exegese).

Der Leser bestimmt die Aussage des Textes mit

- *Postmoderne Bibelkritik*: Die Vertreter dieser Richtung knüpfen an das philosophische Programm der Dekonstruktion an, das vor allem durch Jacques Derrida bekannt geworden ist. Dekonstruktion ist nicht im eigentlichen Sinn eine Methode, sondern ein Programm, eine Einstellung. Derrida geht davon aus, dass sowohl das gesprochene als auch das geschriebene Wort niemals eindeutig und damit klar definierbar, sondern immer mehrdeutig und offen sind. Gerade deshalb ist Dekonstruktion kein von außen an eine Schrift herangetragenes Phänomen, sondern ein in der Schrift selbst von vornherein angelegtes. Adäquate Sinnwiederholungen durch ein und dasselbe Wort sind nicht möglich, weil ein Wort, das wiederholt wird, in einem

neuen Kontext vorkommt und daher einen neuen Sinn annimmt. Deshalb entzieht sich jedes Wort – und damit auch die Sprache und Schrift – jeglicher Systematisierung, Wertsetzung, Sinnzuschreibung und Definition. Dieser Ansatz bedingt, dass jede Leserin und jeder Leser eines Textes diesem einen je subjektiven und für sie oder ihn momentan gültigen Sinn zuschreiben.
Übertragen auf biblische Texte heißt dies, dass auch ihnen nicht prinzipiell irgendein Sinn zukommt, sondern die Leserinnen und Leser ihnen im Lesen einen für sie momentan gerade passenden Sinn abgewinnen.

■ Beispiele:
Ps 139,7–12 wird meist als schützende Allgegenwart und fürsorgliche Begleitung Gottes aufgefasst und als Motivation zu Hoffnung und Zuversicht gedeutet. In einer Stimmung von Verfolgungsangst kann man diese Aussagen aber auch im Sinne eines Gottes deuten, der einen nie und nirgends in Ruhe lässt und heimtückisch aufstöbert.
Ps 23,1f („Der Herr ist mein Hirte, nichts wird mir fehlen. Er lässt mich lagern auf grünen Auen und führt mich zum Ruheplatz an Wassern") wird auch meist als Schutz und Fürsorge Gottes verstanden; liest man diese Passage jedoch aus der Perspektive eines Lammes in der Nähe des Jerusalemer Tempels, das noch gemästet wird, bevor es zur Schlachtbank geführt wird, und legt dies dann auf Gottes Handeln am Menschen um, so sieht es völlig anders aus.
Dekonstruktion in so verstandener Reinform wird fast nie auf biblische Texte angewandt. Dennoch kann sie vom Ansatz her dazu mahnen, nicht allzu selbstverständlich von „einzig richtigen" Bibelinterpretationen auszugehen, eine gewisse Offenheit der Texte zu akzeptieren und die Funktion der Leserinnen und Leser bei der Sinnkonstruktion der Texte nicht zu unterschätzen.

- *Kontextuelle Exegese* (→ 5.2): Auch diese Auslegungsweisen orientieren sich am Kontext der Leserinnen und Leser, d. h. sie gehen davon aus, dass die Auslegung eines Textes immer durch die Mentalität und die persönliche, soziale, wirtschaftliche und politische Situation der Rezipienten geprägt ist und sein muss. Die Bibel hat für jeden Menschen in jeder Situation eine Botschaft, die ihm Kraft, Halt und Orientierung zu geben vermag. In diesem Sinn ist sie ein unendlicher Quell, aus dem immer wieder neu geschöpft werden kann. Von den kontextuellen Zugängen zur Bibel sind vor allem der befreiungstheologische, der feministische und der psychologische bekannt geworden.

■ Beispiele dazu siehe in Kapitel 5.2.

☞ Verständnisfragen
Was sind die zentralen Anliegen der leserorientierten Ansätze? Was „dekonstruiert" die Dekonstruktion?

■ Literatur
ADAM, *Postmodern*, 27–43; CULLER, *Dekonstruktion*; Päpstliche Bibelkommission, *Interpretation*, 118–122; ZIMA, *Ästhetik*, 315–338.

3.2.3 Kultur- und sozialhistorisch geprägte Ansätze

Diese Zugänge bringen die biblischen Texte mit den Ergebnissen der Archäologie, der Geschichts- und Altertumswissenschaften, der Religionswissenschaft etc. in Zusammenhang, um so den Raum, die Umwelt, die Kultur, Soziologie und Lebensweise möglichst genau rekonstruieren zu können, in denen die einzelnen Bibeltexte entstanden und verankert sind (→ Kapitel 6). Durch solches Hintergrundwissen soll ein adäquateres Verständnis der Schriften selbst gefördert werden. So haben zum Beispiel die Erforschung des Judentums in griech.-röm. Zeit sowie die Auseinandersetzung mit außerbiblischer apokalyptischer und gnostischer Literatur zur Erklärung und Einordnung der „Jesusbewegung" entscheidende Impulse geliefert.
Außer den in Kap. 6 beschriebenen Zugängen ist unter diesen Ansätzen vor allem noch die sozialwissenschaftliche Exegese (vgl. 5.2.4) von großer Bedeutung.

☞ Beispiele und Verständnisfragen: Siehe Kap. 6.

🕮 Literatur:
KSELMAN – SUELZER, *Old Testament*, 1127–1129; KSELMAN – WITHERUP, *New Testament*, 1144 f.

4. Kapitel

Die historisch-kritische Methode

Textkritik und Textabgrenzung (→ 1.1) sind die Grundlage für alle folgenden Methodenschritte. Unter dem Stichwort „historisch-kritische Methode“ (→ 3.1.7) wird eine Reihe von Auslegungsarten biblischer Schriften zusammengefasst. „Historisch“ ist die Methode, weil sie von der Überzeugung ausgeht, dass biblische Texte eine Entwicklung durchmachen, in denen das überlieferte Material immer wieder verfeinert wird. „Kritisch“ ist die Methode, weil sie die Texte analytisch und vergleichend betrachtet.

Diese Analyse wird *diachron** genannt, vom griechischen Wort für „durch die Zeit hindurch“ her. Ein Text hat also eine Geschichte, die sich im Text verfolgen lässt. Als mögliche Stationen dieser Geschichte kommen viele verschiedene Elemente zusammen, die individuell und gemeinsam Einfluss auf einen Text nehmen können: mündliche Überlieferungen, schriftliche Überlieferungen, die Theologie und Liturgie einer Gemeinde, in der Texte entstehen, die Arbeit eines Redaktors*, der die verschiedenen Elemente gut oder weniger gut zusammenfügt. Bei manchen Texten ist auch denkbar, dass sie in unterschiedlichen „Auflagen“ oder Editionen entstanden sind. Altes wird aufgenommen, neu gesagt und uminterpretiert.

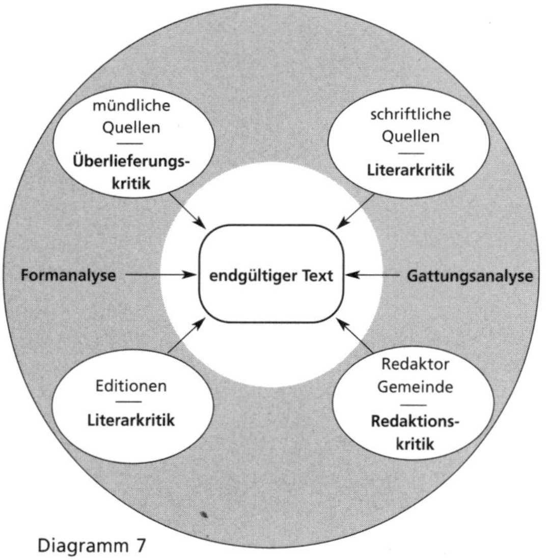

Diagramm 7

Für die vermuteten historischen Stationen eines biblischen Textes sind verschiedene Methoden entwickelt worden, die untereinander zusammenhängen. Erst mit mehreren von ihnen kann man versuchen, die mögliche Geschichte eines biblischen Textes zu erheben. Den Zusammenhang von verschiedenen Schritten der historisch-kritischen Methode mit der Entstehungsgeschichte eines Textes zeigt das Schaubild.

Die Stationen dieser Textgeschichte werden mit verschiedenen Methoden analysiert: Überlieferungskritik betrachtet mündliche Quellen, Literarkritik schriftliche Quellen sowie deren mögliche Editionen, Redaktionskritik entschlüsselt die Arbeit eines Redaktors oder einer Gemeinde. Form- und Gattungsanalyse dienen als Hilfen und Hintergrund, mit denen die den einzelnen Entstehungsstadien zuzuordnenden Elemente erhoben werden.

Die historisch-kritische Methode wurde anfänglich mit sehr viel Enthusiasmus als ein mögliches Fenster auf die Frühgeschichte christlicher Gemeinden und den historischen Jesus betrachtet. In neuerer Zeit macht sich aber immer mehr Skepsis bis hin zur völligen Ablehnung breit. Einige der Grundvoraussetzungen dieser Methode lassen sich heute nicht mehr durchhalten. Der bleibende Wert der Methode liegt vielleicht weniger in den verschiedenen Modellen zur Textentstehung als in der grundsätzlichen Aufmerksamkeit für die Geschichte hinter den Texten. Die Form- und Gattungsanalyse ist immer noch außerordentlich wichtig, wenn auch heute oft im Kontext der → Neueren Literarkritik (Kap. 5).

4.1 Formanalyse

Ein Text besteht aus sprachlichen Grundelementen, die sich – ähnlich der schon erarbeiteten Abgrenzungsverfahren für Texteinheiten in der Bibel – voneinander trennen lassen. Dies kann auf der Ebene von Lauten, Worten, Phrasen oder Sätzen geschehen. Solche Grundelemente werden Formen* genannt. Sie gliedern und erzeugen gleichzeitig den Zusammenhalt eines Textes. Die Formanalyse erhebt aus dem Text diese sprachlichen Einheiten, um einen Vergleich verschiedener Texte zu ermöglichen.

Aufgabe und Sinn
: Die Identifikation und Abgrenzung strukturierender Textelemente auf der Ebene von Lauten, Wörtern, Phrasen und Sätzen

Wahrnehmungsparallelen
: Ein Haus besteht aus vielen verschiedenen Teilen: Wänden, Türen, Fenstern, Decken, Dach. Gemeinsam sind sie das Haus, aber die genaue Kenntnis der Teile hilft auch zur intensiveren Wahrnehmung und Wertschätzung des Hauses.

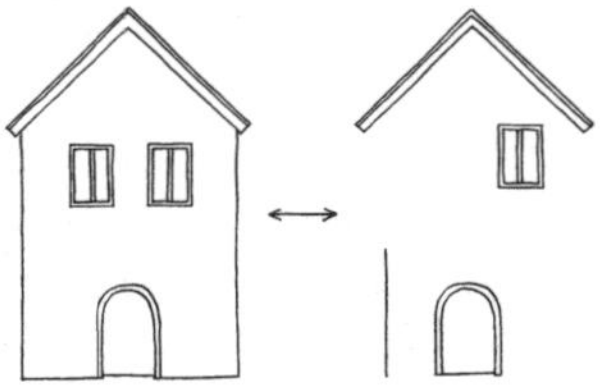

Kriterien
- Lautebene:
  - Gleichklänge (Alliterationen* und Assonanzen*)
  - Reime
  - metrisch-rhythmische Elemente
- Wortebene:
  - häufig oder selten gebrauchte Wörter
  - für den Autor typische Wortverbindungen
  - gehäuft vorkommende Wortarten, z. B. Konjunktionen und Partikel
- Satzebene:
  - Satzarten (Hauptsätze, Nebensätze, Verschachtelungen)
  - Verbindung der Sätze untereinander
- Größere Texteinheiten:
  - Konstruktionen und Begriffe, die den Zusammenhalt einer größeren Einheit bewirken
  - rhetorische Stilmittel: Parallelführungen*, Kontraste, Umkehrungen
- Vergleich mit anderen Einheiten innerhalb des Gesamtwerkes
  - auffällige Besonderheiten
  - Übereinstimmungen

Anwendung
: auf jeden Text anwendbar; für die historisch-kritische Methode grundlegend

Schwierigkeiten
- Diese Analysen werden zwar an Einzeltexten vorgenommen, verlangen aber eine große Vertrautheit mit dem gesamten Werk und mit der Vielfalt von Formen
- Größere Elemente lassen sich an Übersetzungen zeigen, kleinere Elemente oft nur in der Originalsprache.

Ergebnis
- Es werden die Elemente freigelegt, die in weiteren Analysen ausgewertet werden können.
- Bei sehr stark auffälligen Unterschieden zwischen verschiedenen Texten kann auf ein unterschiedliches Stadium in der Entstehungsgeschichte geschlossen werden.

■ Beispiele (jeweils wechselnd für AT und NT)
Lautebene: Diese Elemente lassen sich meist nur in der Originalsprache nachweisen. In Ex 3f siehe die Alliterationen* unter 1.3.2.
In Lk 4,16–30 gibt es keine auffälligen Elemente, jedoch sind die Seligpreisungen des Matthäusevangeliums (5,3–9) ein markantes Beispiel: Neun Mal beginnt ein Satz mit *makarioi* (selig). Außerdem benutzt Matthäus ausgedehnte p-Alliterationen: *makarioi hoi* p*tōchoi tō*p*neumati*... *makarioi hoi* p*enthountes*... *makarioi hoi* p*raeis*... *makarioi hoi* p*einōntes*... (‚Selig die Armen im Geiste... Selig die Trauernden... Selig die Niedrigen... Selig, die hungern...‘).
Wortebene: In Ex 3,7–22 stechen die wiederholten Zeitwörter ‚sehen, senden, glauben, reden‘ (→ 1.2.1) sowie die häufigen Vorkommen von Ägypten bzw. Israel (→ 1.4.1) heraus.
In Lk 4,16–30 benutzt Lukas das Wort *kai* (‚und‘) als Hauptgliederungsmittel für seinen Text. Gleichzeitig sind Wörter aus dem Wortfeld von *erchomai* (‚gehen‘) sehr wichtig; in verschiedenen Formen und Zusammensetzungen gliedern sie den Text, sehr deutlich am Anfang in v16 mit *eisēlthen* (‚er ging hinein‘) und am Ende in v30 mit *dielthōn* (‚hindurchgehend‘).
Satzebene: Diese Analyse ist auch an genauen Übersetzungen möglich. In Ex 4,2–7 entsteht durch viele kurze Sätze ein schneller Rhythmus, der einen drängenden Eindruck erweckt.
In Lk 4,16–30 fällt eine Aneinanderreihung von Hauptsätzen auf, bedingt durch den häufigen Gebrauch von *kai*. Weiters fällt in den Beispielen von Elija und Elischa (v25–27) auf, wie stark Lukas hier parallelisiert*: Beide Beispiele bringen dieselbe Konstruktion mit denselben Wörtern: „Es gab viele... Aber (zu) keiner (keinem)... außer...“ Die Wiederholung der Struktur lässt den Vorwurf stärker hervortreten und unterstreicht die Wirkkraft des Argumentes Jesu. Für Parallelführungen als Stilmittel hebräischer Poesie → 1.3.2.
Textebene: In Ex 3,4 – 4,17 ist der Großteil als Wechselrede gestaltet. Es handelt sich also um eine lange Auseinandersetzung im Gespräch zwischen Jahwe und Mose.
Auf der Wort- und Satzebene wird schon deutlich, wie Lk 4,16–30 zu einer Einheit wird, indem verschiedene Elemente eine einheitliche Struktur schaffen: Der sich wiederholende Gebrauch von *kai* führt zu einem Text, der stark mit Hauptsätzen arbeitet. Die Wiederholungen in den Beispielen unterstreichen den Zusammenhalt, während sich die Wörter aus dem Feld „gehen“ wie ein Rahmen um die Erzählung legen.
Als Ergebnis der Formanalyse ergibt sich ein Überblick über die sprachlich-strukturellen Merkmale eines Textes. Argumentationsgang und Erzählelemente werden aufgedeckt. So wird die Formanalyse zum Grundstein für weitere Wege der Deutung.

✍ Übungen
AT Wo sind Selbstaufforderungen (Vorhaben in 1. P. Plural) in Gen 11? Welchen Kontrast zeigen sie?
NT Betrachten Sie die formalen Elemente in Mt 12,38–45: Welche Wörter werden immer wieder verwendet und welche Funktion haben sie im Textganzen? Welche Konstruktionen sind auffällig?

📖 Literatur
Die Kommentarreihe „Forms of Old Testament Literature“ für das AT; Lohfink, *Jetzt*; Berger, *Formgeschichte*.

4.2 Gattungsanalyse

Die Gattungsanalyse beginnt mit dem in seiner Form* analysierten Text. Sie folgt der Einsicht, dass viele Texte sich in den Grundstrukturen ähneln, da sich bestimmte Merkmale wiederholen. Verwandte Themen und Situationen, Aktionen und Intentionen von Texten führen zu ähnlichen Strukturformen. Solche Texte werden in Gattungen* zusammengefasst. Beispiele für Gattungen in der Bibel sind Heilungswunder, Gebete, Streitgespräche, Gleichnisse, Briefe, Sprichwörter, Apokalypsen und vieles andere mehr. Hilfreich ist manchmal die Unterscheidung zwischen Kleingattungen, die kleine Texteinheiten betreffen, und Großgattungen. So ist Phil 2,6–11 der Kleingattung „Hymnus“ innerhalb der Großgattung „Brief“ zuzuordnen.

Aufgabe und Sinn	• Zuordnung biblischer Texte zu literarischen Gattungen • Vergleich der Texte in Gemeinsamkeiten wie Unterschieden zu den Gattungen
Wahrnehmungsparallelen	Die einzelnen Teile eines konkreten Hauses können zusammen gruppiert werden, weil wir Vorkenntnisse haben. Wir wissen, was ein Fenster oder eine Tür ist. Deshalb erkennen wir Fenster und Türen am konkreten Haus. Das hilft dann auch, die konkrete Gestaltung einzelner Fenster oder Türen besonders wahrzunehmen und z. B. in ihrer Funktionalität oder Schönheit zu beurteilen.
Kriterien	• Voraussetzung: abgeschlossene Formanalyse • Zuordnung des Textes zu einer Gattung • Analyse der in der Gattung üblichen Elemente auf ihr Auftreten im konkreten Text • Vergleich mit anderen Texten der Gattung auf Gemeinsamkeiten und Unterschiede • Herausarbeitung der individuellen Ausarbeitung des biblischen Textes
Anwendung	grundsätzlich auf jeden Text
Schwierigkeiten	• mögliche Vermischung von Gattungen • Kriterien eines Gattungsvergleiches nicht immer eindeutig • Kenntnis auch außerbiblischer Gattungen erforderlich
Ergebnis	• literarkritischer Vergleich • literaturgeschichtliche Einordnung

■ Beispiele

AT Ex 3f greift auf mehrere Klein- und Großgattungen zurück: Eingangs (3,1–6) finden sich viele Epi- bzw. Theophanie*-Elemente, wie sie auch bei anderen Gotteserscheinungen begegnen. Ab 3,4 beginnt ein Zwiegespräch, das zusätzlich nach dem Berufungsformular sowie dem Schema von der Entsendung des Retters (→ 1.2.1) gestaltet ist. Manche haben in 3,2–5 auch die Ätiologie* (vom griech. *aitia*: ‚Grund, Ursache‘; Erzählung, die erklärt, warum etwas so ist) für einen Kultort sehen wollen.

NT Lk 4,16–30 wird oft, Rudolf Bultmann folgend, als biografisches Apophthegma* bezeichnet. Apophthegmata, in der Fachliteratur auch Chreia* genannt, sind eine Kleinform, in der eine Geschichte biografischen Charakters erzählt wird, die immer ein kleines Gespräch enthält und mit einem kurzen, prägnanten und oft witzigen Spruch des Protagonisten als Höhepunkt endet. Mit den beiden Sprichwörtern in Lk 4, 23.24 sind diese prägnanten Sätze gegeben, und der biografische Charakter ist klar. Allerdings ist auch deutlich, dass Lukas die eigentlich kurze Gattung stark ausbaut, und zwar durch die Doppelung des prägnanten Satzes, durch die beiden profetischen Beispiele und durch den Schluss auf dem Berg, der den prägnanten Satz als Höhepunkt ersetzt. Sehr viel näher an der Gattung ist das biografische Apophthegma Lk 10,38–42, in dem Jesus die Begegnung mit Marta und Maria durch einen kurzen Spruch auf den Punkt bringt. Gattungen können auch vermischt werden. In Mk 2,1–12 wird eine Wundererzählung mit einem Streitgespräch verknüpft.

☞ Hinweise und Diskussion
In neuerer Exegese wird oft zwischen Formanalyse und Gattungsanalyse unterschieden, obwohl beide Methoden einen gemeinsamen Ursprung in der formgeschichtlichen Methode besitzen, wie sie von Rudolf Bultmann, Martin Dibelius und Heinrich Albertz zu Beginn des 20. Jahrhunderts geprägt worden ist. Diese Forscher untersuchten die Formen und Gattungen biblischer Texte auf deren Rückführbarkeit auf mündliche und schriftliche Traditionen* hinter den vorliegenden Texten. Gleichzeitig ordneten sie diese Traditionen einer bestimmten sozialen Situation in einer Gemeinde zu. Dies nennt man den „Sitz im Leben"* der Texte. So haben prägnante mündliche Elemente ihren Sitz im Leben in der Predigt. Dahinter stand die Annahme, dass eine wenig ausgeschmückte Kleingattung, wie z. B. eine Wundergeschichte, älter ist als eine weit ausgeschmückte. Die formgeschichtliche Schule machte es sich zum Anliegen, diese Urformen von Erzählungen freizulegen und somit die ältesten Schichten der Traditionen hinter den überkommenen Texten zugänglich zu machen. Damit wurde diese Methode zur Grundlage der historisch-kritischen Methode.
Momentan befindet sich die Gattungsanalyse aus mehreren Gründen in einer Phase der Neuorientierung. Das traditionsgeschichtliche Anliegen hat sich auf Dauer nicht durchsetzen können. Die Analyse von Gattungen ist immer noch aktuell, wenn auch nun unter literarischen Gesichtspunkten. Die Erforschung der Gattungen in antiker Literatur ist stark im Umbruch und wird immer differenzierter. Damit hängt auch zusammen, dass die Kriterien für den Vergleich von Gattungen umstritten sind. Somit ist gerade hier ein offenes Feld für neuere Forschungen.

✍ Übungen
AT Zu welcher Gattung gehört Gen 11,1–9? Achten Sie besonders auf v9!
NT Bestimmen Sie die Gattung von Mt 12,38–45!

🕮 Literatur: Berger, *Formgeschichte*; Lausberg, *Handbuch*.

4.3 Überlieferungskritik und Literarkritik

Die aus der Form- und der Gattungsanalyse gewonnenen Texteinheiten können nun mithilfe der Überlieferungs- und Literarkritik interpretiert werden. Die Überlieferungskritik unternimmt eine Zuordnung solcher Einheiten zu einer mündlichen Tradition, während die Literarkritik sie mit einer schriftlichen Tradition verbindet. Beide Methoden sind einander sehr ähnlich und werden deshalb oft unter den Stichworten „Traditionsanalyse" oder „Quellenkritik" zusammengefasst. Dabei geht man davon aus, dass kleine Texteinheiten oft unabhängig von den Großgattungen früher existierten und erst nachträglich eingearbeitet wurden. Da beide

Methoden in den Grundschritten übereinstimmen, kann ein gemeinsamer Steckbrief entworfen werden.

Aufgabe und Sinn	Untersuchung des Textes auf • mögliche Verarbeitung von Quellen • Vorgehensweisen im Gebrauch von Quellen
Wahrnehmungsparallelen	Ein Haus weist Details auf, die auf sein Alter und seine Geschichte schließen lassen: ein klassizistischer Fensterrahmen, ein barockes Portal, ein moderner Anbau. Ebenso gibt es in Texten Elemente, die von der Geschichte des Textes erzählen.
Kriterien	Zuordnung zu Quellen durch: • Untersuchung auf Abweichungen vom Kontext • Vergleich verschiedener Kleingattungen auf gleiches oder ähnliches Material • Untersuchung ähnlichen Materials auf mögliche literarische Abhängigkeiten • Versuch der Rekonstruktion des früheren Textes
Anwendung	jeder biblische Text
Schwierigkeiten	• andersartiger Umgang mit Quellen in antiker Literatur • verlangt teilweise hypothetische Konstruktionen in der Entstehungsgeschichte von Texten • stark spezialisierte Untersuchung
Ergebnis	• ein Bewusstsein für die Traditionen hinter einem Text • eine mögliche Entstehungsgeschichte eines Textes

■ Beispiele

AT Ex 3f gehört zu den klassischen Texten für die atl. Quellenscheidung im Pentateuch. Z.B. teilt SCHMIDT, *Exodus*, 106–110, 3,5.7f.16f dem Jahwisten* J, 3,6.9–15 dem Elohisten* E zu. – Doch wurde die Annahme solcher selbstständiger Quellen in jüngerer Zeit mehr und mehr fraglich.

NT In Lk 4,16–30 finden sich zwei Sprichwörter (v23–24). Sprichwörter stammen zumeist aus mündlichem Gebrauch. So ist es denkbar, dass die beiden Sprichwörter schon vor Lukas auf Jesus angewandt worden sind, wahrscheinlich in mündlicher Überlieferung. Zudem weist die Geschichte einige Berührungspunkte mit Mk 6,1–6 auf. Allerdings ist Lukas ausführlicher. Dies legt nahe, dass Lukas die markinische Geschichte von der Ablehnung Jesu in Nazaret kannte und sie weiter ausbaute, indem er sie mit alttestamentlichen Hinweisen versah, mündliche Traditionen einbaute und an den Beginn des öffentlichen Wirkens Jesu in Galiläa stellte. Darauf weist auch die kuriose Bemerkung über das Auftreten Jesu in Kafarnaum hin (4,23), obwohl Jesus im bisherigen Erzählverlauf nach Lukas dort noch nicht aufgetreten ist.

Der Vergleich von Jud 3–16 und 2 Petr 2 zeigt, dass beide Texte Gemeinsamkeiten in Struktur und Inhalt haben: eine Warnung gegen Irrlehrer (Jud 3–4; 2 Petr 2,1–3), Beispiele aus dem Alten Testament (Jud 5–7; 2 Petr 2,4–10a), die Verurteilung der Gegner (Jud 8–16; 2 Petr 2,10b-22). Außerdem sind einige Wörter gemeinsam, darunter auch ausgefallene Vokabeln. Dies legt nahe, dass einer vom anderen abgeschrieben hat. Wenn man jetzt noch bedenkt, dass in 2 Petr die Beispiele aus dem AT viel geordneter sind, dann erscheint Jud als Quelle für 2 Petr. Der Autor von 2 Petr hat das Material geordnet und dann noch das theologische Thema des Erbarmens Gottes gegenüber den Gerechten entwickelt. Somit ist nicht nur die Frage der Quelle gelöst, sondern auch schon der Umgang mit der Quelle angedeutet.

☞ Hinweise und Diskussion

4.3.1 Umgang mit Quellen

In Büchern ist man gewohnt, Angaben zu Quellen zu finden. In Aufsätzen und Seminararbeiten ist es üblich, genau anzugeben, wen man wie zitiert. Selbst für Ideen anderer Autoren ist eine solche Quellenangabe eine Selbstverständlichkeit. In antiken Texten findet man einen solchen Umgang mit Quellen nicht. Das heißt natürlich nicht, dass keine Quellen verwendet wurden. Aber Anführungszeichen und Fußnoten fehlen.

Dieser andere Umgang der antiken Literatur mit ihren Quellen macht natürlich ihr Auffinden sehr viel schwieriger, als es bei einem modernen Buch der Fall ist. Allerdings gibt es in den meisten Bibelübersetzungen Randverweise auf andere biblische Stellen, mit denen sich eine Beziehung zeigen lässt. Bei einzelnen Begriffen hilft das Nachschlagen in einer Konkordanz* weiter.

Das Anliegen einer solchen Untersuchung bleibt, die Weise des Umgangs eines Autors mit seinen Quellen zu beschreiben: Gab es eine Quelle? Was hat die Quelle gesagt? Wie wurde sie benutzt? Was könnte diese Quelle wohl gesagt haben? Welche Beziehung zwischen Quelle und Text gibt es: Hat der Autor die Quelle einfach übernommen? Hat er sie geändert? Hat er sie vielleicht gar nicht verstanden oder so gut verstanden, dass er ihren Gedankengang weiterführen konnte?

Lukas ist der einzige Autor des Neuen Testamentes, der in seinem Werk berichtet, dass er in größerem Rahmen Zugang zu Quellen gehabt hat. Im Vorwort zum Lukasevangelium schreibt er (1,1–4):

Da es nun schon viele unternommen haben, einen Bericht von den Ereignissen zu verfassen, die sich unter uns zugetragen haben, 2wie sie uns die überliefert haben, die von Anfang an Augenzeugen und Diener des Wortes gewesen sind, 3hat es auch mir gut geschienen, der ich allem von Anfang an genau gefolgt bin, es dir, hochedler Theophilus, der Reihe nach zu schreiben, 4damit du die Zuverlässigkeit der Dinge erkennst, in denen du unterrichtet worden bist.

Lukas gibt hier gleich mehrere Hinweise auf von ihm benutzten Quellen: Er schreibt, dass er alles von Anfang an verfolgt habe. Damit kennt er also schriftliche Dokumente, die schon vor dem Lukasevangelium bestanden. Außerdem behauptet er auch, die Augenzeugenberichte und die Berichte, vielleicht Predigten, der Diener des Wortes zu kennen. Aus diesen verschiedenen Quellen also richtet er sein Evangelium ein.

4.3.2 Das synoptische Problem

Das wohl bekannteste literarkritische Problem des NT ist das Verhältnis der Evangelien des Matthäus, des Markus und des Lukas. Wenn man sie nebeneinander legt und zusammen anschaut (griechisch: *synoptisch**), stellt man fest, dass der Aufbau der Erzählung in etwa gleich ist, viele Geschichten und Sprüche in den drei Evangelien nicht nur denselben Inhalt haben,

sondern oft auch im Wortlaut miteinander übereinstimmen (→ Beispiel 4.4). Daneben gibt es Material, das zwar im Markusevangelium fehlt, das aber Matthäus und Lukas gemeinsam ist. Es scheint also zwischen diesen drei Evangelien eine literarische Beziehung zu geben. Die Frage ist, wer hat wem als Quelle gedient?
Die Forschung ist hier sehr kompliziert und die Forscher sind sich nicht einig. Trotzdem gibt es eine Mehrheitsmeinung, die Zwei-Quellen-Theorie*: Es scheint, dass Matthäus und Lukas das Evangelium des Markus gekannt haben. Daneben kannten beide auch noch ein anderes Dokument. Dieses wird meist mit Q* bezeichnet, als Abkürzung für Quelle. Außerdem haben beide Eigenmaterial verwendet, das mit M und L abgekürzt wird. Als wenig akzeptierte Alternative wird die Griesbach-Hypothese* diskutiert. Hier wird angenommen, dass Matthäus die Quelle für Lukas und Markus war, Markus aber Lukas auch gekannt hat. Dies lässt sich auch grafisch darstellen:

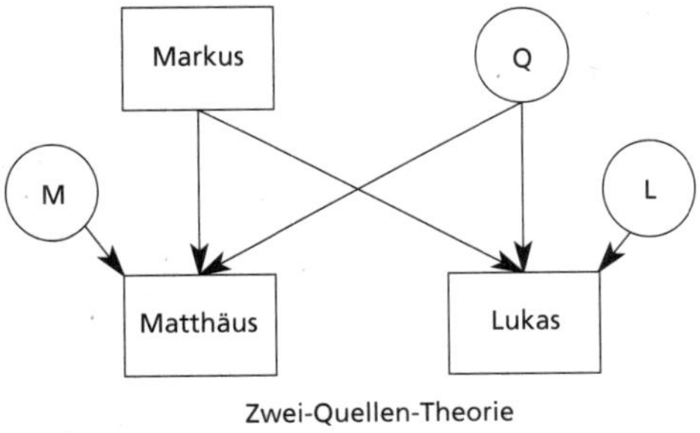

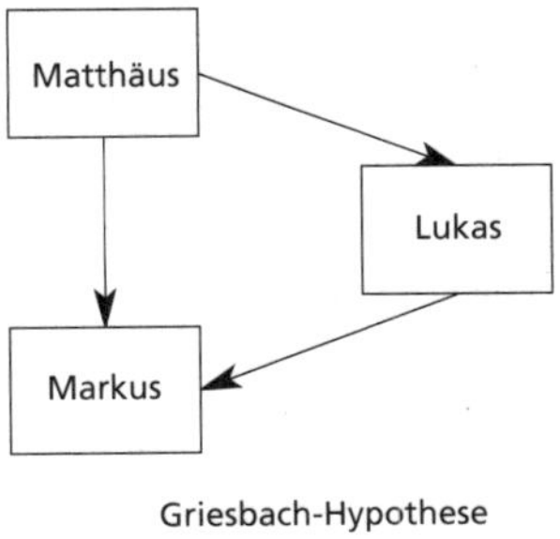

Diagramm 8

✍ Übungen

AT 2 Chr 36,11–16 greift auf 2 Kön 24,18–20 zurück. Welche Unterschiede können Sie erkennen?

NT Vergleichen Sie Mt 12,38–45 mit den Parallelstellen Mk 8,11–12 und Lk 11,29–32.24–26!

🕮 Literatur: SÖDING, *Wege*, 190–207.

4.4 Redaktionskritik

Die Redaktionskritik ist die Kehrseite der Überlieferungs- und Literarkritik. In der Redaktionskritik geht es um die literarische Arbeit, die die verschiedenen Traditionen zu einem literarischen Ganzen zusammenwachsen lässt. Die Redaktionskritik entstand als Gegenbewegung zur Form- und Gattungsanalyse aus dem Anliegen heraus, die Gesamtaussage des endgültigen Textes zu erheben. Der Name dieser Methode leitet sich aus der Annahme ab, dass die Formen und Traditionen von jemandem gleichsam redaktionell zu einem endgültigen Text zusammengestellt wurden. Dabei kann sowohl ein einzelner Redaktor* wie auch die Theologie einer ganzen Gemeinde Einfluss ausgeübt haben.

Methodisch teilte sich die Redaktionskritik sehr schnell in zwei verschiedene Richtungen. Eine Richtung, die den Namen Redaktionskritik beibehielt, konzentrierte sich auf die Einzelanalyse von kürzeren Perikopen. Eine zweite Richtung namens Kompositionskritik betrachtet ein biblisches Buch als ganzes. Beide Richtungen ergänzen sich gut und bieten Kriterien der gegenseitigen Kontrolle einzelner Forschungsergebnisse.

Aufgabe und Sinn

- Erhebung der theologischen und literarischen Schwerpunkte des endgültigen Textes im Vergleich mit dessen Quellen
- Ableitung der theologischen Anliegen, der Prinzipien und Ziele eines Redaktors und einer Gemeinde

Wahrnehmungsparallelen

Ein neues Haus in einer Häuserzeile offenbart die künstlerische Hand eines Architekten durch den gesamten Entwurf wie auch durch die Einarbeitung schon vorhandener Elemente in ein harmonisches Ganzes. Texte eröffnen die Hand des Redaktors und der Gemeinde dahinter, die aus Traditionen ein literarisches Ganzes schöpfen.

Kriterien

Vergleich mit dem Text zu Grunde liegenden Quellen:

- auf der Ebene des Textes: Welche Besonderheiten lassen sich nicht den Quellen zuweisen? Mit welchen Wörtern, Phrasen und Sätzen werden die Quellen verändert? Werden Widersprüche aufgelöst?
- auf der Ebene des Kontextes: Welche Zusammenhänge stellt der Redaktor mit anderen Stellen her? Wird die Geschichte in eine besondere Situation versetzt? Werden handelnde Personen verändert? Gibt es einen die einzelne Textstelle übergreifenden Zusammenhang?
- auf der Ebene der Form: Wird die Quelle erweitert oder verkürzt? Werden Parallelen geschaffen? Wird durch den Einbau von wiederkehrenden Phrasen oder Wörtern ein größerer Zusammenhalt der Geschichte erreicht?

Anwendung

Grundsätzlich lässt sich die Methode auf alle Texte anwenden, allerdings wird sie im NT vor allem in der Evangelienforschung benutzt.

Schwierigkeiten

Voraussetzung ist eine Erhebung der Quellen und Traditionen hinter dem Text

Ergebnis

- theologische Schwerpunkte eines Redaktors oder einer Gemeinde
- sprachliche und strukturelle Besonderheiten in der Zusammenfügung des Textes
- Erfassung eines Buches als literarische und theologische Einheit
- synthetisierende Interpretation eines Gesamtwerkes

■ Beispiele

AT Ex 3f verweist mehrfach auf größere kompositionelle Zusammenhänge. Es beginnt in 3,1 mit der Benennung des Gottesberges als „Horeb“, wie sie vor allem in Dtn begegnet (Dtn 1,2.6 und öfter). Auch die enge Übereinstimmung von 3,5 mit Jos 5,15 stellt Fragen: Welche Stelle ist von der anderen abhängig und was bedeutet die Übernahme? – Das Zeichen in 3,12 betrifft die zukünftige Verehrung des Volkes am Gottesberg, nimmt also bereits die Sinaitexte (ab Ex 19) in den Blick. In ähnlicher Weise hängen 3,18 mit Ex 5 und 3,19–22 mit Ex 7 – 12 zusammen.

In allen diesen und vielen weiteren Fällen werden Verbindungen sichtbar, die – bei Annahme von vorausliegenden Quellen – mit redaktionellen Vorgängen erklärt werden.

NT Auf dem Hintergrund der Zwei-Quellen-Theorie kann man in Lk 4,16–30 lukanische Schwerpunkte durch den Vergleich mit Mk 6,1–6a herausfinden:

Lukas 4: [16]Und er kam nach Nazaret, wo er erzogen worden war; und er ging nach seiner Gewohnheit am Sabbattag in die Synagoge und stand auf, um vorzulesen. [17]Und es wurde ihm das Buch des Profeten Jesaja gereicht; und als er das Buch aufgerollt hatte, fand er die Stelle, wo geschrieben war: [18]„Der Geist des Herrn ist auf mir, weil er mich gesalbt hat, Armen gute Botschaft zu verkündigen; er hat mich gesandt, Gefangenen Freiheit auszurufen und Blinden, dass sie wieder sehen, Zerschlagene in Freiheit hinzusenden, [19]auszurufen ein angenehmes Jahr des Herrn.“ [20]Und als er das Buch zugerollt hatte, gab er es dem Diener zurück und setzte sich; und aller Augen in der Synagoge waren auf ihn gerichtet. [21]Er fing aber an, zu ihnen zu sagen: Heute ist diese Schrift vor euren Ohren erfüllt. [22]Und alle gaben ihm Zeugnis und wunderten sich über die Worte der Gnade, die aus seinem Mund hervorgingen; und sie sprachen: Ist dieser nicht der Sohn Josefs? [23]Und er sprach zu ihnen: Ihr werdet jedenfalls dieses Sprichwort zu mir sagen: Arzt, heile dich selbst! Alles, was wir gehört haben, dass es in Kafarnaum geschehen sei, tu auch hier in deiner Vaterstadt! [24]Er sprach aber: Wahrlich, ich sage euch, dass kein Profet in seiner Vaterstadt angenehm ist. [25]In Wahrheit aber sage ich euch: Viele Witwen waren in den Tagen Elijas in Israel, als der Himmel drei Jahre und sechs Monate verschlossen war, sodass eine große Hungersnot über das ganze Land kam; [26]und zu keiner von ihnen wurde Elija gesandt als nur nach Sarepta in Sidon zu einer Frau, einer Witwe. [27]Und viele Aussätzige waren zurzeit des Profeten Elischa in Israel und keiner von ihnen wurde gereinigt als nur Naaman, der Syrer. [28]Und alle in der Synagoge wurden von Wut erfüllt, als sie dies hörten. [29]Und sie standen auf und stießen ihn zur Stadt hinaus und führten ihn bis an den Rand des Berges, auf dem ihre Stadt erbaut war, um ihn so hinabzustürzen. [30]Er aber schritt durch ihre Mitte hindurch und ging weg. (ELB)

Markus 6: [1]Und er ging von dort weg und kommt in seine Vaterstadt und seine Jünger folgen ihm nach. [2]Und als es Sabbat geworden war, fing er an in der Synagoge zu lehren; und viele, die zuhörten, erstaunten und sagten: Woher hat der das? Und was ist das für eine Weisheit, die dem gegeben ist, und solche Wunderwerke geschehen durch seine Hände? [3]Ist dieser nicht der Zimmermann, der Sohn der Maria und ein Bruder des Jakobus und Joses und Judas und Simon? Und sind nicht seine Schwestern hier bei uns? Und sie ärgerten sich an ihm. [4]Und Jesus sprach zu ihnen: Ein Profet ist nicht ohne Ehre, außer in seiner Vaterstadt und unter seinen Verwandten und in seinem Haus. [5]Und er konnte dort kein Wunderwerk tun, außer dass er wenigen Schwachen die Hände auflegte und sie heilte. [6]Und er wunderte sich über ihren Unglauben. Und er zog durch die Dörfer ringsum und lehrte. (ELB)

Der Vergleich ergibt ein Bild der lukanischen Redaktion, das theologische Konsequenzen beinhaltet:

- Lk verschiebt die Episode in Nazaret an den Anfang des öffentlichen Auftretens Jesu.
- Lk erzählt den Inhalt der Predigt als die Lesung und Auslegung von Jes 61,1–2.
- Lk verkürzt die überraschte Reaktion der Nazarener und lässt aus, dass die Nazarener Anstoß an Jesus nehmen.
- Lk fügt den Spruch vom Arzt ein.
- Lk fügt die Beispiele von Elija und Elischa ein und parallelisiert* sie in ihrer Struktur.
- Lk schließt die Perikope mit der Einfügung der gewalttätigen Reaktion der Nazarener und dem autoritativen Auftreten Jesu.

Diese Aussagen können dann noch einmal mithilfe der Kompositionskritik in einen größeren Zusammenhang gestellt werden: Die Perikope vom ersten öffentlichen Auftreten Jesu hat programmatischen Charakter, weil sie die Themen von Erfüllung und Verfolgung nebeneinander stellt. Die Verbindung beider Themen erscheint schon in der Profezeiung Simeons (Lk 2,25–35) und zieht sich sowohl durch das Evangelium als auch die ebenfalls von Lukas verfasste Apostelgeschichte hindurch.

☞ Hinweise und Diskussion

Problematisch wird eine Redaktionskritik an Texten, deren Quellen nicht eindeutig sind. Aber auch hier gibt es Möglichkeiten: Wenn man annimmt, dass Markus mit Quellen gearbeitet hat, so sieht man auch, dass er immer wieder kleine Zusammenfassungen bringt, z. B. 1,32–34. Wenn man diese Zusammenfassungen sammelt und vergleicht, lassen sich daraus Schlüsse über die Schwerpunkte, die Lieblingsthemen und die Sprache des Markus ziehen, die dann wieder Rückschlüsse auf markinische Redaktion auch in traditionellem Material erlauben.

In neuerer Forschung wird man sich mehr und mehr bewusst, dass nicht nur die Unterschiede zwischen Quelle und endgültigem Text für den theologischen und literarischen Wurf eines Redaktors von Bedeutung sind. Auch Elemente der Quellen, die von einem Redaktor beibehalten werden, sind von Bedeutung. Dahinter steht die Überzeugung, dass die Quellen nicht nur in Ermangelung redaktioneller Kreativität benutzt werden, sondern dass deren Aussagen und Anliegen auch vom Redaktor des Endproduktes gewollt sind.

Als Ergebnis der Redaktionskritik lässt sich die stilistische und thematisch-theologische Eigenart von Einzelperikopen im Zusammenhang des gesamten biblischen Buches festhalten. Mit diesem Wissen lassen sich auch Rückschlüsse auf den Sitz im Leben* der Gemeinden ziehen, in denen die Texte entstanden sind.

✍ Übungen

AT Versuchen Sie auf Grund des vorherigen Vergleichs zwischen 2 Chr 36 und 2 Kön 24 Absichten der chronistischen Redaktion zu formulieren!

NT Erklären Sie mit Hilfe der Zwei-Quellen-Theorie die Besonderheiten von Mt 12,38–45 im Vergleich zu Mk 8,11–12 und Lk 11,29–32.24–26!

🕮 Literatur: Söding, *Wege*, 208–220.

Rückschau auf die historisch-kritische Methode

Die historisch-kritische Methode erlaubt einen geschärften Blick in die Geschichte eines Textes. Hinter den biblischen Texten stehen immer Menschen, die die Texte überliefert haben, die sie verfasst haben und die sie in der Liturgie verwendet haben. Die historisch-kritische Methode hat sich von je her als ein Fenster auch auf diese Menschen verstanden. Mit ihr werden konkrete Lebenssituationen der Gemeinden sichtbar. Wenn die Redaktionskritik z. B. die Gemeinde des Markus als eine heidenchristliche, die des Matthäus als eine judenchristliche bestimmt, tut sie dies aus der Eigenart und Besonderheit dieser Schriften heraus. Gleichzeitig ermöglicht die Methode auch einen Blick auf die Entwicklungsgeschichte dieser Gemeinden, wenn die Literarkritik z. B. die Redequelle (Q) isoliert und auf ihre Eigenheit überprüft. Somit ist die historisch-kritische Methode ein wichtiger Baustein in der Forschung zur Geschichte Israels oder des frühen Christentums.

Obwohl die Methode heute oft modifiziert und teilweise sogar abgelehnt wird, weil ihre Ergebnisse häufig spekulativ bleiben, ist sie noch immer ein wichtiger Teil der Interpretation biblischer Texte. Die Geschichte Israels und der frühen Christen ist hauptsächlich über die Texte zugänglich, die in dieser Zeit verfasst wurden. In der Geschichte der Texte spiegelt sich die Geschichte dieser Menschen.

5. Kapitel

Neuere Ansätze der Auslegung

5.1 Neuere Literarkritik

Die alte Literarkritik war historisch-kritisch orientiert. Das heißt, dass sie nach der Geschichte suchte, die hinter den Texten sichtbar wird. Die Neuere Literarkritik ist eine bewusste Gegenbewegung dazu. Der Text wird nicht benutzt, um die Geschichte oder theologiegeschichtliche Entwicklung zu untersuchen, sondern als ein Beispiel von Literatur, die in sich stimmig ist. Nachdem ein Text einmal geschrieben oder redigiert wurde, hat er eine Bedeutung, die unabhängig von seiner Entstehungsgeschichte, seinem Autor und seinen ursprünglich intendierten Lesern ist. Diese Unabhängigkeit des Textes nennt man die „Welt des Textes"*. So ist es zum Beispiel durchaus möglich, dass ein Text wie ein Paulusbrief eine Bedeutungsebene enthält, die von Paulus nicht intendiert war. Die Neuere Literarkritik versucht die biblischen Texte ausschließlich innerhalb ihrer selbst zu deuten (*synchron**). Die Traditionen vor dem endgültigen Text oder gar die ursprüngliche Absicht des Autors sind nicht mehr Gegenstand dieser Methode.

Aufgabe und Sinn	Beschreibung der „Welt des Textes"
Wahrnehmungsparallelen	Man kann die Architektur eines Hauses genießen, ohne gleich nach seiner Entwicklung, seinen Anbauten und Erweiterungen oder Renovationen zu fragen.
Kriterien	• Studium des Textes als Ganzes (*synchron*) • Analyse literarischer Formen innerhalb des Textes, damit Nähe zur rhetorischen Analyse • Gesamtschau innerhalb eines Buches einzelner – literarischer Formen und ihrer Funktionen – Strukturen innerhalb eines Buches – Personen und erzählter Ereignisse
Anwendung	auf alle biblischen Texte, hauptsächlich jedoch auf ganze Bücher der Bibel, nicht auf kleinere Abschnitte
Schwierigkeiten	• Neuere Literarkritik ist abhängig von einzelnen Methoden • Die Interpretation bleibt textimmanent • einzelne Methodenschritte fordern eine genaue Kenntnis des (außerbiblischen) literarischen Umfeldes eines Buches, damit rückt die Methode aber wieder in die Richtung der historischen Kritik
Ergebnis	Verständnis des Textes als eine Einheit

Die Methode nimmt durch eine bewusste Begrenzung den Text als eigenständiges Dokument ernst. Der Text ist nicht ein Fenster, durch das literarische oder theologische Entwicklungen sichtbar werden, sondern ein Bild, das seine Bedeutung in sich trägt. Diese Bedeutung wird aufgeschlossen durch eine Interpretation, die sich soweit als möglich am Text selber orientiert. Dabei sind andere Methoden anzuwenden, die sich im Umfeld der Neueren Literarkritik entfaltet haben. Dazu gehören narrative Analyse, rhetorische Analyse, Strukturalismus, Analyse im Filmblick und Intertextualität. Die Methodenschritte der neueren Literarkritik können grafisch dargestellt werden:

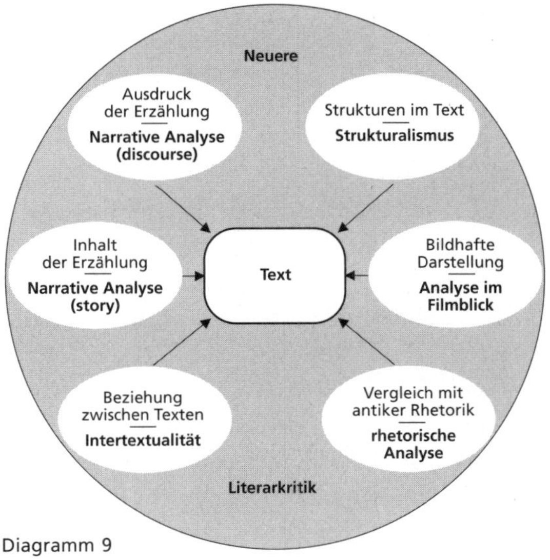

Diagramm 9

5.1.1 Narrative Analyse

Vom lateinischen Wort *narrare*, erzählen, leitet sich der Begriff der narrativen Analyse, auch Erzählanalyse, her. Es geht also vornehmlich um die Untersuchung eines Textes aus der Perspektive seines Erzählcharakters. Deshalb hat die narrative Analyse den fertigen Text im Blick, während die Traditionen hinter dem Text weniger wichtig sind. Die narrative Analyse ist vor allem im englischen Sprachraum für den biblischen Bereich als exegetische Methode entwickelt worden. Deshalb finden sich oft auch in deutscher Literatur englische Fachbegriffe. Die Überlegungen der narrativen Analyse beginnen mit der Grundunterscheidung zwischen dem Inhalt einer Erzählung (*story*) und der Art, wie der Inhalt der Erzählung ausgedrückt wird (*discourse*). Da die einzelnen Methodenschritte der Untersuchung für Inhalt und Ausdruck verschieden sind, werden zwei Steckbriefe angeboten:

Inhalt der Erzählung **(story)**

Aufgabe und Sinn	genaue Beschreibung eines Erzählungsinhaltes und der Welt, die diese Erzählung hervorzurufen sucht
Wahrnehmungs-parallelen	Ein Haus sagt immer auch etwas über die Menschen aus, die darin wohnen: deren soziale Stellung, deren künstlerischen Geschmack, deren Betätigung etc.
Kriterien	Erhebung von • beschriebenen Ereignissen: Wie hängen Ereignisse miteinander zusammen? Welche Sinndeutungen werden gemacht? Gibt es Ursache und Wirkung? Sind die Ereignisse gewertet? Hängen die Ereignisse mit Reden zusammen oder mit Aktionen oder mit Personen? In welcher Reihenfolge werden Ereignisse geschildert? Wie ist das Zeitverhältnis von Erzählung und Erzähltem? • beschriebenen Personen: Wer wird beschrieben? Wie treten die Personen auf und wie werden sie beschrieben und charakterisiert? Sind sie in Konflikt miteinander? Werden Personen als Identifikationsfiguren angeboten? • beschriebener Situation: Wie hängt der situative Rahmen mit Ereignissen und Personen zusammen? Strukturiert er sie oder dient er nur als Schmuck oder ist er symbolisch zu deuten?
Anwendung	Erzähltexte
Schwierigkeit	Die Methode ist in ihrer Anwendbarkeit hauptsächlich auf narrative Texte beschränkt.

Ergebnis — Eine genaue Analyse erschließt den Aufbau einer Erzählung und kann wiederkehrende Elemente einer erzählerischen Technik eines Textes zuordnen und damit seinen Argumentationsgang erschließen.

■ Beispiele

AT Die Erzählung in Ex 3f zeigt folgende Inhalte: Das Geschehen bringt anfangs (3,1–6) das Näherkommen und Vorstellen der beiden Hauptpersonen und anschließend deren langes Zwiegespräch. Abgesehen von den Redeeinleitungen unterbrechen nur wenige Erzählerbemerkungen in 4,3–7, z. B. „er warf ihn zur Erde“, den Dialog. Erst mit 4,18 setzt neues Geschehen ein.

Gott, sein Bote und Mose sind die einzigen auftretenden Figuren. In der Rede werden viele weitere Personen, so der Vater, Abraham, Israeliten... bis hin zu Aaron, erwähnt. Ex 3 spielt offensichtlich mit der Weise, wie Gott wahrgenommen wird: Er zeigt sich zuerst im Boten v2, wird dann vom Erzähler verschieden als Jahwe und Gott benannt (v4), bevor er selbst auf Anfrage seinen Namen als ‚Jahwe‘ (v15) offenbart. Nach der Eingangsphase weisen die fünf Einwände (von 3,11 bis 4,13) Mose als jemand aus, der mit Gottes Sendung zunächst Schwierigkeiten hat und damit Gott bis zum Zorn (4,14) reizt.

Zur Einbettung von Ex 3f in den Kontext siehe bei 1.1.1: Gottes Senden des Mose vollendet seine Wahrnehmung (2,24f). Und Moses Gehen in 4,18ff zeigt seine grundsätzliche Bereitschaft.

NT Als Ereignisse lassen sich in Lk 4,16–30 festellen: Jesus kehrt nach Nazaret zurück und lehrt in der Synagoge. Man fordert ihn auf zu lesen und zu interpretieren. Dieses Ereignis ist sehr ausführlich geschildert und daher von großer Bedeutung, unterstrichen noch durch die Erwartungshaltung der Nazarener (v20). Jesus predigt die Erfüllung und die Reaktion der Nazarener ist gemischt freundlich und verwundert. Daraufhin folgt eine neue Predigt Jesu, die auf vorher nicht erwähnte Ereignisse in Kafarnaum anspielt. Die Nazarener reagieren daraufhin mit Wut (v28), werfen ihn aus Synagoge und Stadt hinaus, um ihn zu töten (v29). Jesus entfernt sich (v30).

Als Personen werden vor allem Jesus und die Nazarener beschrieben. Jesus erscheint als vielschichtige Person: als Lehrer, der ironischerweise auch von den Gegnern als begnadet erkannt wird (v22) und der über die Macht verfügt, seinen Gegnern zu trotzen (v30), als Ausleger der Schriften, als Wundertäter von Kafarnaum. Die Nazarener werden eindimensional als Gegner Jesu geschildert, die durch die Predigt und Taten Jesu zum Mordanschlag gedrängt werden. In die Erzählung eingebaut sind auch die Personen der Profeten Elija und Elischa, die Witwe und der Syrer. Sie erscheinen als Randfiguren, die die Hauptfiguren weiter charakterisieren.

Der situative Rahmen ist sorgfältig gewählt und vorbereitet: Jesus hat gerade der Versuchung widerstanden (v1–13), hat Erfolg in Galiläa (v14–15). Am Ende wendet er sich von Nazaret ab und tut Wunder in Kafarnaum (v31–37). Somit bekommt die Ablehnung in Nazaret größeres Gewicht durch den Erfolg in anderen Gegenden. Es entsteht eine Spannung, die im Verlauf des Evangeliums immer wiederkehren wird.

Ausdruck der Erzählung **(discourse)**

Aufgabe und Sinn — genaue Beschreibung der Art, wie der Erzählinhalt dem Leser präsentiert wird und wie der Leser in seinem Urteil über den Inhalt gelenkt wird

Wahrnehmungsparallelen — Die Aussage eines Hauses oder einer Wohnung über dessen Bewohner geschieht über verschiedene Elemente wie den allgemeinen Zustand, die Pflege, Größe, Verbindung zwischen Funktionalität und Schönheit, dessen Inhalt und Einrichtung etc. Ein Kinderzimmer ist leicht an der Einrichtung kenntlich.

Kriterien — Erhebung von

- Verhältnis von Erzähler und Erzähltem: Steht der Erzähler außerhalb oder innerhalb der Erzählung? Kommentiert er? Wie viel weiß er? Erscheint er glaubwürdig?
- gegebenen Informationen: Sind alle Informationen klar? Sind sie sichtbar ausgewählt oder nachträglich eingefügt? Wie werden sie gewertet?
- Verhältnis von Adressat und Erzähltem: Sind historische Adressaten gemeint? Sind Adressaten impliziert? Werden Adressaten erwähnt?
- Stilmitteln: Gibt es Wiederholungen? Vergleiche? Kontraste? Höhepunkte? Rhetorische Fragen? Unterstellungen?
- Verhältnis einer Erzählung zum Kontext: Bereitet die Erzählung ein Thema vor? Greift sie eines auf? Wird verschachtelt?
- Darstellung von Raum und Zeit?
- Anliegen: Dient die Erzählweise einem bestimmten Zweck?

Anwendung — Erzähltexte

Schwierigkeiten — Die Analyse von Erzähler und Adressaten setzt zum Teil komplizierte Kommunikationsmodelle voraus, wie sie in 7.2 beschrieben werden.

Ergebnis — Der Ausdruck einer Erzählung kann Schwerpunkte eines Autors erhellen. Mit der Inhaltsanalyse zusammen können die Ergebnisse miteinander verglichen und aneinander kontrolliert werden.

■ Beispiele

AT Ex 3f ist in Bezug auf den Ausdruck sehr reich: Der Erzähler hat Einblick in die Gedanken des Mose und auch in Gottes Wahrnehmung (3,3f). Er berichtet von außen, ohne Wertung, nüchtern, und lässt in den längeren Reden (ab 3,7) die Hauptpersonen selber hervortreten. Nach der knappen Inszenierung (3,1–6) fällt das ganze Gewicht auf sie; Adressaten werden nicht erwähnt. Sie sind aber indirekt mit angesprochen in den genannten Personen, z. B. den Ältesten 3,16, Aaron als Levit 4,14.

Informationen durch den Erzähler sind spärlich; so fehlt die Ausführung des Befehls von 3,5. Dafür setzt er in 3,16f eine Taktik ineinander verschachtelter Reden ein, die bis zur Enthüllung des innersten Denkens Gottes führt (v17): „und ich dachte: ‚Ich will euch hinaufführen aus dem Elend Ägyptens…'". Die Befreiung entspricht somit dem, was Gott zuinnerst selbst wünscht und sich vorgenommen hat.

Beim Verhältnis zum Kontext nimmt Ex 3 vielfach im Reden vorweg, was später geschehen wird: die Verehrung Gottes am Sinai (v12 → Ex 19), die Verhandlungen mit Pharao (v18 → c5),… der Abschied von den Nachbarinnen (v22 → 12,35f), u. a. Ex 3f gleicht einem Brückenpfeiler, der mit seinen Vorausdeutungen wie Tragseilen die weitere Erzählung über den Auszug hinweg bis zum Sinai und zur Landnahme spannt und zu halten vermag.

NT Das gesamte Lukasevangelium wird erzählt von jemandem, der sich mit „ich" vorstellt und seine Glaubwürdigkeit aus einer langen Tradition von Augenzeugen bezieht (1,1–4). Die Glaubwürdigkeit wird auch in 4,16–30 betont. Der Erzähler beschreibt nichts, was nicht von

einem Augenzeugen hätte gesehen werden können. Die Ereignisse werden nicht kommentiert. Somit tritt der Erzähler stark in den Hintergrund. Die Informationen sind klar dargestellt und sinnvoll angeordnet. Nur die Anspielung auf Ereignisse in Kafarnaum (4,23) scheint außer Kontext, da Jesus im Lukasevangelium bisher nicht in Kafarnaum aufgetaucht ist. Vielmehr scheint 4,31 darauf hinzudeuten, dass die Ablehnung Jesu in Nazaret zu seiner Hinwendung nach Kafarnaum führt. Jedoch ist Kafarnaum in dieser Perikope nebensächlich.
Auf der Ebene des Verhältnisses zwischen Erzähler und Adressat muss unterschieden werden zwischen Jesus als Erzähler mit den Nazarenern als Adressaten und dem Autor und seinen intendierten oder impliziten Lesern. Auf der einen Ebene spielt sich ein sehr starker Konflikt ab, der mit einem Triumph für Jesus endet. Dieser Konflikt hat eine Funktion auf der zweiten Ebene: Anscheinend will der Autor/Erzähler der gesamten Perikope seinen Adressaten, ob nun real oder impliziert, diesen Konflikt vorführen, um ihnen eine Entscheidung zu entlocken, diesem Jesus in der weiteren Erzählung zu folgen.
Diesem Ziel dient auch die Verwendung von doppelter Predigt und doppelter Reaktion: Ist die erste Predigt kurz und ruft Verwunderung hervor, so ist die zweite Predigt kunstvoll gestaltet mit zwei Sprichwörtern und mit zwei parallel geschalteten Schriftanspielungen. Sie ruft noch größere Ablehnung hervor. Damit sind die Nazarener schon im Unrecht, bevor sie noch an der Ausführung ihres Anschlages scheitern.
Thematisch greift die Perikope Themen der Erfüllung und Ablehnung aus der Kindheitsgeschichte auf, während sie schon auf die Ablehnung in Jerusalem vorausblickt. Die Perikope ist also am Beginn des öffentlichen Wirkens Jesu programmatisch. Ihre Aufgabe ist es, den Adressaten sowohl auf die Konflikte Jesu vorzubereiten als auch auf seinen endgültigen Triumph.

☞ Hinweise und Ergänzungen

Aus den Beispielen wird deutlich, dass zwischen ausdrücklichen, realen, intendierten und impliziten Erzählern und Adressaten unterschieden wird. Dies begründet sich in der in 7.2 beschriebenen Kommunikationstheorie. Je nach gewählter Perspektive wird eine Analyse unterschiedliche Akzente setzen. Die Fachliteratur beschränkt sich zumeist auf die Wahl einer bestimmten Perspektive, um dann ein Werk aus dieser Perspektive zu betrachten. Auf Grund der jungen Methode konnte sich noch keine einheitliche Terminologie durchsetzen.
Die narrative Analyse beschäftigt sich vor Allem mit Erzähltexten. Allerdings ist die Unterscheidung von Erzähltexten und argumentativen Texten nicht immer einfach. So benutzt Paulus die Erzählung von Sara und Hagar in Gal 4,21–31 argumentativ, jedoch erzählt er eben auch eine Geschichte.
Für ein einfaches Raster zur Analyse von Erzählungen → Anhang 2/2 S. 178.

✍ Übungen

AT Untersuchen Sie Inhalt und Ausdruck der Erzählung Gen 12,1–9!
NT Analysieren Sie *story* und *discourse* in Mt 12,38–45!

🕮 Literatur

Alter, *Art*; Fokkelman, *Reading*; Powell, *Criticism?*; Schunack, Interpretationsverfahren; Söding, *Wege*, 140–152; Martinez/Scheffel, *Einführung*.
Utzschneider/Nitsche, Arbeitsbuch 150-186.

5.1.2 Rhetorische Analyse

Die antike Rhetorik ist die Kunst des öffentlichen Sprechens. Jedoch fand sie auch schon früh Eingang in die Literatur, hauptsächlich durch Reden und Briefe. Grundlegend zur rhetorischen Analyse ist die Vorstellung von der Redekunst als einem Instrument, die Zuhörer von einer Sache oder zu einer bestimmten Handlungsweise zu überzeugen. Der Hintergrund dieser Kunst ist in antiker Politik und Gerichtswesen zu suchen.

Aufgabe und Sinn
Darstellung
- des Argumentationsganges eines Textes
- einzelner Elemente, die diesen Argumentationsgang stützen

Wahrnehmungsparallelen
Wie ein Haus auf den Betrachter einen bestimmten Eindruck macht, der durch architektonische Stilmittel hervorgerufen wird, so macht auch ein Redner durch Stilmittel einen gezielten Eindruck auf die Hörer.

Kriterien
- Unterteilung eines Textes in Unterabschnitte
- Vergleich der Unterabschnitte mit bekannten Elementen antiker Rhetorik, dargestellt in Lehrbüchern der Antike (*Progymnasmata**)
- Rekonstruktion des Argumentationsganges im Text anhand der rhetorischen Entwicklung der Unterabschnitte

Anwendung
Grundsätzlich anwendbar auf alle biblischen Bücher; oft auch anwendbar auf Teile biblischer Bücher; im NT vor allem in der Briefliteratur

Schwierigkeiten
- setzt genaue Kenntnisse antiker Rhetorik und deren Fachbegriffe voraus
- die Unterteilung eines Argumentationsganges in Unterabschnitte ist manchmal diskutabel

Ergebnis
- Erklärung des Einflusses außerbiblischer Konventionen auf einen Text
- Erklärung des Argumentes, das ein Text konstruiert
- Beurteilung der Stichhaltigkeit des Argumentes
- genaue Identifizierung des Themas eines Textes

■ Beispiele

AT Reden beherrschen die Berufung des Mose und sie ist voll von rhetorischen Mitteln. Gottes Sprechen setzt ein mit der doppelten, dringlichen Anrede im Vokativ (3,4); nach der Selbstvorstellung in v6 (zu den Alliterationen → 1.3.2) verweist Gott auf sein Engagement in Wahrnehmung und Absicht (v7f), als motivierende Grundlage für die durch zweimaliges „nun aber“ (v9f) eingeleitete nachfolgende Beauftragung Moses.

Auch Mose steht seinem Gesprächspartner im Reden nicht nach: Sein erster Einwand 3,11 lässt geschickt die zwei kritischen Begriffe ‚senden‘ und ‚Volk‘ aus v10 aus. In gleicher Weise sind die folgenden Einwände sprachliche Meisterwerke, sogar jener in 4,10, in dem er sich als zum Reden untauglich ausgibt.

Interessanterweise deutet der Schluss auf Grenzen der Rhetorik hin, insofern Gott Behinderungen nennt (4,11f) und zweifach zusagt „ich werde mit deinem Mund sein“ (v12.15). Anscheinend sind Formung durch Gott und sein Beistand wichtiger als die Überzeugung eigener Redekunst.

NT Ein kleiner rhetorischer Kunstgriff findet sich in Lk 4,23–24, wo Lukas das als bekannt vorausgesetzte Sprichwort vom Arzt und Profeten benutzt, um die Anklage Jesu gegen die Nazarener zu illustrieren. Zugleich nimmt Jesus mit der Aussage „Sicher werdet ihr mir das

Sprichwort vorhalten…" schon ein Gegenargument seiner Hörer vorweg; auch dies ist ein bekannter Kunstgriff aus der Rhetorik.
Die Rhetorik als Kunst der Überzeugung spiegelt sich in der Reaktion der Nazarener auf die erste Predigt Jesu von der Erfüllung des Profetenzitates (Lk 4,22) oder in den stark rhetorisch angelegten Reden der Apostelgeschichte. Wichtige Beispiele des Gebrauchs rhetorischer Kunst finden sich auch in der Briefliteratur. So findet sich in Paulusbriefen oft eine Abfolge von rhetorischen Fragen und Antworten, was der in der Antike sehr beliebten Diatribe entspricht. In der historisch-kritischen Forschung wurde Jak traditionell als eine wirre Sammlung von verschiedensten Ermahnungen gewertet, die notdürftig als Brief verkleidet sind. Die rhetorische Analyse zeigt jedoch, dass der Brief der beliebten Gattung „philosophischer Briefe" ähnelt, die auch in das frühe Judentum Eingang gefunden hat. Mit diesem Wissen lässt sich dann auch zeigen, dass der Brief durchaus ein Thema verfolgt, nämlich das Verhältnis vom Glauben an Jesus zum jüdischen Gesetz.

☞ Hinweise und Ergänzungen
Aristoteles als Begründer der Konventionen antiker Rhetorik unterscheidet drei Gattungen von Rhetorik: dikanisch (Reden, die ein Gericht zur Parteinahme überzeugen sollen und damit Vergangenes zum Gegenstand haben), epideiktisch (Reden, die Lob oder Tadel aussprechen und von Gegenwärtigem berichten) und symbuleutisch (Reden, die eine politische Zusammenkunft zu einer zukünftigen Handlung überreden sollen). Je nach Art der Rede ändert sich auch ihr Aufbau. Grundsätzlich wird die Unterscheidung in der Antike beibehalten, wenn auch Mischformen möglich sind. Als Ziel guter Rhetorik benennt Cicero *docere* (belehren), *delectare* (unterhalten) und *movere* (bewegen). Die Gattungen und Zielsetzungen führen zu einer Vielzahl von rhetorischen Formen und Stilmitteln.
In der Antike wurde Rhetorik hauptsächlich als Kunstform der mündlichen Kommunikation gepflegt. Schriftliche Texte gehen mit der Kunst der Rhetorik freier um, entfernen sich manchmal auch stark von den Lehrbüchern. Dies gilt auch für biblische Texte. So ist die rhetorische Analyse oft ein Hilfsmittel zum Verständnis eines Argumentationsganges, jedoch muss bei der Rekonstruktion rhetorischer Strukturen in den Texten auch Vorsicht walten. Gerade in narrativer Literatur wie den Evangelien lässt sich zwar auch oft der Einfluss literarischer Rhetorik aufweisen, jedoch stößt die rhetorische Analyse hier sehr schnell auf Grenzen. In diesen Fällen erweist sich die narrative Analyse als weitaus ergebnisreicher.
Die rhetorische Analyse kann als eine Sonderform der → Gattungsanalyse (4.2) betrachtet werden, die bestimmte Gattungen antiker Redekunst als grundlegend für das Verständnis biblischer Texte heranzieht. Durch diese Anbindung an den Vergleich mit antiker Literatur ist sie von allen Methoden der neueren Literarkritik am engsten mit der historisch-kritischen Methode verwandt und kann auch dort sinnvoll eingesetzt werden.
Für Hinweise zur Vorbereitung von Reden → S. 157.

✍ Übungen
AT Welche Bewegungen und Akzente zeigen die Reden in Gen 12,1–9?
NT Innerhalb des Streitgespräches Mt 12,38–45 gibt es eine kleine Rede Jesu (v39–45). Bestimmen Sie deren rhetorische Gattung nach Aristoteles und zeigen Sie, welche Verse den Zielen Ciceros zuzuordnen sind.

📖 Literatur

Lausberg, *Handbuch*; Berger, Gattungen; Kennedy, *Interpretation*; für die Rhetorik in Ex 3f Fischer, *Jahwe*, vor allem 2.1.1 „Rede und Gegenrede" und den Exkurs 5, S. 186–192.

5.1.3 Intertextualität

Das Stichwort Intertextualität deutet an, dass Texte sich oft auf andere Texte beziehen, sie deuten und weiterführen. Ein Autor benutzt andere Bücher, um sein eigenes zu schreiben. Dies kann im Rahmen von direkten Zitaten geschehen, aber auch durch bildhafte und theologische Sprache, die auf andere Texte anspielt oder sogar bewusst reagiert. Eine Analyse solcher Beziehungen deutet biblische Texte in ihren Beziehungen untereinander und mit außerbiblischen Texten.

Aufgabe und Sinn
- Erhebung der Beziehung eines Textes auf einen anderen
- Darstellung der Einarbeitung eines Textes in einen anderen
- Darstellung der Besonderheiten der Einarbeitung: Interpretation, Reaktion, Verarbeitung von Themen, Erzählungen, Strukturen

Wahrnehmungsparallelen
Wie ein modernes Haus architektonische Anspielungen und Zitate verschiedener Stile wie Barock oder Klassizismus enthalten kann, so enthält ein Text Anspielungen und Zitate aus früheren Texten.

Methodik
- Erhebung des benutzten Textes durch
  - Zitate und deren ursprünglichen Kontext
  - Verweise und Anspielungen
  - Ursprünge von sprachlichen Bildern, theologischen Aussagen, formalen Strukturen und Gattungen
- Untersuchung der Verarbeitung im neuen Text durch
  - Besonderheiten der Zitate? Mischzitate aus verschiedenen Quellen? Zitation des AT nach MT* oder LXX*?
  - mögliche Umdeutung von Zitaten und Anspielungen, von Bildern und Theologie?
  - Schaffung eines neuen Kontextes?
- Weiterführung und Aktualisierung der Bezüge durch
  - Ausarbeitung der Anspielungen in ihrem weiteren Kontext
  - Wertung der Anspielungen im aktuellen Kontext

Anwendung
grundsätzlich auf jeden Text

Schwierigkeiten
- Genaue Methodologie ist noch wenig entwickelt
- oft assoziatives Arbeiten nötig
- daraus folgend wenig Kontrollinstanzen für die Ergebnisse der Arbeit

Ergebnis
Aufdeckung der literarischen Traditionen und Abhängigkeiten in einem Text

■ Beispiele

AT Ex 3f ist ein Kreuzungspunkt. Einerseits greift das Kapitel auf Genesis-Texte zurück, andererseits beziehen sich viele nachfolgende Stellen auf diese Stelle.

Die Selbstvorstellung Gottes in 3,6 als „Gott Abrahams, Gott Isaaks und Gott Jakobs" setzt die Erzelternerzählungen der Genesis voraus. Die Vorschaltung von „Gott deines Vaters" trägt

zusätzlich zu dieser über Generationen anhaltenden Treue durch die Bezugnahme auf Mose mit ‚dein' Vater eine diesen persönlich ansprechende Note bei.
Die engen und weit reichenden Berührungen mit Jos 5,15 beim Befehl, die Sandalen auszuziehen (3,5), lassen auf eine literarische Beziehung schließen. Es ist jedoch offen, in welcher Richtung eine Abhängigkeit besteht.
Klarer sind die Bezugnahmen in Ex 5,3 „der Gott der Hebräer ist uns begegnet…" (auf 3,18), in 11,3 „dem Volk Gnade geben…" (auf 3,21), dem Stab/Schlange-Zeichen in 7,9f (auf 4,2–4), usw.
Auch das NT bezieht sich mehrfach auf die Berufung des Mose zurück. In der Auseinandersetzung mit den Sadduzäern wegen der Auferstehung zitiert Jesus Gottes Selbstvorstellung (Mk 12,26 par) im Sinn eines Beweises für das Weiterleben der Gestorbenen. Und Stefanus führt die Dornbuschszene in seiner letzten Rede breit aus (Apg 7,30–35), als Zeugnis dafür, dass Gott einen von den Menschen zuvor Abgelehnten zur Befreiung sendet. Diese vielfachen Verbindungen von Ex 3f mit Texten der ganzen Bibel machen es zu einem Angelpunkt und Schlüsseltext.
NT Lk 4,16–30 enthält ein Zitat und Anspielungen auf Geschehnisse aus dem AT in den Beispielen von Elija und Elischa. Gleichzeitig ist auch „die Schrift" ein roter Faden in der Geschichte, wenn von ihrer Erfüllung geredet wird. Die Geschichte ist also ganz in die Tradition des AT getaucht. Allerdings macht Lukas das auf eine ihm eigene Weise. In 4,17 heißt es, dass Jesus ein Zitat aus dem Profeten Jesaja liest. Genauere Untersuchung zeigt dieses Zitat jedoch als eine Kombination, ein so genanntes Mischzitat. Die Jesaja-Stelle 61,1–2 als Hauptzitat ist angereichert durch Anspielungen auf 49,9; 29,18; 42,7 und mit dem Jubeljahr in Lev 25,10 verbunden. Gerade diese Zusammenstellung wird von Lukas mit der Verkündigung Jesu als erfüllt betrachtet. Damit bezeichnet Lukas die Zeit Jesu als eine Zeit des Jubels, der Vergebung und Befreiung insbesondere für Arme und solche, die in der Gesellschaft am Rande stehen. Diese Befreiung wird als Erfüllung der alttestamentlichen Profezeiungen gedeutet. Das Thema ist programmatisch für den weiteren Verlauf des Evangeliums.
Eine ähnliche Umdeutung geschieht mit den Beispielen von Elija und Elischa. Lukas nimmt sie in den Rahmen des Unglaubens in Nazaret hinein und interpretiert so, dass sie einen Gegensatz zwischen Israel und den Heiden ausdrücken. Die Geschichten erhalten eine Dimension, in der die Heilsgeschichte in Israel zu Ende geht und sich unter den Heiden fortsetzt. Dies entspricht zwar lukanischer Theologie, nicht jedoch den Originaltexten.

☞ Hinweise und Ergänzungen
Intertextualität ist überaus bedeutsam für die Erforschung der Aufnahme einzelner Bücher des AT in Bücher des NT, muss aber nicht darauf beschränkt sein. Apokalyptische Literatur* aus der zwischentestamentlichen Periode hat auch Auswirkungen auf Texte des NT. So kann man vermuten, dass die Henochliteratur auf apokalyptische Teile des NT wie Mk 13 oder Offb Einfluss genommen hat. Gelegentlich kommen auch innertestamentliche Beziehungen zum Vorschein, z. B. die Benutzung der Theologie des Paulus durch den Autor von 2 Petr (3,15–16). Randvermerke in den meisten Bibelausgaben verweisen auf solche textlichen Zusammenhänge. Auch eine Konkordanz ist hier von wesentlicher Hilfe (→ Übungen).
Intertextualität ist nicht nur zwischen biblischen Texten möglich, sondern auch zu außerbiblischer Literatur. Die Möglichkeiten sind hier weit offen. Diese grundsätzliche Offenheit der

Methode ist auch ihre größte Schwierigkeit: So ist nicht klar, was noch als Anspielung gelten kann und was einfach auch zufällige Übereinstimmung sein kann. In Ermangelung eindeutiger Kriterien muss hier gutes Augenmaß walten.
Ein Beispiel ist die Aufnahme der Gestalt des Mose in die Christologie des Matthäusevangeliums. Matthäus identifiziert Jesus nie direkt mit Moses, jedoch gibt es Elemente in der Kindheitsgeschichte und im Wirken Jesu, die auf Mose anzuspielen scheinen: die frühe Verfolgung des Kindes durch einen König, die Rolle Ägyptens, die Gesetzesverkündigung von einem Berg, die Verklärung, etc. Offen muss bleiben, inwieweit Matthäus auf die Mose-Erzählungen des AT zurückgegriffen hat und inwieweit er vielleicht durch populäre Mose-Legenden seiner Zeit beeinflusst worden ist.
Diese Schwierigkeit deutet die doppelte Ausrichtung einer intertextuellen Hermeneutik* an: Auf der einen Seite weist die Interpretation auf die produktive Leistung der Aufnahme und Weiterführung alter Texte durch einen Autor hin. Auf der anderen Seite liegt es am Leser, diese Bezüge weiterzuführen und zu aktualisieren. Dies geschieht durch die Erhebung des genauen Kontextes dessen, was in einem Zitat oder einer Anspielung nur knapp angedeutet wird. Gleichermaßen wird man werten müssen, welche Anspielungen heute noch verständlich und aktuell sind.

✍ Übungen

AT Was bedeutet Gottes Angebot an Mose in Ex 32,10 im Licht des ersten Satzes von Gen 12,2?
Wie ist die dritte Zusage Gottes an Abram in Gen 12,2 auf dem Hintergrund von Gen 11,4 „sich einen Namen machen“ zu deuten?
NT Erklären Sie, welche Elemente der Jonageschichte in Mt 12,38–45 aufgenommen werden, und wie sie von Mt umgedeutet werden.
Zwei Übungen mit einer Konkordanz:
Wo findet sich die Gestalt des Profeten Jona in der Hebräischen Bibel außerhalb des nach ihm benannten Buches? Können Sie einen Zusammenhang erkennen?
Wo kommt Jona sonst (außer Mt 12 par Lk 11) im NT vor? Wie deuten Sie diesen Befund?

📖 Literatur

BROICH/PFISTER, *Intertextualität*; DRAISMA, *Intertextuality*; HOLTHUIS, *Intertextualität*; TUCKETT, *Scriptures*.
Beispiel für eine systematische intertextuelle Untersuchung zu Jer 30–31: FISCHER, *Trostbüchlein*, Kap. 5; zu Gen 22: STEINS, *Bindung*.

5.1.4 Strukturalismus

Das Hauptaugenmerk dieser Methode zielt auf Strukturen im Text. Dabei sucht man sowohl nach Strukturen, die die Individualität eines Textes ausmachen, als auch nach Strukturen, die sich für mehrere Texte verallgemeinern lassen. Gerade letztere Strukturen sind es, die aufgrund ihrer allgemeinen Gültigkeit im Leser Verstehen bewirken. Als Hilfe für diese Untersuchung hat der Strukturalismus mithilfe linguistischer Texttheorien eine eigene Terminologie entwickelt. Wichtig ist die Einteilung von handelnden Personen in ein so genanntes Aktantenschema* (s. u.).

Aufgabe und Sinn: Entdeckung der konkreten wie allgemeinen Strukturen eines Textes

Wahrnehmungsparallelen: Im Schauen auf ein Haus erkennen wir es als Haus, weil wir Türen, Fenster, Wände, ein Dach sehen. Hinter dieser Erkenntnis steht jedoch die Erfahrung vieler Häuser in ihren Teilen, die uns das konkrete Exemplar wiedererkennen lässt.

Kriterien:
- Untersuchung des Textes nach den Regeln
  - der klassischen Grammatik
  - linguistischer Texttheorien
  - eines Aktantenschemas
- Suche nach Strukturen, in denen drei Elemente ähnlich angeordnet werden (*Triaden*), Kontrasten und Gegensätzen von zwei sprachlichen Elementen (*Dichotomien*), anderen Strukturelementen des Textes
- Erklärung dieser Strukturen mithilfe eines Aktantenschemas

Anwendung: ist grundsätzlich auf alle biblischen Texte anwendbar

Schwierigkeiten:
- Strukturalismus setzt eine komplizierte Theorie voraus, die aus linguistischen und anthropologischen Elementen zusammengesetzt ist
- da die Strukturen oft unter der Textoberfläche verborgen sind, sind sie auch oft nicht unmittelbar einsehbar oder nachvollziehbar

Ergebnis: Erschließen von strukturellen Elementen im Text; Aufdeckung der Kommunikationsstrukturen zwischen den Personen einer Erzählung

Das Aktantenschema

Hinter der Schematisierung steht die Überzeugung, dass alle menschlichen Handlungen oder Kommunikationen nach wenigen allgemeinen Grundregeln geschehen. Diese Grundregeln können grafisch in einem Aktantenschema dargestellt werden. Von verschiedenen möglichen wird hier das Aktantenschema von A.J. Greimas mit leichten Modifikationen vorgestellt.

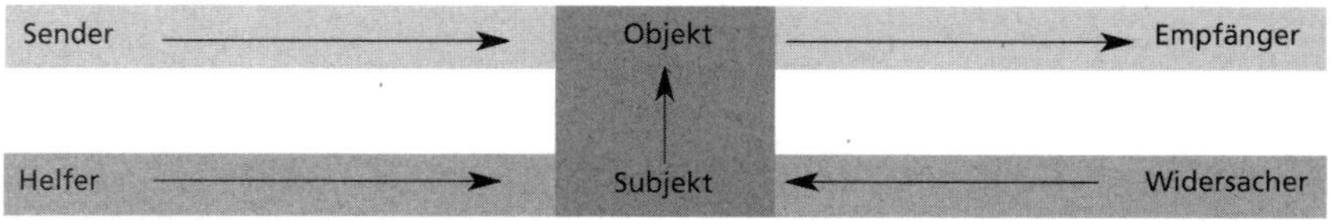

Diagramm 10

Aktanten, vom lateinischen *agere* (‚tun'), sind alle Personen oder Umstände, die zu einer Handlung oder Kommunikation beitragen. In einer Erzählung treten verschiedene Personen auf, die handeln (*Sender*) und an denen gehandelt wird (*Empfänger*). Empfänger können auf eine Handlung mit einer eigenen Handlung reagieren und werden dann selbst zu Sendern. Bei Handlungen kann es Aktanten geben, die die Handlung des Senders behindern (*Widersacher*) oder ihr helfen (*Helfer*). In einer Handlung gibt es das, was getan wird (*Subjekt*) und das, was mit der Handlung bezweckt wird (*Objekt*). Diese Grundregeln von Greimas reduzieren die Aktanten auf drei Paare, die auf verschiedenen Ebenen miteinander kommunizieren. Sender und Empfänger haben die Ebene des tatsächlichen Handelns bzw. der Kommunikation gemeinsam. Subjekt und Objekt stehen auf der Ebene des Wollens zwischen Sender und Empfänger, während Helfer und Widersacher sich auf der Ebene der Umstände einer Handlung befinden.

■ Beispiele

AT Unter struktureller Hinsicht ist Ex 3f sehr komplex, weil die Rollen zwischen Mose und Gott mehrmals hin und her wechseln und weil es gleich mehreren Schemata folgt (→ 1.2.1). An Aktanten werden sichtbar in der Rolle der Helfer Jahwes Bote in 3,2, die Ältesten in 3,16–18 und Aaron als Sprecher für Mose in 4,14–16, in der Rolle des Widersachers der König von Ägypten in 3,18 f.

NT Die Geschichte Lk 4,16–30 beschreibt zunächst Jesus als Sender, die Nazarener als einen Empfänger, den Synagogendiener als Helfer der Handlung. Das Subjekt ist die Rede Jesu, die als Objekt die Botschaft von der Ankunft des Reiches Gottes vermitteln will. Im Verlauf der Geschichte werden die Nazarener jedoch zu Widersachern, die sich der Predigt Jesu entgegenstellen. Es entsteht eine zweite Kommunikationssituation, in der die Nazarener zu Sendern werden, die den Empfänger Jesus durch das Hinauswerfen aus der Synagoge und den Weg auf den Berg (Subjekt) töten wollen (Objekt). Doch auch sie erreichen ihr Ziel nicht. Eine dritte Situation beendet die Geschichte: Jesus wird noch einmal zum Sender einer Handlung, indem er weggeht (Subjekt). Hier bleibt das Objekt der Handlung offen und muss vom Leser erschlossen werden. Durch diese Verkürzung wird der Leser mit in die Handlung einbezogen.

Lk 4,16–30 ist somit eine Erzählung in drei Handlungsschritten. In der Beschreibung der einzelnen Handlungsschritte werden immer mehr Elemente weggelassen. Gibt es am Anfang noch einen Helfer im Synagogendiener, wird im zweiten Schritt der Helfer weggelassen und auch die Reaktion des Empfängers nicht deutlich geschildert. Im dritten Schritt wird nur noch Jesus als Sender gezeigt, die Reaktion der Empfänger bleibt offen. Damit erhält die Geschichte eine immer größere Dichte und Konzentration auf Jesus als den eigentlich Handelnden, der am Ende auch den Leser in seine Handlung mit einbezieht.

☞ Hinweise und Ergänzungen

Strukturalismus ist eine Wissenschaft, die erst spät über den Umweg von Literaturwissenschaft und Anthropologie in die Exegese gekommen ist. Die Grundannahme ist, dass sich in menschlicher Sprache mithilfe von Grammatik wie auch mithilfe von involvierteren Texttheorien wie Dependenzgrammatik (*L. Bloomfield*) und Transformationsgrammatik (*N. Chomsky*) allgemein gültige Strukturen entdecken lassen, weil sie nicht nur sprachliche Strukturen sind, sondern Strukturen menschlichen Lebens. Die allgemeinen Strukturen beeinflussen die Struktur eines konkreten Textes und sind deshalb aus den Texten ablesbar.

In der modernen Exegese hat sich der Strukturalismus nicht durchsetzen können. Das mag zum einen am komplizierten theoretischen Überbau liegen. Wichtiger ist jedoch, dass die ausdrückliche Absage an die theologische und geschichtliche Deutung die Texte uninteressant macht. Das Ergebnis bleibt somit mager. Jedoch hat der Strukturalismus dazu beigetragen, biblische Texte heute auch aus linguistischer Sicht differenzierter zu betrachten.

✍ Übungen
Welche verschiedenen Strukturen unterscheidet der Strukturalismus?
AT Welche Aktanten erkennen Sie in Gen 12,1–5?

📖 Literatur: GREIMAS, *Semantik*; TITZMANN, *Textanalyse*.

5.1.5 Analyse im Filmblick

Schon früh, und seitdem immer wieder, haben sich Filmautoren biblischer Erzählungen angenommen. Die Rezeption dieser Filme gehört heute fest zur Auslegungsgeschichte der Bibel. Biblische Themen haben auch auf andere Filmgenres großen Einfluss ausgeübt, seien es nun die apokalyptischen Themen, die immer wieder in modernen Science Fiction Filmen auftauchen, oder das Motiv des Exodus und der Landnahme, das so wichtig für den Western geworden ist.
Ist der Einfluss der Bibel auf den Film stark, so hat neuerdings auch die Filmwissenschaft auf biblische Interpretation zurück gewirkt. Die visuelle Technik des Films kann zum Verstehen der biblischen Erzähltechnik beitragen. Ein Erzähltext kann wie ein Drehbuch zu einem Film gelesen werden. Wie Filme arbeiten auch Erzähltexte mit ständig sich ändernden Perspektiven oder Einstellungen, Schnitten, Raffungen, Rückblenden oder Vorausblenden, Details, die dem Leser gegeben werden oder die sich ein Leser selbst aus dem Kontext erschließen muss. Die Analyse im Filmblick arbeitet diese technischen Details einer Erzählung unter besonderer Berücksichtigung bildhafter Elemente heraus. Einschnitte, die in der historisch-kritischen Analyse als Brüche gewertet werden, können in der Analyse im Filmblick als künstlerische Schnitte gewertet werden. So sind sie vielleicht nicht Hinweise auf Quellen oder Traditionen, sondern bewusstes Stilmittel eines Autors.

Aufgabe und Sinn
- Erhellung der bildlichen Kraft von Texten
- Erhellung der Dynamik von Bildfolgen
- Beitrag zur rezeptionsästhetischen Erzählwissenschaft

Wahrnehmungsparallelen
Die Inhalte eines Vortrages bleiben stärker im Gedächtnis und sind leichter vermittelbar, wenn visuelle Hilfsmittel wie Filme, Folien oder Grafiken benutzt werden.

Kriterien
- Wahrnehmung von Signalen im Kontext
  - Sprünge und Überleitungen in Zeiten
  - Sprünge und Überleitungen in Orten
  - Veränderung beteiligter Personen
- Wahrnehmung von Signalen im Text
  - Raum: Änderung der Perspektive: nah, fern, panoramisch
  - Zeit: Raffungen, Voraussetzungen, wichtig auch: Was wird dem Leser vorenthalten, was muss der Leser selber erschließen?
- Wertung der Signale
  - Erhebung der Struktur eines Textes anhand kleinster Segmente (Einstellungen und Schnitte)
  - Reflexion auf die Technik der Verbindung der Segmente (Montage)

Anwendung	vor allem Erzähltexte
Schwierigkeiten	Analyse kann sehr subjektiv werden, wenn stark von den Stellen im Text argumentiert wird, in denen der Leser erschließen muss, was vorausgesetzt ist
Ergebnis	klare Profilierung der Sehweise eines Textes

■ Beispiele

AT Ex 3,1 bedeutet gegenüber 2,25 einen Schnitt; der Schauplatz wechselt und engt sich dann von der weiten Einstellung auf Wüste und Berg immer mehr auf den Busch v2–4 und das Gespräch ein. Mit den Redenden ändert sich jeweils auch die Perspektive. So arbeiten 3,11–14 mit vier verschiedenen Einstellungen. Die Erzählerbemerkungen in 4,3f geben dem Dialog zusätzliche Lebendigkeit, indem sie wie bei einem Film hintergründige Details einblenden.

NT In Lk 4,16–30 lässt sich feststellen, wie Lukas eingangs von einer Panoramaeinstellung immer näher auf den eigentlichen Schauplatz zoomt: Von Galiläa in die Synagogen der Umgebung, auf Jesus, der nach Nazaret geht, dann in die dortige Synagoge, dann dass er dort schließlich aufsteht (v14–16). Die Ich-Form der Profezeiung hilft noch stärker auf Jesus zu fokussieren. Dann weitet sich der Blick wieder, zuerst wird der Diener eingeschlossen, dann die ganze Gemeinde in der Synagoge und ihre Reaktion. Im Wechsel werden nun erst die zweite Predigt Jesu, dann die zweite Reaktion der Nazarener gezeigt. Die Perikope endet mit dem Ortswechsel auf dem Berg und einer Perspektive, in der sowohl die weichende Menge als auch Jesus zu sehen sind. Am Schluss verlässt Jesus die Szene, während die Nazarener zurückbleiben.

Vom Bewegungsablauf her geht die Perikope aus dem Panorama Galiläas nach Nazaret und verlässt die Stadt am Ende wieder, wobei der Weg aus Nazaret hinaus auf den Berg nur skizzenartig geschildert wird. Vom Gewicht her sind die Einstellungen der Profetenlesung und der zweiten Predigt Jesu zentral; der Abgang Jesu wird als letztes Bild noch besonders betont.

☞ Hinweise und Ergänzungen

Für die Analyse im Filmblick gibt es eine genaue Terminologie und Methodologie, die sich sowohl aus filmtheoretischen wie kommunikationstheoretischen Elementen zusammensetzt. Stark vereinfacht stellen sie sich wie folgt dar: Die Einstellung ist der kleinste Bedeutungsträger einer Erzählung in Raum und Zeit. Sie definiert sich über den Standort einer imaginären Kamera, die Blickrichtung dieser Kamera sowie den in der Blickrichtung enthaltenen Raumausschnitt. Eine Änderung eines dieser Elemente bedeutet den Übergang zur nächsten Einstellung und wird Schnitt genannt. Die Abfolge verschiedener Schnitte heißt Montage. Mithilfe dieser Elemente kann ein Text segmentiert werden. R. Zwick hat zu diesen Elementen einen umfangreichen Kriterienkatalog entwickelt.

Die Analyse im Filmblick ist eine recht neue Methode. Zwicks Modelle werden noch modifiziert und verfeinert. So werden bis zu acht verschiedene Raumausschnitte diskutiert. Die wichtigsten darunter sind das Panorama mit einer großen Weite, die Halbnahaufnahme, die kleinere Gruppen in den Blick nimmt, und die Nahaufnahme, in der eine einzelne Person in den Blick genommen wird. Diese werden allerdings auch durch einen Blickwinkel z. B. von oben oder von unten weiters unterschieden (vgl. dazu die Bildfolge S. 144).

Selbst wenn man nicht mit diesen speziellen Fachausdrücken vertraut ist, kann eine Analyse im Filmblick erzählerische Techniken bewusst machen. So ist es durchaus möglich, einen Text als ein Drehbuch zu einem Film zu betrachten und zu überlegen, wie man dieses visuell umsetzen könnte. Schon dies eröffnet einen möglichen Zugang zum Text, der die visuelle Kraft der Bilder ernst nimmt. Eine so vereinfachte Analyse im Filmblick, angeboten im obigen Beispiel, bietet verschiedene Lösungsmöglichkeiten, die wieder vom Auslegenden abhängen.

✍ Übungen
AT Welche einem Film vergleichbaren Mittel können Sie in Gen 12,4–9 erkennen?
NT Überlegen sie eine mögliche visuelle Umsetzung von Mt 3,13–17!

🕮 Literatur: ZWICK, *Filmwissenschaft; Montage; Jesusfilm.*

5.2 Kontextuelle Bibelauslegung (→ S. 52)

5.2.1 Feministische Exegese

Ausgangspunkt ist die Erkenntnis, dass biblische Texte situationsbedingte Produkte größtenteils männlicher Arbeit sind (*von Männern* primär *für Männer* geschrieben). Glaubenserfahrungen von Frauen sind daher bereits in den biblischen Schriften selbst, aber auch in deren Übersetzungen und Auslegungen, weitgehend unerwähnt geblieben oder an den Rand gedrängt oder gar verfälscht worden.

Aufgabe und Sinn:
- Bezieht einen bewussten Standpunkt für Frauen
- Sie und ihre Erfahrungen sollen als Trägerinnen und Zeuginnen der biblischen Verheißungen zu Wort kommen

Wahrnehmungsparallelen: Ein und dieselbe Wohnungseinrichtung wirkt auf Frauen und Männer oft völlig unterschiedlich. Neigen manche Männer eher dazu, rein von Aspekten wie Gemütlichkeit und Ästhetik auszugehen, so können Frauen z. B. vor allem praktische, zweckdienliche und nützliche Komponenten berücksichtigen. Auch das Lesen gleichwie Verfassen von Texten kann nicht von solchen individuellen und geschlechtsspezifischen Erfahrungshintergründen abstrahieren.

Kriterien:
- Herausarbeitung der im Text explizit wie implizit enthaltenen Geschlechterrollen
- Solange bei einem Text mit androzentrischer (männlich geprägter) Sprache Frauen nicht eindeutig ausgeschlossen sind, muss davon ausgegangen werden, dass sowohl von Frauen als auch von Männern die Rede ist („inklusive Sprache")
- Texte über Frauen erhalten besondere Aufmerksamkeit, sodass die Geschichte Gottes mit seinem Volk (auch) als Geschichte von Frauen neu konstruiert werden kann
- Biblische Texte und deren Auslegungen sind zunächst immer unter dem Verdacht androzentrischer Fehlübersetzung und patriarchal (die Männerherrschaft in allen öffentlichen Belangen voraussetzend) verfälschender Interpretationen zu lesen („Hermeneutik* des Verdachts").

Anwendung:	Grundsätzlich auf jeden Text und auch in Übersetzungen anwendbar
Schwierigkeiten:	• Gefahr der einseitigen Vereinnahmung bzw. der Funktionalisierung der Bibel; • Es gibt nicht *die* Erfahrungen *der* Frauen. Daher ist auch innerhalb der feministischen Zugänge mit einem entsprechenden Pluralismus zu rechnen.
Ergebnis:	Mankos und Kurzsichtigkeiten „traditioneller" Exegesen werden aufgedeckt und einem lange unterdrückten Anliegen Stimme verliehen

■ Beispiele

In Ex 3,22 wird die besondere Rolle der Frauen beim Abschied von Ägypten herausgestellt. Ex 4,24–26 wird von den Literarkritikern meist als sekundärer Einschub gewertet und daher nicht weiters beachtet. Feministische Exegetinnen machten demgegenüber darauf aufmerksam, dass bei synchroner Leseweise gerade diese Verse Zippora als jene Frau darstellen, durch deren Initiative Mose überhaupt überlebt.
Der Dienst von Maria und Marta in Lk 10,38–42 (→ 4.2) wurde in der feministischen Diskussion öfters als Modell der Jesusnachfolge sowohl für Männer als auch für Frauen gesehen. Hausarbeit und Glaubensverkündigung wären demnach gleicherweise Aufgabe von Frauen und Männern.

☞ Diskussion und Ergänzungen

Der erfahrungsbezogene Ansatz bringt mit sich, dass feministische Exegese in ihrer Vollform nur von Frauen betrieben werden kann. Dennoch vermag dieser Zugang mit seinen Hinweisen und Ergebnissen jede Art von Auslegung positiv zu bereichern und schafft so ein ausgewogeneres Verständnis bezüglich des Verhältnisses der Geschlechter, was zu einem „neuen Miteinander" in Exegese und Theologie führen kann.

✍ Verständnisfrage und Übung

Wovon geht eine „Hermeneutik des Verdachts" aus? Welche Kernaussage könnte Ex 2,1–10 feministisch gelesen haben?

📖 Literatur

BUTTING, *Buchstaben*; JAHNOW u. a., *Hermeneutik*; JANSSEN – LAMB, Lukas, 522 f.; SCHMIDT u. a. (Hg.), *Feministisch gelesen*; SCHOLZ, Exodus, 30 f.; SCHÜSSLER-FIORENZA, *Brot*.

5.2.2 Befreiungstheologische Exegese

Der Ursprung dieses Zuganges zur hl. Schrift liegt in den lateinamerikanischen Basisgemeinden. Den Hauptgrundsatz jeglicher Bibelauslegung bildet daher das Bewusstsein, dass gerade Glaube und Bibel Quellen der Stärkung und Hoffnung angesichts der gesellschaftlichen Konflikte und Probleme des armen gläubigen Volkes sein müssen. So liefert auch diese Methode Ansätze und Impulse, die jegliche Art der Beschäftigung mit der Bibel befruchten und ergänzen können.

Aufgabe und Sinn:	„Option für die Armen" als hermeneutische Grundlage für die Beschäftigung mit der Bibel.
Wahrnehmungsparallelen:	Wer ein Haus bauen will, hat eine ganz bestimmte Vorstellung über Baumaterial und Aussehen des Hauses. Wird ein Mitteleuropäer meist ein mehr oder weniger großes und stabiles Ziegelhaus vor Augen haben, so ein Bewohner eines ärmeren Landes eher eine Holz- oder Lehmhütte.
Kriterien:	• Bibellektüre mit den Augen der Kleinen und Armen und im Hinblick auf den Dienst an ihnen • „Hermeneutik der Inkarnation": Im Text, v.a. in den Evangelien, dargestellte Personen bieten direkte Identifikationsmodelle für die Leser • Die Botschaft des Wortes Gottes kann nie Privatbesitz sein, sondern muss im Sinne der Evangelisierung ständig und an alle Menschen weiter gegeben werden • „Hermeneutik der Hoffnung": In der Bibel geschilderte Verheißungen und Herrlichkeiten sollen zu gläubiger Hoffnung führen
Anwendung:	Jeder Bibeltext kann unter befreiungstheologischer Rücksicht ausgelegt werden
Schwierigkeiten:	• Gefahr der Vereinnahmung und Funktionalisierung (vor allem auch als politisches Mittel) der Bibel • stark subjektiv geprägter Ansatz, der leicht zu Beliebigkeit führen kann
Ergebnis:	Eine in der konkreten gegenwärtigen Situation Stärkung, Kraft, Mut und Hoffnung gebende Botschaft

■ Beispiele

Die Auszugserzählung Ex 1 – 15 gilt in der Befreiungstheologie als das Modell für den Aufstand der Armen und Unterdrückten gegen die Machthaber und die Befreiung aus Abhängigkeit mit Gottes Hilfe. Zudem zeigt diese Erzählung, dass Gott auf der Seite der Armen und Schwachen steht. Z.B. in Ex 3 nimmt Gott Not des Volkes wahr (v7), bleibt dabei nicht gleichgültig (v8) und schafft Abhilfe (v10).

In Lk 4,18–21 wird dezidiert gesagt, dass mit dem Wirken Jesu die Befreiung der Unterdrückten und eine Frohbotschaft an die Armen Realität wird.

Zu Lk 6,43–49: „Nach dem Evangelium gibt es zwei Arten von Menschen: gute und schlechte. Genauso könnte man sagen: Gerechte und Ungerechte, Ausgebeutete und Ausbeuter. Und wir Bauern müssen klar sehen, wer wer ist. [. . .] Das sehen wir an den Reichen: sie bringen keine gute Frucht hervor. Sie handeln immer nach ihren Interessen und ihre Interessen sind gegen die übrigen Menschen" (Cardenal, *Evangelium*, 17f).

✍ Verständnisfrage und Übung

Welche hermeneutische Grundlage ist für befreiungstheologische Bibelarbeit unerlässlich? Welche Kernaussage könnte Lk 9,1–6 unter befreiungstheologischer Rücksicht haben?

📖 Literatur

Cardenal, *Evangelium*; Goldstein, *Lexikon*, 29–33; Päpstliche Bibelkommission, *Interpretation*, 118–120; Huning, *Bibelwissenschaft*, 199–244.

5.2.3 Psychologische Schriftauslegung

Biblische Texte beschreiben oft Emotionen und Gefühle. Gleichzeitig lösen sie diese auch im Leser aus. Das Auslösen von Gefühlen im Leser ist manchmal unwillkürlich, manchmal aber auch vom Text durchaus angestrebt. Die psychologische Schriftauslegung versucht diesen Gefühlen im Text und im Leser nachzugehen und zu analysieren, an welchen Formulierungen sich diese besonders festmachen lassen. Im gegenseitigen Spiel von beschriebenen und ausgelösten Emotionen erhält der Text eine über seine eigene Zeit hinaus gehende Bedeutung und bezieht den Leser existenziell in den Auslegungsprozess mit ein, wenn er sich diese Abhängigkeiten bewusst macht. In dieser Art der Auslegung ist eine gewisse Kenntnis psychologischer Theorien durchaus hilfreich, aber nicht unumgänglich notwendig.

Anliegen	• Aufdecken der Gefühlswelt des Textes • Aufdecken der im Leser ausgelösten Gefühlswelt
Wahrnehmungs-parallelen	Das Betrachten eines Hauses oder eines Textes löst im Betrachter ein Gefühl aus, sei es Gefallen, Begeisterung, Ablehnung, oder auch Gleichgültigkeit.
Methode	• Welche Emotionen werden im Text beschrieben? • Welche Emotionen sind besonders auffällig oder überraschend? • Welche Emotionen werden im Leser ausgelöst • An welchen Wörtern oder Phrasen machen sich beschriebene und ausgelöste Emotionen fest? • Welche Symbole werden verwendet?
Anwendbarkeit	anwendbar auf alle Texte; besonders geeignet für die Auslegung von Mythen, Träumen, Wundern und Legenden
Schwierigkeiten	• erfordert Bewusstsein für und Reflexion auf Gefühle • psychologisches Fachwissen erforderlich für weiterführende Schritte
Ertrag	• Gefühlswelt des Textes ermöglicht bessere Charakterisierung von Personen und Aktionen • stärkere Wahrnehmung des Wechselspieles zwischen Text und Leser

■ Beispiele

AT Ex 3f schildert Emotionen nur sehr zurückhaltend. Moses Neugier oder Wissensdrang kommt in seiner Frage in 3,3 zum Ausdruck. Gottes Selbstvorstellung löst dann in ihm als erste Reaktion Angst aus, verbunden mit dem Verbergen des Gesichts (v6). Gottes Reden setzt ein mit der Wahrnehmung von Schreien und Schmerzen; diese mit starken Gefühlen verbundene Lage seines Volkes bewegt ihn zum Eingreifen und zur Rettung.

Der Abschied der Israeliten aus Ägypten (3,21) ist ebenfalls emotionsgeladen, mit ‚Gunst' bei den Einheimischen für die Ziehenden. Das hebräische Wort *ḥen* kann auch ‚Charme, Wohlgefallen, Gnade' bedeuten. Wohlwollen und Freundschaft kennzeichnen den Weggang.

Die letzte Erzählerbemerkung in 4,14 bringt nochmals ein kräftiges Gefühl. Gottes zornige Reaktion zeigt, dass die Grenzen seiner Geduld überschritten sind. Dennoch antwortet Gott voller Verständnis und sagt verstärkt Unterstützung zu.

NT Lk 4,16–30 ist eine sehr nüchterne Erzählung. Deshalb sind die verschiedenen Hinweise auf Gefühle der Handelnden besonders bemerkenswert: Jesus selbst scheint völlig emotionslos

zu sein, aber auch derjenige, der Gefühle in seinen Zuhörern auslöst. Die Nazarener hingegen werden als emotional geschildert in ihrer Erwartung (v20), ihrer Verwunderung (v22), ihrer Wut (v28) und Gewaltbereitschaft (v29). Diese Gefühle der Nazarener unterstreicht Lukas noch durch die Gefühle der Verehrung, die „alle“ in Galiläa für Jesus haben (v15). Somit erscheint also eine Linie der immer negativer werdenden Gefühle für Jesus.
Aus der Kindheitsgeschichte, der Geschichte von Taufe und Versuchung Jesu wissen die Leser bereits, dass Jesu Verkündigung der Erfüllung wahr ist. Deshalb kann der Leser sich nicht mit den Gefühlen der Nazarener identifizieren. Gegenteilig bewirkt die Geschichte, dass Jesus noch glaubwürdiger erscheint. Die negativen Emotionen des Lesers werden auf die im Unrecht befindlichen Nazarener gelenkt.

✍ Übungen

AT Was bedeutet es, dass Gen 12,1–9 keine Gefühle erwähnt? Was für Empfindungen sind dennoch mit einem solchen Abschied (v1.5) verbunden? Welche Emotionen weckt dies in Lesern?

NT Gehen sie den Gefühlen Jesu in Mk 3,1–6 nach. Was löst die Gefühle aus, wie reagieren seine Zuhörer und welche Reaktion wird im Leser bewirkt?

☞ Hinweise und Diskussion

Neben den rein psychologischen Ansätzen der Deutung haben sich auch Methoden entwickelt, die Psychologie und Geschichte miteinander verbinden. So etwa gibt es Ansätze für eine Analyse der Gemeinde in Korinth mithilfe der Gruppenpsychologie oder für eine Analyse paulinischer Pädagogik mithilfe der Lernpsychologie. Aussichtsreich scheint auch der Versuch K. Bergers, mithilfe der Psychologie einen historischen Spiegel von Emotionen in der Antike zu entwerfen. Gerade dieser Ansatz zeigt auch, dass Emotionen, Gefühle und deren Ausdruck sehr stark von historischen und kulturellen Umfeldern bedingt sind.
Die Tiefenpsychologie in der Folge von S. Freud und C.G. Jung hat auch auf die Deutung biblischer Schriften gewirkt. Religiöse Erfahrung ist etwas „Archetypisches“, also eine Erfahrung, die Grenzen von Zeit, Geschichte und Individualität übersteigt. Religiöse Texte beinhalten einen literarischen Ausdruck dieser Archetypen, der mit ihnen verbundenen Prozesse und Gefühle. Der tiefenpsychologischen Schriftauslegung stellt sich die Aufgabe, diese Archetypen in den Texten zugänglich zu machen.
Die Auslegung der Bibel auf tiefenpsychologischer Grundlage ist durch die Arbeit E. Drewermanns als Kritik an der historisch-kritischen Methode bekannt geworden. Drewermann beurteilt die Konzentration der historisch-kritischen Methode auf die Geschichte der Texte und der hinter ihnen stehenden Gemeinden als überholt und sinnlos. Er hält die ungeschichtliche und damit universelle Tiefenspsychologie für das einzige Mittel, biblische Texte für den Glauben zu retten.
Drewermanns Absolutheitsanspruch lässt sich nicht halten. Obwohl die historisch-kritische Methode eng gesteckte Grenzen hat, hat sich das Methodenfeld in der Bibelauslegung so weit gefächert, dass viele seiner Vorwürfe ins Leere laufen. Grundsätzlicher muss jedoch die Archetypisierung von religiösen Texten hinterfragt werden. In der Folge wird die konkrete geschichtliche und literarische Einbindung der Texte verharmlost. Dies hat gerade für eine historische Religion wie das Christentum einen enormen Identitätsverlust zur Folge.

Literatur

Berger, *Historische Psychologie*; Drewermann, *Tiefenpsychologie und Exegese*; Schreiber, *Korinth*; Theissen, *Psychologische Aspekte.*

5.2.4 Sozialwissenschaftliche Analyse

Die Erforschung des historischen Umfeldes der Bibel hat seit den Siebzigerjahren neue und starke Impulse durch die wissenschaftliche Erforschung der Gesellschaft erhalten. Diese Soziologie genannte Wissenschaft entstand zunächst außerhalb der Bibelwissenschaften und ist sehr breit ausgelegt: Angewandt werden zum Beispiel die Methoden der Kulturanthropologie, also der Wissenschaft, die den Menschen in seinem kulturellen Umfeld zu verstehen sucht, oder der Kultursoziologie, die den wechselseitigen Einfluss von Kultur und Gesellschaft untersucht. Diese Gruppe von Methoden wird gemeinhin unter dem Stichwort „sozialwissenschaftliche Analyse" zusammengefasst. Sie hat die Exegese der letzten Jahre ungemein befruchtet und sich von ihrer anfänglich antitheologischen Haltung inzwischen weit entfernt.

Anliegen	Erforschung des historischen Hintergrundes der Bibel mithilfe soziologischer und kulturanthropologischer Modelle
Wahrnehmungsparallelen	Ein Gebäude spiegelt immer auch seine Umgebung wider. Der Innsbrucker Dom ist undenkbar in Münster, während das Münsteraner Rathaus in Innsbruck völlig unpassend wäre. Im Bild ist das mittlere Barockhaus durch ein modernes Hochhaus unglücklich ersetzt.
Methodik	• Erforschung der gesellschaftlichen und kulturellen Strukturen des Umfeldes biblischer Texte • gesellschaftlicher und kultureller Vergleich mit außerbiblischer Literatur • Erstellen von gesellschaftlichen Strukturmodellen • Überprüfung der erarbeiteten Modelle anhand biblischer Texte
Anwendbarkeit	• auf jeden Text anwendbar, auch in Übersetzungen • oft auch auf kleinere Teile eines biblischen Buches gut anwendbar
Schwierigkeiten	Die Methode setzt einen empirischen Ansatz voraus, zu dem die Quellen der Antike begrenzt nützlich sind. So besteht die Gefahr, dass die Lektüre der Quellen und die Erarbeitung soziologischer Modelle zu einem zirkulären Argument wird.
Ertrag	• möglichst klare Erarbeitung historischer und kultureller Hintergründe • Konzentration auf sozio-kulturelle Voraussetzungen eines Textes lässt dessen theologische Radikalität oder auch Konventionalität durchscheinen.

■ Beispiele

AT Die Berufung des Mose hebt eine Einzelperson und deren Begegnung mit Gott stark heraus. Die mehrmalige Erwähnung der drei Patriarchen Abraham, Isaak und Jakob (3,6.15f; 4,5) bezeugt die Wichtigkeit der Tradition. In 3,7 kommt „mein Volk" zum ersten Mal im Mund Gottes vor. Moses Sendung soll also zur Bildung eines neuen Volkes führen, noch dazu

in einem fremden Land, in Ägypten; diese schwierige soziale Aufgabe prägt Ex 3. Zusätzlich kommen für die Zukunft noch andere Völker wie Kanaaniter und Hetiter in den Blick (3,8.17) – auch dabei ist ein Konflikt bereits vorauszusehen, vgl. dann die Bücher Jos, Ri, Sam. Weiters werden in den Ältesten (3,16) und im „Leviten" Aaron (4,14) Personen greifbar, die die absolute, alleinige Führungsrolle Moses etwas abschwächen. Darin mag sich die untergeordnete Autorität dieser beiden Gruppen zur Abfassungszeit des Textes spiegeln.
NT Lk 4,16–30 erwähnt, dass Jesus in einer Stadt auftritt, dass er in einer Synagoge predigt, dass er von seinen Zuhörern abgelehnt wird und aus Synagoge und Stadt ausgestoßen wird. Die sozialwissenschaftliche Exegese interessiert sich dafür, wie eine Stadt in der Antike funktionierte, wie das Verhältnis von ländlicher und städtischer Bevölkerung aussah, welche Konsequenzen sozialer Natur sich ergaben, wenn jemand aus einer Stadt und aus einer Synagoge ausgestoßen wurde. Die Methode zeigt, dass der Ausschluss Jesu aus seiner Vaterstadt eine ganz massive Demütigung bedeutete, da jemand, der von seiner Vaterstadt ausgestoßen wurde, auch in der näheren und ferneren Umgebung dieses Stigma behielt.

☞ Hinweise und Diskussion
Ein wesentliches Merkmal der sozialwissenschaftlichen Analyse ist die Erforschung von Beziehungen zwischen verschiedenen Personen und Personenkreisen in der Antike. Aus der Soziologie werden Modelle übernommen, mit denen man die Beziehungen zwischen Männern und Frauen, zwischen Oberschicht und Unterschicht, zwischen Herrschenden und Dienenden und zwischen verschiedenen Nationalitäten beschreiben kann. Genauere Untersuchungen können auch Werthaltungen und Weltanschauungen verdeutlichen. Als Quelle für solche Untersuchungen dient die Analyse antiker Literatur auf soziale und kulturelle Werthaltungen. Manchmal können diese auch im Widerspruch zueinander stehen. So ist es für griechische Autoren kein Problem, die Demokratie Athens mit einer Klassengesellschaft zu verbinden, die auch Sklaverei kannte und schätzte.
Aus dem Matthäusevangelium sind viele antijüdisch erscheinende Bemerkungen bekannt. Die sozialwissenschaftliche Kritik kann zeigen, dass solche Bemerkungen zum Standard der Auseinandersetzung gehörten, wenn sich innerhalb eines sozialen Verbandes eine Splittergruppe bildet. An diesem Beispiel wird deutlich, wie sich die sozialwissenschaftliche Methode mit anderen Methoden überschneiden kann, in diesem Fall mit der → rhetorischen Analyse (S. 71). So gibt es seit einigen Jahren die Methode der sozio-rhetorischen Kritik, die untersucht, wie gewisse Formen des schriftlichen oder mündlichen Ausdrucks auf ein ganz bestimmtes soziales Umfeld verweisen. Als Konsequenz wird heute die matthäische Gemeinde oft als Sekte innerhalb des Judentums verstanden.

✍ Übungen
AT Wenn Sie in Abram eine Beispielfigur sehen, welche gesellschaftlichen Vorgänge können Sie dann hinter Gen 12,1–9 erkennen?
NT Erheben Sie aus Mt 12,38–45 besonders starke Beschimpfungen und ordnen Sie diese in einen möglichen sozialen Kontext ein!

🕮 Literatur: SÖDING, *Wege*, 75–77; SCHMELLER, Exegese.

6. Kapitel

Geschichtswissenschaftlich geprägte Zugänge

In diesem Kapitel werden nicht im eigentlichen Sinn exegetische Methoden vorgestellt, sondern weitestgehend eigenständige wissenschaftliche Disziplinen, die eng mit der Bibelauslegung verbunden sind. Die Rezeption und Einarbeitung der Ergebnisse dieser Wissenschaftszweige in der Exegese situiert die biblischen Texte in ihrem historischen, kulturellen, gesellschaftlichen und religiösen Umfeld und erlaubt so ein neues und oft besser nachvollziehbares Verständnis mancher biblischer Aussagen und Topoi. Die geschichtswissenschaftlich orientierten Zugänge möchten die archäologischen Funde und Fundorte der biblischen Länder sowie andere außerbiblische schriftliche und nichtschriftliche Quellen und Realien mit den biblischen Schriften in Beziehung setzen. Betrieb man diese wissenschaftlichen Disziplinen früher mit der Absicht, die Bibel sozusagen zu „beweisen", indem man die dort genannten Realien gezielt ausgraben wollte, so geht es heute vielmehr um die Gewinnung eines Gesamtbildes durch die Integration möglichst vieler Zugangsweisen. Die so gewonnenen Ergebnisse können die Bibelwissenschaft befruchten und umgekehrt.

Aufgabe und Sinn: Ermittlung, Sichtung, Dokumentation und Deutung der Altertümer der biblischen Länder.

Wahrnehmungsparallelen: Ruinen zerstörter oder verfallener Häuser vermögen zwar keine sichere Gesamtsicht der einstigen Bewohner sowie ihrer Lebens- und Denkweise mehr zu vermitteln. Das verwendete Baumaterial, die Bauweise, die Raumanordnung, Reste von Einrichtungen, Scherben und andere noch vorhandene Merkmale und Realien lassen aber zumindest einige Rückschlüsse auf die ehemaligen Bewohner und ihre Zeit und Kultur zu. Im Zusammenspiel mit anderen Hinterlassenschaften der jeweiligen Epoche und bereits vorhandenem Wissen gelangen wir oft zu relativ abgerundeten Vorstellungen früherer Zeiten.

Kriterien: Wissenschaftlich-methodischer Dreischritt:
- Betreibung dieser Disziplinen mit den ihnen eigenen Mitteln
- Interpretation der biblischen Schriften mit den üblichen Methoden moderner Exegese
- Kombination der Ergebnisse beider Disziplinen

Anwendung: Sollte bei der Interpretation aller Bibeltexte berücksichtigt werden

Schwierigkeiten: Auf der einen Seite besteht immer noch die Gefahr, mit archäologischen Ergebnissen die biblische Überlieferung „bestätigen" oder gar die Wahrheit der Bibel „beweisen" zu wollen. Andererseits ist vor allem bei einer allzu raschen Identifizierung einer historischen Ortslage mit einem konkreten in der Bibel genannten Ort höchste Vorsicht geboten, da die Beweislage in solchen Fällen oft recht dürftig ist.

Ergebnis: Die Integration geschichtswissenschaftlicher Erkenntnisse in die Beschäftigung mit der Bibel stellt die Texte in ihren historischen Kontext. Viele auf rein literarischer Basis kaum oder gar nicht verständliche Aussagen bekommen etwas mehr an Gestalt, vieles wird anschaulicher und dadurch besser nachvollziehbar.

■ Beispiele

Die Funde von „Tempel"-Heiligtümern in Arad, Lachisch, Dan und anderen Orten konnten einerseits neues Licht auf die Form(en) des religiösen Kultes und die Beschaffenheit der israelitischen Kultstätten werfen, andererseits aber auch die Schwierigkeiten der Etablierung der Jahwereligion und besonders der Jahwealleinverehrung erhellen, was zu einem besseren Verständnis mancher profetischer Kritik führte.
Die archäologisch eindeutig nachweisbare Besiedelungslücke des Tell es-Sultan (Jericho) von spätestens 1325 v. Chr. bis etwa 1000 führte nicht nur zu einer (dem Text wohl eher gerecht werdenden) theologischen Interpretation von Jos 6, sondern – in Verbindung mit anderen ähnlichen Fällen – zu einer grundsätzlichen Neuorientierung in der Frage der sogenannten „Landnahme".
Andererseits konnten an Orten wie Lachisch oder Megiddo eindeutige historische Anhaltspunkte für in der Bibel geschilderte Schlachten festgemacht werden (2 Kön 18f; 2 Kön 23,29f).
In Kafarnaum brachten archäologische Ausgrabungen nicht nur römische Mauerfundamente zu Tage, die mit größter Wahrscheinlichkeit von der Synagoge zur Zeit Jesu stammen (Lk 4), sondern auch solche eines Wohnhauses, das als frühe Hauskirche gedient hat und Aufschlüsse über die Versammlungen früher Judenchristen zu geben vermag.

☞ Diskussion und Ergänzungen

Die Forschungsergebnisse der geschichtswissenschaftlichen Zugänge sind hilfreich für die Erklärung und Beschreibung der in der Bibel vorkommenden Realien (Häuser, Tempel, Waffen, Geräte), aber auch der Sozialstruktur und Lebensweise jener Menschen, die die Schriften der Bibel voraussetzen. Zudem können durch die Archäologie manche biblischen Orte lokalisiert und historische Gegebenheiten besser geklärt werden. Schließlich ermöglicht die archäologische Erschließung des Alten Orients eine bessere religionsgeschichtliche Einbindung der biblischen Religion in ihren Kontext, verhilft aber auch dazu, sowohl im gesellschaftlichen wie im religiösen Bereich das spezifisch Israelitische herauszuarbeiten.
Dieser durch die Geschichtswissenschaft ermöglichte Einblick in die konkrete Lebenswelt des biblischen Volkes ist so zu einem unverzichtbaren Teil der Bibelauslegung geworden. Der Beitrag der Archäologie ist jedoch nicht nur dort relevant, wo er die historischen Gegebenheiten zu klären hilft, sondern auch dort, wo er die Diskrepanz zwischen den historisch-archäologischen Voraussetzungen und den biblischen Darstellungen aufdeckt. Dann wird er nämlich zum methodischen Mittel, die theologische Aussage der entsprechenden Perikope sachgerecht zu erhellen. Zudem konnte durch die Erkenntnisse der geschichtswissenschaftlichen Disziplinen die hebräisch-israelitische Literatur in den Kontext der kanaanäischen Literatur eingebettet werden. Dies trug wesentlich zum Verständnis mancher bisher unbekannter Termini, aber auch grammatikalischer Besonderheiten bei.
Innerhalb der geschichtswissenschaftlich geprägten Zugänge können mehrere Einzeldisziplinen mit verschiedenen Schwerpunkten unterschieden werden, die in der Folge kurz vorgestellt werden sollen.

6.1 Biblische Archäologie

Die Biblische Archäologie (→ 3.2.3) beschäftigt sich mit der archäologischen Erschließung der biblischen Länder, aber auch der Interpretation von Fundorten und Kleinfunden, die mit den biblischen Schriften in einem Zusammenhang stehen.
Innerhalb des Faches der Biblischen Archäologie sind vor allem drei Bereiche wichtig:

Landeskunde: Diese gibt Aufschluss über die topographischen* Voraussetzungen und die natürlichen Gegebenheiten. Topographische Voraussetzungen sind vor allem Angaben über Oberflächenstruktur, Wasserläufe, natürliche Grenzen, aber auch antike Straßen und Ortslagen. Zu den natürlichen Gegebenheiten zählen Beobachtungen zum Klima, zur Vegetation, sowie zu Fauna und Flora. Alle diese Erkenntnisse erlauben eine möglichst genaue Situierung der biblischen Schriften in ihrem historischen Kontext und Umfeld.

Survey: Durch systematische Begehungen und gezielte Beobachtungen aus der Luft werden die an der Oberfläche sichtbaren Altertümer untersucht und erfasst. Die dabei zu Tage tretenden Kleinfunde ermöglichen oft die Lokalisierung, Identifizierung und Datierung dieser Ortslagen. Für die Datierung sind vor allem die Keramikfunde von höchster Bedeutung. Auf der Basis solcher Surveys werden historische Landkarten erstellt bzw. ergänzt oder korrigiert.

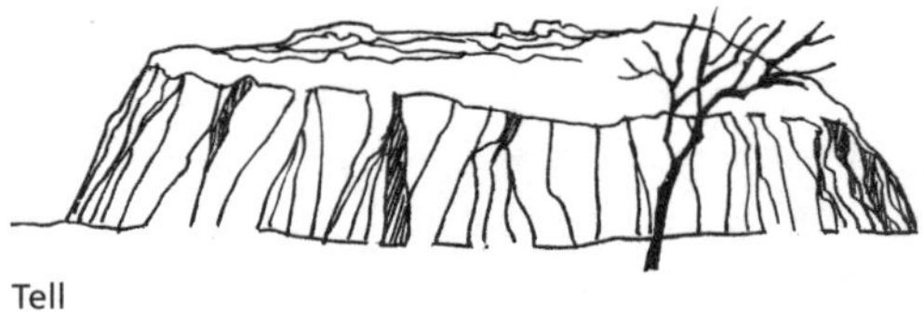
Tell

Ausgrabungen: Nicht alle historischen Orte sind an der Oberfläche sichtbar, viele sind heute völlig überwuchert oder gar überbaut. Um Aufschluss über sie zu erhalten, muss man Grabungen vornehmen. Die meisten dieser Orte treten uns in Form von Ruinenhügeln (Tell) entgegen. Der Vorteil der Ergrabung solcher Ruinenhügel ist der, dass die so gefundenen Überreste die Ermittlung der Siedlungsgeschichte sowie die Erschließung der materiellen Kultur der einzelnen Besiedlungsphasen ermöglichen. Da die Ergrabung tieferer Schichten automatisch die Zerstörung der oberen Schichten zur Folge hat, müssen die Grabungsergebnisse laufend aufgezeichnet, katalogisiert und beschrieben werden. Aus dieser fortlaufenden Dokumentation wird am Ende der Grabung ein Grabungsbericht erstellt, auf dessen Basis wiederum eine Identifizierung und gegebenenfalls eine Interpretation der Ortslage erfolgen kann.
Für die Lektüre und Auswertung von Grabungsberichten ist die Kenntnis einiger Fachtermini unumgänglich:

- Tell (pl. Tulul): Künstlich entstandener Ruinenhügel, der dadurch angewachsen ist, dass neue Siedlungen auf dem mittlerweile überwucherten Schutt der jeweiligen Vorgängersiedlungen erbaut wurden. Auf diese Weise sind im Laufe der Zeit bis zu 30 m hohe Hügel entstanden (z. B. Megiddo, das auf Grund seiner strategisch günstigen Lage über 20 mal zerstört und wieder aufgebaut wurde).
- Chirbet: Ruinensiedlung, die meist nur für kurze Zeit bestanden hat und in der Folge nicht überbaut wurde. Solche Siedlungen sind oft nur schwer auszumachen, da sich diese Orte kaum erkennbar von ihrer Umgebung abheben (z. B. Chirbet Kana, Schauplatz von Joh 2,1–12, ist einige km Luftlinie von seiner heutigen Nachfolgeortschaft „Kfar Kana“ entfernt).

- Chadesch: Unterstadt am Fuße eines Tell, wenn in späteren Besiedlungsphasen der Platz auf dem Tell selbst zu klein war (z. B. Bet Schean).
- Stratum: Siedlungsschicht, die sich durch die Bauweise von der vorhergehenden (darunterliegenden) und der auf sie folgenden (darüberliegenden) unterscheidet.
- Areal: Bezeichnet einen genau vermessenen und abgesteckten Bereich auf einem Tell, in dem eine systematische Grabung vorgenommen wird.
- Quadrat: Jedes Areal wird zusätzlich in lauter Quadrate mit 5 m Seitenlänge unterteilt, um eine präzisere Lokalisierung und Dokumentation der Funde zu erleichtern. Zwischen den Quadraten werden Bezugspunkte angebracht, von denen aus gerechnet man durch zweifache Richtungsangabe und exakte Benennung der Fundtiefe jeden Einzelfund genau lokalisieren kann (→ Diagramm 11).

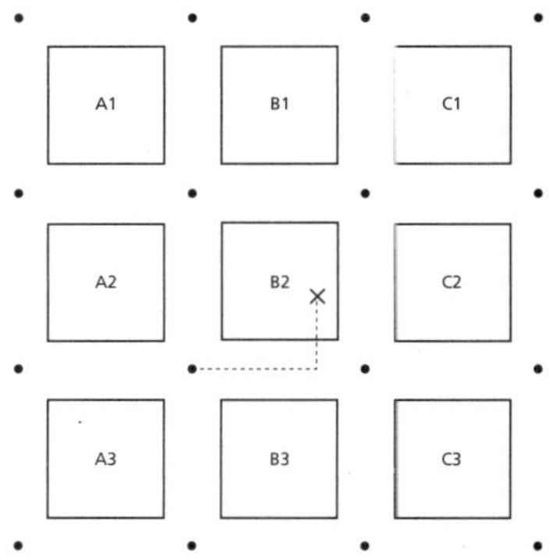

Diagramm 11

6.2 Geschichte Israels

Diese Disziplin (→ 3.2.3) geht noch einen Schritt weiter als die Biblische Archäologie, indem sie auch schriftliche wie materielle Quellen zur Rekonstruktion der Geschichte Israels verwendet, die sich außerhalb des israelisch-palästinischen Territoriums selbst finden. Zudem ist sie auch an den nicht biblisch greifbaren Fakten und Daten der Geschichte Israels interessiert.

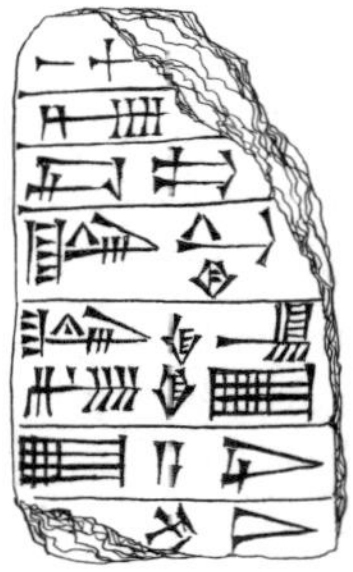
Keilschrifttafel aus Ur

Ein entscheidender Ansatzpunkt für die Darstellung einer „Geschichte Israels" ist daher die Einbettung dieses Volkes und dieser Region in den Kontext des Alten Orients. Dabei sind Königsinschriften und andere offizielle Dokumente aus dem ägyptischen und mesopotamischen Raum wertvolle Quellen, insbesondere was die Anfänge des Volkes Israel betrifft.

Faktisch war jene Größe, die im AT zu jeder Zeitepoche einfach als „Israel" oder „Juda" bezeichnet wird, im Laufe ihrer Geschichte mannigfaltigen Wandlungen in politischer, soziologischer, kultureller und religiöser Hinsicht unterworfen. Daher muss eine umfassende Geschichtsdarstellung Israels versuchen, diese Wandlungen und Prozesse nachzuzeichnen und besonders auch die Beziehungen zwischen Israel und seiner Umwelt in den verschiedenen Epochen herauszuarbeiten.

Große Schwierigkeiten ergeben sich dadurch, dass im gesamten syrisch-palästinischen Raum aus der biblischen Zeit nur wenige außerbiblische Schriftstücke gefunden wurden. Dies erhöht den Wert entsprechender Dokumente dieser Zeit aus Israels Umwelt mit Israelbezug. Für die Vorgeschichte Israels sind dabei vor allem die Briefe aus den Archiven von Mari und Tell el-Amarna zu nennen. Hilfreiche eisenzeitliche Quellen sind pharaonische Städtelisten sowie Annalen und Feldzugsberichte assyrischer und babylonischer Könige. Wichtige Aufschlüsse über die nachexilische Zeit liefern die Papyrusfunde von Elephantine, während die Texte von Nag

Hammadi einerseits die gnostische Bewegung breiter zu dokumentieren vermögen, andererseits damit aber auch wertvolle Informationen über die Verortung und das Umfeld der Jesusbewegung geben können. Zudem kann man in römischer Zeit bereits auf Geschichtsschreiber wie Josephus Flavius oder Strabo zurückgreifen, wobei diese aber ein anderes Geschichtsverständnis haben als das heute übliche. Deswegen müssen solche Werke mit hoher Vorsicht konsultiert werden. Nicht alles, was dort als Geschichte überliefert ist, hält einer strengen Historizitätsprüfung stand.

Ein auf diese Weise gewonnenes Bild der Geschichte Israels ist für das Verstehen biblischer Texte in zweierlei Hinsicht wichtig:

a) Es verhilft zum besseren Verständnis mancher Motive (z. B. Fremdgötterverehrung, Identität einer bestimmten Gruppe als „Israel/Juda“, starker Befreiungsgedanke in den Schriften, Täuferbewegung etc.).
b) Es erlaubt eine realistischere Einschätzung und Auslegung jener biblischen Schriften, die ihrerseits Teile der Geschichte Israels darstellen. Vor allem wird es dadurch einfacher, jenen Stellen dieser Schriften gerecht zu werden, die mehr einer theologischen denn einer historischen Interpretation bedürfen. Als viel diskutiertes Beispiel mag hier die „Landnahmediskussion“ genügen, die seit vielen Jahren zeigen konnte, dass die sog. „Landnahme“ streng historisch nicht so vor sich gegangen sein kann, wie sie im Josuabuch geschildert wird. Dies hat einerseits dazu geführt, dass mehr Wert auf die theologischen Aussagen dieser Texte gelegt wurde. Auf der anderen Seite ringt man nach wie vor darum, aus den realhistorischen Fakten ein überzeugendes Modell über die Anfänge des Volkes Israel zu entwickeln.

Die schwierige Quellenlage einerseits und das starke emotionale Interesse an detaillierten Kenntnissen über die Ursprünge und Entwicklungen des biblischen Volkes andererseits legen es nahe, Geschichtsdarstellungen Israels stets mit kritischem Blick zu konsultieren.

6.3 Religionsgeschichte der biblischen Länder und ihrer Umwelt

Die Religionsgeschichte Israels (→ 3.2.3) stellt einen Spezialfall der Geschichte Israels dar, insofern es ihr um eine Beschreibung der religiösen Anschauungen in Israel im Laufe der Zeit geht. Auch hier ist wichtig, dass die gesamte geschichtliche Entwicklung der Religion in den Blick kommt, und zwar vom Blickwinkel einer Außenperspektive her. Dabei hat eine solche Religionsgeschichte jedoch nicht nur den Werdegang der israelitischen Religion als solcher darzustellen, sondern auch das Besondere hervorzuheben, das sie von anderen Religionen unterscheidet und sie selbst im Wechsel der Zeiten prägt. Wichtig ist dabei, dass eine Religionsgeschichte wirklich konsequent historisch aufgebaut ist, das heißt die real praktizierte Religion darstellt ohne sich von dogmatischen Auswahlprinzipien oder biblischen Idealbildern leiten zu lassen. Biblische Texte können immer nur einen bestimmten Ausschnitt der gesamten Wirklichkeit beschreiben. Da dies auch für Fragen der Religion und des Kultes gilt, müssen auch in diesen Bereichen außerbiblische Quellen mit den biblischen Schriften ins Gespräch gebracht werden.

Wichtige Quellen dafür sind theophore Orts- und Personennamen, Namen und Herkunft bestimmter Gottheiten sowie archäologische Befunde (Heiligtümer, Kleinfunde aus dem religiöskultischen Kontext, Inschriften etc.).

Eine wichtige Aufgabe der Religionsgeschichte liegt auch darin, unterschiedliche und einander teilweise widersprechende religiöse Aussagen einzuordnen und zu erklären. Hier sind neben zeitlichen vor allem räumliche und soziale Aspekte zu beachten (Nordreich – Südreich; Stadt – Land; Kernland – Diaspora; offizielle, mehr an politischen Erfahrungen orientierte Tempelreligion – private, mehr an familiären Erfahrungen orientierte Volksreligion).

Wettergott

Zudem muss eine Religionsgeschichte Israels immer im Blick behalten, dass Israel nicht in ein Vakuum, sondern in eine ganz bestimmte Umgebung und Umwelt kam. Dies gilt auch in religiöser Hinsicht. So führten beispielsweise die geoklimatischen Bedingungen in der Levante (Regenfeldbau) zu einer Dominanz von Wettergottheiten und einer Vorliebe von Heiligtümern auf hohen Bergen oder in der Nähe von Quellen. Von daher lassen sich auch manche Züge Jahwes besser erklären und verstehen, dessen Ursprünge wohl im südpalästinischen Raum als solche Wettergottheit zu suchen sind. Für ein besseres Verständnis mancher neutestamentlicher Entwicklungen, Tendenzen und Hintergründe ist zudem die Auseinandersetzung mit dem Hellenismus und dem römischen Imperium dieser Zeitepoche unumgänglich.
Besondere Vorsicht bei der Anwendung religionswissenschaftlicher Befunde ist im Bereich der Beschreibung der Besonderheiten der israelitischen Religion oder auch der Jesusbewegung geboten. Hier darf es nicht zu einer Funktionalisierung der Ergebnisse im Sinne einer Apologie oder eines Wahrheitsbeweises kommen; Religionsgeschichte Israels muss vielmehr im objektiv-deskriptiven Bereich bleiben, um von dort aus zum besseren Verständnis der biblischen Schriften beizutragen.

6.4 Der Beitrag anderer historisch orientierter Wissenschaften

Die obigen drei Wissenschaften bilden den Grundstock historischer Disziplinen innerhalb der Bibelwissenschaften und überschneiden und ergänzen einander in vielfältiger Weise. Sie alle sind zudem im Gespräch mit zahlreichen anderen Teildisziplinen der Geschichtswissenschaft, von denen vier besonders relevante noch kurz Erwähnung finden sollen.

Numismatik (= Münzkunde) beschäftigt sich mit der Auswertung von Münzfunden als Quellen für historische Rekonstruktionen. Im Wesentlichen geben Münzfunde Auskünfte über Handelsbeziehungen zwischen verschiedenen Völkern oder Regionen bzw. sind hilfreich für die genauere Datierung bestimmter archäologischer Schichten (für ältere Perioden, in denen es noch keine Münzen gab, dient die Keramik als Datierungsmerkmal). Zudem können die auf den Münzen dargestellten Motive und Personen Aufschlüsse über gesellschaftliche und politische Besonderheiten einer Zeit geben.

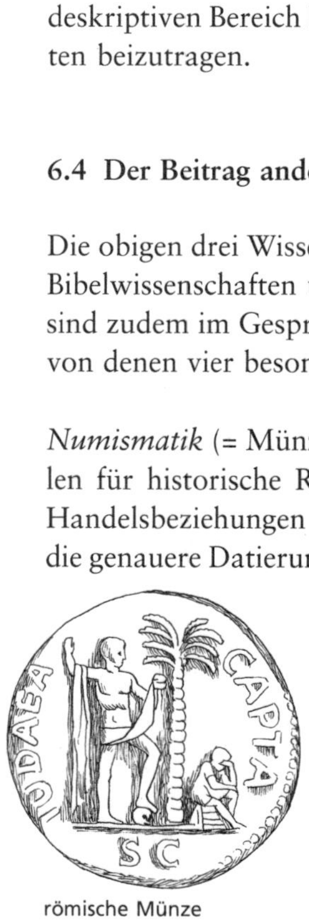

römische Münze

Epigraphie (= Inschriftenkunde) sammelt, datiert und übersetzt die schriftlichen Hinterlassenschaften antiker Kulturen. Für die Bibelwissenschaft sind vor allem jene Inschriften aus der biblischen Zeit und den biblischen Ländern interessant, die in irgendeiner Weise mit den biblischen Schriften in Zusammenhang gebracht werden können. Bevorzugte Materialien dieser Epoche sind Stein (Felswände, Steintafeln, Siegel*), Ton (Tontafeln bzw. Ostraka*), Holz, Papyrus (siehe unten), Leder (z. B. einige Qumranhandschriften) und Metall (in eher späterer Zeit).

Epigraphische Funde haben in den letzten Jahrzehnten zu zahlreichen neuen Erkenntnissen und lebhaften Diskussionen innerhalb der Exegese geführt. So wurde z. B. auf Tell Dan eine Stele* gefunden, die von „Haus David" spricht und so möglicherweise die bisher erste außerbiblische Erwähnung von König David enthalten könnte; in Cäsarea Maritima findet sich das einzige historische Zeugnis über Pontius Pilatus in Stein gehauen etc.

Pilatusinschrift

Papyrologie (= Papyruskunde) als Teilgebiet der Epigraphie beschäftigt sich mit der Übersetzung, Datierung und Einordnung von Inschriften und Zeichnungen auf Papyrus. Praktisch alle Papyrusfunde wurden in Ägypten gemacht; die zeitliche Erstreckung geht von Ramses III (12. Jh. v. Chr.) bis in die früharabische Zeit (7./8. Jh. n. Chr.), an verwendeten Schriften kann man dem gemäß hieroglyphisch, aramäisch, griechisch, lateinisch, koptisch und arabisch unterscheiden. Da das Gebiet der Levante in biblischer Zeit immer in einer gewissen Verbindung mit Ägypten stand, sind die Papyri sehr aufschlussreich für die Bibelwissenschaft, wobei die intensivere Beschäftigung von Exegeten mit den ägyptischen Papyri erst in den letzten Jahren verstärkt begonnen hat und man daher in nächster Zeit noch auf einige Ergebnisse hoffen darf.

Papyrusstaude

Wichtig für die Exegese sind vor allem jene Papyri, die die Diskussion um „Exodus" und „Landnahme" in irgendeiner Form befruchten können; große Bedeutung kommt zudem den Papyri von der Nilinsel Elephantine zu, die wichtige Einblicke in eine der ersten jüdischen Diasporagemeinden (4. Jh. v. Chr.) geben. Für die neutestamentliche Bibelwissenschaft sind es vor allem die frühchristlich-koptischen Texte, die nicht nur frühe neutestamentliche Bibelhandschriften enthalten, sondern auch Einblick ins Leben des jungen Christentums zu geben vermögen.

Ikonographie (= Bildbeschreibung) als integrativer Bestandteil der Religionsgeschichte Israels ist im deutschen Sprachraum vor allem durch O. Keel und die auf ihn zurückgehende „Freiburger Schule" etabliert worden. Sie versucht, die bildliche Hinterlassenschaft des alten Israel zu interpretieren und daraus Schlüsse auf das Gesellschaftsleben aber auch die Volksreligiosität zu ziehen. Als Hauptquellen dieser Disziplin dienen Siegel*, Amulette* und Ostraka*.

So konnte das ikonographische Material beispielsweise zeigen, dass Baal als Wettergott sowie Aschera als Mutter- und Fruchtbarkeitsgottheit bis weit in die Eisenzeit (mindestens bis zum Exil) hinein im alttestamentlichen Volk eine große Rolle gespielt haben dürften. Weiters scheinen über lange Zeit hinweg ägyptische Gottheiten (vor allem als Naturgötter) in der Levante großen Einfluss gehabt zu haben – zumindest in der bildlichen Kunst.

weibl. Gottheit

📖 Literatur

ALBERTZ, *Religionsgeschichte*; FRITZ, *Einführung*; KAISER, *History*; KEEL, *Recht*; KENYON, *Recent Archaeology*; KREUZER u. a., *Proseminar* 121–143; METZGER, *Grundriss*; NIEHR, Auf dem Weg 57–78; NOTH, *Geschichte Israels*; PESTMAN, *primer* 1–65; SCHMID, *Steine*; SOGGIN, *History*; ZWICKEL, Religionsgeschichte 9–56.

Rückblick auf Teil II

Auslegen ist ein spannendes Unterfangen. Die Suche nach dem Verstehen biblischer Texte öffnet neue Sichtweisen, ja sogar Welten. Dabei entsprechen die hier vorgestellten Zugänge in ihrer Vielzahl auch jener Fülle, mit der die Bibel menschliche Erfahrungen und Gottes Selbstmitteilung beschreibt. Sie enthält darin Schätze, die in Ewigkeit nicht ausgeschöpft werden können.

Dieser II. Teil versuchte systematisch die Weisen der Bibelauslegung zu ordnen und mit ihren Charakteristika darzustellen. Die einzelnen Zugänge sind dabei teils hoch spezialisierte Instrumente, die sich jeweils für bestimmte Aspekte besonders eignen. Dies ist mit ein Grund, dass sie nicht am Anfang stehen, sondern ihren Platz als Fortführung von Teil I haben. Sie ergänzen so den in Kapitel 1 beschriebenen Weg der Auslegung, indem sie die dortigen Untersuchungen weiter präzisieren oder vertiefen. Verweise machen auf diese Zusammenhänge aufmerksam und erlauben den jeweiligen Ort einer Methode innerhalb des gesamten Prozesses der Textdeutung zu erkennen.

Die Ausführungen dieser ersten beiden Teile wollen einen Weg öffnen zu eigenem Auslegen und die Verbindungen zwischen den einzelnen Zugängen klären. Mögen sie für viele Einladung und Hilfe sein zu einem neuen, tieferen Verstehen der Bibel.

TEIL III

Zum Verstehen von Texten

Texte sind vielgestaltige Phänomene. Die in Teil I vorgestellte Abfolge methodischer Schritte sowie die unter Teil II dargelegten Zugänge haben einen kleinen Vorgeschmack davon gegeben. Die Hintergründe von Texten sind freilich noch wesentlich komplexer.
Wissenschaftliches Arbeiten erfordert ein Begründen des eigenen Vorgehens und eine Reflexion darauf. Dazu haben Linguistik, Literaturwissenschaften und Sprachphilosophie in den letzten Jahrzehnten wertvolle Beiträge geleistet. Die dort gewonnenen Erkenntnisse, Ent- und Unterscheidungen bilden heute die Grundlage für einen wissenschaftlich verantwortbaren Umgang mit Texten. Sie helfen auch zu einem angemessenen Verstehen biblischer Texte.
Dabei geht es zunächst um grundlegende Klärungen der verwendeten Werkzeuge, zu denen bei Texten Sprache, Schrift und Kommunikation samt deren Beziehungen zueinander gehören (Kap. 7). Auf dieser Basis können wir die eher praktisch ausgerichteten Hinweise von Kap. 2 zur Textdeutung vertiefen und weiterführen (7.3). – Diese Ausführungen behandeln schwierige theoretische Fragen und sind deswegen nicht leicht zu lesen; doch stellen sie das Fundament dar, auf dem dieses Buch gründet, und sie versuchen Voraussetzungen und tiefere Zusammenhänge zu erklären.
Weil unser Buch in die Bibel einführen möchte, wollen wir in Kap. 8 besonders auf die Charakteristika biblischer Auslegung eingehen. Dazu gehört auch die Beschäftigung damit, welche Rolle der Glaube für ihr Verstehen spielt, und was die Aufgabe der Exegese innerhalb der Theologie ist.
Das abschließende 9. Kapitel sammelt nützliche Unterscheidungen für die drei Ebenen Wort – Satz – Text und beschäftigt sich mit der Abbildung von Welt in Texten, besonders unter der Rücksicht von Raum, Zeit und Wirklichkeitsebenen.

7. Kapitel

Texte als sprachliche Kommunikation

7.1 Sprache und Schrift

7.1.1 Sprachen als Zeichensysteme

„Was für ein Zeichen zeigst du uns ...?" –
„Zerstört diesen Tempel ...!"
... Er aber sprach vom Tempel seines Leibes.
(Joh 2,18–21)

Zeichen, Bedeutung und Sprache: Was ist ihr Zusammenhang? Allem Untersuchen von Literatur voraus liegt jenes Instrument, das sowohl zur Vermittlung von Texten als auch zu ihrer Untersuchung dient: die Sprache. Ihre Ausbildung hat lange gedauert und ist eine große Kulturleistung. Die uns bekannten Sprachen sind hoch entwickelte Zeichensysteme.

Sprachen sind hoch entwickelte Zeichensysteme.

Als *Systeme* weisen sie komplexe Strukturen auf, mit Regeln, z. B. in der Grammatik, Ordnung in Wortklassen, Satzstellung u. a. und Hierarchien bei Wortwurzeln, Ableitungen... Als Systeme von *Zeichen* setzen sie jeweils jene Bezüge voraus, die schematisiert durch das „semiotische Dreieck" (Bild und Diagramm 12) angedeutet werden:

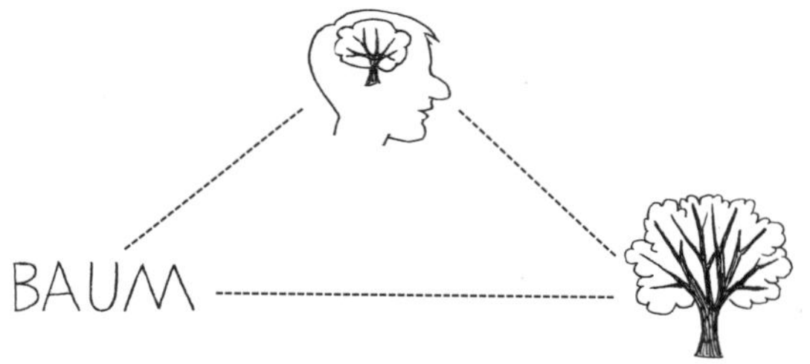

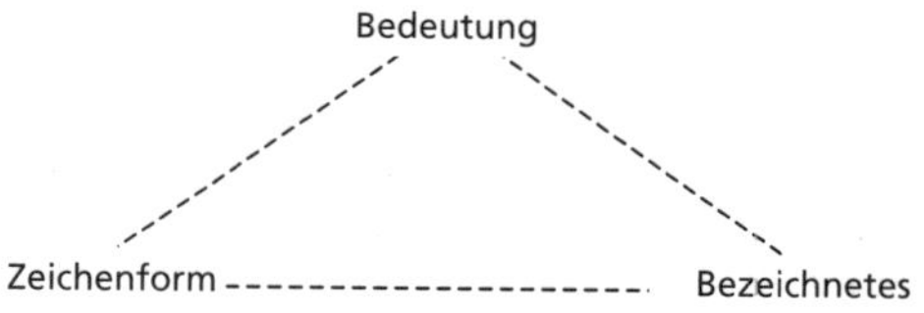

Diagramm 12

Die äußere Form des Zeichens, das Bezeichnende, z. B. das Wort „Baum", verweist auf etwas, das Bezeichnete: es könnte ein Baum vor dem Fenster sein. Die Bedeutung besteht in dem Inhalt, den die das Wort „Baum" Verwendenden damit verbinden, etwa die Kombination von Merkmalen wie ‚hoch, mit Stamm, Ästen, Laub oder Nadeln, ...'. Dieser Inhalt kann je nach Person verschieden sein.

Gerade diese Verbindung eines äußeren Ausdrucks, der Zeichenform, mit einem Inhalt, der Bedeutung, als Versuch der Erfassung des Bezugs des Bezeichnenden auf das Bezeichnete, hängt in den allermeisten Fällen auch von Vereinbarung ab. Sie beruht auf Konvention, d. h. Übereinkunft jener Gemeinschaften oder (Unter-) Gruppen, die diese Zeichen benutzen.

Die Zuordnung von Bedeutungen zu Zeichenformen kann auch als eine Art Verschlüsselung oder Kodierung durch jene angesehen werden, die sie ge-

brauchen. So sagt jemand zu „Baum“ auf Hebräisch עץ ʿeṣ, auf Englisch „tree“, auf Italienisch „albero“, usw. Dabei sind Bedeutung und Bezeichnetes jeweils im Wesentlichen gleich, trotz verschiedener Zeichenform auf Grund unterschiedlicher Kodes*, in diesem Fall die einzelnen Sprachen. Zur Deutung von Zeichen, der Entschlüsselung, bedarf es also der Kenntnis des verwendeten Kodes*.
Im zitierten Text aus Joh 2 verwenden Jesus und seine Zuhörer ‚Tempel‘ verschieden. Erst in v21 erklärt der Erzähler die andere Bedeutung dieses sprachlichen Zeichens.

Biblische Relevanz
Bei einzelnen biblischen Texten ist vor allem das Achten auf die Kodes fruchtbar. Manche Wörter, wie Tempel hier, werden nämlich nicht im allgemein gebräuchlichen Sinn, sondern in einer besonderen Weise verwendet. Ein weiteres Beispiel dafür ist der Gebrauch von „Welt“ im Johannesevangelium, das damit die Gott gegenüberstehende Schöpfung bezeichnet (Joh 1,9f und öfter).
Aus obigen Darlegungen folgt auch für die biblische Sprache, dass sie, ihrer Natur nach, nicht immer eindeutig sein kann: Jedes einzelne Zeichen steht in einer komplexen Beziehung zur Wirklichkeit, hängt ab von seiner Verwendung durch die Sprachgemeinschaft und auch von der Art der Wahrnehmung. Sprache bleibt immer und unauflösbar schillernd, ein Geheimnis.
Dies gilt noch verstärkt für die Bibel, weil sie in uns fremden Zeichensystemen geschrieben ist: in biblischem Hebräisch, Reichs-Aramäisch und Koine-Griechisch, für die es so gut wie keine Personen mehr gibt, die auf Grund muttersprachlicher Beherrschung dieser Sprachen ihre Regeln und Bedeutungen klären könnten. Für die Entschlüsselung dieser Texte ist somit große Vorsicht geboten, insofern heutiges Deuten vielfach auf Vermutungen gründet und letzte Sicherheit bringende Überprüfungen für ein zwei Jahrtausende zurückliegendes Verstehen nicht möglich sind.

Sprache bleibt ein Geheimnis.

Diesem Dilemma kann man nicht mit einer Übersetzung entgehen, weil auch die Übertragung in eine heutige Sprache an die Zeichensysteme und Einstellungen der Übersetzer gebunden ist. Es handelt sich also nur um einen anderen Kode*. Ein Vergleich von Lutherbibel, Einheitsübersetzung, Guter Nachricht und Revidierter Elberfelder Bibel macht das deutlich. Die Verwendung einer Übersetzung führt, statt zu einer größeren Annäherung an das biblische Wort, sogar noch zu einer vermehrten Distanz, wegen der doppelten Umsetzung vom biblischen Original zunächst in die moderne Übersetzung und dann von dieser und ihrem Zeichensystem zur uns gebräuchlichen Sprachverwendung.

✍ Übung
Welche Kodes zeigt Joh 1,41f?

7.1.2 Der Wechselbezug von Sprache und Leben

„Was ist das?“ (hebr. man hu?)
… gaben ihm den Namen ‚Man‘.
(Ex 16,15.31)

Wer geboren wird, erfindet Sprache nicht neu, sondern wächst allmählich in ihren Gebrauch hinein durch die Weise, wie andere sie verwenden. Die Sprache(n), in der wir aufwachsen, wird Vorprägung und Voraussetzung unseres sozialen Lebens. Sie beeinflusst unsere Wahrnehmung, Unterscheidungsgabe und unser Denken.
Auf der anderen Seite kann es dazu kommen, dass unsere Erfahrungen als neue Wörter in die Sprache eingehen; man denke z. B. an manche von Jugendlichen verwendeten Ausdrücke. Auch die Lebensweise kann durch Bildungsniveau, Interessen und Überzeugungen Einfluss nehmen auf die Sprache. Es besteht also eine Wechselbeziehung zwischen Sprache und Leben.

Biblische Relevanz
Es gilt sich bewusst zu halten, dass die ursprünglichen biblischen Sprachen andere Zusammenhänge und Verweise aufzeigen als unsere modernen Sprachen. Einige wenige Beispiele dafür: Das Zitat aus Ex 16 verbindet durch die lautliche Ähnlichkeit die staunende Frage mit dem Namen ‚Manna‘ für das Brot in der Wüste. Im Hebr. heißt Zukunft *ʾaḥarit*, eigentlich „hinten“, während die Vergangenheit „vorne“ liegt. Die Zeitrichtung und damit die Einstellung zum Geschehen ist also umgedreht gegenüber unserem Verständnis. Das hebr. Verb *šub* bedeutet sowohl „zurück-“ als auch „umkehren“, sodass bei der Ortsveränderung oft der übertragene Sinn einer Zuwendung zu Gott mitklingt. Manchmal schaffen Wortspiele eine leicht zu merkende Beziehung, wie etwa in Jes 5,7, wo sie von der EÜ sehr gut wiedergegeben wird: „Er hoffte auf Rechtsspruch – doch siehe da: Rechtsbruch …“.

> Sprache und Leben stehen in Wechselbeziehung.

Der Einfluss des Lebens auf die Sprache und deren Zusammenhang mit Unterscheidungen wird u. a. im Benennen deutlich: bei Gott Gen 1,5.10; bei Menschen Gen 2,20; 29,32–35; Apg 11,26, wo zum ersten Mal der Name „Christen“ begegnet. Ein Name wie „verworfenes Silber“ in Jer 6,30 stellt ein Urteil über die betroffene Gruppe dar und prägt die Wahrnehmung.

✍ Übung
Was ist der Hintergrund für das ‚Prahlen‘ des Paulus in 2 Kor 11,16ff?

7.1.3 Entscheidungsprozesse bei der Sprachverwendung

„Schreib nicht: ‚Der König der Juden‘, sondern …“
(Joh 19,21)

Bisher haben wir das Wort „Sprache“ im Sinn von Zeichensystem mit prinzipiell unbegrenzten Möglichkeiten gebraucht. Jedes sprachliche Handeln stellt eine Realisierung dessen dar. Dieser Vorgang des konkreten Gebrauchs der Sprache verlangt unzählige Entscheidungen und ist in hohem Maße kreativ. Sprachliches Handeln fordert dauernd zwei Prozesse. Einerseits bedarf

es der Auswahl. J.M. Lotman nennt dies die paradigmatische* Achse, de Saussure folgend: Aus mehreren Wörtern mit ähnlicher Bedeutung – z. B. Baum, Strauch, Ulme, Fichte – ist jenes auszuwählen, das besser passt. Bei Textuntersuchungen kommt dieser Aspekt meist über Synonyme*, d. h. Ausdrücke mit gleicher oder nahe stehender Bedeutung und Wortfelder in den Blick. Die in Diagramm 13 untereinander stehenden Wörter veranschaulichen mit den punktierten Linien diesen Prozess des Auswählens.

Er	sproßt	wie	eine(r)	Palme
Sie	blüht	ähnlich	die/der	Tanne
Es	gedeiht	vergleichbar	diese(r)	Lärche

Diagramm 13

Anderseits braucht es die richtige Zusammenstellung mehrerer ausgesuchter Wörter. Diese syntagmatische* Achse ordnet sie zur gewünschten Aussage zusammen, z. B. „Er sprosst wie eine Palme“. Hierfür sind vor allem die Regeln der Grammatik wichtig (1.3.1). Auf Grund der vielen anstehenden Entscheidungen erhält jeder längere sprachliche Ausdruck eine durch die Person geprägte einmalige Gestaltung, die deren Eigenart, Erfahrungen und Weltsicht wiedergibt. Über diese Sprachgestalt wird indirekt auch manches von der Person zugänglich, die sie geschaffen hat.

Biblische Relevanz

Die beiden Achsen von Auswahl und Zusammenstellung sind elementar, finden sich in jedem Text und müssen immer berücksichtigt werden (1.3 Feingestaltung). So können selbst Anfänger an den unterschiedlichen Stilen Paulusbriefe von denen des Johannes oder von Hebräer auseinander halten. Besonders auffällig ist dies bei den Psalmen, wo trotz oft übereinstimmender Themen und vieler Ähnlichkeiten keiner von den 150 einem anderen gleich ist. Der je eigenen sprachlichen Gestaltung entspricht auch eine je eigene Botschaft. Das Beispiel aus Joh 19 zeigt, wie Entscheidung und Aussage des Pilatus beeinsprucht werden.

✍ Übung

Was unterscheidet die ähnlichen Formulierungen in Lk 9,50 und 11,23?

7.1.4 Von der Sprache zur Schrift

Und Jahwe sagte zu Mose:
„Schreib dir diese Worte auf!“
(Ex 34,27)

Sprachliches Handeln hat mehrere Ausdrucksmöglichkeiten, die beiden gebräuchlichsten sind reden und schreiben. Der Schritt zur Schrift hat in der Menschheitsgeschichte Jahrtausende gebraucht. Die ersten uns bekannten Systeme tauchen gegen Ende des 4. Jahrtausends auf, in Mesopotamien als Silbenschrift, in Ägypten als Bilderschrift; die Hieroglyphen in der Kartusche geben den Namen des Pharao Cheops wieder. Erst im 2. Jahrtausend entwickeln sich die ersten alphabetischen Systeme, im Raum

des Sinai, der phönizischen Küste und Palästinas – der höhere Abstraktionsgrad macht deren Verwendung einfacher und prinzipiell auch für nicht berufsmäßig mit Schreiben Befasste leichter erlernbar. Dennoch dauert es in Israel noch lange, bis Lesen oder gar Schreiben eine weitere Verbreitung findet – nach Jamieson-Drake kann erst ab dem Ende des 8. Jh. v. Chr. mit einer größeren Zunahme der Schriftverwendung gerechnet werden. Wie bei den Tafeln des Gesetzes in Ex 34 dient Schreiben meist für besonders Wichtiges.
Die Umschrifttabellen für Hebr. und Griech. im Anhang 5 verdeutlichen diese Verbindung von schreiben und sprechen: Für die gesprochenen Laute gibt es verschiedene Schreibsysteme, die je nach Kultur und Zeit verschieden sind und wechseln.

Biblische Relevanz
Die biblische Offenbarung setzt ein zu einer Zeit, da Schrift zugänglich war, und auch in einer Form, die vielen offen steht.
Der besondere Charakter des Schreibens gegenüber dem Reden wird mehrfach angesprochen: In einer kritischen Situation beginnt Jesus – das einzige Mal, dass es erwähnt wird – zu schreiben (Joh 8,6). Die Botschaften an die sieben Gemeinden in Kleinasien sind aufzuschreiben (Offb 2–3). Mehrfach werden Gesetze aufgezeichnet (Dtn 27,3.8; 31,24...), siehe auch das Beispiel aus Ex 34. Wenn Profeten außergewöhnliche Mitteilungen erhalten, bedienen sie sich auch der Schrift (Jes 8,1; Jer 30,2; 36,2).

✍ Übung
Welche Bedeutung kommt dem Schreiben in Apg 15,23 ff zu?

7.1.5 Die Eigenart schriftlichen Ausdrucks

„Was ich geschrieben habe, habe ich geschrieben."
(Joh 19,22)

Die Schrift bringt wesentliche Veränderungen und Verschiebungen gegenüber dem mündlichen Ausdruck. Ist Sprechen immer bezogen auf eine redende Person und damit auf einen gegenwärtig erlebten Zeit- und Ortsbezug, so werden in schriftlichen Ausdrucksformen alle diese Bindungen prinzipiell gelockert oder sogar aufgegeben (→ die Welt des Textes*, 5.1.1 und 9.2). Das kann zu einem stark veränderten Charakter schriftlicher Äußerungen führen. Diese führen nun wie ein Bild in der Malerei oder wie sonst ein Lebewesen eine eigenständige Existenz, losgelöst von denen, die sie hervorgebracht haben.
Die Lockerung der oben angesprochenen Bezüge bewirkt nicht automatisch, wie manche meinen, eine Objektivierung und Verallgemeinerung beim schriftlichen Ausdruck. Auch er kann sich, wie etwa bei einem Brief, auf eine ganz spezielle Situation und Person beziehen; doch in den meisten Fällen entstehen literarische Texte dann, wenn jemand über den momentanen Zeitpunkt hinaus Gültiges und Wichtiges ausdrücken möchte.
Im Gegenzug und als Ausgleich zur Lösung der Bindungen gegenüber dem aktuellen Reden müssen Schreibende innerhalb der Texte wenigstens ein elementares Gerüst von Personen, Zeit und Ort erstellen; dieser Ereignisrahmen erlaubt Lesenden eine ungefähre Orientierung (→ 9.2).

Geschriebene Äußerungen unterscheiden sich vom Reden vor allem in der Verwendung anderer Zeichen. Ist es beim Sprechen eine zeitlich lineare Folge von vergehenden Lauten, so benützen Schreibsysteme meist zweidimensional erkennbare bleibende Zeichen in räumlich maßgebender Anordnung durch Schriftrichtung und Zeilenabfolge; diese ist am Ende des Schreibvorgangs als Ganzes gleichzeitig gegeben und weist so, wie eine Collage, manchmal auch durch ihre äußere Form, interne Beziehungen auf.
Ein Grundmerkmal der Schrift ist ihre Festlegung. Der einmal fixierte Ausdruck bleibt für immer geschrieben, wie im Zitat oben aus Joh 19 die Inschrift des Pilatus, die nicht mehr verändert wird. Dafür aber lässt sich Geschriebenes beliebig oft wiederholen und ist so Grundlage für Bewahrung und Überlieferung.

Biblische Relevanz
Hatte man bis vor einigen Jahrzehnten in manchen Schulen noch mit einem großen Einfluss mündlicher Entstehung bei der Abfassung biblischer Texte gerechnet, so erkennt man heute zusehends, dass diese zum überwiegenden Teil auf schriftstellerische Arbeit zurückgehen, also bewusste literarische Produkte sind – ohne dass dabei mündliche Vorformen ausgeschlossen wären. Nur bestehen kaum greifbare zuverlässige Kriterien für solche Rückschlüsse auf mündliche Vorstadien.
Die Texte der Bibel teilen die oben vorgestellten Kennzeichen schriftlicher Äußerungen. Sie weisen keinen Bezug auf einen gegenwärtigen Sprecher auf, ersetzen dies aber durch andere Sprecher im Text, z. B. Mose, manche Profeten, Jesus, seine Jünger... sowie durch eigene Angaben zu Zeit und Raum, so bei Lk 4,16 Sabbat und Synagoge in Nazaret. Solche Hinweise sind entscheidend für das Verständnis.
Die Mühe des Schreibens und früher meist auch der Wert des dafür verwendeten Materials bewirken oft eine Auswahl. Man schrieb eher das auf, was man für längere Zeit als gültig und wichtig ansah. So wurde als kostbar Erkanntes in den biblischen Büchern festgehalten, später in seiner Form gesichert und über Jahrhunderte weitgehend unverändert weitergegeben (→ Masoreten*). Alte Texte wie die der Bibel über so lange Zeit zu überliefern ist ebenso Zeichen der Wertschätzung durch die Gemeinschaften, die sie bewahren. Antike Schriftsteller waren sich dieser Zusammenhänge und ihrer Verantwortung bewusst, siehe dazu die reflektierenden Bemerkungen in Lk 1,1–4; Joh 20,30f; 21,24f; 1 Joh 1,1–4.
Die vielfachen Erwähnungen des Hörens in der Bibel, weit mehr als lesen, mahnen zur Vorsicht gegenüber dem Medium der Schrift. Menschen werden unterschiedlich betroffen, ob sie hören oder sehen. Die Zeichen eines Textes sprechen das Empfinden anders an als eine laut vernehmbar vorgetragene Rede. Dennoch liegen in der Schriftlichkeit auch Chancen. Der fixierte Text vergeht nicht, vgl. Jes 40,8, für Gottes Wort; ihm kommt deswegen auch die Eigenschaft zu Zeuge zu sein: Dtn 31,26; 32,46. Er kann öfter, sogar in zeitlichen Abständen und veränderten Situationen, aufgenommen werden und bietet sich, weil bleibend und gleichzeitig vorliegend, besser an für eine mehrmalige oder intensivere Beschäftigung.

✍ Übung
Welche Folgen zeigt das Schreiben in Dan 5,5?

7.1.6 Schrift und Rede

„... lies aus der Rolle, die du geschrieben hast
nach meiner Anweisung ..."
(Jer 36,6)

Der vielleicht entstandene Eindruck, Schrift sei die höhere Form sprachlicher Äußerung, ist unzutreffend. Vielmehr besteht eine Wechselbeziehung zwischen Schrift und Rede, insofern geschriebene Ausdrucksformen ganz gezielt Personenreden einsetzen. Sie eignen sich besonders, dramatische Wirkung zu erreichen oder Höhepunkte zu gestalten. Auf Reden ist also genau zu achten und sie sind eigens zu untersuchen. → rhetorische Analyse 5.1.2.

Noch ein Umstand bestätigt diese Wechselbeziehung. In der Antike erfolgte Lesen in der Regel laut – das hebr. Wort für lesen, *qara'*, bedeutet auch rufen. Beim Lesen, und noch mehr beim öffentlichen Vorlesen (Lk 4,16; Dtn 31,11; Neh 8,3 und öfter), kommt es zu einer Verbindung des festgelegten Textes mit der Situation derer, die ihn gegenwärtig sprechen oder hören. Durch solche Aktualisierung gewinnt er eine neue Dimension, wird gleichsam wieder lebendig. Baruchs Vorlesen der Jeremiaworte in Jer 36 löst so eine Kette von Reaktionen aus.

Biblische Relevanz

Schlüsseltexte der Bibel enthalten hohe Redeanteile. In der Berufung des Mose in Ex 3f überwiegen sie dreifach die Anteile des Erzählers und sogar siebenfach, rechnet man die Redeeinleitungen mit. Auch in Lk 4,16ff finden sich mehrere Reden, wie überhaupt die Evangelien von ihnen voll sind. Wörtlich eine Person anzuführen, bedeutet, ihr Eigenständigkeit und Gewicht zu geben. Dieses Zusammenspiel von Rahmen/Erzählung und Rede prägt viele Texte und muss erklärt werden; doch sind zunächst beide Anteile auch gesondert, je für sich, zu verstehen.

Eine Sonderform der Personenrede in Texten sind Zitate. Sie dienen oft zu prägnanter Charakterisierung oder Heraushebung von Gestalten, Positionen oder Haltungen. In Lk 4,23 zitiert Jesus einen möglichen Einwand seiner Zuhörer; zuvor (v18f) hatte Lukas ausführlich beim Vorlesen Jesu das Jesajazitat (61,1f) angeführt. Ein deutlicheres Zitat bringt Lk 7,20 mit der Frage der Johannesjünger: „Bist du der Kommende, ...?" Johannes setzt Zitate wiederholt in Dialogen ein, so in Joh 8,52.54. Auch Ex 3f verwendet mehrfach Zitate, z. B. in 3,13 und 4,1; außerdem enthalten 3,14–18 in jedem Vers etwas, was Mose ausrichten soll. Ein letztes Beispiel möge Ps 2 sein, mit drei kontrastierenden Zitaten in v3.6.7–9.

✍ Übung

Bestimmen Sie die Redeanteile in Mt 4,1–11! Was charakterisiert dabei die Antworten Jesu?

7.2 Texte und Kommunikation

7.2.1 Was ist ein Text?

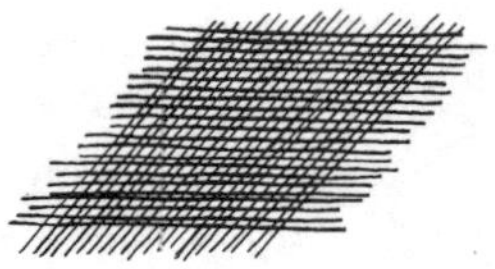

Einen Spezialfall sprachlicher Äußerungen stellen Texte dar; wir haben dieses Wort bereits mehrfach verwendet und müssen nun sein Verständnis klären. Dabei sind zwei Zugänge hilfreich. Zum einen gibt der lateinische Ursprung des Wortes einen Hinweis: *textus* stammt von *texere* ‚weben' und bedeutet also das Gewebe, Geflecht. Diese etymologische* Ableitung veranschaulicht bildhaft, dass Texte sowohl eine Abfolge von zumeist Sätzen sind als auch, quer dazu, d. h. über diese Sätze hinweg, durch Wörter und Themen Verbindungen aufweisen, die aus dem Hintereinander der Satzabfolge etwas Zusammengehörendes machen.

■ Beispiel: Ausschnitt aus Ex 3,7–12 (wiederholte Stichwörter im Hebr., Diagramm 14)

Ex 3	wiederholte Stichwörter					
v7	sehen 2x			Volk		Ägypten
v8						Ägypten
v9	sehen					Ägypten
v10		senden	herausführen		Israeliten	Ägypten
v11			herausführen		Israeliten	Ägypten
v12		senden	herausführen	Volk		Ägypten

Diagramm 14

Deutlich wird, wie in der Abfolge der Verse übergreifend mit den Stichwörtern wichtige Themen weitergewoben und so Elemente von früher aufgegriffen werden. Vgl. dazu auch Thema-Rhema* (→ S. 136).

Ein Text ist eine begrenzte Folge von sprachlichen Zeichen, die in sich kohärent ist und die als Ganzes eine kommunikative Funktion signalisiert.

Zum anderen gibt es einen Zugang über eine sachliche Klärung. Unter den vielen Definitionen wähle ich eine verbreitete: Ein Text „ist eine begrenzte Folge von sprachlichen Zeichen, die in sich kohärent ist und die als Ganzes eine kommunikative Funktion signalisiert". Oft ist ihm auch eine Festigkeit zu eigen, die über die augenblickliche Situation hinausreicht.

Literatur: Brinker, *Textanalyse*, 17; ähnlich Stenger, *Methodenlehre*, 38.

Im Folgenden sei versucht, diese Definition im Blick auf die Bibel auszufalten. Dabei schränkt sich der Bereich bereits auf schriftliche Texte ein, weil biblisch keine anderen vorliegen; doch wäre die Definition auch für mündliche Texte gültig.

begrenzt: Jeder Text hat Anfang und Ende. Bei biblischen Untersuchungen bewährt sich meist, als solche Textgrenzen zunächst die der einzelnen Bücher, z. B. Genesis, oder Hoheslied, oder Römer… zu nehmen. In einem zweiten Schritt sollen innerhalb dieses Großtextes zusammenhängende Teile, etwa die Josefsgeschichte Gen 37–50 oder der lukanische Reisebericht in Lk 9,51 – 19,44, wahrgenommen und dann erst innerhalb dieser einzelne kleinere Texteinheiten, z. B. die Belehrung über das Beten, Lk 11,1–13, bestimmt werden. Je nach Umfang und Aufbau der einzelnen Bücher kann noch eine Untergliederung der Teile in Abschnitte notwendig

werden oder – vor allem bei kleinen Büchern (Ob, Phlm) – gleich, ohne Erhebung von Teilen, die Bestimmung der einzelnen Texteinheiten vorzunehmen sein. → 1.1.1.
Folge: Texte weisen eine festgelegte Richtung und Reihung auf, die nicht umzukehren und beabsichtigt ist. Sie entspricht nämlich mehrmals nicht der Textentstehung, weil Vorworte oder Einleitungen öfters erst zuletzt geschrieben werden. Diese gewollte Abfolge soll von Lesenden/Hörenden auch so aufgenommen werden. Im Vollzug des linearen Ablaufs, dem Aufeinanderfolgen der Wörter und Sätze entsteht eine Dynamik, insofern aus dem gleichzeitig vorliegenden Text wieder ein zeitliches Hintereinander wird. Das schriftlich fixierte Wort wird darin lebendig. → 1.2 Gestalt versucht diesen Doppelcharakter von Texten mit statischer Struktur 1.2.1 und dynamischer Bewegung 1.2.2 zu berücksichtigen.
sprachlichen Zeichen: siehe dazu oben 7.1.1.
in sich kohärent: Kohärent* bedeutet ‚zusammenhängend' und benennt ein grundlegendes Merkmal von Texten. In der Regel formen Schreibende, aber auch Sprecher ihre Äußerungen so, dass sie zusammen etwas Abgeschlossenes ergeben. Auf diese Weise können unterschiedliche Aussagen oder auch verschiedene Themen zu einer Einheit verbunden werden. Gerade das Zusammenkommen von mehreren, je für sich auch selbstständigen Motiven und Formen zu einem Gesamt macht das Wesen von Kohärenz aus, als spannungsvolles Miteinander von ursprünglich getrennten einzelnen Aspekten in einem Ganzen.
Manche Redner bzw. Autoren arbeiten ganz bewusst mit dieser Spannung und erzeugen durch die Weise ihrer Zusammenstellung oft ungewohnte, neue Bezüge. Dazu gehören die Stilmittel des Gegensatzes, kontrastierender Dialoge, Nebeneinanderstellen widersprüchlicher Positionen, des Oxymoron (griech. ‚scharf-dumm', d. h. Verbindung zweier sich stoßender Begriffe, z. B. „lebendig tot"), u. a. Solches Vorgehen findet sich von der Ebene der Wortfügungen bis hin zu Großkompositionen.

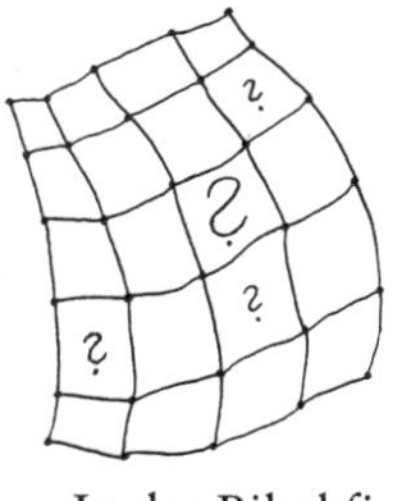

Die Kohärenz eines Textes entsteht durch Wiederaufnahmen, z. B. wird ein Name mit persönlichem Fürwort weitergeführt, Wiederholungen wie „Ägypten" oben im Beispiel aus Ex 3,7–12 und andere Formen von Verknüpfungen, etwa Frage – Antwort; Ansage – Erfüllung … So entsteht auf vielen Ebenen ein Netz von Verbindungen. Das Netz bedeutet zugleich, dass *Leerstellen* bestehen bleiben, weil ein Text nicht alles sagen kann (siehe dazu das Bild und mehr unten bei 7.2.3).
In der Bibel findet sich eine große Bandbreite, angefangen von einen sehr kohärenten Eindruck erweckenden Texten bis hin zu den oben angesprochenen spannungsvollen Einheiten. Auf den ersten Seiten (Gen 1f) bereits bringen zwei Schöpfungsberichte Reibung; schon der Erste verbindet in sieben Tagen zehnfaches Sprechen Gottes und dreimaliges Segnen, fünfmaliges Scheiden und siebenfaches Tun, u. a. In Jer 30,16f schließt sich mit „deshalb" eine Rettungszusage für Zion an Schmerzschilderung und Schuldanklage zuvor (v12–15) an; diese unlogische Weiterführung lässt aufmerken und unterstreicht, dass Gott das Heil unverdient schenkt.
In Mk 7,1–19 wird Jesus von Pharisäern und Schriftgelehrten zur Rede gestellt, weil seine Jünger mit ungewaschenen Händen essen (v5). Jesus antwortet mit einem Argument, das sich auf das Gebot bezieht, Vater und Mutter zu ehren (v10). In der anschließenden Jüngerbelehrung geht es auch nicht um das Waschen von Händen, sondern um die Reinheit oder Unreinheit gewisser Speisen. Markus fasst also verschiedenste Themen zur Auslegung des jüdischen Gesetzes in einer Geschichte zusammen. Jedoch bleibt die Abfolge unlogisch, der Streit wird nicht

gelöst. Die Kohärenz wird hergestellt durch die Gesprächssituation (v5–6) sowie die anschließende Verständnisfrage der Jünger, die sich direkt auf die Antwort Jesu bezieht (v17).

Exkurs: Zur Kohärenz biblischer Texte

Es gibt wohl kein Kriterium in der exegetischen Diskussion seit dem Aufkommen der historisch-kritischen Methode, das auf Grund unterschiedlicher Voreinstellungen zu so auseinander klaffenden Einschätzungen geführt hat, wie das der Kohärenz*. Oft dienten mit heutigem Empfinden festgestellte Spannungen und Wiederholungen dazu, einen zusammenhängend vorliegenden Text als zusammengesetzt und damit inkohärent auszugeben. Im Pentateuch wurden als Folge dessen vier Quellen/Schichten und zusätzlich mehrere Redaktionen bzw. Ergänzungen angenommen. In der synoptischen* Forschung wurde die Redequelle erst angenommen, dann rekonstruiert, und schließlich auch noch in verschiedene Entstehungsstadien eingeteilt. In den letzten Jahren sind viele zurückhaltender und vorsichtiger gegenüber einer solchen Beurteilung alter Texte mit modernen Maßstäben geworden, zumal ein Herantragen aus heutiger Zeit stammender Vorstellungen, Kriterien und Empfindungen, was Spannung bzw. kohärent sei, an antike Literatur methodologisch fragwürdig ist.

Die entsprechende Diskussion, auch in anderen Bereichen der Bibel, läuft häufig unter den Stichwörtern synchron* und diachron*. Einigkeit besteht heute bei den meisten Fachleuten darin, dass zuerst synchron vorzugehen ist.

So empfiehlt sich inzwischen wieder, biblische Texte zunächst in ihrer gegebenen Endgestalt zu untersuchen in der Annahme, sie seien einheitlich und ergeben als Ganzes einen Sinn – dies entspricht oben in Teil I vor allem den Schritten in 1.2 und 1.3. Nur wenn Widersprüche und andere Kontraste so stark werden, dass sie nicht mehr zusammen sinnvoll erklärt werden können, sind die Kohärenz des Textes in Frage zu stellen und Lösungen mit den klassischen historisch-kritischen Methoden (4. Kap.) zu suchen.

die als Ganzes eine kommunikative Funktion signalisiert: Am Beispiel des Satzes „Es gibt keinen Gott!" aus Ps 14,1 wird deutlich, wie wichtig die Bestimmung „als Ganzes" ist. Nimmt man diese Äußerung für sich allein, könnte man von atheistischen Zügen in der Bibel sprechen. Diese Aussage wird aber einem Toren in den Mund gelegt und in den folgenden Versen als unzutreffend aufgezeigt, weil Gott zu Gunsten der Gerechten und Armen einschreitet. Nicht einzelne Sätze für sich vermitteln also addierend die Botschaften, sondern das Gesamt eines Textes.

Basisgröße und Bezugspunkt aller Auslegungen ist deswegen immer der ganze Text und nur innerhalb seiner erfahren die einzelnen Äußerungen den ihnen an ihrer Stelle zugedachten Wert. Freilich gelangt man zur Erkenntnis der durch einen Text angezielten Mitteilung nur über das Untersuchen aller seiner einzelnen Teile. Diese Wechselwirkung zwischen Teilen und Gesamt des Textes ist grundlegend, sodass das Bemühen um Verstehen zu einer Spiralbewegung (vgl. auch 7.3.1) wird: Der erste Zugang über einzelne Äußerungen (a) führt zu einer anfänglichen Gesamtdeutung (b); diese wirft neues Licht auf die bisherigen Verständnisse der Einzelaussagen (a′) und führt zu Verschiebungen; Letztere bewirken ihrerseits wieder eine Veränderung in der Auffassung des Textganzen; dieser Prozess endet,

> Basisgröße und Bezugspunkt aller Auslegungen ist immer der ganze Text.

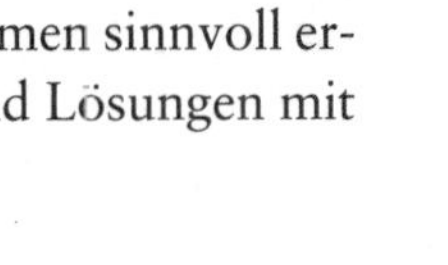

wenn Einzelauslegungen von Details und Gesamtdeutung eine gewisse Annäherung erreichen oder, im Idealfall, voll im Einklang stehen.
Die Ausdrücke ‚Botschaft, vermitteln, Mitteilung' benannten schon, was mit dem letzten Teil der Definition anvisiert ist. Texte sind zumeist Kommunikation mit realen oder sich vorgestellten Adressaten und sie enthalten in vielen Formen Hinweise darauf, sei es in direkter Weise als Anreden, in 2. P. Sing. oder Pl., z. B. „Selig seid ihr, wenn…" (Lk 6,22), wozu auch Aufforderungen wie „Preist den Namen Jahwes!" (Ps 113,1) gehören, sei es indirekt durch Personen als ‚Typen', Zusammenhänge von Verhalten und Folgen als ‚Modelle', usw… So ist „mein Sohn/Kind" in weisheitlicher Literatur oft Beispiel, in dem alle sich sehen sollen, etwa in Spr 1,8.10 und öfter. Dabei ist immer auf den Gesamttext als notwendigen Deutehorizont zu achten.
Dass die kohärente Zeichenfolge eine „Funktion signalisiert", bedeutet einerseits verstärkend, dass Texte aus Zeichen bestehen, die nur etwas anzeigen, signalisieren und deswegen auf Deutung angewiesen bleiben. Anderseits erfüllen sie eine Menschen verbindende Aufgabe, eine kommunikative Funktion. Diese hängt mit Absichten bei Schreibenden bzw. Sprechenden zusammen. Der kommunikative Charakter von Texten birgt eine solche Fülle von Aspekten, dass er eigens ausführlicher zu behandeln ist (→ 7.2.2 und 7.2.3).

✍ Übung
Warum ist Gen 37,3-4.12-13a.17b-28 kein Text?

7.2.2 Grundlagen der Kommunikation mit Texten

Kommunikation stammt vom lat. *communicare* ‚mit jemand teilen'. Sofern es sich um Texte handelt, sprechen wir von mitteilen – doch gibt es auch Kommunikation durch Gesten, Blicke u. a. Grundlegend für die Struktur von Mitteilung ist ein Schema, das ganz vereinfacht drei Elemente umfasst (Diagramm 15):
Ein „Sender" S gibt ein „Objekt" x an einen „Empfänger" E.

Diagramm 15

S → x → E

Dieses abstrakte Schema findet sich in vielen Spielarten und Zusammenhängen: im Strukturalismus als Aktantenschema → 5.1.4, bei Jakobson als Hintergrund für seine Sprachfunktionen und oft sonst. Es gilt als Muster auch für viele Alltagshandlungen. Sender, Objekt, Empfänger sind nicht geschlechtsspezifisch gebraucht, sondern ganz allgemein verwendet: „Sender" kann eine Autorin, ein Redner, Herausgeber, eine Gruppe oder anderes sein, „Objekt" ein Buch, Text, Ausruf, usw.
Im Blick auf Kommunikation anhand von Texten, insbesondere Erzählungen, ist dieses einfache Modell auszuweiten. Hilfreich ist dabei folgendes Schema von W. Schmid, aufgenommen bei Kahrmann, *Erzähltextanalyse*, 45, hier in Diagramm 16 leicht verändert zur Verdeutlichung:

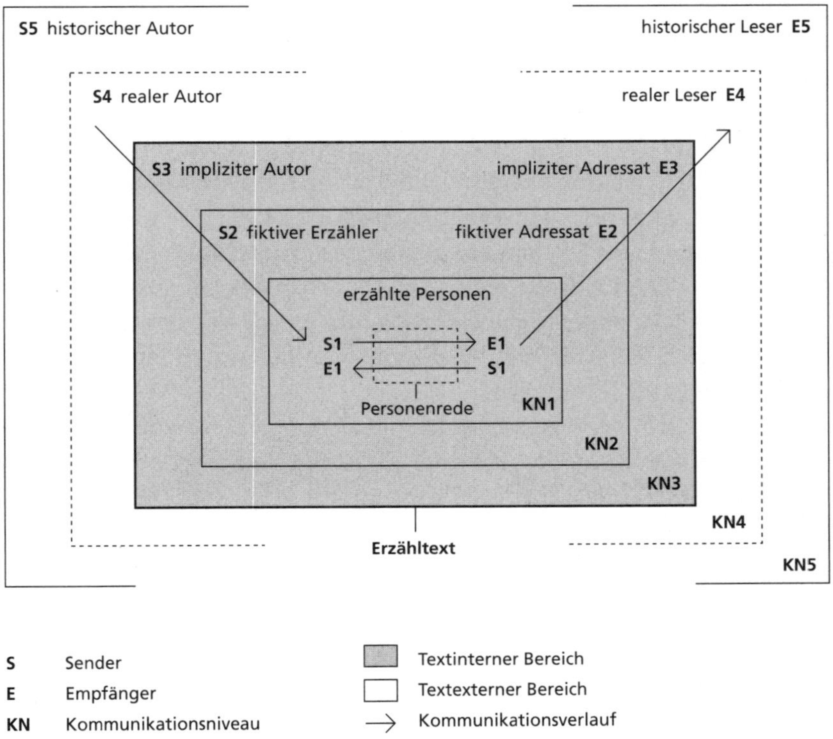

Diagramm 16

Erklärung

Dieses erweiterte Schema geht von fünf Niveaus der Kommunikation aus (KN 1–5). Dabei befinden sich die Ebenen 1–3 innerhalb des Textes, 4 und 5 außerhalb in der realen Welt, wobei S4 den realen Autor, z. B. Lukas als Schreiber seines Evangeliums und E4 den realen Leser bezeichnen, etwa jemanden, der heute Lk liest. Das Objekt, der Text, in unserem Beispiel das Lukasevangelium oder ein Teil davon, umfasst also alles von S3 bis E3 (grau unterlegt). Pfeile → stehen für die Weitergabe der Mitteilung bzw. Einfluss und Wirkung auf die jeweils nächste Kommunikationsebene. Im Zentrum steht als gestricheltes Rechteck zitierte Personenrede, die von S1 an E1 und umgekehrt ergeht.

Während Bereich 4 Autor und Leser in diesen ihren Rollen erfasst, sind sie in KN 5 als historische Personen, d. h. im Kontext ihrer Lebenswelten und den sich daraus ergebenden Bezügen gesehen. In unserem Fall wäre das der Evangelist Lukas als geschichtliche Gestalt des 1. Jh. und ein Lukasleser der Gegenwart des 3. Jahrtausends. Es besteht also ein großer zeitlicher Abstand, der durch den Text überbrückt wird.

Im Text selbst finden sich drei Kommunikationsebenen. KN 1 stellt die erzählten Figuren dar, als sendende, insofern sie reden, so Jesus in Lk 4,18f: S1, bzw. als empfangende, im Beispiel von Lk 4 – Jesu Zuhörer: E1. Die Rollen von S1 und E1 wechseln bei Dialogen hin und her, wie in Ex 3,10–14 je zweimal zwischen Gott und Mose.

Auf der Ebene 2 geht es um die fiktive* Kommunikation innerhalb des Textes, die vor allem durch die Figur des fiktiven Erzählers S2, z. B. in Lk 4,14–17 und sonst oft, meist leicht wahrnehmbar ist. Er wird deshalb, wie auch sein Adressat, ‚fiktiv' genannt, weil er eine Textrolle darstellt und deswegen keine reale Gestalt ist. Dieser kann sich an vorgestellte Zuhörer, fiktive Adressaten richten, indem er sie in 2. P. mit du bzw. ihr anredet oder in der 1. P. Pl. mit einschließt, so in 1 Kön 8,65 „unser Gott". Solche Fälle sind in der Bibel eher selten. KN 1–2 entsprechen der dargestellten Welt, 1 alleine der erzählten Welt.

KN 3 entspricht jenen Elementen im Text, die auf Autor und Leser verweisen. Am Beginn des Lukasevangeliums (Lk 1,3) zeigt sich Lukas im „ich" als impliziter Autor S3, und er spricht einen Theophilus als impliziten Adressaten E3 an; letztere Rolle wird auch als abstrakter, implizierter oder intendierter Leser bezeichnet (siehe dazu das Bild links). Mit diesem Symbolnamen, der griech. „gottesfürchtig" bedeutet, kann Lukas sich indirekt auch an weitere, reale Leser E4 wenden.

In der Bibel begegnen solche Bemerkungen nur spärlich, meist am Anfang oder Ende von Büchern, z. B. Joh 20,30f; 21,24 f. Sie erlauben Rückschlüsse auf den Autor (vgl. Bild rechts) und die von ihm ursprünglich angezielten Empfänger. Zusätzlich spiegelt die ganze dargestellte Welt in KN 1–2 Züge des Autors S4, und sie enthält Bezüge auf reale Leser E4.
Der ‚Lukas' des Evangeliums S3 zeigt Vorlieben für Arme, so in Lk 4,18f.25–27 und öfter, Frauen, etwa in Lk 8,2f, und andere Benachteiligte; dies kann und wird wohl auch, muss aber nicht unbedingt mit Lukas als realem Autor zusammenhängen. Ein Blick auf manche leicht verschiedenen Akzentuierungen der ebenso von Lukas S4 stammenden Apostelgeschichte zeigt, dass deren impliziter Autor S3, der ‚Lukas' der Apg, diese speziellen Züge des Evangeliums nicht mehr so sehr betont.

Ausfaltung
Dieses Modell mit den fünf Ebenen der Kommunikation erlaubt nun, die in Erzählungen sich ereignende Mitteilung genauer zu erfassen. Dass es sich hier um komplexe Vorgänge handelt, ist sicher bereits deutlich geworden. Doch ist ein Großteil der biblischen Literatur einfacher, weil die Erzählerebene KN 2 wegfällt, so z. B. bei der Briefliteratur und vielen profetischen Texten. Dort sind Autor- und Adressatenbezug auf KN 3 meist leicht greifbar.
Die Beziehung S5-S4 macht aufmerksam auf die Einflüsse, denen ein Autor in seiner Rolle ausgesetzt ist. Er steht in einem historischen Umfeld, auf das er reagiert und Bezug nimmt. Er ist Teil einer Gesellschaft, kennt andere Texte und Positionen. Das Schreiben seines Textes ist unter dieser Rücksicht kommunikatives Handeln, oft eine vitale Auseinandersetzung. – Auch wenn bei biblischen Texten meist nur indirekt Rückschlüsse auf die prägende Umgebung gezogen werden können, ist dieser Aspekt wichtig und sollte in keiner Deutung übergangen werden. Die Beweggründe, die zur Mühe des Schreibens geführt haben, und mögliche Absichten gehören wesentlich zur Auslegung. Von daher ist die Untersuchung der Verankerung im sozialen und historischen Umfeld wichtig. → 5.2.4 und Kap. 6.
Wenn unter S4 von realem Autor die Rede ist, so sind bezüglich des Hauptwortes Ergänzungen angebracht. Unter Autor, vom lat. *auctor*, eigentlich ‚der Förderer', von daher ‚Urheber, Stifter', wird hier jede Form der Schaffung eines Textes verstanden, sei es die des alleinigen Schöp-

fers, sei es die einer ergänzenden oder gestaltenden Redaktion. Gerade im Blick auf die Bibel rechnen manche öfter mit Letzterem; doch ist es schwer, darin Sicherheit zu gewinnen (→ 4.4 Redaktionskritik).

Im Blick auf mögliche Leser formuliert ein Autor seinen Text. Oft kennt er sie in Wirklichkeit (E4) gar nicht, doch macht er sich ein Bild von ihnen, das im Text als abstrakter Adressat E3 und indirekt als fiktiver Adressat E2 aufscheint. Ausgerichtet auf deren Sprachniveau, Wissensstand, Interessen und Bedürfnisse versucht der Autor seine Botschaft zu gestalten. Dazu stehen ihm vor allem die Ebenen 2–1 zur Verfügung, die im Text selbst eine gegliederte, innere Kommunikations- und Redestruktur bilden und die indirekt die Außenwelt und die mit dem Leser angezielte Kommunikation spiegeln.

Auch in der Bibel findet sich dieses Vorgehen. Meist präsentiert der Autor in einem Erzähler S2 den Rahmen der Handlung, z. B. Ex 3,1f, innerhalb dessen er die erzählten Personen an herausgehobenen Momenten redend S1 bzw. zuhörend E1, so Gott und Mose in Ex 3,16–22, auftreten lässt. Deren Dialoge bilden den innersten Reflex der Autor-Leser-Kommunikation. Auf sie, und überhaupt auf alle Personenreden, ist deswegen eigens zu achten.

> Dialoge reflektieren die Autor-Leser-Kommunikation.
> Sie verdienen deshalb besondere Beachtung.

Wo nicht die vermittelnde Erzählebene KN 2 dazwischen geschaltet ist, wie bei den Briefen des NT oder bei manchen profetischen oder weisheitlichen Texten, da begegnen häufig direkte Anreden der impliziten Adressaten E3, z. B. „die Gemeinde Gottes in Korinth“ in 1 Kor 1,2. Diese decken sich in diesem Fall mit den angezielten wirklichen Empfängern E4–5, den Gläubigen von Korinth zur Zeit des Paulus. Diese Anreden sind nicht mit einer Personenanrede auf KN 1 zu verwechseln.

Ein Sonderfall der Kommunikation liegt bei Pseudepigraphie* vor. Manche Briefe wie 1 und 2 Tim oder Tit geben ‚Paulus‘ als Schreiber und damit impliziten Autor S3 aus. Hinter dieser Bezeichnung aber steht nicht der uns bekannte Paulus, sondern eine andere Autor-Person S4–5. Ähnlich liegt der Fall in Kohelet. Der Schreiber führt sich in Koh 1,1 als Sohn Davids ein und steigert dies noch in 1,12 durch die Selbstaussage „ich war König über Israel in Jerusalem“. Weil das Buch Kohelet aber aus hellenistischer Zeit stammt, sind diese impliziten Autorangaben nicht mit einem realen David nachfolgenden König zur Deckung zu bringen; diese verkleidende Rollenübernahme nennt man Travestie.

Der Bezug von Autoren zu ihren Lesern ist indirekt, vermittelt über die Texte mit den ihnen eigenen Handlungsrahmen und Personen. Mögen zur Abfassungszeit manche biblischen Schriftsteller ihre realen Leser, sogar als historische Personen (E4–5) noch gekannt haben, so erreichen ihre Texte jetzt ein ganz verschiedenes Publikum. Heutige reale Leser (E4) des 1. Korintherbriefes haben mit der damaligen Gemeinde von Korinth und ihrer Abbildung als E3 in 1 Kor aufs Erste wenig gemeinsam. Fast immer besteht nicht nur ein großer zeitlicher Abstand, sondern auch eine starke Differenz bezüglich Lebenswelt, Mentalität, u. a. Wie ist es möglich, dass diese alten Texte dennoch Menschen der Gegenwart etwas zu sagen haben?

Sicher gibt es ein bleibendes Interesse an der Person Jesu und an großen Gestalten des Glaubens, das der Bibel immer wieder Leser sichert und sie zum meistverbreiteten Buch macht. Doch liegt das wesentlich auch daran, dass viele ihrer Texte eine sehr große Bandbreite bezüglich der abstrakten Adressaten (E3) aufweisen. Ein Büchlein wie Jona oder eine Erzählung wie die Josefsgeschichte (Gen 37 – 50) vermögen Jung und Alt anzusprechen. Gedichte wie die

Psalmen bewahren auf Grund ihrer Symbolsprache eine Kraft, die in einem Menschenleben nicht vergeht und über Jahrtausende anzieht. In den Evangelien und in der ntl. Briefliteratur sind Situationen in eine Sprache gefasst, die Menschen heute noch als die ihren erleben. All dies ist mit ein Grund, dass die Bibel und andere alte Texte bedeutsam bleiben.

Das Achten auf die Kommunikationsebenen ist grundlegend für alle Textuntersuchungen.

Das Achten auf die Kommunikationsebenen ist grundlegend für alle Textuntersuchungen. Es hilft die einzelnen Äußerungen den richtigen Adressaten zuzuordnen und das mit dem Text ablaufende komplexe Mitteilungsgeschehen präzise zu erfassen.

✍ Übungen

Welchen Textrollen ordnen sie Gen 11,7 bzw. v8 zu?
Analysieren sie die Kommunikation in 1 Kor 1,4!

7.2.3 Weitere Aspekte textlicher Kommunikation

Texte entstehen in sehr komplizierten Vorgängen, wie oben mehrfach deutlich wurde. Zum Verständnis ihrer Wirkung und ihrer Auslegung sind noch einige Momente zu beachten:

a) Leerstellen
b) Bedeutungsüberschuss
c) Kodierung
d) Schreiben als Dialog mit anderen Positionen

a) Der schöpferische Prozess des Schreibens erfolgt u. a. durch Auswahl und Zusammenstellung (→ 7.1.3). Dabei geht es nicht nur um die Auswahl unter verschiedenen ähnlichen Wörtern, sondern noch viel grundlegender um das, was überhaupt gesagt wird. Dafür wird in der Regel nur das Wesentliche verwendet; vieles bleibt unausgesprochen und bildet die so genannten Leerstellen.

■ Als Beispiel dafür diene Lk 4,21, das als einzige Kommentierung Jesu zu Jes 61 bringt: „Heute ist erfüllt diese Schrift in euren Ohren“. Unmittelbar darauf folgt in v22 die staunende Reaktion der Zuhörer – angesichts dieses einen Satzes alleine aber ist ihre Empfindung als „Worte der Gnade“ nicht zu erklären. So ist wohl ein längeres Reden Jesu in v21 vorausgesetzt, von dem aber nur ganz wenig berichtet wird. Berühmte Leerstellen sind die Botschaft der Brüder Josefs in Gen 50,16f: Hat Jakob dies gesagt oder nicht? und in 2 Sam 11 das Wissen Urijas: Ist ihm Davids Ehebruch mit seiner Frau Batseba bekannt? Solche Leerstellen prägen jeden Text und geben ihm eine Offenheit, die meistens nicht endgültig mit absoluter Sicherheit zu klären ist. Deswegen bleibt auch Auslegen grundsätzlich offen.

b) Überdies entsteht durch die Aneinanderreihung von Wörtern zu Sätzen, von Sätzen zu kleinen Abschnitten, von Abschnitten zu Einheiten und weiter zu Teilen und ganzen Texten eine neue, eigene Schöpfung, die in der Vielfalt ihrer Beziehungen meist mehr sagt als der Autor beabsichtigte, was allerdings im Fall der biblischen Schriftsteller nicht mehr zu erheben ist. So hat der Schreiber von Ex 3,14a „Ich werde sein, wer immer ich sein werde“ nicht ahnen können, welche Wirkungen diese Gottesaussage entfalten würde.

Dieser in den Texten enthaltene Bedeutungsüberschuss (Gadamer) hat auch für die Auslegung der Bibel Folgen: Nicht die unwiederbringlich unzugängliche ‚Absicht des Autors' (S4, lat. *intentio auctoris*), sondern die im literarischen Werk (KN 1–3) sich ausdrückende Botschaft kann Untersuchungsgegenstand sein. Deswegen fällt die Entscheidung der Werkinterpretation oder werkimmanente Interpretation genannten literaturwissenschaftlichen Richtung zu Gunsten der *intentio operis* (lat. für ‚Absicht des Werkes'). Dabei können die im Text enthaltenen Verbindungen auch zu Aussagen führen, die der Autor selbst nicht im Blick hatte, so etwa Jes 7,14 in der Deutung bei Mt 1,23; siehe dazu oben S. 49. Auch Joh 11,49–53 ist Beispiel dafür: Die Aussage des Kajafas geht in ihrer Bedeutung über das von ihm Beabsichtigte hinaus.

c) Bereits oben (7.1.1) haben wir von Kode und Kodierung gesprochen. Wörter sind Zeichen, die verschlüsselt sind und nur mittels dieser Verschlüsselung ihre Funktion erfüllen auf Bezeichnetes zu verweisen und so Bedeutung zu tragen. Dieser Charakter der Verschlüsselung besteht nun nicht nur für die einzelnen Wörter, sondern ebenso für Sätze und ganze Texte. Schreiben ist ein fortlaufendes Kodieren, bei jedem Wort, aber auch in der Verwendung von Redeweisen bestimmter Milieus, z. B. hymnische Formulierungen im Magnificat und im Lobgesang des Zacharias in Lk 1; das Sprechen von „Feuer, brennen, ..." in profetischer Gerichtsansage, so bei Am 1,4 und öfter. Am stärksten ist die Wahl einer anderen Sprache: Dan 2,4 wechselt mitten im Vers vom Hebräischen ins Aramäische; zu vergleichen sind auch Gen 31,47 und Jer 10,11 sowie die Anrede „Rabbuni" bei Joh 20,16. Es ist ganz wesentlich, Texte als mehrfach *kodierte* Mitteilungen zu begreifen.

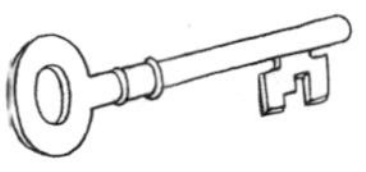

d) Wer schreibt, kann meistens auf andere Texte zurückgreifen, und biblische Schriftsteller machen das häufig. Lk 4,18f zitiert Jes 61,1f; in v25–27 folgen Anspielungen auf 1 Kön 17 und 2 Kön 5. Solche Zitate und Verweise begegnen auch oft innerhalb des AT, und sie beschränken sich nicht auf innerbiblische Literatur. Manchmal sind auf Grund weit reichender Übereinstimmungen diese Vorlagen sogar zu bestimmen, so bei Dtn 28 die Thronnachfolgeeide Asarhaddons (→ 5.1.3 Intertextualität und für weitere Fälle 8.1.1d). Damit erhält Schreiben einen noch breiteren Mitteilungscharakter als er durch den isolierten Blick auf das in 7.2.2 erklärte Schema entstehen könnte: Schreiben gründet zumeist auf Dialog, Aufnahme und Auseinandersetzung mit anderen Positionen, und das Ergebnis dieser vorausliegenden Bemühung wird nun in einem zweiten Schritt anderen mitgeteilt.
Weil mit diesen Prozessen der Kodierung und der Auseinandersetzung ziemliche Mühen verbunden sind, bedarf Schreiben großer Energie; diese wiederum entlädt sich ausgehend von der Absicht des Autors über die im Text verschlüsselte Botschaft schließlich als Impuls an die Leser. Die Einflussnahme auf die Adressaten ist also indirekt, vermittelt, aber in den meisten Fällen bewusst angestrebt, siehe das zweifache „damit" in Joh 20,31. Wer schreibt, möchte etwas erreichen; die Wirkung der biblischen Texte zeigt, dass dies auch oft gelingt.

✍ Übungen
Welche Leerstellen können Sie in Mt 1,5f erkennen?
Was hat Joh 2,22 mit Kodierung zu tun?

7.3 Lesen, Verstehen, Auslegen

Nachdem oben (bei 7.2) der Text vor allem aus der Perspektive der vom Autor aus erfolgenden Kommunikation im Blick war, gilt es nun, auch die andere Seite, die der Empfänger, genauer zu betrachten. Die Vorgänge bei der Aufnahme (lat. Rezeption) von Texten sind ähnlich kompliziert wie die beim Schreiben ablaufenden Prozesse.

7.3.1 Die Adressaten

Dies verstanden seine Jünger zunächst nicht.
(Joh 12,16)

Ausgangspunkt jeder Deutung ist die Person des Textempfängers in seinen beiden Rollen als Lesender (E4) und als historische Gestalt (E5). Diese Person ist anfangs Grundlage und Maß des Textverständnisses. Ihre Erfahrung, ihre Welt, ihre Wirklichkeitsauffassung bildet zunächst den Horizont, auf dem sie den Text liest und unbewusst sofort deutet. Dieses eingebrachte Vorverständnis (Gadamer) bestimmt die erste Phase der Rezeption; es ist nicht zu umgehen, aber im weiteren Verlauf der Lektüre zu überprüfen.

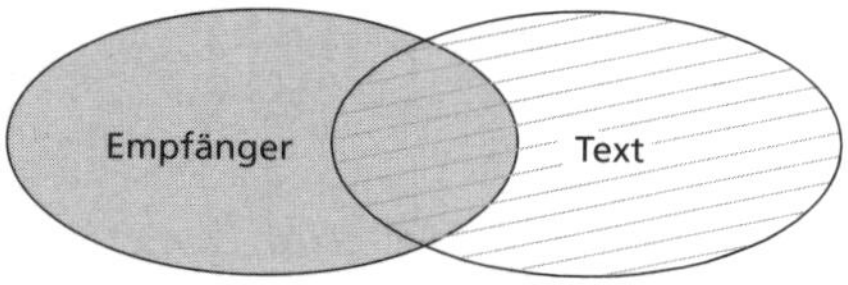

Diagramm 17

Wenn eine echte Kommunikation zwischen Lesenden und Text beginnt, findet mit den Worten Gadamers eine Horizontverschmelzung (Diagramm 17) statt. Er meint damit, dass die Weltsicht des Empfängers (a) und die des Textes (b) zusammenkommen, dass also ihre Erfahrungshorizonte sich berühren und teils überschneiden. Sie müssen sich nicht vollständig angleichen oder decken, können es auch kaum, wie Coreth zu Recht anmerkt. Dies wirkt dann zurück auf das anfängliche Vorverständnis (a) und führt zu seiner Veränderung (a′); in neuerlichem Lesen auf der Basis dieses gereiften Verständnisses kommt es zu einer vertieften Begegnung mit dem Text. Man kann diesen Vorgang als hermeneutische Spirale bezeichnen, während Gadamer noch vom hermeneutischem Zirkel gesprochen hatte. Sie beschreibt die Wechselwirkung in der Vorwärtsbewegung beim Verstehensprozess (siehe auch zuvor S. 105).

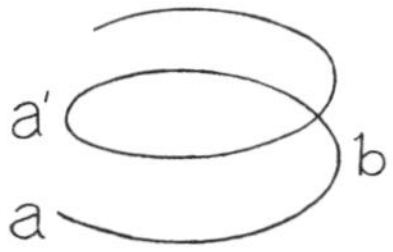

🕮 Literatur: Coreth, *Grundfragen.*

Lesen von Texten bedeutet für den Empfänger auch eine Horizonterweiterung, insofern seine begrenzten Erfahrungen ergänzt werden durch die anderer. Entscheidend für das Gelingen dieser Weitung ist, ob der Leser sich auf ‚Fremdes' einlassen kann. Dafür alleine sind schon innere Einstellungen gefordert, so z. B. auch anderen Stimmen Gehör zu schenken, sich selbst für eine Zeit zurückzustellen u. a. Zusätzlich birgt Lesen das Risiko persönlicher Änderungen, weil nämlich Texte Ansprüche und Impulse enthalten können, die solche Veränderungen fordern. Aber genau darin liegt auch eine große Chance, als Mensch zu wachsen.
Bultmann hat einige fruchtbare Voraussetzungen benannt, die das Verstehen von Texten bei Lesern fördern: „Das Interesse an der Sache motiviert die Interpretation und gibt ihr die Frage-

stellung". Mit ‚Sache' sind jene Anliegen gemeint, die Text und Empfänger verbinden. Sie bilden eine gute gemeinsame Basis für das Verstehen; den Leser öffnen sie auch für die Aufnahme von Neuem. Weil ein innerer Drang oder – oft unbewusste – Wünsche Menschen bewegen, greifen sie zu Texten und nehmen die Anstrengung des Lesens auf sich. Damit bringen sie nicht nur ein Vorverständnis, sondern teils auch gezielte Fragen ein.

🕮 Literatur: BULTMANN, Problem, 246; ALONSO, *Hermeneutics*, 83.

Mit einem solchen Interesse gewinnt die Beschäftigung mit dem Text einen starken Impuls, und auch aus Erfahrung zeigt sich, dass eigene Fragestellungen hilfreich sind für eine intensive Auseinandersetzung, nicht aber vorgefasste Meinungen, die in den Text hineingetragen werden. Dabei besteht zwar grundsätzlich die Gefahr einer vereinnahmenden Deutung, sie kann aber durch Reflexion, Selbstkritik und Achten auf den gesamten Text im Durchlaufen der hermeneutischen Spirale über mehrere Windungen eingegrenzt werden.

Für die Resonanz eines Textes bei den Adressaten spielen noch zwei weitere Aspekte eine wichtige Rolle, nämlich die Lebensgestaltung und die Gemeinschaft, in der die Empfänger leben. Wer selber satt ist, im Überfluss lebt und daran hängt, wird nur begrenzt für eine Botschaft wie „Selig, die ihr jetzt hungert!" (Lk 6,21) offen sein. Wie wir als Leser leben (E5) beeinflusst unsere Textwahrnehmung, siehe ‚Bewusstwerdung' ganz zu Beginn und 7.1.2. Dies gilt in mindestens demselben Maß für die Gesellschaft, zu der wir gehören, einschließlich ihrer Untergruppen. Karl May-Romane finden bevorzugt Anklang bei Jugendlichen; zur Bibel greifen eher Menschen, die gläubig sind, usw. Diese oft nicht bewussten Prägungen durch Lebensführung und Gemeinschaftszugehörigkeiten bestimmen unseren Horizont und wirken stark auf die Rezeption von Texten ein.

Biblische Relevanz

Die geschilderten Zusammenhänge zwischen Adressaten und Texten treffen in vollem Umfang auf Bibellesende zu. Dies sei am Beispiel des Gesetzes von der gleichen Vergeltung verdeutlicht: „…, so sollst du geben Leben für Leben, Auge für Auge, Zahn für Zahn, Hand für Hand, Fuß für Fuß, Brandmal für Brandmal, Wunde für Wunde, Strieme für Strieme" (Ex 21,23–25). Aus dem christlichen Vorverständnis, von Jesus aufgefordert zu sein, dem Bösen nicht zu widerstehen und die Feinde zu lieben (Mt 5,38–48), erscheint vielen Gläubigen heute das alte Gesetz als grausam und unbegreiflich.

Diese Einschätzung ändert sich, wenn jemand aus der Erfahrung von Rache heraus dieselbe Vorschrift liest. Dann bedeutet genau dieselbe Formulierung plötzlich einen Fortschritt, weil nämlich das maßlose Vergelten eingegrenzt wird. Wenn ein Bibelleser aus solchem eigenen Erleben oder aber auf Grund von Stellen wie Gen 4,23f, wo Lamech sich brüstet: „… einen Menschen erschlug ich für meine Wunde, ein Kind für meine Strieme. Wenn Kain 7-fach gerächt werden soll, so Lamech 77-fach!", zu Ex 21 kommt, erkennt er die weise Einschränkung von Rache auf das Maß des Schadens. Der Horizont von Ex 21 und der des Lesers beginnen einander zu berühren.

Mit dieser Erkenntnis kann er zu seinem anfänglichen, abwertenden Verständnis zurückkehren und es korrigieren. So entsteht dann eine neue Basis, auf der er wiederum, doch nun ‚gewei-

tet‘ und angemessener, dem Text begegnen und darin weiteres, z. B. anschließend in Ex 21,26f, dass Abhängige bei Schädigung von Auge oder Zahn frei zu entlassen sind, entdecken kann: die hermeneutische Spirale dreht sich.
Interesse und Fragestellung geben auch der Beschäftigung mit der Bibel Kraft und Orientierung. Wem etwa die Versöhnungsarbeit ein Anliegen ist, kann sich motiviert mit den angesprochenen Texten auseinander setzen und findet in ihnen reiche Anregung zum eigenem Überdenken. Aus der persönlichen Erfahrung bringt er auch Fragen mit, wie z. B. die nach dem Umgang mit erlittenem Unrecht, Schaden, Gewalt. Auf der Suche nach Antworten wird der Text zum ‚Gesprächspartner‘, und die Bibel als verdichteter Schatz von vielfältigen Erfahrungen hat dabei immer Neues zu sagen.

✍ Impuls
Versuchen Sie, über Ihre Anliegen, Fragen, Einstellungen und Vorprägungen zu reflektieren! Welche zusätzlichen Aspekte wollen oder sollten Sie für ihr Auslegen aufgreifen?

7.3.2 Deuten von Texten

... legte er ihnen in allen Schriften aus, was ihn betraf ...
„Brannte uns nicht das Herz,
... wie er uns die Schriften öffnete?“
(Lk 24,27.32)

Man kann sich auf verschiedene Weisen mit Texten beschäftigen. Zu den wichtigsten in Bezug auf textliche Kommunikation gehören lesen, verstehen, deuten (= auslegen, interpretieren). Lesen ist das hörbare, in neuerer Zeit oft auch rein gedankliche Nachvollziehen der lautlichen Abfolge der Zeichen eines Textes. Der äthiopische Beamte (Apg 8,28) liest eine Stelle aus Jesaja; auf die Frage des Philippus „Verstehst du auch, was du liest?“, wird klar, dass Ersteres fehlt in v30f; v34 gibt für oben ein Beispiel einer leitenden Fragestellung.
Verstehen, deuten und auslegen werden manchmal unterschiedslos gebraucht, doch lassen sich zum genaueren Benennen verschiedener Schritte feine Nuancen abheben. Verstehen ist jenes Erfassen von Bedeutungen und Sinn eines Textes, das bei Lesern (E4) spontan, oft ohne Überlegen, abläuft: Dabei ordnen sie den einzelnen Zeichen, z. B. Wörtern, die mit ihnen verbundenen gewohnten Bedeutungen unwillkürlich zu, und dem Ablauf der Sätze folgend werden diese addiert und kombiniert. So entsteht ein erstes Gesamtverständnis, das vor allem bei einfacheren Texten schon nahe dem vom Autor beabsichtigten Sinn sein kann. Solches Verstehen wird meistens nicht wieder eigens ausformuliert; es bleibt auf der Ebene von Gedanken.
Beim Deuten und Auslegen scheinen zum Verstehen noch zwei Aspekte hinzuzukommen. Diese Ausdrücke betonen stärker die eigene Mitwirkung, als bewusstes Handeln. Die Verbindung von Zeichen mit dem, was sie bezeichnen, wird also reflektiert und aktiv gewählt. Dazu verbindet sich mit deuten meist eine über reine Gedanken hinausreichende sprachliche Erfassung. Auslegen wird selber wieder gestaltetes Wort, oft auch für andere. Dieses bewusste Aufnehmen von Texten in eigenständiger sprachlicher Auseinandersetzung soll im Weiteren genauer untersucht werden.

Was geschieht beim Deuten von Texten? Die Arbeit des Lesers geht dabei vor allem in zwei Richtungen. Die eine Bewegung ‚zerlegt' Einzelelemente und Teile des Textes, indem sie sie auf die verwendeten Kodes (→ 7.1.1) hin untersucht und zu entschlüsseln versucht. Dadurch entstehen sehr viele Vermutungen, die das Verständnis von Wörtern, Sätzen, Schemata usw. betreffen. Die zweite Bewegung verläuft ihr entgegen, sie möchte diese nebeneinander stehenden Vermutungen ‚zusammenbauen' zu einer Gesamtsicht, die dem Text als Einheit, als Ganzem entspricht. Beide Richtungen ergänzen einander und sind gemeinsam für das Deuten erforderlich.

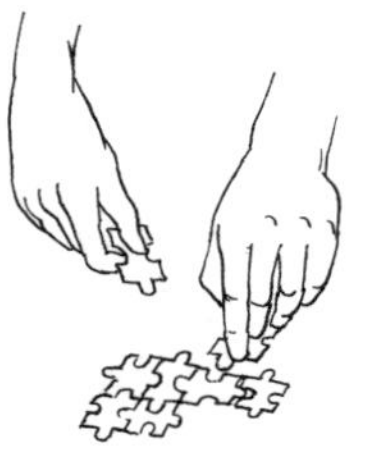

Für die erste Bewegung, den Vorgang der Entschlüsselung, bietet die Bibel selber einige Stellen, die darüber reflektieren. In Jes 29,11 antwortet der zum Lesen Aufgeforderte: „Ich kann nicht, denn es ist ‚versiegelt'" (gemeint ist: kodiert, verschlüsselt). Auch in Offb 5–8 wird von Siegeln eines Buches gesprochen; dass Johannes schon beim Öffnen einzelner ‚Siegel' jeweils etwas hört bzw. sieht (Offb 6), lässt dabei eher an mehrere Verschlüsselungen denken. Erst ihr sukzessives Erkennen macht einen Text zugänglich.

Wie die Kodierung alle Ebenen, von den Zeichen angefangen bis zum Gesamttext hin umfängt, so hat die Entschlüsselung alle diese zu umfangen. Es beginnt auf der Wortebene. Hier liefern die Wörterbücher in aller Regel die wichtigsten Hinweise, wie Wörter des Originaltextes zu verstehen sind. Doch oft lassen sie offen, welche der angeführten Bedeutungen an der betreffenden Stelle zutrifft. So kann *midbar* in Ex 3,1 sowohl ‚Steppe' als auch ‚Wüste' heißen; erst der Kontext und letzten Endes nur die Gesamtdeutung gibt den bestimmenden Ausschlag, wie das Zeichen zu deuten ist. Alle solchen Entscheidungen fließen ein in die Übersetzung (→ 1.1.3).

Nicht alle Wörter sind auf übliche Weise verschlüsselt. Für spezielle Aussagen kann ein Autor schwierigere Kodierungen wählen. So wird z. B. in Jer 25,26 „der König von Scheschach" erwähnt. Nur wer das hebr. Alphabet kennt und weiß, dass die Konsonanten von Scheschach *ššk* in ihrer Stellung (שׁ *š* 2x Zweitletzter und כ *k* als 11. Buchstabe) die spiegelbildliche Vertauschung des Namens Babel *bbl* (ב *b* 2x Zweiter und ל *l* als der 11.-letzte Buchstabe) darstellen, kann den Sinn dieser Benennung erfassen. Der Autor will ausdrücken, dass Babel und seine Macht völlig untergeht, auf den Kopf gestellt wird. Ein Beispiel aus dem NT ist die Zahl 666, die in Offb 13,18 dem mächtigen Tier gegeben wird und die kaum mehr mit Sicherheit geklärt werden kann: Entspricht sie dem hebr. Zahlenwert der griech. Benennungen für Tier oder für Kaiser Nero, oder steht sie für ganz anderes?

Eine weitere Ebene der Kodierung betrifft Ausdrucks- und Redeformen. Dazu zählen Wortverbindungen, Redeweisen, Satzarten u. a. Die einmalige Kombination *ʾaḥar hammidbar*, wörtlich „hinter der Steppe/Wüste" in Ex 3,1 könnte auch mit „am Rande..." wiederzugeben sein. Alle Wortverbindungen, vor allem ungewohnte, verlangen ein Überprüfen der vielfachen Bedeutungsmöglichkeiten, die durch die Zusammenfügung der Einzelwörter entstehen. Geprägte Redeweisen finden sich normalerweise in den Lexika; sie müssen nur als solche erkannt werden. Besondere Satzformen wie Fragen, Befehle können in den modernen Sprachen an den Satzzeichen (?, !, :, „") identifiziert werden; solche Kodes sind in den alten Sprachen seltener, und deswegen bedarf die Bestimmung der Satzart erhöhter Aufmerksamkeit.

Auch auf dieser Ebene gibt es schwierigere Fälle. Die Redeweise, jemand anderen als „mein Bein“ und „mein Fleisch“ zu bezeichnen, beginnt bei Adam in Gen 2,23. Die Aussage Labans zu Jakob „Wirklich, mein Bein und mein Fleisch bist du“ (Gen 29,14) klingt von daher zunächst als Feststellung verwandtschaftlicher Nähe, so auch v15. Doch wird im weiteren Verlauf der Erzählung durch den Betrug in der Hochzeitsnacht und die wiederholte Änderung des ausgemachten Lohnes die Ironie dieser Äußerung sichtbar: Auf die Mitteilung aller Ereignisse (29,13, was die Täuschung Isaaks einschließt) erkennt der Onkel Laban, dass in Jakob ein ihm gleicher Betrüger vor ihm steht, und seine vermeintlich positive Aussage erscheint wie eine Parodie auf Gen 2.
Schließlich können Autoren für den gesamten Textaufbau jene Verschlüsselungen verwenden, die in gängigen Gattungen (→ 1.2 sowie 4.2) und anderen Schemata vorliegen. Solche Formen sind bewährte Mittel, Texte zu strukturieren und ein bestimmtes Gesamtverständnis nahe zu legen: Vorschriften werden oft in die Formen von Gesetzen gefasst, Herausforderungen an die Zuhörer in die Formen profetischer Rede, usw. In der Ankündigung an Maria (Lk 1,26–38) haben u. a. Elemente aus den beiden Berufungserzählungen Gideons Ri 6 und der Eltern Simsons Ri 13 Eingang gefunden. Auf diesem Hintergrund ist die Verkündigung des Boten als Berufung Marias zur Mutterschaft für den Sohn Gottes zu verstehen. Auch ist bei biblischen Autoren beliebt, verschiedene Formen bzw. Gattungen zu kombinieren, im angeführten Beispiel etwa mit Geburtsankündigungen, vgl. Gen 16,11 f.

🕮 Literatur: Stock, Berufung.

Entschlüsseln und Zusammenfügen sind personale Prozesse.

Das Entschlüsseln der Kodes auf allen Ebenen ist die eine Aufgabe beim Deuten von Texten, die andere besteht im Zusammenfügen zu einer Gesamtsicht. Manche meinen, die erste Bewegung sei sicherer, objektiver, und die Zweite eher subjektiv gefärbt und deswegen nicht so zuverlässig. Dagegen ist festzuhalten, dass beide Vorgänge zutiefst und unausweichlich personale Prozesse sind. Die Prägung der Leser beeinflusst in gleicher Weise die Analysen der Entschlüsselung wie die Konstruktion der Gesamtdeutung.
Die Eigenart von Texten macht verständlich, warum diese zweite Bewegung des entwerfenden Zusammenbauens notwendig ist. Auf Grund der vielen Leerstellen (7.2.3) sind Texte wie grobmaschige Netze. So hat jede Deutung abzuwägen, wie diese leeren Felder im Verhältnis zum Gesagten stehen und evtl. zu füllen sind. Als Beispiel diene der Befehl, die Sandalen auszuziehen in Ex 3,5, dessen Ausführung nicht berichtet wird. Aus dem Kontext, wo keine Wiederholung des Befehls oder sonstige Bezugnahme erfolgt, und aus den üblichen Konventionen, dass Anweisungen in der Regel befolgt werden, ist eher anzunehmen, dass Mose seine Sandalen auszog.
Scheinbar im Gegensatz dazu steht die Dichte und Komplexität von Texten, die auf engem Raum eine vielgestaltige Wirklichkeit abbilden. Ihr Geflecht weist deswegen eine Fülle von Zusammenhängen auf, die nicht alle gleich wichtig sind und in der Regel auch nicht alle beschrieben werden können noch sollen. Die Deutung hat die Aufgabe, nach Kriterien auszuwählen und mit dem so Ausgesuchten dem Text nahe kommende Entwürfe zu versuchen. In Ex 3f könnte man mit den Redeeinleitungen für Mose (3,3 f.11.13; 4,1 f.10.13) ein Schema von 4x2 in kurzem Abstand folgenden Äußerungen Moses erstellen; doch die andere Dynamik der Got-

tesreden und die inhaltlichen Schwerpunkte lassen erkennen, dass nur ein Teil dieser Redeeinleitungen (3,13; 4,1.10) strukturierend sind.
Schon hier wird klar, dass für die Gesamtdeutung die Berücksichtigung möglichst vieler, mindestens aber mehrerer Aspekte entscheidend ist. Sie zu erkennen bedarf meist einer mehrfachen Lektüre, wie z. B. in den Schritten von Kap. 1. Die so verlängerte und verlangsamte Textwahrnehmung entspricht dem dichten, komplexen Textcharakter.
Schließlich sind Texte, wie oben (7.2.1) beschrieben, ein Ganzes. Diese Einheit ist mehr als nur die Summe aller Zeichen oder der einzelnen Teile. Deren Entschlüsselung liefert das Material, auf der als notwendige Ergänzung ihre Zusammenordnung und ihr Sinn als Gesamt zu erahnen sind.
Auch von der Seite der Autoren wird verständlich, warum in der Deutung ein Zusammenbauen gefordert ist. Ein Autor S4 konstruiert seinen Text als Reaktion auf seine Erfahrung (S5). Der Text wird so, zumindest teilweise, Abbildung der Autorenwelt. Da diese aber dem Adressaten (E4–5) meist nicht direkt zugänglich ist, muss er versuchen, sie indirekt aus den Angaben des Textes zu erschließen und so dessen Bezugswelt zu erkennen (bei Lk 4 z. B. die ablehnende Haltung der Gemeinde von Nazaret gegenüber Jesus und seiner Verkündigung).
Dieser Vorgang verlangt von den Deutenden (E4) mehreres. Es gilt, gleichzeitig in Distanz gegenüber der eigenen Erfahrungswelt (E5) und doch auf ihrer Basis, weil sie nicht völlig verlassen werden kann, die Botschaft des Textes als teils stimmiges, teils aber auch verschobenes bis verzerrtes Abbild des Autors und seiner Welt (S4–5) wahrzunehmen. Deutende ahnen auf Grund von Ähnlichkeiten mögliche Tendenzen und können dann versuchen, das Erspürte in einer vorläufigen Interpretation zu entwerfen. Diese bildet im idealen Fall nach, re-konstruiert, was der Autor mit seinem Text aufgebaut hat.

Das Nachvollziehen der Bewegung und Aussagerichtungen eines Textes ist auf Grund der Eigenart von Kommunikation schöpferisch. Deutende bringen nämlich immer ihre Person und Erfahrungen in den Dialog mit Text und Autor ein. Deswegen ist Deuten weder ein technisches Verfahren, das ein Abbild wie eine Schablone erfasst und reproduziert, noch eine Wiederholung, die nur den Text allein wiedergibt. Deuten ist ein kreativer Vorgang, der die Welt des Textes und die eigene verbindet und dabei Neues schafft. Wenn Jesus in Lk 4,25–27 sich auf 1 Kön 17 und 2 Kön 5 bezieht, hebt er im Wirken Elijas und Elischas die neue Nuance der Ablehnung von Profeten in ihrer Heimat (Lk 4,24) hervor und erstellt damit ein Muster.
Schöpferische Deutung besagt nicht, dass Fantasie und Erfindung freien Lauf haben. Deuten hat die wichtigen Elemente des Textes ernst zu nehmen und im Bezug auf sie ihre Aussagen über dessen Botschaft sowie deren Bedeutung für die Gegenwart zu treffen. Interpretation findet ihr Maß und ihre kritische Korrektur am Text selbst. Doch muss sie auch immer wieder wagen, kreativ neue Brücken zur Gegenwart zu bauen.
Das entwerfende Zusammenbauen beim Deuten enthält noch eine zusätzliche Dimension, die der Teilnahme und Aneignung. Die im Text vorkommenden Figuren und Haltungen lösen in den Lesern unwillkürlich Prozesse aus, die sie zu Nähe oder zu Distanz, bis hin zu Ablehnung, ihm und ihnen gegenüber führen, vgl. Lk 4,22.28, hier gegenüber dem Reden Jesu. Die persönliche Betroffenheit, die jede Lektüre erzeugt, äußert sich in einem Standpunkt zum Text bzw. zu Einzelnen seiner Äußerungen und Personen; dieser wird seinerseits Basis dafür, wie sehr sich Lesende ergreifen lassen und den Text zu Eigen machen. Diese persönliche Beteili-

gung hängt zusammen mit der durch einen Text angestrebten Wirkung und beeinflusst stark das Deuten.

✍ Verständnisfrage
Warum sind mehrere Schritte für die Deutung von Texten notwendig?

7.3.3 Voraussetzungen für Verstehen und Deuten

„Und hören werden an jenem Tag
die Tauben die Worte eines Buches".
(Jes 29,18)

Texte richten sich als Mitteilung an Adressaten. Diese sind den Schreibenden vor Augen, wenn sie ihre Texte verfassen, und sie werden in diesen indirekt zugänglich über den fiktiven sowie den abstrakten Empfänger (E2–3). Im Blick auf diese intendierten Adressaten werden Texte geschrieben.
Die Ausrichtung auf die Empfänger richtet sich nach der Vorstellung, die der Autor von ihnen hat, und sie bestimmt seine Strategie beim Schreiben. Was er ihnen an Sprachvermögen und Kenntnis zutraut, entscheidet mit über die Wahl von Wörtern, die Weise des Satzbaus, den Grad der Verschlüsselung, die Dichte der Information und ihre Abfolge. Für die Deutung ist es wesentlich, dass der reale Leser (E4) wenigstens einigermaßen die Voraussetzungen für E3 erfüllt, vor allem, was Wortschatz und Wissen betrifft.

Texte werden mit Blick auf die intendierten Adressaten geschrieben.

Manchmal wird die Rücksicht der Autoren auf ihre Leser im Text selbst direkt greifbar. Wo sie annehmen, dass Letztere etwas nicht verstehen, können sie erklärende Bemerkungen einfügen. So ergänzt Mk 12,42 die Spendenangabe von „zwei Lepta" mit „das ist ein Quadrans", wobei beides für gewöhnliche heutige Leser unverständlich bleibt; helfen mag, ein ‚Lepton' als damals kleinste Münze zu begreifen. Mt 27,33 übersetzt den hebräischen Namen ‚Golgotha' griech. mit „Ort des Schädels"; v46 bringt zunächst Ps 22,2 auf Aramäisch, gibt aber dann die Übersetzung. Viele Erklärungen entspringen solcher Rücksichtnahme auf die Leser. Dabei begibt sich der Autor auf eine andere Sprachebene, er redet metalinguistisch* über die von ihm verwendete Sprache.
Bevor überhaupt ein Text sich jemandem öffnet, bedarf es der grundsätzlichen Offenheit für ihn. Zwei Momente sind dabei wichtig, die Übereinstimmung im ‚Kanal' und die Einstellung der Lesenden. Beide finden sich mehrfach in der Bibel angesprochen.

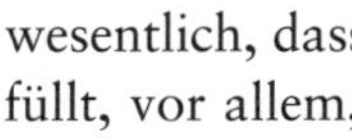

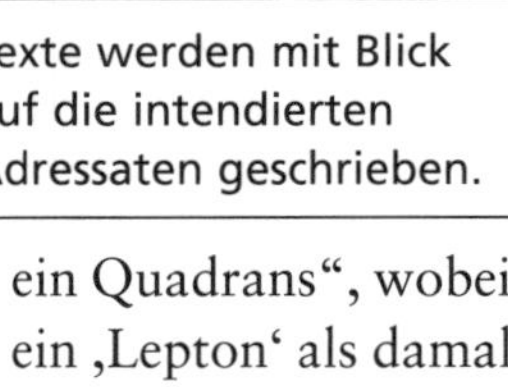

Kanal bezeichnet das für die Kommunikation gewählte Mittel, die Weise der Zeichen-Verschlüsselung. Derselbe Text kann z. B. in der Form der für Sehende üblichen Buchstaben oder in Blindenschrift oder in Morseschrift geschrieben sein oder mit Hand- und Fingerzeichen weitergegeben werden. Das vorangestellte Zitat aus Jes 29 spricht davon, dass Taube die Worte des Buches ‚hören' werden, also trotz ihrer Behinderung auf einem anderen Kanal die Botschaft verstehen können. Apg 2,1–13 schildert, wie am Pfingstfest der Geist die Apostel so sprechen lässt, dass sie von allen Anwesenden in ihrer eigenen Sprache (= Kanal) gehört werden. Voraussetzung für Verstehen und Deuten ist, dass der Kanal bei Sender und Empfänger übereinstimmt.

Dass ein Text dann tatsächlich ankommt, hängt aber zusätzlich an der Einstellung der Empfänger. Die Bibel nennt öfter sehen oder hören diesbezüglich und spricht damit die Seite des Aufnehmens durch die Adressaten an. Bei Jesaja wird diese Öffnung bzw. Verschlossenheit der Wahrnehmung zu einem durchgängigen Thema, z. B. Jes 6,9f; 35,5 u. a., aufgenommen Mk 4,12 par. Das Offensein der Lesenden hängt von vielem ab; es ist eine Mischung aus inhaltlichen Positionen, angesprochenen Gefühlen, momentanen Stimmungen, die alle zusammen hier als ‚Einstellung' benannt sind und die die Deutung wesentlich mitbestimmen (vgl. dazu auch Bewusstwerdung S. 4 f.).

Besteht, wenigstens grundlegend, eine Offenheit für den Text, so erfordert das Lesen und Deuten dann ganz intensive Mitarbeit. Nur mit dieser – vom Autor beabsichtigten – Mitwirkung kann es zum Verstehen kommen. Dabei kann Lesenden einiges zugemutet werden. So verlangt z. B. Ex 3,1 mit der Bezeichnung „Jitro, sein Schwiegervater" eine Entscheidung. In Ex 2,18 hieß der Schwiegervater noch Reguël: Ist es nun dieselbe Person, oder hat Mose unberichtet ein zweites Mal geheiratet, oder sind hier zwei verschiedene Texte verbunden worden? Auch der doppelte Anruf mit Namen in 3,4 „Mose! Mose!", fordert eine Erklärung, weil üblicherweise die einmalige Namensnennung genügen würde. Eine Lösung zeigt sich dem Leser, der mit den doppelten Anrufen in Gen 22,11; 46,2 den Vers 1 Sam 3,10 verbinden kann und jeweils eine lebensentscheidende und -wendende Situation erkennt. Von Wort zu Wort und Satz zu Satz ist diese Mitarbeit der Empfänger Voraussetzung fürs Deuten (siehe auch Kap. 2).

✍ Verständnisfrage

Warum kann Lesen mühsam sein?

8. Kapitel

Grundlagen biblischer Auslegung

Bisher sind in Kap. 7 jene Zusammenhänge zur Sprache gekommen, die ganz allgemein für Literatur gelten und an denen die Bibel teilhat. Nun aber gilt es, das Spezifische der Bibel genauer zu betrachten (8.1). Zu ihren besonderen Merkmalen zählen auch der Bezug zu Gemeinschaften und die Festlegung als Kanon.
Als Folge dieser Eigenart erhält die Beschäftigung mit der Bibel eine weitere Ebene, die des Glaubens (8.2). Gläubige lesen diese Texte als Wort Gottes und nehmen über die wissenschaftlichen Ergebnisse hinaus noch andere Seiten an ihnen wahr.
In diesem Zusammenhang steht auch die aktuelle Diskussion um den Stellenwert der Bibelauslegung: Welche Aufgabe hat die Exegese heute innerhalb der Theologie? (8.3) Bei der Reflexion auf den Glauben sind die exegetischen Wissenschaften heute neu herausgefordert.

8.1 Die Eigenart der Bibel

Schon das Wort Bibel macht aufmerksam, dass wir es nicht mit einem gewöhnlichen Text zu tun haben. Es geht, über das lat. *biblia*, auf den gleich lautenden griech. Plural βίβλια zurück, der ‚(kleine) Bücher' bedeutet. In der Bibel liegt also nicht nur ein Text vor uns, sondern eine Bibliothek, eine Sammlung von Büchern (→ 8.1.3, Kanon), die noch dazu – von der Benennung her – offenbar in exemplarischer Weise ‚Buch' sind.
Auch unter anderer Rücksicht hebt sich die Bibel von den meisten sonstigen Texten ab. Sie enthält Texte des *Glaubens*, entstanden in einer Gemeinschaft (8.1.2) von Menschen, die auf Gott (8.1.1) hören wollen und sich an ihm ausrichten. So teilt die Bibel zwar gewisse Merkmale profaner Literatur, zumeist kunstvolle, verdichtete Texte zu sein, und kann und soll deswegen auch mit den diesen angemessenen Methoden untersucht werden; doch fordert ihre Eigenart, intensiv die Beziehung zu Gott anzusprechen, besondere Berücksichtigung bei der Auslegung.

8.1.1 Die Bibel als Wort Gottes

„... aber das Wort unseres Gottes besteht auf ewig."
(Jes 40,8)

Der eigene Charakter der Bibel kommt auch in ihren anderen Bezeichnungen als Heilige Schrift oder Wort Gottes zum Ausdruck. Beide sprechen die Nähe zu Gott an. Die erste Benennung betont den Bezug zu einer Eigenschaft, die Gott in höchstem Maße zukommt, siehe das dreimal „heilig" in Jes 6,3, und ihn abhebt von allem Geschaffenen, sowie das Ergebnis, dass die Texte in fixierter schriftlicher Form vorliegen. Wort Gottes wiederum legt den Akzent stärker auf ihn selber und die bleibende Lebendigkeit seines Sprechens. In beiden Fällen wird Gott als sich mitteilend gesehen.

a) Hier erhebt sich gleich die Frage, wie die Bibel und wir überhaupt *von Gott sprechen* können. Aus der Vielfalt der in der Geschichte dazu vertretenen Positionen hat sich ergeben, dass es doch in sinnvoller Weise möglich ist, auch wenn ‚Gott' kein Gegenstand unserer Welt ist. Die vorgeschlagenen Lösungen gehen in folgende drei Richtungen:

- *analoge*, d. h. angepasst, verändert entsprechende Rede; was vom menschlichen Bereich ausgesagt wird, gilt annähernd, doch unter Abzug der Unzulänglichkeiten, auch von Gott, wobei er dennoch „der andere" bleibt.
  Wenn z. B. von Gottes Zorn (Ex 4,14) die Rede ist, besagt das seine Erregung und Betroffenheit, ähnlich der entsprechenden menschlichen Empfindung, doch unter Absehen von deren manchmal negativen Begleitumständen.
- *paradoxe oder übersteigernde* Aussagen, die Gott alles weltlich Gute in weit übertreffendem Maß zuschreiben, sodass er der „immer größere Gott" (Przyrembel) ist.
  Jes 55,8f ist bestes Beispiel dafür: Nach dem Verneinen, dass menschliche und göttliche Gedanken und Wege gleich seien (v8), nennt Gott als Maß für den Abstand die Höhe des Himmels über der Erde (v9).
  Für ein Paradox mag man Ps 113,5f ansehen: Obwohl Gott in der Höhe thront (v5), blickt er dennoch in die Tiefe (v6). Auch das Brennen und Nicht-Verbrennen von Ex 3,2 kann als paradoxes Zeichen für Gott aufgefasst werden.
- Ein *Untersuchen der Verwendung* dieses Wortes ‚Gott' und seiner Zusammenhänge deckt seine Bedeutung und Funktionen auf; dieser Zugang über den praktischen Gebrauch ist auch bei der Bibel sehr fruchtbar und enthüllt eine reiche Fülle an Verwendungsweisen: menschliches (griech. anthropomorphes*) Sprechen, übertragen, bildhaft, Kombination verschiedener Aussagen,...
  Das bekannte Wort „ich lehrte Efraim gehen" (Hos 11,3) zeigt Gott in der Rolle von sich einem Kind zuneigenden Eltern. Etwas zuvor (Hos 5,14) klang „ich bin wie ein Löwe für Efraim" ganz anders. In der Verbindung dieser beiden und weiterer Aussagen zusammen erreicht die Bibel, dass ihr Sprechen von Gott annähernd dem nahe kommt, was ihm in seiner Fülle entspricht.

Mit diesen Weisen des Redens von Gott verwendet die Bibel einen grundsätzlichen Charakterzug aller Sprache, nämlich ihre Zeichenhaftigkeit (→ 7.1.1). Unter dieser Rücksicht ist das Sprechen von Gott nicht wesentlich von anderem Reden unterschieden.

b) Die Bibel hat kein Problem, *Gott selbst als Redenden* zu nennen. Sie beginnt damit auf der ersten Seite (Gen 1,3) und führt das über weite Teile fort. Im Gegenteil, wo er nicht redet, scheint meist etwas gestört zu sein. Selbst im NT, das überwiegend auf Jesus ausgerichtet ist, begegnet an herausgehobenen Stellen Gottes Reden, z. B. in Gestalt einer Stimme aus dem Himmel (Mk 1,11 „du bist mein geliebter Sohn", ähnlich 9,7). Zum Wesen der Bibel gehört, dass Gott in ihr häufig redet (als S1) und viel von ihm, über ihn und zu ihm (E1) geredet wird.

Dieses Hauptmerkmal biblischer Texte aufgreifend, haben kirchliche Gemeinschaften die ganze Bibel als göttliche Mitteilung angesehen, von seinem Geist erfüllt, inspiriert*. Damit erfährt das oben (7.2) angesprochene Kommunikationsschema noch eine Ergänzung, weil neben dem menschlichen Autor (S4) und mit ihm auch Gott sich mitteilt. Im biblischen Schriftsteller ist ebenso Gott am Werk. Die Bibel in ihrer Eigenart ernst zu nehmen verlangt, beide Dimensionen göttlicher und menschlicher Autorschaft zu bedenken. Eine Auflösung oder Überbetonung einer Dimension führt zu Problemen in der Auslegung.

📖 Literatur: SCHMID, *ʾmr*, 214; DOHMEN, *Bibel*, 24 f.

c) Die im vorletzten Absatz genannte Eigenart der Bibel, dass Gott darin auch häufig als *angeredete Person* erscheint, zeigt zusätzliche Besonderheiten. Neben jenen Fällen, in denen Gott gleichsam wie eine erzählte Figur im Dialog mit Menschen steht, so in Ex 3 – 4 mit Mose, auf der ersten Kommunikationsebene, finden sich Texte, in denen ein plötzlicher Wechsel von einer innermenschlichen Mitteilungsebene zur Du-Anrede für Gott auftritt, z. B. Ijob 13,20ff; 14,13.15–17, usw. Oft sind es Gebete.

> Während Jesus in Mt 11,24.28f sich an eine Gruppe („ihr, euch") wendet, spricht er dazwischen in v25–27 direkt Gott an: „Ich preise dich, Vater…". Ähnlich ansatzlos ist der Übergang in Jer 11,18: „Jahwe hat es mich erkennen lassen… Damals ließest du mich sehen ihre Taten." Sehr oft verwenden die Psalmen dieses Vorgehen; Ps 23 beginnt mit Reden über Gott in der 3. Person und wechselt genau im Zentrum und der stärksten Bedrohung („Tal des Todesschattens") zur Du-Anrede „denn du bist bei mir", die für v4–5 beibehalten wird.

Neben den Psalmen, die mehrfach Gott direkt ansprechen, gibt es noch viele Beispiele für solche in die Texte eingeschobene Gebete (1 Sam 2; Neh 9 usw.). Sie erzeugen gerade in der Wechselwirkung mit der sie umgebenden Erzählung eine Dynamik, die auch die Leser (E4) zu ähnlichem Tun führen soll. Sie sind in gleicher Weise eingeladen, von ihrer menschlichen Erfahrung den Weg zur persönlichen Anrede an Gott zu gehen. Diese Impulse sind durch die biblische Textstruktur grundgelegt. Weil die Bibel selbst aus Glauben heraus gewachsen ist, will sie ihn und dessen Ausdruck, sich an Gott zu wenden, auch fördern.

d) Die Bibel gehört zu den *alten Texten* der Menschheit. Heute nehmen wir an, dass die Endfassung der meisten Bücher des AT ab dem 5. Jh. v. Chr. entstanden ist und das NT überwiegend im ersten Jahrhundert nach der Zeitenwende, beide im Raum des Nahen Ostens. Fachleute nennen diese Verbindung von Zeit und Raum „Alter Orient" (= AO). Die Entdeckungen in diesen Ländern haben deutlich gemacht, dass es einen teilweise intensiven Austausch zwischen den Kulturen gab.
So verwundert nicht, dass biblische Texte Berührungen mit altorientalischer (ao) und mit hellenistischer Literatur aufweisen. Berühmt sind die Anspielungen in der Urgeschichte (Gen 1 – 11) auf den Schöpfungsbericht und die Flut im Atrahasis-Epos sowie im Gilgameschepos, die Nähe von Ps 29 zu einem ugaritischen Hymnus, die Ähnlichkeit von Ps 104 mit dem Sonnenhymnus des Echnaton. In der Kindheitsgeschichte nach Matthäus (Mt 1 – 2) wird das Thema des verfolgten und wundersam geretteten Königskindes aufgegriffen. Dieses Thema findet sich schon in der Mosegeschichte, aber es gibt auch frappierend viele Berührungspunkte mit den Geschichten von Romulus und Remus, von Augustus, Nero, Sargon oder Kyrus. Diese Texte berühren sich nicht nur thematisch, sondern auch in der Gattung* (→ 4.2). Für die Auslegung der Bibel folgt daraus, dass sie im Gespräch und in Reaktion auf solche in der kulturellen Umgebung bekannten Texte zu verstehen ist.

Dennoch ist auch die Verschiedenheit der Bibel festzuhalten. Bei allen Berührungen gibt es markante Unterschiede. Zenger nennt für den Bereich der Geschichtsschreibung drei wesentliche Differenzen gegenüber vergleichbarer ao Literatur, dass nämlich die biblische Darstellung Geschichts*theologie* ist, über die ganze, lange Zeit an *einen* Gott gebunden bleibt und das *Volk*, nicht den König, als Hauptakteur habe. In ähnlicher Weise heben sich die Profeten durch das Ausmaß und die Schärfe der Selbstkritik ab, mit der sie die eigene Gemeinschaft angreifen. Gleiches gilt für die Evangelien und die Briefliteratur des NT, die sich von den Texten ihrer Zeit schon durch die Gattung (Evangelium) bzw. in der inhaltlichen Gestaltung bei den Briefen unterscheiden.

🕮 Literatur: Zenger, *Einleitung*, 189 f.

e) Wenn die Bibel Texte des Glaubens enthält, wie steht es dann mit ihrer *Wahrheit*? Die Spannung zwischen Interessen des Glaubens und geschichtlicher Realität prägt auch die biblischen Darstellungen, insofern zumeist versucht wird, beides miteinander zu verbinden. So erreichen die Autoren, über das einmalige historische Ereignis hinaus an ihm etwas aufzuzeigen, was auf Dauer gültig bleibt.

> 701 v. Chr. hat der assyrische König Sanherib Jerusalem belagert. 2 Kön gibt dazu zwei Schilderungen: Einmal notiert es kurz das Sich-Freikaufen Hiskijas mit Unterwerfung und Tributzahlung (18,13–16); dies entspricht auch dem, was die Annalen Sanheribs berichten. Dann aber fügt es eine lange Geschichte an, die die Auseinandersetzung beispielhaft stilisiert zur Frage, ob Jahwe retten kann und darin von den Göttern verschieden ist; diese endet mit einer wundersamen Befreiung (18,17 – 19,37).

Normalerweise sind beide Sichtweisen in einer Erzählung verbunden, sodass sie sich nicht wie bei 2 Kön 18f trennen lassen. Deshalb weisen biblische Texte auch einen Bezug zur faktischen Geschichte auf. Es wäre falsch, sie generell als fiktiv* (von *fingere* ‚umbilden, erdichten', von daher: Täuschung) anzusehen. Allerdings enthalten sie Momente, die auch wirklichen Erfahrungen entsprechen, aber über die geschichtlichen Tatsachen hinausgehen und diese deuten wollen.

Das Verantwortungsbewusstsein biblischer Autoren spricht der Beginn des Lukasevangeliums mit den beiden Maßstäben Genauigkeit und Zuverlässigkeit an (Lk 1,3f). Lukas sagt von sich, er sei von Anfang an allem ‚akribisch' gefolgt und wolle es jetzt geordnet vorlegen, damit Theophilus die Verlässlichkeit (im griech. wörtlich ‚nicht fallen', von daher Standfestigkeit) der Worte erkennen könne, in denen er unterrichtet worden sei. Diese Haltungen zeichnen auch andere biblische Schriftsteller aus. Sie möchten genau wiedergeben, was sie bewegt und was sie erfahren haben, in den beiden – verbundenen – Dimensionen der Welt und des Glaubens, und sie möchten damit Fundamente legen, die andere fest stehen lassen.

Der Wahrheitsanspruch der Bibel liegt also nicht so sehr darin, dass sie möglichst getreu Geschichte abbildet, sondern mehr in ihrer Wirkung, „um unseres Heiles willen". Dass diese Texte durch die Jahrtausende hindurch bis heute voller Kraft geblieben sind und auf Menschen in den verschiedenen Kulturen und Umständen ausstrahlen und sie zu vielem Guten bewegen, bezeugt auf seine Weise, dass die in der Bibel vermittelten Botschaften und Werte stimmen.

Wahrheit zeigt sich hier in der Übereinstimmung der Bibel mit gelingender Lebensführung sowie der Bestätigung durch ihre bleibende Aktualität. Dies gilt auch bezüglich der Frage nach dem historischen Jesus.

📖 Literatur: SCHREINER, *Verstehen*, 132 ff.

8.1.2 Die Bibel als Schriftensammlung von Gemeinschaften

Nachdem Gott … ehemals zu den Vätern geredet hat durch die Profeten,
hat er am Ende dieser Tage zu uns geredet im Sohn.
(Hebr 1,1f)

Der äußere Eindruck, den viele Ausgaben der Bibel dadurch erwecken, dass sie *ein* Buch darstellen, täuscht sehr. Jeder der gemeinhin mit AT bzw. NT bezeichneten Teile umfasst mehrere selbstständige Werke, sodass sowohl die beiden Teile der Bibel als auch sie insgesamt als Schriftensammlungen angesehen werden müssen.

Im Unterschied zu vielen modernen Büchern, bei denen sich Einzelpersonen als Autoren an individuelle Adressaten wenden, ist bei den biblischen Schriften der Gemeinschaftsbezug auf der Seite der Schreibenden wie auch auf der Seite der Empfangenden stärker. Zum einen sind von keiner Schrift des AT die wirklichen Autoren bekannt; sie verschwinden völlig hinter der Gemeinschaft bzw. Namen, die als Idealgestalten oder Beispielfiguren ein Programm darstellen. So bedeutet der Name Jesaja „Jahwe ist Rettung“, Jona heißt „Taube“, Kohelet „die Versammelnde“.

Im NT verschiebt sich dies in Richtung einzelner genannter Schriftsteller, z. B. Paulus, doch gibt es auch dort mit den Evangelien und dem Hebräerbrief Werke, deren Autoren wir nicht kennen, sowie das Phänomen der nachträglichen Zuschreibung an berühmte Leute, der Pseudepigraphie*, wie im Fall von Eph, 1+2 Tim und Tit. Stärker als die Persönlichkeit des Schreibenden zählt offenbar die Gemeinschaft der Glaubenden.

Zum anderen ist diese Gruppe von Gläubigen in vielen Texten angezielt oder sogar direkt angesprochen. Deutlichster Ausdruck davon sind die Leseranreden in der 2. P. Pl., wie in Joh 20,31 „damit ihr glaubt“, und oft auch in der 1. P. Pl. formulierte Texte, so Joh 21,24 „wir wissen“; Jes 2,5 „Haus Jakob, geht, und wir wollen gehen im Licht Jahwes!“ Manchmal enthalten auch sonstige Äußerungen, in der Gruppen im Text mit ‚ihr‘ angesprochen werden, indirekt Bezüge auf die beabsichtigten Empfänger.

Das Leben, Ringen und Selbstverständnis dieser Gemeinschaft der Glaubenden spiegelt sich in ihren Büchern, die wesentlich zu ihrer Identität gehören und diese mit begründen. Obgleich biblische Schriften sich auf Grund ihrer ‚idealen, typischen‘ Darstellungsweise von historischen Einzelfakten bewusst entfernen können (→ 8.1.1 e, das Beispiel zu 2 Kön 18f oder S. 88 zu Jos 6), so unterscheiden sie sich doch durch ihre Verantwortung und ihre Ausrichtung auf das Aufbauen von Gemeinschaft wesentlich von fiktiver* Literatur. Die biblischen Bücher kommen aus der Wechselwirkung zwischen dem gemeinsamen Leben der Glaubenden und dessen schriftlicher Festlegung.

Dieser Einfluss gläubigen, gemeinschaftlichen Lebens auf die entstehenden Schriften und, umgekehrt, von Letzteren wieder zurück auf die Gruppe(n) der Glaubenden hat sich über Jahrhunderte erstreckt. Mit der Fixierung dieser Traditionen als Bücher und ihrer Sammlung im Kanon (→ 8.1.3) kommt die eine Richtung der Einflussnahme vom Leben auf die Schriften (7.1.2) an eine markante Grenze; nun sind mit ganz wenigen Ausnahmen kaum mehr Veränderungen am Text möglich. Dennoch hält der wechselseitige Bezug weiter an, insofern einerseits diese Bücher aus dem Leben der glaubenden Gemeinschaft heraus gedeutet werden und sie anderseits wieder auf Letztere zurückwirken.

Die lange Phase der Entstehung der Bücher und des Kanons der Bibel ist mit ein Grund dafür, dass sich in ihr verschiedene Positionen, mit Widersprüchen und Spannungen, finden. Jes 56 und Rut vertreten gegenüber Ausländern andere Haltungen als Dtn 23, Esra oder Neh. Bei der Beziehung von Glauben und Werken stehen Röm 4 und Jak 2,14ff, zumindest den Formulierungen nach, einander gegenüber und spiegeln so unterschiedliche Akzentuierungen. Diese hängen zusammen mit den anders geprägten Umfeldern und Situationen, aus denen die jeweiligen Texte stammen. Es ist weder möglich noch sinnvoll, die Bandbreite der Aussagen auf eine einzige zu reduzieren oder sie künstlich auf etwas Gemeinsames hin zusammen zu mischen.

Gelegentlich sind noch die Veränderungen erkennbar, die ein Text im Lauf seiner Entstehungsgeschichte erfahren hat. Die Literarkritik bemüht sich mit verschiedenen Methodenschritten (→ 4.3) um die Erhebung der einzelnen Phasen dieses Wachstumsprozesses. In diesem Zusammenhang fallen oft Begriffe wie Schicht, Redaktion, Fortschreibung und neuerlich auch Relecture, aus dem Französischen für ‚wieder lesen', erneutes Lesen. Ein deutliches Beispiel sind die Psalmenüberschriften, die nach heute weithin geteilter Einschätzung später hinzugefügt wurden, im Zuge redaktioneller Sammlung etwa bei der Korachpsalmengruppe Ps 42–49 und zur Verbindung mit exemplarischen Situationen, so bei Ps 51 mit der Erfahrung Davids in 2 Sam 11 f. Eine gewisse Zeit lang konnte die Gemeinschaft ihre Texte in ihrem Bestand noch verändern; dann aber, nach deren Festlegung, richten sich Einsatz und Interesse überwiegend auf deren getreue Überlieferung und Auslegung.

Im Hintergrund der in den letzten drei Absätzen besprochenen Themen steht, dass die Bibel nicht nur für eine Gruppe, sondern seit ihrer Bildung und durch die Jahrtausende hindurch für mehrere Gemeinschaften maßgebend geworden ist. Ihre hebräischen Teile waren für verschiedene jüdische Gruppierungen, angefangen von der religiösen Reform unter Esra, ca. 398 v. Chr., über Samaritaner, Makkabäerbewegung, Armenfrömmigkeit, beginnendes Rabbinentum usw. bis zu den vielen heutigen Richtungen zwischen strenger Orthodoxie und Reformjudentum wesentlich. Zusätzlich haben nach dem Tod Jesu seine Jünger diese Texte weiter bewahrt und bereits bald mit eigenen Schriften (NT) ergänzt; auf dieser Basis haben die verschiedenen christlichen Gemeinschaften aufgebaut, mit all ihren Wandlungen im Lauf der Geschichte. Die Bibel ist eine Schriftensammlung, die einer Vielfalt von Gruppierungen über lange und sehr wechselvolle Zeiträume hinweg Maß und Orientierung gewesen ist. Sie bietet damit ein ausgezeichnetes Beispiel für Traditionsliteratur.

8.1.3 Kanon: Festlegung verbindlicher Schriften

Diese aber sind geschrieben, damit ihr glaubt ...
und damit ihr glaubend das Leben habt.
(Joh 20,31)

Das deutsche Wort Kanon* stammt vom griech. *kanon* ‚Rohrstab', von daher ‚Maßstab, Regel'. Der griech. Ausdruck entspricht seinerseits der semitischen Wurzel, z. B. dem hebr. *qanäh* ‚Schilfrohr, Stab, Maß'. Ab dem 4. Jh. n. Chr. bezeichnet Kanon dann das *Verzeichnis der in einer Gemeinschaft anerkannten Schriften*, die für diese als verpflichtend gelten. Bei der Bibel erscheint die ihr von der Gruppe gegebene Autorität noch insofern gesteigert, als ihr der Anspruch zuerkannt wird, Wort Gottes, inspiriert* zu sein.

Kanon:
a) aus mehreren Schriften
b) bildet ein Ganzes
c) Ausschluss anderer Texte

Eine solche Festlegung weist zugleich drei wichtige Aspekte auf: Mehrere Schriften werden zu einem Ganzen zusammengefasst, unter Ausschluss anderer Texte. Das spannungsvolle Zusammenbringen unterschiedlicher Bücher in eine Sammlung ist ein heikler Vorgang innerhalb von Gemeinschaften, der viel mit ihren Untergruppierungen, ihrem Selbstverständnis und auch mit Macht zu tun hat. Dabei fallen ebenso theologische Entscheidungen, die mit dem Gottesverständnis und den -erfahrungen der Gruppe zusammenhängen. Auf der anderen Seite resultiert daraus eine nicht aufhörende Lebendigkeit, die aus dem Miteinander verschiedener Ausrichtungen entsteht und die im Gang der Menschen durch die Zeit immer neue Facetten erhält.

a) Dass *mehrere Schriften* zusammenkommen, weist bei der Bibel noch einen besonderen Akzent auf. Viele ihrer Schriften sind offenbar im Verbund mit anderen bzw. in Abhängigkeit von diesen entstanden. Die Bücher Genesis bis Numeri gehören zusammen und enthalten Bezüge zum Deuteronomium. Dieses wiederum ist sprachlich und motivisch verbunden mit dem von vielen als Gesamtkomposition aufgefassten deuteronomistischen Geschichtswerk*. Auch die früher eher als selbstständig betrachteten ‚kleinen Profeten' werden heute zunehmend als ein Werk, das Zwölfprofetenbuch, angesehen. Im NT hängen nach Mehrheitsmeinung (→ 4.3.2) die Evangelisten Matthäus und Lukas von Markus ab, und Lk und Apg bilden zusammen ein Doppelwerk. Auch bestehen Verbindungen bei der johanneischen Literatur (Joh-Evangelium, 1–3 Joh, Offb) und bei vielen Paulusbriefen.
Zusätzlich zu diesen Zugehörigkeiten mehrerer Schriften der Bibel weisen sie innere Beziehungen untereinander auf. Viele Texte sind voll von Anspielungen, Zitaten, Verweisen auf andere, vorausliegende Bücher (→ 5.1.3 Intertextualität), setzen diese und andere Traditionen voraus und reagieren darauf. Die Selbstbezeichnung Gottes in Ex 3,6 als „Gott Abrahams, Gott Isaaks und Gott Jakobs" nimmt auf Genesis Bezug. Noch mehr greift Lk 4,18f lang zitierend Jes 61,1f auf. So sind die meisten biblischen Texte aus diesem Dialog heraus entstandene Antworten.

b) Ist es möglich, dass eine Kombination von Schriften mit unterschiedlicher Herkunft *ein Ganzes* bilden kann? Zunächst spricht mehr dagegen, auch schon durch die verschiedenen Abgrenzungen dessen, was als Gesamt angesehen wird: Jüdische Glaubende anerkennen die 39 überwiegend hebr. geschriebenen Bücher des Tanach*; dieses Kunstwort aus den Konsonanten

t-n-k steht als Abkürzung für die drei Teile Tora, *Nebiʾim*, *Ketubim*, entsprechend Pentateuch, dtrG + Propheten, Schriften. Evangelische Christen nehmen die 27 Schriften des NT hinzu und bilden so die Einheit ihrer Bibel. Katholische Christen erkennen darüber hinaus 7, meist nur griech. in der Septuaginta* überlieferte Bücher (Tob, Jud, 1+2 Makk, Weish, Sir, Bar) sowie einige Zusätze bei anderen Büchern als zu ihrem Kanon gehörig an. Das Verständnis dessen, was als Ganzes angesehen wird, hängt auch an der jeweiligen Gemeinschaft.
Doch ist interessant, dass die hebräische Bibel in jeder Gemeinschaft durch weitere verbindliche Schriften ergänzt wird. Im Judentum kommen Mischna* und Talmud* dazu, für die Christen das NT. Offenbar sind die Schriften des Ersten Bundes, wie das AT wohl zutreffender, doch umständlicher zu bezeichnen wäre, in sich offen und bedürfen der Ergänzung, die ihnen von allen Gemeinschaften in eigener Weise gegeben wird.
Trotz der genannten und anderer Einschränkungen bilden die in der Bibel zusammengefassten Schriften doch unter mehreren Rücksichten eine Einheit. Zum einen weisen sie untereinander einen starken Zusammenhalt auf, vor allem durch die inneren Bezüge, der die Verbindungen mit anderen Schriften außerhalb des Kanons meist weit übertrifft. Zum anderen gibt es bei aller bis heute anhaltender Diskussion darum in diesen Büchern einen gemeinsamen Kern, der in dem einen Gott Jahwe sowie der gläubig-hoffenden Ausrichtung auf ihn besteht und alle Schriften prägt. Schließlich kann auch das Einbeziehen des NT zum christlichen Kanon der gesamten Bibel aus diesem selber heraus begründet werden: Eine der frühesten ntl. Schriften, der 1. Korintherbrief, betont wiederholt für Tod und Auferstehung Jesu die Übereinstimmung mit dem AT mit „gemäß den Schriften" in 1 Kor 15,3 f. Und der Auferstandene selbst belegt seinen Jüngern nach dem Zeugnis des Lukasevangeliums zweimal diesen Zusammenhang (Lk 24,27.32.45f). Ohne den Horizont des AT ist das NT und die Gestalt Jesu nicht zu verstehen. Ntl. Autoren betonen dies durch die ‚Erfüllungszitate' (Mt 1,22; 2,17 u. a.) sowie die Stammbäume Jesu in Mt 1,1–17 und Lk 3,23–38.
Der Zusammenschluss der vielen Schriften zum Kanon des Tanach bzw. der Bibel wirkt sich auch auf die Deutung aus. Extreme Positionen, wie etwa die Forderung, Mischehen zu trennen (Esra 10), finden einen Ausgleich durch ein Buch wie Rut, in dem diese Moabiterin sogar im Stammbaum Davids aufscheint. Das gewaltsame Vorgehen in den Makkabäerbüchern wird in Frage gestellt durch das Buch der Weisheit und Aussagen Jesu, die Menschenfreundlichkeit und Friedfertigkeit als Ideal darstellen (Weish 12,18f; Mt 5,5.9 u. a.). Durch den Kanon ergeben sich neue, über den ursprünglich als Einheit verfassten Text hinausgehende Bezüge, die dessen Verständnis in diesem größeren Rahmen verändern können. Auf diese Weise bewirkt die Zugehörigkeit zur umfangreicheren Schriftensammlung einerseits zusätzliche Verbindungen und damit eine Weitung des Sinns, anderseits dessen Eingrenzung, weil die gemeinsame Mitte stärkeres Gewicht erhält und dadurch besondere Akzente kleinerer Teile etwas zurücktreten können. Gerade dies bedeutet aber auch eine Hilfe für die Lesenden: Sie können in der Fülle der Einzelaussagen und unterschiedlichen Stimmen von dem als Zentrum erkannten Kern her leichter deren Gewicht und Wert abschätzen sowie evtl. gefährliche oder missverständliche Formulierungen damit ausbalancieren.

c) Die Aufnahme bestimmter Schriften in den Kanon ist ein langwieriger Prozess. Für das AT war die Annahme von Koh und Hld bis zuletzt sehr umstritten; im NT ging die Diskussion u. a. um Hebr, Offb, 2 Petr. Doch wurde es notwendig, eine Sammlung verbindlicher autoritativer

Schriften abzugrenzen, weil eine Vielfalt ähnlicher, aber teils Sonderinteressen verfolgender Texte entstand. Zu ihnen gehören beim AT die apokalyptische Literatur (weitere Bücher Esra, Henoch, ...), die Testamente der Patriarchen, usw., beim NT v.a. gnostische Werke wie die Kindheitsevangelien, der Hirt des Hermas. Diese u. a. wurden, oft unter Auseinandersetzungen, bewusst ausgeschlossen, wobei für das NT das Kriterium der apostolischen Rückführbarkeit wichtig war. Gegenüber den anders ausgerichteten, jedoch offensichtlich aktuellen und damit Leser ansprechenden Büchern bietet die Festlegung eines Kanons Orientierung an den ‚gewünschten' Werten und Zielen. Eine Gemeinschaft bestimmt damit über ihre Identität.

So sehr Kanon einer Fixierung gleichkommt, so ist doch zu bedenken, dass sie in einem Prozess erfolgt ist. Das Wissen um Werden, Geschichte und Veränderungen auf dem Weg zur Kanonbildung kann davor bewahren, die Sammlung der autoritativen Schriften allzu ausschließlich zu sehen. Sicher kommt ihnen besondere Wertschätzung zu, die auch mit ihrer Qualität und ihrer bleibenden Kraft zusammenhängt. Aber daneben stehen andere Werke und Gruppen, deren Texte ebenfalls Aufmerksamkeit verdienen, etwa die so genannte apokryphe* oder pseudepigraphische* Literatur; oft erhellen gerade sie durch ihren Kontrast zu den kanonischen Schriften deren Besonderheiten besser.

Der Rückblick auf die Eigenart der Bibel zeigt, dass dieses Buch bei vielen Gemeinsamkeiten mit anderen Büchern sich doch sehr von ihnen abhebt. Die starke religiöse Ausrichtung, die ausschlaggebende Rolle der sie tragenden gläubigen Gemeinschaften, die Weise ihres Redens von Gott und die Sammlung verschiedener Schriften in einem Kanon geben der Bibel ein so eigenes Gepräge, dass sie unvergleichlich ist.

8.2 Zum Lesen der Bibel für Glaubende

Der nüchtern-distanzierte Umgang mit der Bibel, der sich oft mit der wissenschaftlichen Rechtfertigung verbindet, ist nur eine Seite. Zusätzlich zu diesem genauen, vielseitigen Untersuchen gibt es einen weiteren Zugang: vom Glauben her. Er kann Ersteres nicht ersetzen, wohl aber ergänzen.

Viele Jahre der Beschäftigung mit biblischen Texten lassen dabei Erkenntnisse wachsen, für die die Bewährung in der Praxis und ihr Fruchtbarwerden im Umgang mit der Bibel sprechen. Auf diesem Hintergrund wollen wir einige unserer wesentlichen Überzeugungen mitteilen.

8.2.1 Die Bibel ist Zeichen Gottes für alle Zeit

Jeder Versuch, die Bibel als rein menschliches Sprechen oder als nur die Vergangenheit betreffend zu verstehen, greift zu kurz. In ihr ist auch Gott am Sprechen, und durch sie erhalten wir Zugang zu ihm. Dieser Kontakt steht offen für immer und für jeden.

Gerade Letzteres ist festzuhalten gegenüber der oft anzutreffenden Meinung, die Bibel sei zu schwer. Das Beispiel der an alle ergehenden Verkündigung Jesu und die Erfahrung, dass auch heute noch sogar Kinder den entscheidenden Kern von biblischen Texten richtig erfassen können, sprechen für die allgemeine Zugänglichkeit. Die Bibel zu lesen und zu verstehen ist allen möglich, auch ohne Doktorat.

8.2.2 Im Geist geschrieben und zu lesen (DV 12)

Die Entstehung der biblischen Schriften hängt, neben allen geschichtlichen und persönlichen Faktoren, auch wesentlich mit den sie tragenden und überliefernden gläubigen Gemeinschaften (8.1.2) zusammen, deren Leben und Wachsen ohne den Geist Gottes undenkbar ist.
Wie dieser Geist die Abfassung der Texte prägend mitbestimmt hat, so auch ihr Verstehen in der Gegenwart: In der Verbundenheit mit Gott durch seinen Geist erschließen sich Tiefen und Zusammenhänge, die einem rein technischen Untersuchen oft verschlossen bleiben.
Gottes Geist kann in Lesenden eine Übereinstimmung mit den Schreibenden schenken, die eine Annäherung der Horizonte (7.3.1) bewirkt und ein angemessenes Verstehen sehr erleichtert. Sich für den Geist öffnen, soweit das von uns Menschen überhaupt aktiv begangen werden kann, geschieht am besten im Beten und in Momenten der Besinnung.
Ein Gebet am Anfang stimmt in rechter Weise ein. Es richtet auf den aus, der uns auch in diesen Texten anspricht. Ein Moment der Ruhe lässt unsere sonstigen Aktivitäten zurücktreten und macht uns aufnahmefähig für Neues. Bitte oder Wunsch verstärken diese Offenheit noch mehr; sie kann sich auch in einer Fragestellung oder einem Anliegen konkretisieren, die dann in den Text hineinführen. Am Ende der Beschäftigung mit der Bibel ist in gleicher Weise wieder Beten, oft sogar Lob angebracht (→ Weisen des Bibellesens und Erfahrungswerte in Kap. 12).

8.2.3 Der Bezug zur Gemeinschaft

In dieser Verbindung zu Gott und bei aller Freude am eigenen Zugang (I. Teil) bleibt für das Bibellesen die Bindung an Gemeinschaft grundlegend. Zum einen deshalb, weil die Bibel selber so entstanden ist und darauf hinzielt. Zum anderen, weil gläubige Gemeinschaften die Bibel bewahren, überliefern und in ihrem Verstehen weit vorgedrungen sind.
Für Christen ergibt sich dadurch die Einheit der ganzen Bibel, AT und NT umfangend. Ihr entsprechen auch innere Wesensmerkmale dieser Texte (→ 8.1.3 b). Zusätzlich stellt die Auslegungstradition der Kirchen einen großen Schatz dar, der für die eigene Deutung richtunggebend und bereichernd sein kann, oft auch die notwendige Korrektur zu einseitigen Auslegungen bietet.
Die Bibel bezieht sich aber nicht nur auf die interne Welt der Glaubenden, sondern ebenso auf die gesamte Gesellschaft in deren sozialer, politischer und ökonomischer Verfasstheit, die den Hintergrund für ihre Texte bildet und mit der sie sich ständig auseinander setzt. Diese gemeinschaftliche, soziale Dimension der Bibel soll auch die Auslegung prägen, wobei allerdings Vorsicht geboten ist vor einer allzu direkten Übertragung von vergangenen Verhältnissen auf heutige Zustände. Schlüsse für die Gegenwart bedürfen einer tragfähigen Vergleichsbasis.

8.2.4 Die Früchte des Bibellesens

Der Einsatz, den Lesende für die Bibel aufwenden, ist nicht umsonst. Sie erhalten in reichem Maße Lohn (vgl. das Gleichnis vom Sämann, Mk 4,1–20). Die Früchte zeigen sich oft schon in der direkten Beschäftigung mit dem Text, durch Einsichten, Bestärkung, Freude u. a. Es ist der

Bibel eigen, bei rechtem Lesen gute Kräfte im Menschen zu wecken und Geduld, Trost und Hoffnung zu stärken. Manchmal aber können biblische Texte uns herausfordern, mit einer unangenehmen Wahrheit konfrontieren oder Schwierigkeiten bereiten; doch geschieht auch dies dazu hin, dass wir Heilung erfahren und in unserem Leben wachsen.
Häufig führt das Lesen der Bibel zu einer intensiveren Begegnung mit Gott. „Wenn wir beten, sprechen wir mit Gott. Wenn wir sein Wort lesen, spricht Gott mit uns" schreibt Isidor von Sevilla und zeigt damit, wie dieses Tun Dialog ist. Ein solch vertrautes Zwiegespräch gehört zum Schönsten und Beglückendsten.
Das Lesen der Bibel lässt nicht unverändert. Wer sich ihr aussetzt, erfährt ihre Kraft. Sie ist im Stande, Herzen zur Umkehr zu bewegen, Verhärtetes aufzubrechen, Mut zu geben für neue Wege, Solidarität zu wecken mit Schwestern und Brüdern. Man braucht gar nicht viel dafür lesen; es genügt, jeweils nur einen Abschnitt zu lesen, sich dabei von einem Satz ansprechen und von seiner Botschaft treffen zu lassen. Darin sprudelt die Bibel als unaufhörliche Quelle von Licht, Kraft und Freude.

8.3 Die Rolle der Exegese in der Theologie

Das Leben der christlichen Glaubensgemeinschaften basiert auf den beiden Pfeilern Schrift und Tradition. Dabei gründet sich Letztere wiederum auf die Schrift, sodass auf Gottes Wort das größte Gewicht zu liegen kommt. In ihm ist die bleibende Quelle und das Maß für christliches Leben.

8.3.1 Exegese als zentrale theologische Wissenschaft

Auf Grund des eben Dargelegten kann man die Bibel als die Seele des Glaubens und das Herz der Theologie bezeichnen (vgl. DV 24). Exegese* als wissenschaftliche Auslegung der Bibel nimmt damit eine zentrale Rolle innerhalb der verschiedenen theologischen Fächer ein. Sie hat, durch die intensive Beschäftigung mit Gottes Wort, diese seine Selbstmitteilung zu erschließen und damit ihm selber Gehör zu verschaffen.
Zugleich kann und soll Exegese Material liefern für andere theologische Fächer. In der verantwortlichen Auslegung biblischer Texte können Exegeten Grundlagen und Impulse geben für die Liturgie (in den Psalmen, Hymnen, usw.), für die Moral (ethische Normen, Werte), für das Kirchenrecht (Gesetze, Sozialordnung), für die systematische Theologie (Reden von Gott), für die Kirchengeschichte (als Fortsetzung der früheren Heilsgeschichte), für die Pastoral (im Verhalten der Menschen und der Vermittlung des Glaubens), um nur einige wenige Beispiele zu nennen.
Damit die Exegese diese Aufgabe erfüllen kann, muss sie um die Fragen der anderen Disziplinen wissen. Es bedarf dazu des Gesprächs und wechselseitigen Austauschs, der das Miteinander der Fächer fruchtbar macht – umso mehr, als auch die anderen Gebiete auf verständliche und verwendbare Ergebnisse exegetischer Forschung angewiesen sind, weil sie sich darauf stützen müssen, ohne sie selber erarbeiten zu können. Wenn Exegese in dieser Weise ‚dient', für andere relevant ist, wird sie auch wieder mehr ernst genommen und bekannt werden.

8.3.2 Die Beziehungen zu anderen Wissenschaften

Die beiden ersten Teile dieses Buches, mit ihren vielfältigen Zugängen und Methoden, haben die Komplexität biblischer Exegese erkennen lassen. Diese alten Texte heute vor anderen rechtfertigbar zu deuten, erfordert sehr sauberes, kritisches, perspektivenreiches und bewusstes Arbeiten. Die Anregungen und Kriterien dazu kommen oft auch aus anderen Forschungsgebieten.

Wissenschaftliche Exegese ist unmöglich ohne solide Kenntnis der alten Sprachen und damit der Philologie. Ebenso grundlegend sind Ergebnisse der Literatur-, der Text- und Übersetzungswissenschaften, teils bis hin zur Statistik, z. B. bei der Häufigkeit von Wortgebrauch. Sehr wünschenswert ist ein breites Wissen in den Bereichen der Alten Geschichte, der Archäologie, des Alten Orients, der frühen Religionsgeschichte und der Judaistik, weil Bezüge dazu immer wieder für die Deutung wesentlich sind.

Zusätzlich kommen in neuerer Zeit manche Spezialgebiete dazu, wie Soziologie und Psychologie (→ Kap. 5), Philosophie und Kommunikationstheorie (→ Kap. 7), Siegelkunde und Ikonographie (→ Kap. 6), u. a.

Die Breite von Erfahrungen, die die Bibel beschreibt, erfordert für eine sachgemäße Auslegung heute ebenso vielseitig offene Interpreten. Dabei kann eine Person unmöglich alle Fachgebiete abdecken; so legt sich vermehrt Zusammenarbeit nahe. Anderseits können Exegeten der Gefahr, sich ganz in diesen anderen Wissenschaftsgebieten zu verlieren, damit entgehen, dass sie sich der zentralen Dimension ihres Faches *innerhalb der Theologie* bewusst bleiben und dies als ihre erste Ausrichtung bewahren.

8.3.3 Ziele der Exegese

Seltsame Paradoxe gehen mit dem Lesen der Bibel einher: Einerseits sollen wir ganz unbefangen und offen für den Text sein; anderseits geben Fragestellungen und Interessen einen besseren Einstieg. Zum einen verlangt der wissenschaftliche Anspruch einen objektiven, unvoreingenommenen Zugang; zum anderen ergreift die Bibel selbst mehrfach eindeutig Partei, zu Gunsten von Schwachen und Unterdrückten.

Hier ist zu unterscheiden zwischen vorgefassten Meinungen, die die Textwahrnehmung verzerren, und leitenden Ideen, die sie fördern und die dann aber auch immer wieder kritisch geprüft, reflektiert und nötigenfalls ergänzt oder korrigiert werden. Das letztere Vorgehen hilft, nicht unangemessen Fremdes in den Text hineinzutragen oder zu projizieren.

So sehr die Schritte der Untersuchung sich ganz am Text selbst orientieren sollen, so wenig kann die Deutung sich nur auf seine Wiederholung oder Umschreibung beschränken. Auslegen verpflichtet, die beiden Pole des Kommunikationsprozesses, den ‚alten' biblischen Text und die Leser- bzw. Hörergegenwart zu vermitteln und dabei dessen Bedeutung für heute zur Sprache zu bringen. Die in der Bibel enthaltenen Werte (→ 1.4.2) fordern, ihre Relevanz auch innerhalb einer modernen Weltsicht aufzuzeigen.

Ziel biblischer Auslegung kann deshalb nicht eine nüchterne, distanzierte, unbeteiligte und ungeschichtliche Objektivität sein, die scheinbar neutral zu nichts Stellung nimmt. Dies bedeutete nämlich implizit eine Stellungnahme zu Gunsten der bestehenden, in manchem auch ungerechten Verhältnisse (→ 5.2.2). Dagegen weist die Bibel selber eine Dynamik auf, die auf frohe Verkündigung für Arme, Befreiung und Aufhebung von Behinderungen zielt (siehe unseren ntl. Beispieltext Lk 4,18f, mit Jes 61,1f). An diesem Programm hat sich biblische Auslegung sachgemäß zu orientieren.

9. Kapitel

Vom Wort zum Text – Bausteine und Dimensionen

In den letzten Jahrzehnten haben Philosophie, Sprachwissenschaft und Linguistik neue Aspekte an Texten entdeckt. So hat sich eine Fülle von Perspektiven und Begriffen ergeben, die Nicht-Fachleute nur schwer unterscheiden oder einordnen können. Wir wollen jene Elemente und Überlegungen knapp vorstellen, die für die Beschäftigung mit der Bibel wichtig oder hilfreich sind.
Grundlegend ist der Dreischritt Syntax – Semantik – Pragmatik (C. Morris). Die Syntax betrifft die Anordnung der Zeichen, die Semantik* behandelt ihre Bedeutung und die Pragmatik* erfasst deren Wirkungen und Folgen für das Tun. Diese drei Aspekte hängen zusammen und sind immer zu berücksichtigen; ihnen entsprechen hier im Buch im Wesentlichen die Schritte bei 1.3 und 1.4.
Häufig findet sich eine Untergliederung in die drei Ebenen von Worten, Sätzen und Text. Obgleich diese in manchem willkürlich und ungenau ist, legt sie sich aus praktischen Gründen und zur besseren Übersicht nahe (→ 9.1). Schließlich weist jeder Text ein eigenes Verhältnis zur Welt auf, die er beschreibt. Dabei kommt den Dimensionen von Raum und Zeit sowie dem Umgang mit der Wirklichkeit eine wichtige Rolle zu (→ 9.2).

9.1 Wort – Satz – Text

9.1.1 Die Ebene der Wörter

Was wir so einfach als Wort benennen, ist bereits ein recht komplexes Gebilde. Als Zeichen (7.1.1) hat es eine Beziehung auf etwas Bezeichnetes; diese Bedeutung ist verknüpft mit seiner Form. Letztere wiederum wird zugänglich als Folge von gesprochenen Lauten, auch Phoneme*, bzw. geschriebenen Buchstaben, die eine annähernde Entsprechung zu den Lauten darstellen, je nach Sprache. Das Griech. unterscheidet in der Schrift z. B. zwischen langem und kurzem o (ω–o: *ō–o*), das Deutsche hingegen nicht.
Die meisten Wörter sind aus Stämmen bzw. Wurzeln gebildet; für diese kleinsten bedeutungstragenden Einheiten wird auch das Wort Morphem* verwendet. Beispiele dafür sind im Deutschen ‚red', aus dem sich „Rede, reden, bereden, ...“ bilden lassen, im Griech. *graf-* für mit ‚schreiben' zusammenhängende Wortbildungen, und im Hebr. die Wurzel *ᶜbd* ‚dienen, verehren', aus der sowohl Zeitwortformen als auch verschiedene Hauptwörter abgeleitet werden können. Diese Wörter finden sich in ihrer Grundform, als Lexem*, in den Wörterbüchern verzeichnet.
Je nach Perspektive werden die Wörter verschieden gruppiert. Trotz mancher Probleme sind die Unterscheidungen der klassischen Grammatik in Zeitwörter, Hauptwörter, Fürwörter usw. nicht überholt und nach wie vor in vielem praktisch. Dazu kommen heute weitere Aufgliederungen; dabei lassen sich bei Hauptwörtern Eigennamen und Allgemeinbegriffe unterscheiden; Erstere bezeichnen einen Einzelgegenstand, z. B. Nebukadnezzar, Letztere beziehen sich auf

mehrere Objekte, etwa ‚Tisch'. Die Konzentration auf das Wesentliche führt in den biblischen Texten dazu, dass das Gewicht vor allem auf den Zeit- und Hauptwörtern liegt. Wenn, wie z. B. in Jona 1, gehäuft Adjektive verwendet werden, sind diese stark betont.
Man kann Wörter verschieden verwenden. Beim Referieren geht es um den Bezug auf das Bezeichnete; Prädizieren dagegen trifft Aussagen und erreicht bereits die Satzebene. Das Referieren verdient bei alten Texten intensive Beachtung, weil die Bezüge sehr schillernd sein können. Wenn in späten, nachexilischen Psalmen das „Horn Davids" oder der „Bart Aarons" (Ps 132,17; 133,2) verbunden sind mit Verben, die sich auf die Zukunft oder Gegenwart durch „will ich sprossen lassen" bzw. „niederrinnend" beziehen, können offenbar weder die Eigennamen noch die Hauptwörter im üblichen Sinn verwendet sein.
Damit öffnet sich ein weites, letztlich nicht völlig zu klärendes und deswegen immer zumindest teilweise rätselhaft bleibendes Feld der Sprachverwendung. Der so genannte ‚wörtliche' Sinn – als jene Bedeutung, die dem für das Wort-Zeichen vereinbarten Bezug auf etwas bestimmtes Bezeichnetes entspricht – wird verlassen, aufgegeben und überschritten zu Gunsten einer anderen, weiter reichenden Bedeutung. Dieser ‚übertragene' Sinn muss durch Ähnlichkeiten oder Entsprechungen mit dem wörtlichen Sinn verbunden sein, bezieht sich, d. h. referiert aber darüber hinaus auf anderes.
In der Bibel, die sehr oft nicht nur ein einmaliges Geschehen ansprechen, sondern auf Dauer Gültiges mitteilen will, findet sich häufig eine solche übertragene Verwendung der Sprache. Viele biblische Texte gebrauchen Wörter in einer offenen, geweiteten Bedeutung; dies ist mit ein Grund, dass sie, weit über die Zeit ihrer Abfassung hinaus, beständig Leser in deren Gegenwart anzuziehen vermögen. Von daher gehören Metaphern*, Symbole*, Metonyme* und andere Formen übertragener Rede wesentlich und unaufgebbar zur Eigenart der Bibel.
Einige zuvor genannte Ausdrücke aus Ps 132f mögen als Beispiele dienen: ‚Horn' ist Metapher für Stärke, ‚Bart' ist symbolischer Ausdruck dafür, dass der Priester heilig sein soll (vgl. Lev 21,5f), ‚Aaron' ist als Bezeichnung für den gegenwärtigen Hohenpriester metonym.

Häufig verbinden sich mit Wörtern weitere Bedeutungen. Man nennt dies Konnotation, so z. B. wenn bei Wiese ‚grün' oder bei Mond ‚Nacht' mitgedacht wird. Auf diese Weise klingt, je nach Kultur und Leser unterschiedlich, eine Fülle zusätzlicher Bedeutungen an.

✍ Übungen: Wie ist Licht in Ps 27,1 verwendet?
Was meint Offb 18,2 mit Babylon?

9.1.2 Die Ebene der Sätze

Unter Satz wird gewöhnlich die kleinste selbstständige Mitteilung verstanden, in der Regel bestehend aus mehreren Wörtern, durch entsprechende Satzzeichen erkennbar. Genauer ist das Reden von Äußerungseinheiten*, abgekürzt ÄE. Es ist für biblische Texte auch deswegen praktischer, weil manche Äußerungen nicht die Kennzeichen eigenständiger Sätze aufweisen und zudem vielfach Einzelverse mehrere von ihnen aneinander reihen.

🕮 Literatur:
SCHWEIZER, *Texte*, 37–39, mit Kriterien für ÄE; eine Gliederung in ÄE liegt für die hebr. Bibel in BHS^t bereits vor.

Die ÄE (s. auch 3.2.1) erlauben eine feinere Erfassung und Besprechung des Textes. Sie werden mit fortlaufenden kleinen Buchstaben des Alphabets der Verszählung angefügt. Für Ex 3,4 z. B. ergibt dies:

4a Und es sah Jahwe,
4b dass er abgewichen war zu sehen,
4c und es rief ihn Gott von mitten aus dem Busch,
4d und er sagte:
4e „Mose! Mose!"
4f Und er sagte:
4 g „Siehe mich!"

Die ÄE 4e und 4 g sind keine Sätze im eigentlichen Sinn, aber doch für sich stehende Äußerungen, die so ein eigenes Gewicht erhalten. Diese Einteilung erfolgt am besten im Zusammenhang mit der Übersetzung (1.1.3). – Zu beachten ist, dass 4f damit zwei Bedeutungen annehmen kann: einerseits die sechste ÄE in v4, anderseits v4–5, wobei f als folgend verstanden wird.
Die klassische Grammatik hat zu Recht unterschieden zwischen Hauptsätzen und abhängigen Nebensätzen, im Beispiel oben 4b. Sie ist auch für die Bibel grundlegend und anwendbar. Dazu kommt noch die Unterscheidung zwischen Verbal- und Nominalsätzen; Erstere enthalten ein konjugiertes Verb, wie in 4a-d.f, Letztere bilden eine Aussage mit einem anderen Ausdruck, meist einem Hauptwort, auch Nomen genannt (dazu zählen auch die Partizipien), ohne ein Zeitwort in einer bestimmten, finiten Form. Lk 4,18a lautet im griech. Original: „Der Geist des Herrn – auf mir."
Die verblose Aneinanderfügung entspricht auch dem Ursprung des Zitats in Jes 61,1. Dem Sinn nach kann man das – nicht mit Worten ausgedrückte – Verbindungsglied einfügen als ‚ist' oder ‚ruht'. Beispiele mit Hauptwörtern wären in Ex 3,13: „Was – sein Name?", sowie in Ex 4,2: „Was-das – in deiner Hand?" Nominalsätze eignen sich eher zur Beschreibung von Zuständen und Beziehungen; Verbalsätze dagegen dienen bevorzugt zur Darstellung der Handlung, ihres Fortschritts und ihrer Bewegung.
Die Anordnung innerhalb von Äußerungen und Sätzen ist zumeist bewusst gewählt und folgt häufig den gewohnten Schemata. Die Zusammenstellung (griech. Syntax, von daher auch Syntagma* für Satzglieder) der Satzteile ist an Regeln gebunden. In hebr. Verbalsätzen z. B. ist das erste Glied gewöhnlich das Zeitwort, das in dieser Position die stärkste Aufmerksamkeit erhält. Darauf folgen zumeist das Subjekt als 1. Syntagma, das direkte Objekt als 2. Syntagma und dann weitere Satzglieder.

🕮 Literatur: GROSS, *Satzteilfolge.*

Wie Ex 3,4 zeigt, ist in 4c die Reihenfolge vertauscht, was das Gewicht auf Mose legt. Außerdem enthält außer 4c keine andere Äußerung weitere Syntagmen, sodass die Betonung auf die schnelle Abfolge der Verben und die beiden Zitate 4e und 4 g zu liegen kommt. In dieser Weise sind alle Veränderungen gegenüber der üblichen Reihenfolge zu beachten (→ 1.3.1 Gefüge).

Sprache zu verwenden, sei es beim Reden oder Schreiben, bedeutet zugleich Handeln. Die Theorie der *Sprechakte* (J.L. Austin) reflektiert darauf und unterscheidet dabei drei Begriffe. Lokution bezeichnet die reine Zeichenfolge als solche, also die Abfolge der Laute bzw. Buchstaben einer Äußerung. Unter dieser Rücksicht weist Ex 3,4d z. B. zehn Buchstaben auf.
Illokution benennt den Aspekt der Anrede. Dieselbe Äußerung 4d ist mehrfach Mitteilung: als Anrede Gottes an Mose (auf KN 1), eingebettet in die Darlegung des fiktiven Erzählers (S2), und dazu vom Autor (S4) Hinwendung an seine möglichen Leser (E4).
Der Gesichtspunkt der Perlokution schließlich bedenkt, was Äußerungen bewirken wollen. Ex 3,4e fordert mit dem doppelten Vokativ stark auf, verlangt nach einer Reaktion oder Antwort. Es ist wichtig, diese Aspekte der Sprachverwendung, vor allem die angestrebten oder ausgelösten Folgen auch bei der Bibel zu berücksichtigen.
Aus der Fülle anderer Weisen, mit Sprache umzugehen, sei noch auf zwei Formen hingewiesen, die mehrmals begegnen. Beim metasprachlichen* Reden wird auf einer höheren Ebene über die Verwendung der Sprache geredet, diese erklärt. Die andere Weise ist das performative (vollziehende, lat.) Sprechen, wobei das Aussprechen einer Äußerung gleichzeitig eine Handlung setzt. So schließt Jer 1,5 mit „zum Profeten für die Völker habe ich dich gemacht“, wodurch Gott diese Rolle dem Jeremia überträgt.
Zur Beschreibung dessen, was in Äußerungen vorgeht, sind gelegentlich auch die beiden Begriffe *Thema – Rhema** hilfreich. Dabei steht Thema für das Bekannte, den Ausgangspunkt der Aussage, meist den Mitteilungsgegenstand; Rhema dagegen bezeichnet das Neue, das, was mitgeteilt wird und dem Text Dynamik verleiht. Am obigen Beispiel ist Jahwe Thema in Ex 3,4a-d, wobei der Wechsel zu Gott in 4c ein wenig an Veränderung beiträgt. Die Rhemata liegen bei 4a-d überwiegend in den Zeitwörtern, die Neues aussagen, sowie in der Ortsbestimmung in 4c. Das Beachten von Thema und Rhema kann helfen, besser den Fortschritt und das Gewicht der einzelnen Aussagen des Textes wahrzunehmen.

✍ Übung
Wie viele ÄE hat Mk 1,41? Welcher Sprechweise ordnen Sie die letzte Äußerung zu?

9.1.3 Die Ebene des Textes

Texte sind fast immer nach mehreren Gesichtspunkten organisiert. Einige der wichtigeren Aspekte sollen hier in den Blick kommen. Grundsätzlich weisen Texte zwei Dimensionen auf, eine Oberflächen- und eine Tiefenstruktur. Erstere besteht in den Lauten, Zeichen und der Gesamtheit der Äußerungen, soweit sie direkt dem Untersuchen zugänglich sind. Die Tiefenstruktur dagegen entspricht jenen tragenden und ordnenden Vorstellungen und Kräften, die im Text verborgen sind, ihn prägen und meist nur durch Deutung aus ihm zu erheben sind. Zu ihnen gehören auch formale Schemata wie Begehren – Erfüllung, Frage – Antwort, Befehl – Ausführung u. a., sofern sie die Entwicklung eines Textes bestimmen. → 5.1.4.

📖 Literatur: HARDMEIER, *Texttheorie*, 113 ff.

Grundlegend ist weiters die Unterscheidung zwischen Poesie und Prosa. Weite Teile des AT (weit mehr als in den modernen Übersetzungen kenntlich) sind Poesie. Die Kennzeichen hebr.

Poesie sind vor allem der Parallelismus*, die verdichtete Sprechweise und das deutlich geringere Vorkommen von Artikel, Relativpronomen und des *ʾät*, der *nota accusativi*. Im Griech. zeichnet sich Poesie vor allem durch den Sprachrhythmus aus, siehe z. B. Kol 1,15–20; doch sind u. a. die Lobgesänge Marias und Zacharias in Lk 1 noch großteils an die hebr. Poesie angelehnt.

📖 Literatur: WATSON, *Poetry*; ALONSO, *Poetics*.

Parallelismus bedeutet, dass zwei Äußerungen annähernd dieselbe Aussage treffen. Es handelt sich also auf semantischer Ebene um den Inhalt, im Unterschied zu der weiter unten beschriebenen parallelen Anordnung, die auf die formale Struktur achtet. Ein Beispiel dafür ist Jes 1,3 (Diagramm 18).

II	Es kennt	ein Rind	seinen Besitzer,	II a
	und	ein Esel	die Krippe seines Herrn,	a′
II	aber	Israel	kennt nicht,	II b
		mein Volk	versteht nicht.	b′

Diagramm 18

Parallelismus ist das Grundmerkmal hebr. Poesie und hat mehrere Effekte. Die doppelte Darbietung einer annähernd gleichen Mitteilung kommt dem perspektivischen Sehen mit zwei Augen bzw. dem Stereo-Klang nahe; Wirklichkeit erscheint so nicht einlinig, sondern kontrastreicher, vielfältig, mehrdimensional, hier z. B. Rind und Esel; Israel als mein Volk; Tiere und Menschen.

Weiters ergibt die zweifache Darbietung einen insgesamt langsameren Rhythmus, weil beide Äußerungen in der Grundbotschaft übereinstimmen und so gleichsam wiederholend, damit auch betonend, dieselbe Aussage vermitteln, im Beispiel: a II a′ das Kennen der Tiere und b II b′ das Unverständnis des Volkes; diese Verlangsamung bringt ein Gegengewicht zur sonst in hebr. Poesie oft stark verdichteten Sprechweise, sodass sie aufnehmbar und verständlich wird.

Schließlich entfaltet der Parallelismus meist eine Dynamik, indem die zweite Äußerung die erste fortführt oder nuanciert, hier bei a′ die Krippe, bei b′ „mein Volk“, als persönliche Benennung. Diese feinen Verschiebungen von einer allgemeinen ersten Äußerung zu einer zweiten, eher speziellen Formulierung geben hebr. Poesie eine bleibende Spannung und Aussagekraft.

Jes 1,3 ist Beispiel für einen „synonymen“, d. h. gleich bedeutenden Parallelismus. Daneben gibt es noch zwei Formen. Der antithetische Parallelismus (Diagramm 19) stellt zwei gegensätzliche Aussagen nacheinander, oft als Abschluss oder zur Bekräftigung. So endet Ps 1 mit v6:

… ↕	denn	kennend ist Jahwe	den Weg der Gerechten,		↕ a
	aber		der Weg der Frevler	geht zugrunde.	a′

Diagramm 19

Der klimaktische oder steigernde Parallelismus (Diagramm 20) führt in der jeweils folgenden Aussage die vorhergehende weiter. Diese relativ seltene Sonderform lässt sich als Treppe darstellen mit dem Beispiel von Ps 29,1f (nach aufwärts zu lesen):

fallt nieder vor Jahwe in heiligem Schmuck!	∥ a'
bringt Jahwe die Ehre seines Namens,	a^2
bringt Jahwe Ehre und Macht,	a^1 ↗
Bringt Jahwe, Göttersöhne,	a ↗

Diagramm 20

Häufig begegnen statt der zweigliedrigen auch dreigliedrige Parallelismen, z. B. Ps 1,1:

„Selig der Mensch,
der nicht geht nach dem Rat der Frevler
und auf dem Weg der Sünder nicht steht
und im Kreis der Spötter nicht sitzt, ...“

Gerade das Einfügen poetischer Texte in Prosa dient besonderen Effekten, so etwa das bekannte Schilfmeerlied in Ex 15, der Psalm Jonas (Jona 2,3–10), das Magnifikat Marias in Lk 1,46–55, der Prolog des Johannesevangeliums (Joh 1,1–18) usw. Im Wechsel mit Prosa erzielen poetische Abschnitte eine Feierlichkeit und Überhöhung, die das prosaisch Berichtete vertieft und bezüglich seiner Bedeutung heraushebt.

Nur begrenzt brauchbar für die Bibel ist die in der Moderne aufgekommene Einteilung in Epik, Drama und Lyrik. Am ehesten lassen sich noch manche Psalmen der Lyrik zuordnen; doch sonst begegnen viele Mischformen. In unseren Beispieltexten Ex 3f und Lk 4 bringt der hohe Anteil an Rede dramatische Züge in die Erzählung ein. Deshalb bedürfen biblische Texte besonderer Vorsicht; oft mag genügen, ihre Schwerpunkte zu erspüren. In der Tora finden sich dabei überdurchschnittlich viele Gesetzestexte, bei den Profeten stärker Reden, in der Weisheitsliteratur u. a. Sprichwörter, im NT gehäuft Briefliteratur. Je nach Textsorte zeigen sich bevorzugt bestimmte Gattungen und Formen. Diesem Sondercharakter ist jeweils zuerst Rechnung zu tragen.

Schriftliche Darstellungen erfolgen von bestimmten Haltungen aus. Die Einstellungen des Schreibenden zu seinem Stoff führen im Text zu geprägten Weisen der Darbietung, die bei Erzählungen typische Erzählhaltungen bzw. -situationen genannt werden. Diese Haltungen sind ihrerseits eine Kombination mehrerer Faktoren: ob ein Ich oder ein Er erzählt, ob Innen- oder Außenperspektive vorliegt, ob ein Erzähler oder mehr eine Reflektorfigur darstellt, so etwa Mose in Dtn.

📖 Literatur: Vogt, *Aspekte*, Kap. 2; er führt F.K. Stanzel weiter.

Für biblische Erzählungen überwiegt die so genannte auktoriale Erzählsituation, bei der ein Er aus der Außenperspektive berichtet und meist ‚allwissend‘ ist, d. h. wie Gott überall anwesend sein und sogar innere Regungen und Gedanken der erzählten Personen kennen kann. Dies sind gute Voraussetzungen, um auch religiöse Vorgänge darzustellen. Für den Leser entsteht dadurch ein Wissensvorsprung gegenüber den Personen der Handlung, die ihm eine tiefer verstehende Sicht der Vorgänge öffnet, z. B. in Joh 2,24f.

Die Organisation von großen Texten folgt meist gewissen Schemata. Das Handlungsgerüst, auch Fabel oder engl. plot genannt, zu erheben, gehört bei erzählender oder dramatischer Literatur zu den ersten Schritten der Untersuchung und hängt mit der Dynamik (→ 1.2.2) zusammen. Bei Lk 4 zeigen sich in v16 Bewegungen, dann konzentriert sich ab v17 vieles auf Schrift und Reden, bevor am Ende starke Gefühle in v28 erneut Bewegungen (v29f) auslösen. Ähnliches gilt für Ex 3f: Nach einigen Handlungen in 3,1–6 dominiert ab 3,7 das Gespräch; dieses wird aber in 4,3f durch zwei Bewegungen unterbrochen und erst nach dem Ende der Einheit, in 4,18, kommen weitere Bewegungen als Reaktion auf das Reden.
Gesamttexte weisen ebenso einen inneren Aufbau auf. Dabei hat sich die für Dramen bewährte Freytag-Pyramide (Diagramm 21) auch bei anderen Texten als hilfreich gezeigt. Nach ihr folgt auf eine Exposition bzw. Einleitung eine steigende Handlung, mit Zunahme der Spannung bis zu einem Höhepunkt, evtl. auch einem Wendepunkt. Dort setzt die fallende Handlung ein, wobei die Spannung durch retardierende, das sind verzögernde Elemente wach gehalten wird, bis hin zum Moment der letzten Spannung, auf das das Ende in Form von Lösung oder Katastrophe kommt.

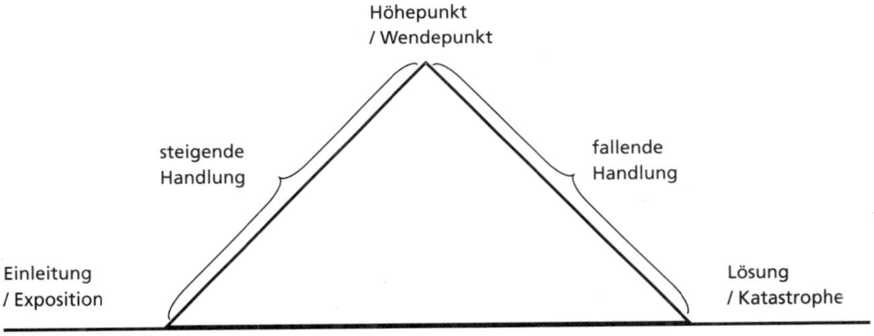

Diagramm 21

Mag die Zuordnung der einzelnen Elemente gelegentlich umstritten und auch ihre Verteilung bei biblischen Texten öfters nicht ausgewogen sein, der Umgang mit der Spannung, als Weise der Leserlenkung, und die Abfolge der Darstellung, als ‚logische' Anordnung der Information, treffen doch häufig auch in der Bibel zu. Es lohnt sich, sie unter diesen beiden Gesichtspunkten ebenso zu untersuchen (für Ex 3f: FISCHER, *Jahwe*, 65 mit Anm. 60).
Die Zugehörigkeit der Bibel zur Literatur und damit zur Kunst lässt sich auch in manchen kunstvollen Anordnungen erkennen, die sowohl auf Text- als auch Satzebene beobachtbar sind. Zu den häufigen und beliebten Formen zählen folgende Anordnungen:

parallel, z. B. Ps 19,8

	a			b		
‖	Die Weisung	Jahwes	ist vollkommen,	sie	stellt wieder her	die Seele;
	das Gesetz	Jahwes	ist verläßlich,	es	macht weise	den Einfältigen.
	a'			b'		

Diagramm 22 a + a' Aussagen über Gottes Gebot b + b' Aussagen für seine Auswirkung

Möglich wäre, hier auch jedes Satzglied eigens zu zählen; dann käme man für v8 auf fünf parallele Satzteile: a = Gebot, b = Jahwe, c = Eigenschaft, d = Verb, e = Objekt → abcde II a′b′c′d′e′
Ps 19,8–10 enthält nicht nur diese zwei, sondern insgesamt sechs lange, gleiche parallele Formulierungen. Dies unterstreicht auch stilistisch die Beständigkeit des göttlichen Gesetzes.

*chiastisch** (griech. für: überkreuz, Diagramm 23), mit Ps 19,2:

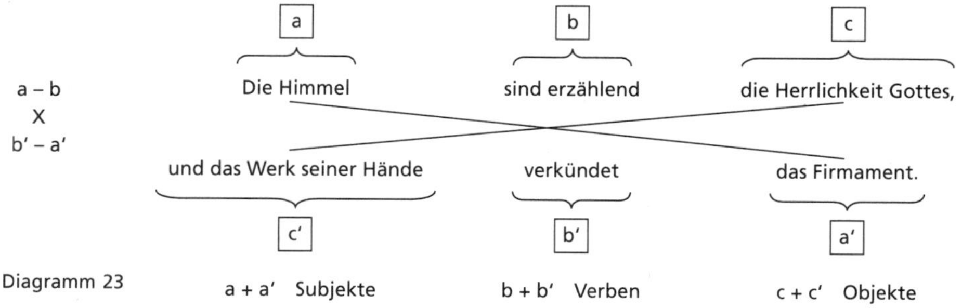

Diagramm 23

Ps 19,2 zeigt so durch seine Form, dass das Loben der Himmel in zwei Richtungen geht, gleichsam vollständig, umfassend ist.

konzentrisch: so bezeichnet man eine Darstellung, bei der mehrere Glieder in rücklaufender (griech. palindromischer) Folge nach einem Mittelpunkt wiederkehren (Diagramm 24), so in Ps 33,1: a–b–c–b′–a′

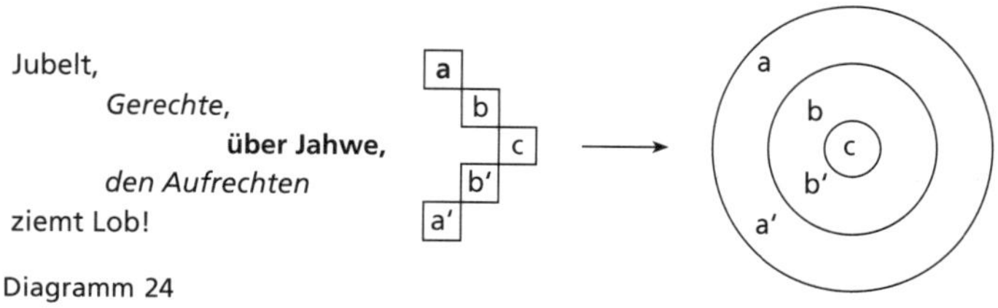

Diagramm 24

Konzentrische Strukturen legen in der Regel das Gewicht auf das Mittelglied, in diesem Fall auf Gott.
Grundsätzlich können immer auch mehr als zwei oder drei Glieder verwendet sein. Manchmal ergeben sich weitläufige und kunstvolle Anordnungen: in Gen 11 findet sich eine konzentrische Struktur mit sechs Gliedern und Wendepunkt in der Mitte.
🕮 Literatur: FOKKELMAN, *Art*, 22.

Rahmung, lat. Inklusion, z. B. Ps 8,2.10:

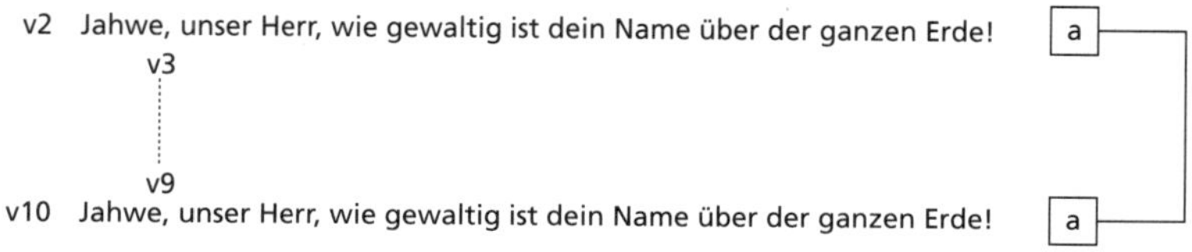

Diagramm 25

Wie bei einem Bild umfängt bei Ps 8 dieser Refrain rahmend den ganzen Psalm und gibt ihm Abgeschlossenheit. Als Wiederholung betont er zugleich den Inhalt, Gottes überragenden Namen, in staunendem Ausruf und Anrede. Außerdem lädt er, weil die Bewegung am Schluss gleichsam wieder zum Beginn zurückkehrt, wie bei einer Spirale zu einem neuen, nun vertieften Vollzug des Psalms ein.
Entscheidend bei all diesen Untersuchungen ist immer auch, wie viel die entsprechenden für die Struktur verwendeten Elemente am Gesamttext ausmachen und wie repräsentativ sie für seine Bewegung sind. Eine willkürliche Auswahl von wenigen oder unwichtigen Gliedern besagt nicht viel.

✍ Übungen
Welche Nuancierungen zeigen die Parallelismen in Ps 8,5f?
Welche Anordnungen lässt Ps 113,1.9 erkennen?
Worauf weisen Bemerkungen wie Joh 12,42f; 13,1?

9.2 Die Abbildung der Welt im Text

Texte stellen Wirklichkeit auf eigene Art dar. Sie spiegeln diese im Mittel der Sprache, in Auswahl und verzerrt. Dennoch versuchen die meisten Autoren, zumindest eine gewisse Übereinstimmung zwischen der realen Welt und ihren Texten zu erzielen, in den Personen und ihren Handlungen, in dem, was möglich und was ausgeschlossen ist (siehe aber das seltsame Phänomen des brennenden und nicht verbrennenden Busches in Ex 3,2), und vor allem in der Darstellung von Ort und Zeit.
Unsere reale Welt erleben wir in den Strukturen eines dreidimensionalen Raumes und einer kontinuierlich ablaufenden Zeit. Texte geben diese auf ihre Weise verändert wieder. Dadurch erstellen sie einerseits für die Adressaten eine Orientierung, die die Geschehnisse einzuordnen erlaubt. Anderseits setzen Autoren Zeit- und Ortsangaben meist bewusst dazu ein, um damit bestimmte Wirkungen bei den Empfängern auszulösen. Aus diesem Grund sind diese äußerlichen Angaben oft auch mit einer weiter gehenden Bedeutung verknüpft und so auszulegen. Wir behandeln sie deshalb hier eigens ausführlicher, bevor wir auf die verschiedenen Wirklichkeitsebenen in Texten (9.2.3) eingehen.

9.2.1 Der Umgang mit der Zeit

Zeit ist ebenso grundlegend für menschliche Erfahrung wie für die biblischen Texte, und sie begegnet in ihnen in verschiedenen Formen:
a) in der Gestaltung des Zeitgerüsts von Erzählungen bzw. Büchern, in Veränderungen gegenüber der gewohnten Abfolge, im Tempo der Schilderung, usw.
b) in der Zuordnung von Handlungen zu bestimmten Zeitstufen

a) In der Mehrzahl der biblischen Bücher finden sich markante *Zeitgerüste*, in der Regel mittels Daten, z. B. in Ez. Der Abrahamszyklus nennt an entscheidenden Stellen dessen Alter (Diagramm 26). Jeder Leser kann so ausrechnen, dass Abraham 25 Jahre auf den Sohn der Verheißung warten musste. Als Beispiel aus dem NT sei der Beginn des Johannes-Evangeliums erwähnt: Die dreifache Wiederholung von „am folgenden Tag“ (Joh 1,29.35.43) ergibt zusammen mit „am dritten Tag“ von 2,1 insgesamt eine Woche; 2,13 bringt als weitere Zeitangabe das erste Pesach. Solche Zeitangaben geben Großtexten eine Struktur und tragen wie ein Gerüst deren Teile.

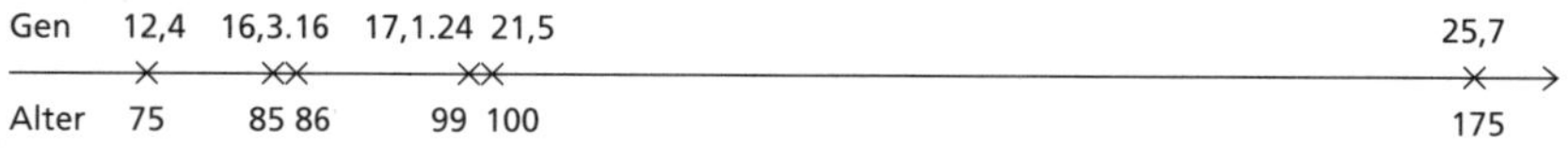

Gen 12,4	Auszug aus Haran	Gen 17,1.24	Gottes Erscheinen und Beschneidung Abrahams
Gen 16,3	10 Jahre im Land	Gen 21,5	Geburt Isaaks
Gen 16,16	Geburt Ismaels	Gen 25,7	Tod Abrahams

Diagramm 26

Nun folgt aber die textliche Darstellung nicht immer der zeitlichen Reihenfolge (griech. Chronologie*) nach. Ähnlich wie beim Abgehen von der Erzählzeit sind auch diese chronologischen Abweichungen bedeutsam. Zum einen setzen Autoren für besondere Effekte Rückwendungen und Vorausdeutungen ein. Bei Rückwendungen wird ein früheres Geschehen zu einem späteren Zeitpunkt berichtet; ein Beispiel ist Mk 6,17–29, das den Tod Johannes des Täufers nachträgt (Diagramm 27). Vorausdeutungen nehmen ein später eintreffendes Ereignis vorweg, meist in der Rede; so z. B. Ex 3,18–22 die Ansage der zum Auszug führenden Vorgänge.

🕮 Literatur: LÄMMERT, *Bauformen.*

Zum anderen halten sich große Bücher wie Jesaja, Jeremia, Daniel nicht an den realen zeitli-

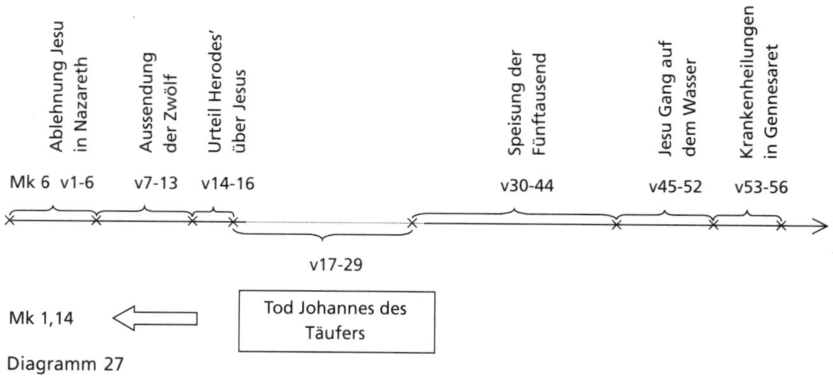

Diagramm 27

chen Ablauf, sondern ordnen ihr Material nach anderen Gesichtspunkten: Jer 32,1 nennt das zehnte Jahr Zidkijas, was ungefähr 588 v. Chr. entspricht; Jer 36,1 dagegen datiert in das vierte Jahr Jojakims = ca. 605. Ähnliche Beispiele gibt es öfter. Solche Abweichungen sind zumeist beabsichtigt und müssen gedeutet werden.

Die zeitliche Beziehung zwischen Text und Geschehen weist ein *Verhältnis* auf. Zu vergleichen sind dabei die Zeit, die ein Text zu seinem in normalem Tempo geschehenden Lesen braucht, und jene Zeit, von der der Text berichtet. Erstere nennt man Zeit des Erzählens, mehrfach auch Erzählzeit – doch Vorsicht vor Verwechslung mit dem gleichen Ausdruck unten bei b) – und Letztere die erzählte Zeit.

Das Verhältnis von Zeit des Erzählens zu erzählter Zeit zeigt die Wichtigkeit von Geschehen an.

Die Zeit des Erzählens beträgt bei Lk 4,16–30 zwei bis drei Minuten, die erzählte Zeit dagegen umfasst wesentlich mehr, wohl über eine Stunde. Extrem wird dieses Verhältnis bei Bemerkungen wie Ex 12,40f, wo es sich um 430 Jahre handelt – dementsprechend flüchtiger und weniger genau kann ein Text diese Zeit beschreiben. Dagegen kommen Zeit des Erzählens und erzählte Zeit in Dialogen wie Ex 3,7 – 4,17 fast zur Deckung, ihr Verhältnis beträgt eins zu eins. Eine solche Erzählweise erscheint sehr realitätsnah, kann auch in Einzelheiten gehen und wird normalerweise für Wichtiges eingesetzt.

b) Die Einordnung von Handlungen in die Zeit geschieht meist mithilfe von Zeitwörtern. Nach deren Formen kann man im Deutschen z. B. verschiedene Zeiten unterscheiden: Gegenwart, Vergangenheit, Mit- und Vorvergangenheit, Zukunft und Vorzukunft. Demgegenüber weisen die alten Sprachen teils andere Einteilungen und weitere Besonderheiten auf, sodass diesbezüglich feinfühlig vorzugehen ist.
So lassen sich bei Verben auseinander halten:

- Zeit = Tempus, Pl. Tempora; bezeichnet die grammatische Form, z. B. Perfekt für „er hat gegeben" – andere Fälle: Imperfekt, Futur, Präsens . . . oder Bezeichnungen wie *qatal*, *jiqtol* usw.
- Zeitstufe oder genauer Zeitlageverhältnis = Bezug zur Zeit; hier Vergangenheit, weil das „gegeben" sich auf bereits Geschehenes bezieht – andere Fälle: Gegenwart, Zukunft. Durch die Kombination zweier Aussagen entstehen dabei die Sachverhalte der Vor-, Gleich- und Nachzeitigkeit.
- Zeitablaufsverhältnis, früher auch Aspekt = Verhältnis einer Handlung zum eingenommenen Zeit-Standpunkt; in diesem Fall abgeschlossen (perfektiv) – andere Fälle: unabgeschlossen, werdend
- Aktionsart = zeitlicher Sachverhalt; hier punktuell – andere Fälle: dauernd, beginnend, wiederholt u. a.
- Sonderfälle wie Partizipien, Imperative und modale Ausdrucksformen verlangen eigene Aufmerksamkeit → 9.2.3.

Viele biblische Bücher erhalten ihre Prägung durch eigene Erzählzeiten. Im Griech. ist es der Aorist, z. B. *ēlthen*, „er ging", im Hebr. der Narrativ*, *wajjelek* „und er ging", bezeichnet als *wajjiqtol*. Lange Passagen biblischer Erzählungen weisen diese Formen auf und erstellen damit eine Erzählfolge, in der ein Ereignis nach dem anderen kommt. Wo andere Tempora diese Folge unterbrechen, ist besondere Vorsicht geboten, weil sie aus dem regelmäßigen Ablauf herausfallen. In Mk 1,14f z. B. legen die beiden Partizipien „verkündigend" und „sagend" das Gewicht auf diese erste Ansage Jesu von der Frohbotschaft. So verlangen alle Abweichungen von der Erzählzeit eine Erklärung.

✍ Übungen: Wie ändert sich die Zeit zwischen Gen 12,1–3 und v4–9?
Deuten Sie die Zeitbezüge in Mk 9,2.9!

🕮 Literatur: BARTELMUS, *Einführung*, bes. 201–207; BLASS-DEBRUNNER, *Grammatik*, § 318.

9.2.2 Die Darstellung des Raumes

Um den Empfängern die Vorstellung des berichteten Geschehens zu erleichtern, geben Texte in der Regel auch Hinweise auf die Orte, an denen es stattfindet. Diese Bemerkungen sind meistens eher spärlich, weil sie sich auf das Notwendigste beschränken. Die Leser erhalten damit eine Zubereitung des Schauplatzes, vergleichbar den Anweisungen für die Bühnengestaltung in einem Drama.

Diese Angaben sind nicht nebensächlich. Die Autoren orientieren damit, oft am Beginn von Abschnitten, ihre Leser über die Bedeutung des Geschehens. Ex 3,1 nennt mit „hinter die Wüste/Steppe" und „Gottesberg" gleich zwei Begriffe, die Außerordentliches erwarten lassen; der Dornbusch in v2 erweitert dies, bringt durch seinen Klang (hebr. *s^{e}näh*) eine Vorahnung auf den Sinai und steigert durch das Paradox des Brennens und doch nicht Verbrennens das Interesse der Leser.
In ähnlicher Weise setzt Lk 4,14 ein mit der Rückkehr Jesu aus der Wüste nach Galiläa. Die räumliche Bewegung läuft zu über die Synagogen des Umkreises in v15 auf Nazaret und die Synagoge dort in v16; diese beiden Ausdrücke stehen für die Heimatstadt Jesu und deren religiöses Zentrum, sodass die Adressaten gespannt sind, was das erste Auftreten Jesu als Erwachsener zuhause zeigt.
Gewöhnlich kommen diese Angaben zum Ort recht knapp in der Eingangsphase von Texteinheiten vor. Ausführlichere Raumbeschreibungen sind selten, das Extrem bilden dabei die Darstellungen der Heiligtümer am Sinai, Ex 26 und 36 bzw. des Tempels in Jerusalem, 1 Kön 6. Diese breite Ausgestaltung entspricht ihrer Bedeutung.
Oft erfolgt erst am Beginn der nächsten Einheit eine weitere Ortsangabe, so in Ex 4,18 „und er ging und kehrte zurück zu Jitro" oder Lk 4,31 „und er ging hinab nach Kafarnaum" (→ 1.1.1 Kriterium für Kontext). Doch finden sich gerade in Lk 4 noch zuvor, innerhalb der Einheit 4,14–30, weitere Hinweise, vor allem in v29f „aus der Stadt hinaus… Rand des Berges, auf dem ihre Stadt erbaut war", evtl. auch „mitten durch sie"; ebenso findet sich in v20.28 zweimal die Synagoge wieder, und „kam, ging, stand auf" in v16 sowie „sich setzen" in v20 haben gleichfalls mit dem Raum zu tun. Daraus lässt sich erkennen, dass anfängliche Ortsangaben manchmal aufgegriffen (vgl. v16: Synagoge) oder weitergeführt (vgl. Ex 3,5: „hierher… heiliger Boden") werden und dass grundsätzlich alle Bewegungen, wie aufstehen, sich setzen, hinaustreiben, usw. besonders zu beachten sind. Für Lk 4 ergibt sich, dass es sich um eine sehr bewegte Stelle handelt.
Diese äußeren Hinweise auf den Raum und örtliche Veränderungen sind relativ leicht erkennbar. Texte enthalten jedoch eine tiefer liegende räumliche Dynamik, die über Verschiebungen der Perspektive erfolgt. Jede Äußerung eines Textes geschieht von einem bestimmten Standpunkt aus und mit einer eigenen Blickrichtung sowie unterschiedlicher ‚Brennweite' oder Fokus. Damit entsteht eine Schilderung, die einer Bildfolge gleicht.

Autoren meistern so auf subtile und oft kunstvolle Weise die Darbietung ihres Stoffes, indem sie kontinuierlich diese drei Größen verändern und damit, vergleichbar einem Film, die Empfänger in ihrer Wahrnehmung lenken. Von daher sind die Ähnlichkeiten zwischen Erzählungen und Filmen zu verstehen und es legt sich nahe, auch aus dieser Sicht Texte zu untersuchen. (→ 5.1.5)
Die Perspektive wechselt in Texten, in der Regel mit allen selbstständigen Äußerungen. In Lk 4,16 markieren „und er kam... und er ging... und stand auf" drei Verschiebungen, die immer mehr auf das Vorlesen zulaufen. Der Subjektwechsel am Beginn von v17 zeigt deutlich die nächste Veränderung, „er fand" in v17c eine weitere, usw. – In Ex 3 wird das Beachten der Perspektivenwechsel noch erleichtert durch Verben der Wahrnehmung, so in 3,2b.4a „und er sah", sowie durch das Aufmerksamkeitssignal „siehe" bei v2b; in v4 z. B. verschiebt sich die Perspektive vom Sehen Gottes über sein Rufen und Anreden zur Antwort Moses. Auf diese Weise sind Texte ständig im Fluss, weil laufend Veränderungen des Standortes und der Weise der Darstellung geschehen. Diese tiefere Bewegung von Texten ist ebenso zu erfassen wie die expliziten räumlichen Angaben.
Gerade unsere beiden Beispieltexte erhellen weitere Dimensionen des Raumes. Zum einen tragen manche der Ortsangaben, wie Wüste/Steppe, Gottesberg, heiliger Boden, Synagoge, eine symbolische Bedeutung. Sie verweisen darauf, dass hier mehr als nur gewöhnlich Menschliches geschieht; alle Benennungen sind privilegierte Orte der Gottesbegegnung. In ähnlicher Weise sind viele Ortsangaben der Bibel als theologische Topographie* zu verstehen: Die Platzierung sagt etwas über den Bezug zu Gott aus. Im NT bekennt Petrus Jesus als Messias in Cäsarea Philippi (Mk 8,27), einem politischen und religiösen Zentrum.
Zum anderen gestalten Autoren ihre Schauplätze bewusst, oft wie in einem Drama, zur Verstärkung ihrer Aussage. Der brennende Busch in Ex 3 ist sichtbares Zeichen für den dort erscheinenden Gott. In Gen 18,1 belegen Bäume und Zelt, dass Abraham in der Mittagshitze den schützenden Schatten verlässt, um den Fremden entgegenzulaufen.
Zusätzlich zu horizontalen Ortsveränderungen kommen bei biblischen Texten oft noch ‚vertikale' Bewegungen, insofern Gott ‚herunter' kommt (Gen 11,5; 18,21; Ex 3,8; vgl. Joh 8,42). Dieses menschliche Sprechen von Gott bringt ihn in die Erfahrungswelt herein. Solche Texte ragen dadurch meist stark über ihren Kontext heraus.

✍ Übungen: Welche Verbindungen erstellen die Ortsangaben in Gen 12,6.8?
Welche Veränderungen in Standpunkt, Blickrichtung und Brennweite zeigt Mk 8,22–24?

9.2.3 Der Bezug zur ‚Wirklichkeit'

Die Darstellung von Zeit und Raum machte deutlich, dass Texte ein eigenes Verhältnis zur von uns als ‚real' erlebten Welt aufweisen. Das Achten auf diesen Bezug zwischen Text und Realität gibt vielfach entscheidende Hinweise zum Verständnis.
Am Beispiel von Ex 3 führt die Aufmerksamkeit darauf zu folgenden Fragen: In welchem Sinn ist dies ein Gottesberg (v1)? Wie ist der brennende und doch nicht verbrennende Busch zu denken (v2)? Was bedeutet heiliger Boden (v5)? Wie ist Gottes Sehen, Hören Wissen vorzustellen (v7)? Inwiefern kann ein zukünftiges Ereignis Zeichen sein (v12)? Zusätzlich fallen die häufi-

gen Befehle (v5.10.14ff) und Absichten (v8.10.17) auf. – Bei Lk 4 ist zu beachten der Anspruch auf Erfüllung (v21), das Staunen der Zuhörer (v22), weiters u. a. der Kontrast zwischen Absicht und Resultat (v29f).
Gegenüber der an Zeit und Raum gebundenen Erfahrungswelt ist Sprache frei. So können sich Texte über deren Grenzen und Beschränkungen hinwegsetzen und damit den Zugang zu neuen Welten eröffnen. Darin liegt mit auch die Kraft von Literatur.
Schon einzelne Zeichen können sich auf die reale Welt der Gegenstände beziehen, z. B. eine Hand, oder auf nicht den Sinnen zugängliche Erfahrungen, etwa Güte, Wahrheit,...
In gesteigerter Weise ist der Bezug von Äußerungen zur Wirklichkeit überaus reichhaltig: Sie können wahr oder falsch, wirklich, möglich, irreal usw. sein. Dazu kommen noch Wünsche, Befehle, Verneinungen, Zulassen, andere modale Formen wie ‚können, vermögen' sowie alle Hinweise auf Wissen, Absichten, Wertungen.
Noch mehr soll die Beziehung von Texten zur Wirklichkeit bedacht werden. Dies gilt sowohl für einzelne Einheiten wie Lk 4,14–30 als auch für ganze Bücher. Der Blick auf den Sitz im Leben, den sozialen Hintergrund (→ 5.2.4), eine mögliche Einbettung in die Geschichte (→ Kap. 6), vor allem aber auch auf den darin ausgedrückten Glauben einer Gemeinschaft machen eine Analyse vollständig und relevant. Gleichzeitig erleichtert dies wesentlich eine Aktualisierung (→ 11.1) für heute.

✍ Übungen
Welche Wertungen, Befehle und Absichten können Sie in 2 Sam 11,25–27 und in Joh 17,26 erkennen?

📖 Literatur: SCHWEIZER, *Texte*, 59–64 (jedoch schwierig).

Rückblick
Dieser Teil III ist herausfordernd und schwer, aber doch grundlegend zu einem tieferen Verstehen nicht nur der Bibel, sondern von Texten überhaupt. Für eine verantwortliche Auslegung sind viele der hier vorgetragenen Unterscheidungen und Einsichten unverzichtbar.
Manchen mag angesichts so komplizierter Zusammenhänge scheinen, die Worte Jesu über die Schriftgelehrten treffen auf heutige Exegeten zu, wie z. B. unter den vielen Anklagen in Mt 23 diese eine „ihr seiht die Mücke, verschluckt aber das Kamel" (v24). Die Gefährdung, über endlosen Details das Wesentliche zu übersehen, besteht.
Auf der anderen Seite tragen alle Auslegenden eine Verpflichtung gegenüber dem Text. Diese wiegt gerade bei der Bibel besonders schwer. Wer sie deutet, soll wirklich sie zur Sprache bringen und sie nicht durch Missverständnisse oder Fehldeutungen verfälschen oder gar als Sprachrohr für eigene Ideen missbrauchen.
So stehen letztlich alle vor der großen Aufgabe, dem biblischen Text in seinen Bezügen gerecht zu werden. Dazu gehört, ihn ernst zu nehmen als sprachliche Mitteilung, mit verschiedenen Kommunikationsebenen (Kap. 7), ihn zu begreifen als Wort Gottes, das aus einer Gemeinschaft von Glaubenden stammt und wieder Glauben wecken will (Kap. 8), und ebenso seine verschiedenen Bausteine sowie die Art der Darstellung der Wirklichkeit zu erkennen (Kap. 9). Wer so Bibel liest, dem werden sich immer neu ihre Schätze öffnen.

TEIL IV

Bibel studieren – Bibel leben

Die Bibel ist das Buch mit dem weit reichendsten Einfluss in der Geschichte unserer Erde. Bis heute prägt sie das Leben unzähliger Menschen. Für manche ist sie zum täglichen Wegbegleiter geworden.
Hier in Teil IV greifen wir mit Studium, Pastoral und Alltag drei Bereiche heraus, in denen die Bibel wiederholt wichtig ist, und versuchen, dafür Erfahrungen weiterzugeben.

10. Kapitel

Das Studium der Bibel

Mit dem Gang an eine Hochschule oder Universität zum Studium verändert sich vieles. Meist ist der Kontakt zu den Lehrenden distanzierter als an den Schulen zuvor; damit gehen Austausch und Möglichkeit zu Rückfragen zurück. Im Gegenzug dazu steigen aber die Anforderungen, das Niveau wird höher. Zusätzlich erwarten viele Unterrichtende eine größere Selbstständigkeit bei den Studierenden. Dieses Kapitel möchte dafür einige Hinweise geben.

10.1 Vorlesungen und Prüfungen

Immer noch sind Vorlesungen in Form von Vorträgen Einzelner vor einer Gruppe das am häufigsten eingesetzte Mittel der Lehre an den Universitäten des deutschen Raumes. In der englischsprachigen Welt dagegen sind Tutorien, eine Form begleiteten, arbeitsintensiveren Lernens verbreiteter.
Exegetische, aber auch andere Vorlesungen leben von der Vor- und Nacharbeit. Wer kommt, ohne zuvor den Text, d. h. die zu behandelnde Bibelstelle gelesen zu haben, verschwendet einen Teil seiner Zeit und macht sich das Verstehen schwer. Auch lohnt sich, etwas Allgemeines zur Einführung oder für die Hintergründe selbstständig im Voraus zu lesen, z. B. eine Einleitung, oder Überblicke und Ähnliches aus der Literatur.

> Exegetische Vorlesungen leben von der Vor- und Nacharbeit.

Genauso wichtig ist die Nacharbeit. Nachher die vorgetragenen Inhalte nochmals durchzugehen hilft zu einer eigenständigen Verarbeitung und oft auch Vertiefung: Zusammenhänge gehen auf, Begründungen werden erkennbar oder fraglich, manches lässt sich mit Erfahrungen des eigenen Lebens verbinden. Gelegentlich kann es notwendig sein, fremde oder unverstandene Begriffe zu klären (→ Wörterbücher). Manche sehen sich angestoßen, etwas Interessantes weiter zu verfolgen mit zusätzlicher Lektüre. Vor allem das Achten auf Argumente und das Suchen nach Verbindungen mit dem Leben oder sonstigen Informationen machen ein solches Studieren nachhaltig fruchtbar.

Vor- und Nacharbeit von Vorlesungen sollen das Studium nicht verzögern, d. h. sie sollen nicht außer Maß geraten. Studierende können sich auch nicht jedem Fach gleich ausführlich widmen, sondern müssen entscheiden, wofür sie sich mehr engagieren. Angesichts dessen, dass viele später die Bibel fast jeden Tag benützen werden, ist die für sie aufgewendete Zeit eine gute und sinnvolle Investition.

Wer Vorlesungen so vorbereitet und nacharbeitet, legt bereits die besten Grundlagen für die Prüfung. Wer Interesse hat, sich einen Stoff nicht nur kurzfristig zu merken, sondern auch später noch darüber verfügen zu können, beginnt am besten schon gleich anfangs mit dem Lernen und bleibt regelmäßig dabei. Rechtzeitiges und kontinuierliches Mitlernen schenkt Vertrautheit und Sicherheit mit dem Stoff.

Weitere Hilfen zur Prüfungsvorbereitung sind Wiederholen, lautes Aufsagen – es prägt sich so besser dem Gedächtnis ein, weil es zusätzliche Sinne anspricht – und der Austausch mit anderen über bereits gelernten Stoff. Wichtig ist ebenfalls, den Stoff zu gliedern nach dem Prinzip von Inhaltsverzeichnissen auf mehreren Ebenen, hier im Buch z. B. Teile, Kapitel, Unterabschnitte, Absätze; so sind Aufbau, Einordnung und Zusammenhänge von einzelnen Elementen verfügbar, und darauf kann, gerade bei Unsicherheiten oder Unklarheiten, stützend zurückgegriffen werden.

Eine große Erleichterung ist auch, wenn man wie bei Computerdateien gewisse Lerninhalte mit Namen, Schlüsselbegriffen, kurzen prägnanten Wendungen oder Merksätzen, verbindet. Diese erlauben eine schnelle Zuordnung zur obigen Gliederung und geben damit Orientierung im gesamten Stoff.

Ebenso hat sich bewährt, sich zu diesen Namen bestimmte Aspekte als Aufzählung oder Liste zu merken, für die Darlegung hier etwa: Vorarbeit, Nacharbeit, rechtzeitig mitlernen, Prüfungshilfen wie wiederholen, gliedern, mit Namen verbinden, einzelne Aspekte auflisten. So aufgezählte Punkte sind wie Pfeiler, die einen großen Bau, nämlich den ganzen Stoff, tragen. Mit solcher Vorbereitung sind Prüfungen in der Regel gut zu bestehen. Studierende können sich helfen, Ruhe zu bewahren, indem sie nicht bis zuletzt lernen, sondern den letzten Tag, zumindest aber einige Stunden frei lassen und dort bestenfalls einiges Wichtige, z. B. die Gliederung, locker nochmals anschauen. Wenn Schwierigkeiten während der Prüfung entstehen, ist meist hilfreich, sich auf den auszulegenden biblischen Text zu besinnen, weil dieser die wesentlichen Elemente im Ansatz enthält, oder sich neu in der Gliederung zu orientieren versuchen. Dazu tragen auch klärende Rückfragen an die Prüfenden bei.

Noch abschließend ein Wort zu den Vorlesungen: Manche Vortragende schätzen Mitarbeit in Form von Fragen, Bemerkungen, Diskussion. Sie sind Zeichen persönlicher Beschäftigung mit den Texten, helfen oft auch anderen Mitstudierenden zur Klärung offener Punkte und lockern den Frontalunterricht auf.

10.2 Der Umgang mit der Literatur

Der weisen Entscheidung der Gemeinschaften, den Umfang ihrer heiligen Schriften zu begrenzen, steht eine uferlose und immer weniger überschaubare Flut an Veröffentlichungen zur Bibel gegenüber. Vor allem zwei Verhaltensweisen helfen, sich in diesem Meer zurechtzufinden (→ 2.2):

a) Zunächst gebührt der Vorrang der Bibel selbst. Zuvor sind ihre Texte zu lesen; dann erst wird die Beschäftigung mit der Literatur zu ihnen sinnvoll.

b) Es bedarf des auswählenden Lesens, wobei als Kriterien besonders die Qualität und die Ziele wichtig sind. Für die Qualität sind Studierende gerade anfangs auf Urteile von anderen, Erfahreneren, angewiesen, deren Empfehlungen weiterhelfen. Zusätzlich gibt es in manchen Zeitschriften Besprechungen, so genannte Rezensionen, die mit einer Kurzinformation teils auch eine Bewertung von Büchern und Artikeln geben (→ Hilfsmittel im Anhang 4). – Davon abgesehen bürgen manche Namen für Qualität, sodass sich die Lektüre ihrer Publikationen fast immer lohnt, z. B. G. von Rad, J. Gnilka.

Gezielt zu lesen bedeutet, sich klar zu sein, was ich suche, und wiederholt zu überprüfen, ob das Gebotene den Erwartungen entspricht. Es gibt mehr Interessantes, als dass wir es in einem noch so langen Leben aufnehmen könnten; für ein fruchtbares Arbeiten mit einzelnen Texten bedarf es der Beschränkung auf das, was zu ihrem Verständnis beiträgt.

> Gezielt lesen:
> - Was suche ich?
> - Entspricht das Gebotene den Erwartungen?

Für manche ist anfangs die große Frage: Wie finde ich Literatur? Bis vor kurzem lief dieser Weg vor allem über den Elenchus Bibliographicus Biblicus, eine jahrweise nach Texten und Themen geordnete Aufzählung der zur Bibel erschienenen Publikationen, und über die Kommentare*, die in großem Maß auch die Veröffentlichungen zu biblischen Büchern auflisten; diese wiederum finden sich angegeben in den Einleitungswerken von Zenger bzw. Broer oder Schnelle. Heute liefern elektronische Datenbanken schnellere und aktuellere Information, überwiegend für die letzten Jahre (→ S. 181).

Das Lesen nimmt je nach Zielen und Texten sehr verschiedene Formen an. Für eine erste Orientierung helfen Sonderpositionen wie Einleitung, Gliederung in Überschriften bzw. Inhaltsverzeichnis, Schluss, evtl. Zusammenfassungen. Diese privilegierten Stellungen in Artikeln und Büchern erlauben eine anfängliche Wertung und die Entscheidung über den weiteren Umgang damit: Genügt ein rasches Überfliegen, oder lohnt sich das Lesen, oder ist es so wertvoll, dass es durchzuarbeiten ist, oder kann ich es gar weglegen?

In den ersten drei Fällen steht für wissenschaftliches Arbeiten zusammen mit dem Lesen schon Schreiben an. Neue Erkenntnisse, Zusammenhänge, sonstiges Wertvolles sind schriftlich festzuhalten, in Form von Auszügen, so genannten Exzerpten. Diese Bezeichnung stammt vom lat. *excerpere*, herausheben, herausklauben', d. h. schriftlich sich etwas herausziehen.

Bewährt haben sich dafür: pro Werk mindestens ein Blatt, möglichst mit demselben Format, DIN A 4, zu verwenden; an gleich bleibenden Stellen Name, Titel und Datum, evtl. auch Quelle, Standort in der Bibliothek zu verzeichnen; nur das Wichtige aufzuschreiben, am besten strukturiert und mit Seitenzahlen versehen; Platz zu lassen für weitere Bemerkungen bei späterer Bearbeitung.

Ist ein Beitrag oder Werk so gut, dass es sehr viel Neues und Gutes beinhaltet, also intensiv durchgearbeitet werden muss, empfiehlt sich die Anschaffung oder eine persönliche Kopie. Dann lassen sich mit Unterstreichungen und Randbemerkungen die gewonnenen Einsichten festhalten und für einen zweiten Lesegang schneller zugänglich machen.

Die Aufmerksamkeit beim Lesen ist ausgerichtet durch die eigenen Erwartungen und Ziele, soll aber auch offen sein für die davon verschiedene Welt der Publikation. Dabei ist zu achten auf die Abfolge der Darlegung – in der Regel kommt von Absatz zu Absatz ein neuer Gedanke –, besonders aber auf Begründungen, Deutungen und Auswertungen. An ihnen entscheidet sich meist der Wert einer Arbeit.

Mit Lesen und Exzerpieren ist der Umgang mit der Literatur aber nicht abgeschlossen. Es bedarf dazu noch des Nachklingens, d. h. einer Phase der Reaktion und Reflexion, die erst das Lesen wirklich fruchtbar macht. Sie besteht in einem erneuten Durchgehen des Exzerptes oder der Notizen, mit zusätzlichen Markierungen oder Bemerkungen, womöglich mit anderer Farbe oder Stift, in einer eigenen Stellungnahme dazu, am besten in wenigen, kurzen Sätzen oder Fragen, und im Festhalten weiterer anstehender Arbeitsschritte, z. B. Klärung unbekannter Ausdrücke, Nachgehen den Verweisen auf neue Literatur, Untersuchen von Fragen, die sich aufgetan haben usw.

10.3 Eigenes Arbeiten und Forschen

Der Weg dazu führt meist über die biblischen Proseminare, die wie hier im Buch in die Methoden des Auslegens einführen sollen. Sie öffnen den Weg in die eigentlichen Seminare, für die in aller Regel die Kenntnis der Originalsprachen Zugangsbedingung ist und weitgehend selbstständiges Umgehen mit biblischen Texten und Forschen vorausgesetzt wird.

Zu Seminaren gehört normalerweise auch das Erarbeiten und Halten eines Referats sowie das Erstellen einer schriftlichen Arbeit; dabei schwankt der Umfang zwischen 10 und 20, evtl. auch mehr Seiten. Bei solchem eigenen Untersuchen und Formulieren kann man viel lernen und ebenso durch die Rückmeldungen und Kritik der Betreuer dazu, die man erbitten sollte.

Beim Referat ist es wichtig, zwischen den Vorarbeiten und der Vorstellung in der Seminarsitzung zu unterscheiden. Die Vorarbeiten sollen eine solide, methodisch begründete und mit der betreffenden Literatur ergänzte Auslegung des Textes anzielen. Das ergibt weit mehr Material als vorgetragen werden kann; deswegen ist für das Vorstellen auszuwählen, je nach Thema des Seminars, zur Verfügung stehender Zeit (auch hier gibt es Schwankungen, etwa zwischen 15 und 50 Minuten) und Vorbildung der Teilnehmer – diese sind nicht so eingearbeitet und vertraut mit dem Stoff wie die Vortragenden und sind dankbar, wenn Letztere darauf Rücksicht nehmen.

Sehr zu empfehlen ist in ausreichendem Abstand vor der Sitzung ein eigener Testlauf mit lautem Sprechen in normalem Tempo, zur Kontrolle der Einhaltung der Zeit. Bei Überschreitung ist zu kürzen, wobei das oft eine Konzentration auf das Wesentliche – und damit eine Verbesserung – bewirkt und nicht Vorgetragenes in der sich meistens anschließenden Diskussion evtl. noch eingebracht werden kann.

Das Vortragen selber sollte für alle Teilnehmer leicht und gut verständlich sein. Leider trifft dies nicht immer zu, weil zu leise oder zu schnell gesprochen wird oder weil Vortragende ihre

Zuhörer mit einer Fülle von unwichtigen Details langweilen und vom Wesentlichen weglenken. Hier bewährt sich, ein Blatt mit der Gliederung des Vortrags und den wichtigsten Ergebnissen bzw. Fragen für alle auszuteilen; damit können die Teilnehmer das Referat besser mitverfolgen und die Vortragenden leichter überblicken, wie sie ihre Zeit einhalten.
Das Schreiben der Seminararbeit kann sich im Aufbau zumeist an das für ein Referat Übliche halten: Einleitung – Problemstellung, dabei gelegentlich auch Methode, bisherige Lösungen – eigene Übersetzung – Hauptteil, gegliedert nach wichtigen Aspekten – Schluss mit Zusammenfassung, evtl. auch Aktualisierung und Ausblick.
Als Standard für die Schreibung der biblischen Eigennamen gelten die ökumenisch vereinbarten „Loccumer Richtlinien" im deutschen Sprachraum, wie sie sich z. B. in der Einheitsübersetzung finden. Verweise auf biblische Bücher verwenden die dort üblichen Abkürzungen: Gen für Genesis, bis Offb für die Offenbarung des Johannes; bei einzelnen Stellen wird mit Beistrich zwischen Kapitel und Vers getrennt, z. B. Mk 3,14. Längere Abschnitte werden in folgender Form zitiert: Lk 4,14–30; Ex 13,17 – 14,31 – auch möglich ohne Leerschritte beim Bindestrich: Ex 13,17 - 14,31. Gilt der Bezug mehreren Stellen, sind diese bei Versen mit Punkten, so Jer 30,5.12.18, bzw. bei Kapiteln mit Strichpunkt abzugrenzen, z. B. Mt 15,1; 16,1; 22,15.34; 23,13.

Kapitel: c oder Kap.
Vers(e): v oder v., vv.
Anmerkung: n oder Anm.

Eindeutigkeit vorausgesetzt, kann man innerhalb eines zu besprechenden biblischen Buches, etwa Joh, auf Kapitel mit c (c9; c20 usw., manche auch Kap.) und innerhalb von Kapiteln auf Einzelverse mit v (v2 oder v4–8 usw.) verweisen, sofern nicht bei Letzteren die noch genauere Untergliederung in Äußerungseinheiten* (→ 9.1.2) erfordert ist.
Die meisten Computerprogramme erlauben heute, alte Sprachen im Original zu schreiben. Dabei genügt für Hebräisch der Konsonantentext, es sei denn, auch die Vokalisierung steht zur Diskussion. Die alten Schriften sind dort einzusetzen, wo ein Wort oder eine Wendung im Original nötig oder sinnvoll ist; in vielen Fällen genügen Umschriften (→ S. 182) zu ihrer Wiedergabe.
Zur Wissenschaft gehört, auf andere Autoren zu verweisen. Dies geschieht überwiegend in den Anmerkungen, meist in Form von Fußnoten unten an der Seite. Unzweideutigkeit vorausgesetzt, können sie in kürzester Weise aus dem Familiennamen des Autors in Großbuchstaben oder Kapitälchen, erstem Hauptstichwort des Titels, in kursiv, wenn es sich um Bücher handelt, und Seitenzahl bestehen: EGGER, *Methodenlehre*, 46; WEIPPERT, *Land*, 170. Dies erfordert aber unbedingt, dass das Literaturverzeichnis am Ende der Arbeit die vollständigen Angaben enthält und eine klare Zuordnung zwischen Kurztitel und zitiertem Werk erkennen lässt. Ist dies nicht der Fall, müssen beim ersten Vorkommen eines Werkes alle bibliografischen* Angaben gegeben werden; danach kann kurz, wie oben beschrieben, darauf verwiesen werden, allerdings mit zusätzlicher Angabe der Fußnote, in der es erstmalig zitiert wird: z. B. EGGER, *Methodenlehre* (n2), 46. Statt n für lat. *nota* ‚Zeichen, Anmerkung' ist im Deutschen auch Anm. gebräuchlich.
Ein Gebot der Redlichkeit ist, Erkenntnisse anderer als solche auszuweisen, eben mit Angabe von Autor und Titel in den Fußnoten. Noch mehr gilt das für wörtliche Zitate, die zusätzlich mit „..." zu kennzeichnen sind. Ist ihr Umfang länger, d. h. mehrere Zeilen, verwenden manche dafür einen eigenen neuen Absatz und rücken ihn als ganzen ein.

Standardwerk für Abkürzungen in deutscher Theologie ist IATG² = Siegfried M. SCHWERTNER, *Internationales Abkürzungsverzeichnis für Theologie und Grenzgebiete* (→ Hilfsmittel). Dort finden sich zwei alphabetische Listen, die Erste mit den Abkürzungen, die Zweite mit den ausgeschriebenen Titeln. Vor allem für biblische Zeitschriften, Reihen und Wörterbücher ist dieses Werk unumgänglich.
Anspruchsvoller sind größere Forschungen, z. B. für eine Diplomarbeit oder ein Doktorat. Wegen der Komplexität, die auf alle Fälle eine fachliche Betreuung erfordert, können dafür hier nur wenige Hinweise gegeben werden. Dennoch sei versucht, einige Erfahrungen mitzuteilen. Hilfreich mögen auch die Hinweise im Anhang 4 sein.
Zunächst ist wichtig, mit Kap. 2 oben verschiedene Vorgänge auseinander zu halten: Am Anfang stehen Beobachten und Sammeln. Dann folgt der Versuch, Ordnung und Organisation in die Fülle des Materials zu bringen. Erst mit mehreren weiteren Schritten wird das eigentliche Schreiben der Arbeit möglich.

📖 Literatur:
SCHWEIZER, *Texte*, 30: Er gibt ein Schema von Viehoff wieder, das diesen Forschungsprozess detaillierter aufgliedert.

Am Beginn geht es um ein Vertrautwerden mit Text, Thema, Methoden, Zusammenhängen und Hintergründen, sowie um das Abklären verschiedener Positionen, Spannungen, offener Fragen. Einige Hilfen neben den in Kap. 1 erwähnten Schritten dafür sind: den Text auswendig lernen, sich regelmäßig Notizen machen, immer wieder auf das Erarbeitete reflektieren, sich mit anderen darüber austauschen.
Auch hat sich bewährt, zusätzlich zum Text mit der zu behandelnden Stelle zwei Bibeln offen vor sich zu haben. Die eine, im Original, dient für genaue Vergleiche und Überprüfungen; die andere, in einer Übersetzung, erlaubt ein schnelleres Nachschlagen von Verweisen. Wer von Anfang an präzise und zuverlässig arbeitet, erspart sich, vieles ein zweites Mal wiederholen zu müssen.
Manche halten sich zu lange mit Methodenfragen auf. So wichtig diese sind, ist doch auf ihren Ertrag zu achten, was sie für die Auslegung des Textes beitragen. Wer dieses Ziel im Auge behält, kann vermeiden, viel Zeit damit zu verbrauchen. Eine zu ausführliche Beschäftigung mit Methoden läuft leicht Gefahr, ihnen mehr Aufmerksamkeit als dem Text zu geben und damit zu spezialisiert sowie unangemessen zu werden.
Einige finden eine Hilfe darin, die anstehenden Arbeitsschritte in einer Liste zu sammeln. So können sie, je nach zur Verfügung stehender Zeit und Motivation, die geeigneten Aufgaben aussuchen und angehen. Auch haben sich für verschiedene Untersuchungen bestimmte Raster bewährt; einige davon, für die Analyse von Erzählungen, Psalmen und ganzen Büchern, finden sich in Anhang 2.
Je mehr Beobachtungen und Notizen sich anhäufen, umso wichtiger wird es, von Zeit zu Zeit Ordnung zu schaffen. Die Kunst der Auslegenden zeigt sich darin, passende, d. h. dem zu behandelnden Text entsprechende Merkmale zu finden, die Licht und Klarheit in das Durcheinander bringen und so die Stofffülle immer wieder auf das Thema hin fokussieren. Als Hilfen für Strukturierung und Darlegung verwenden viele dabei die Arbeitsschritte bzw. angewand-

ten Methoden, Verse oder Untereinheiten, Hauptaspekte des Themas oder typische Positionen der Deutung.

In dieser Phase vermögen Entwürfe, Skizzen oder Thesen (→ 2.1.8) die Forschung voran zu bewegen. Sie konzentrieren in knapper Form die entscheidenden Erkenntnisse oder Fragen, sind eine gute Gesprächsgrundlage auch für den Betreuer und erhellen den eigenen Standpunkt bzw., wo ein Problem liegt.

An diesem Punkt steht die Auseinandersetzung mit der Sekundärliteratur an (→ 2.2), die heute vielfach auch in anderen modernen Sprachen erscheint. Dafür ist eine gute Kenntnis von Englisch, Französisch u. a. vorteilhaft. Durch diese Veröffentlichungen werden Probleme angesprochen und Lösungen vorgeschlagen; wer mit ihnen vertraut ist, kann Wiederholungen bereits erfolgter Untersuchungen vermeiden.

Wer die Chance hat, in dieser Phase vor anderen seine Untersuchung vorstellen zu können, sollte sie nützen. Der Druck, die eigene Forschung anderen, damit nicht Vertrauten, klar und verständlich zu machen, kann zusammen mit deren Rückmeldungen den Erkenntnisprozess einige Schritte vorwärts bringen. An Universitäten bieten Ober- bzw. Forschungsseminare Gelegenheit dazu.

Das Schreiben fällt den Meisten schwer. Für diese kreative Arbeit muss Geist, Einsicht und Kraft geschenkt werden. Doch können Auslegende sich, mit der jeweiligen persönlichen Anpassung, an folgenden Erfahrungen orientieren.

Ein förderliches Umfeld lässt das Schreiben leichter gelingen. Dazu gehören Atmosphäre und Gestaltung des Arbeitsplatzes, womöglich wenig Ablenkung, gutes Licht, regelmäßig längere Zeiten, d. h. mehrere Tage in Folge mindestens 2–3 Stunden – sonst braucht es oft lange, wieder in den Gedankengang hineinzukommen.

Manche vermögen blendend und druckreif in den Computer zu tippen. Die Regel ist das nicht, und so empfiehlt sich, entweder zuerst die eigenen Gedanken aufzusetzen, z. B. stenografisch, oder aber zumindest einen Plan mit Stichworten zu verfassen, der dann am Computer ausformuliert wird. Diese Verzögerung durch zwei Arbeitsgänge erlaubt Ergänzungen und Verbesserungen, die zumeist der Qualität zugute kommen.

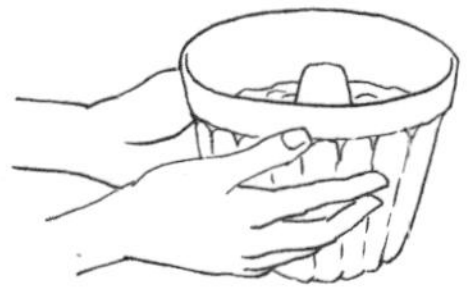

„Wann kann ich mit dem Schreiben beginnen?", das ist für Unerfahrene eine schwere Frage. Es gibt dafür einen kritischen Moment: Wenn der Überblick über einen (Teil-) Bereich gewonnen ist, mit den wesentlichen Argumenten und Positionen, und wenn ein Weg der Darlegung sich zeigt, in einer Skizze mit logisch erscheinendem Aufbau, dann ist der richtige Zeitpunkt. Wie beim Backen eines Teiges bedarf es dazu der eigenen Entscheidung, ihn in den Ofen zu schieben – übertragen: beginnen, die Mühe des Schreibens auf sich zu nehmen. Die Feder oder der Computer fangen nicht von selbst an.

Beim Schreiben selber bewährt sich nochmals das Gewebe-Bild (→ S. 103) für Texte. Mit ihm vor Augen kann man einerseits eine gewisse Flüssigkeit im Formulieren bewahren, eines ans andere reihen, anderseits sich doch der Anstrengung stellen, die präzises Formulieren vielen bereitet, ähnlich wie weben.

Auch wissenschaftliches Schreiben ist Kommunikation. Dabei gilt ebenso, dass auf die Adressaten und die Botschaft zu achten ist. Schon eine Diplomarbeit lesen meistens, von Angehörigen oder Mitstudierenden abgesehen, nur Fachleute, sodass vieles an Wissen vorausgesetzt werden kann. Die Botschaft sind die Erträge bzw. Ergebnisse des eigenen Forschens zusammen mit den Begründungen; sie sollen in klarer und einfacher, jedoch genauer Sprache dargeboten werden und interessieren in der Regel mehr als eine langwierige Darlegung aller Untersuchungsschritte.

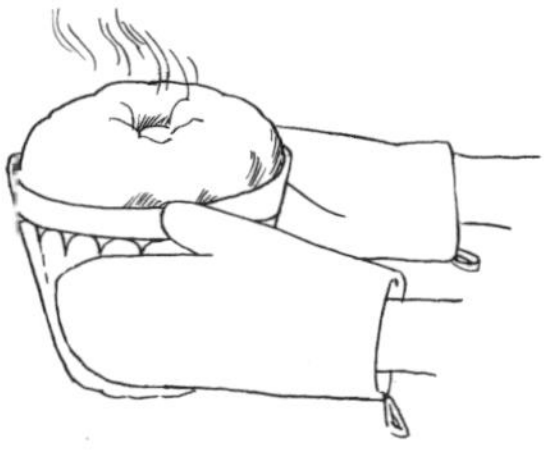

Etwas leichter als der Zeitpunkt für den Anfang des Schreibens gestaltet sich das Ende. Wenn die wesentlichen Aspekte ausreichend entfaltet sind und ein Resultat erreicht ist, dann gelangt der erste Entwurf zum Schluss. Es mag manches nicht perfekt sein oder noch weiteres zu sagen geben, doch wartet dies besser für die meistens ohnehin notwendige Überarbeitung. Wie bei einem gebackenen Teig im Ofen hat es keinen Sinn, ihn noch länger drin zu lassen; er vertrocknet oder verbrennt nur.

Schreiben ist für viele ein Ringen, bei dem sie sich allein fühlen und oft auch vom Ertrag enttäuscht sind. Ein kleiner Trost mag sein, dass es anderen ebenso geht, vor allem aber, dass es zunehmend leichter wird und dass die eigene Einschätzung verzerrt ist: Womit man sich lange beschäftigt hat, erscheint einem banal, selbstverständlich; dasselbe kann für andere dagegen neu und wertvoll sein. Schon bei Diplomarbeiten, noch mehr bei Doktorarbeiten ist mit Wellen in Motivation, Stimmung und Arbeitskraft zu rechnen, sodass auch Phasen des Stillstandes oder der Niedergeschlagenheit dazugehören.

Zwei Hilfen in diesem Ringen sind ein weises Maßhalten und der Blick auf Vorbilder. Ein Kollege, der selber mehrere dutzend Bücher geschrieben hat, sagte mir als sein Prinzip: „eine Seite am Tag". Das ergibt im Jahr ein Buch, setzte er fort. Wer sich beschränkt, nicht bis ans Äußerste geht, dem bleiben für den nächsten Tag Kräfte und Freude für das Schreiben. Zusätzlich helfen Modelle in Gestalt von Büchern oder Artikeln, die in beispielhafter Weise einen ähnlichen Text oder ein vergleichbares Thema behandeln. Von ihnen kann man lernen und manches übernehmen.

Meine eigene Erfahrung ist, dass ich frühestens mit der dritten Fassung zufrieden bin, manchmal gar erst mit der fünften oder sechsten Überarbeitung. Der erste Entwurf bedarf noch der Korrektur, und dies trifft meist auch für Diplom- und Doktorarbeiten zu. Die Rückmeldungen der Betreuenden erlauben eine Verbesserung in der zweiten Fassung, und manchmal wiederholt sich dieser Vorgang. Trotz dieser Korrekturen ist angeraten, im Fall einer Veröffentlichung jemand anderen den Text nochmals lesen zu lassen im Blick auf Stil und Klarheit.

✍ Übungen

Wie ist Hiob offiziell zu schreiben? Wie verweisen Sie korrekt auf jenen Text im zweiten Korintherbrief, der in v12 von c1 beginnt und in v4 von c2 aufhört? Und wie zitieren Sie nur diese beiden Verse bzw. die Verse 12, 17 und 22 aus c1? Erstellen Sie eine Literaturangabe, mit der Sie sich auf Seite 40 aus dem oben angeführten Werk von Schwertner beziehen!

📖 Literatur: Bazyliński, *Guide*; Aletti, *Vocabulaire*.

11. Kapitel

Die Bibel in der pastoralen Praxis

Das Zweite Vatikanische Konzil redet in der Dogmatischen Konstitution über die Göttliche Offenbarung vom „Tisch des Wortes Gottes“ und fordert: „Der Zugang zur Heiligen Schrift muss für die an Christus Glaubenden weit offen stehen“ (DV 21 und 22).
Auch wenn die äußeren Voraussetzungen, wie Verbreitung der Bibel, allgemein verständliche Erklärungen dazu, Bücher und Zeitschriften zur Vertiefung, vielfach wesentlich verbessert sind, bleibt die Arbeit mit Gottes Wort für jede Generation neu ein großes Arbeitsfeld.
Die klassischen Hauptgebiete dafür waren Pfarrei, Schule und Erwachsenenbildung. Doch sind letzthin dazugekommen Bereiche wie Klinikseelsorge oder die Medien, in denen auch Texte der Bibel und Kenntnisse über sie zunehmend gefragt sind.

Wir wollen hier drei Themen behandeln, die in der Praxis immer wieder begegnen. Zunächst, als Grundfrage, steht die Vermittlung biblischer Aussagen mit dem heutigen Leben, unter dem Stichwort Aktualisierung (11.1). Dann wollen wir bewährte Weisen des Bibellesens in Gruppen vorstellen, als Anregung für Schulen und Gemeinden (11.2). Schließlich möchten wir versuchen, einige sich häufiger stellende Probleme anzusprechen, die sich bei der Beschäftigung mit der Bibel ergeben, und soweit hier möglich dazu Richtungen einer Antwort zu zeigen (11.3).

11.1 Wege der Aktualisierung

Vorweg gilt es, ein Missverständnis auszuräumen. Manche meinen, die Bibel sei alt im Sinn von veraltet und bedürfe deswegen, wolle sie etwas für heute sagen und aktuell sein, der Anpassung oder Veränderung. Doch die biblischen Texte als solche haben eine bleibende Botschaft, die gerade nicht geändert werden soll; sehr wohl aber ist diese für die Gegenwart zu übersetzen.
Aktualisierung beginnt nicht erst in unserer Zeit. Sie setzt lange zuvor, innerhalb der Bibel selber ein (→ 5.1.3). Jer 31,9 „Ich bin Israel zum Vater geworden“ greift auf die Zusage an David in 2 Sam 7,14 zurück und überträgt sie kühn für das ganze Volk. In ähnlicher Weise nehmen andere biblische Texte frühere Stellen auf und wenden sie auf ihre Gegenwart an; vgl. unseren Beispieltext Lk 4,18 mit seinem Rückgriff auf Jes 61.
Ein solches Verständnis von Aktualisierung ergibt sich auch von der Kommunikationstheorie in Kap. 7 her. Jeder Text steht zwischen den zwei Polen der Welt des Autors (S4–5) und der Welt der Adressaten (E4–5). Empfänger lesen mit ihrem Erfahrungshintergrund und setzen damit die hermeneutische Spirale in Gang, die zwischen der im Text abgebildeten Autorenwelt und der Gegenwart der Leser vermittelt. Das bedeutet, dass der Bezug auf heute für jede Textdeutung grundlegend und unaufgebbar ist.
Dies trifft auch für biblische Texte zu. Sie beginnen gerade in der Spannung durch Fragen und Interessen der Gegenwart neu zu leben und aufzublühen, ohne dass sie dafür verändert werden

müssten. Beispiele dafür sind Feminismus und Befreiungstheologie (→ 5.2). Von daher ist nicht nur der Weg für Aktualisierungen der Bibel offen, sondern es stellt sich geradezu als drängender Impuls, ja fast als Verpflichtung dar, ihre Botschaften mit der heutigen Zeit in Beziehung zu bringen.

Weisen der Aktualisierung gibt es so viele wie Menschen. Sie erfolgt unbewusst und automatisch bei der Textdeutung, wenn Lesende betroffen oder berührt werden, wenn sie sich mit bestimmten Personen identifizieren, wenn sie Verhalten psychologisch verstehen. Doch hier geht es darum, sich dieses Vorgangs bewusst zu werden, sodass er auch als eigener Schritt zu vollziehen ist, mit bestimmten Zielen.

Jeder bewussten Aktualisierung, im Sinn von Anwendung auf gegenwärtige Situationen, hat unbedingt eine genaue Textanalyse wie in Teil I und II vorauszugehen. Erst ein tieferes Verstehen einer biblischen Stelle liefert die Basis und auch die Anhaltspunkte für Vergleiche und Ähnlichkeiten in der heutigen Zeit, und es kommt zum Zusammenklingen der früheren, im Text dargelegten Erfahrungen mit solchen der Gegenwart. Die Kenntnis des Textes mit seinen Aussagen, Werten und Hauptaspekten ist notwendige Voraussetzung und zugleich Erleichterung dafür, Ähnliches heute zu entdecken.

Das Achten auf Vergleichbares in Erfahrungen und Situationen des eigenen Lebens findet eine wertvolle Ergänzung in der freien Assoziation. Sie kann in beiden Richtungen erfolgen, von einer Bibelstelle ausgehend fragend: „Was kommt mir dazu aus meinem Leben in den Sinn?“ oder aber umgekehrt, von einem Ereignis beginnend: „Welcher Text steigt dazu in mir auf?“

Eine weitere große Hilfe zur Aktualisierung sind die Gefühle. Diese spontanen Reaktionen auf Texte zeigen bei gesundem Empfinden deren sensible Punkte auf, die auch andere Lesende bewegen und in ihrer Tiefenschicht ansprechen.

Hilfen zur Aktualisierung
- vom Text her:
  Aussagen
  Werte
  Hauptaspekte
- vom Leben her:
  Erfahrungen
  Gefühle
  Empfängerinteressen

Neben diesen eher spontanen Zugängen über Gefühle und Assoziationen gehört zu einer Aktualisierung der Bezug auf ganz bestimmte Adressaten, für die sie erfolgt, z. B. bei einer Vorstellung in einer Klasse oder bei einer Predigt. Die Aufmerksamkeit für diese Empfänger, ihre Nöten, Interessen und Fragen liefert häufig nicht nur weitere wertvolle Anhaltspunkte für Ähnlichkeiten zwischen Bibel und Gegenwart, sondern bietet zusätzlich die Chance, dass die Zuhörenden stärker beteiligt sind und besser mitgehen.

Mit einigen grundsätzlichen Überlegungen möchten wir abschließen. Die beste Aktualisierung besteht nicht in Worten, sondern im Tun. Die biblische Botschaft zielt auf das Vollbringen, ihre Umsetzung im Leben.

So sehr ohne Aktualisierung die Beschäftigung mit der Bibel spröde und leer bleibt, so ist doch vor einer allzu unbedachten Verwendung zu warnen, wie sie gelegentlich in fundamentalistischen Kreisen begegnet. Der Bezug einer Bibelstelle zur Gegenwart ist immer gebrochen, vermittelt durch die Textwelt und die Verbindungen, die wir als Deutende damit erstellen. Ohne gewisse Regeln (→ 11.3.5) besteht bei direkten Folgerungen allein aus der Bibel die Gefahr, in die Irre zu gehen. So soll man aus ihr nicht schließen, dass Gläubige heute z. B. wie Jakob vier Frauen haben sollen (Gen 29f) oder dass jene, die nicht 100 Jahre erreichen, als verflucht zu gelten haben (Jes 65,20), usw. Ohne das Ernstnehmen dieses indirekten Bezugs wird die Bibel missverstanden und gefährlich.

Dennoch wartet sie als lebendiges Wort Gottes und Wort des lebendigen Gottes darauf, dass sie in jede neue Zeit hinein sprechen darf. Gesucht sind Menschen, die das Wagnis der Deutung und der Verbindung mit der Gegenwart unternehmen, dem biblischen Wort wiederum Gehör verschaffen und seine Faszination bezeugen.
Wer selber Reden, z. B. Predigten zu halten hat, mag eine Hilfe finden in zwei bewährten Schrittfolgen für Vorbereitung und Aufbau. Bei der Vorbereitung lassen sich auseinander halten (1) das Finden des Materials der Rede, ihres Inhalts, (2) dessen Anordnung, (3) die Ausgestaltung und (4) das Sich-Aneignen, bis hin zum Auswendiglernen. Die Kehrseite der Punkte 2 und 3 zeigt sich in den Schritten von Kap. 1: Wahrnehmung der Gesamtgestalt (1.2) und der Feingestaltung (1.3) entsprechen ihnen in der schriftlichen Form von Texten.
Für den Aufbau einer Rede, ihre Anordnung, gibt es viele Möglichkeiten. Doch hat sich, wenigstens als Anhaltspunkt, ein Schema bewährt, das (1) anfangs einleitend Interesse weckt und motiviert. Ein 2., kurzer Schritt kann das Thema nennen und auch die Position oder These, die der Redende vermitteln möchte; diese wird dann (3) länger im Hauptteil entfaltet, bevor (4) der Schluss nochmals die These, das Anliegen aufgreift und sie für die Zuhörer wiederholend verstärkt, womöglich mit Bezug zu deren Handeln.

11.2 Arbeit mit Bibelgruppen

Über viele Jahre nehmen wir an verschiedenen Bibelrunden teil. Es sind oft Zeiten, in denen Einzelne und die Gemeinschaft mit Gottes Wort, Einsicht und Kraft reich beschenkt werden. Zugleich – wie bei allem Hohen und Schönen – lauern auch beim gemeinsamen Lesen der Bibel Gefährdungen. Bestimmte Verhaltensweisen können solche Runden unfruchtbar machen. Das einfachste und wohl verbreitetste Mittel dazu ist langes Reden, sei es von den Teilnehmern, sei es von den Leitenden, wobei Letztere sich manchmal noch dazu verpflichtet fühlen.
Häufig findet sich auch, dass eine Bibelstelle nur Sprungbrett für die eigenen Ideen und Erlebnisse ist. Es geht nicht um deren Botschaft, sondern sie bietet nur den Anlass und die willkommene Gelegenheit, von sich zu erzählen.
Eine dritte, eher subtile Gefahr sind Diskussionen. Natürlich kann in manchen Fällen eine sachliche Auseinandersetzung gefordert sein. Doch können sich hinter solchen Wortgefechten persönliche Ziele verstecken, und meistens leiten sie die Aufmerksamkeit von der eigentlichen biblischen Botschaft weg.
Bei jahrelang bestehenden Bibelrunden haben sich deswegen in der Praxis nebenstehende Einstellungen bewährt:

- Ausrichtung primär auf den biblischen Text
- Mitteilungen kurz und zur Sache
- Verstehendes Zuhören ist wichtiger als Belehren

Natürlich können spezielle Situationen oder besondere persönliche Betroffenheit ein Abweichen von diesen Haltungen verlangen. Doch auf Dauer haben sich diese Hinweise als sehr förderlich für Bibelgruppen erwiesen.
Gelegentlich finden Bibel-Angebote starken Zulauf. In einer großen Runde ist aber kein richtiger Austausch mehr möglich. Dann empfiehlt sich, Untergruppen zu bilden. Ideal sind fünf bis sechs, aber nicht mehr als sieben Mitglieder. Dies erlaubt, dass jede Person zu Wort kommen und ein Dialog entstehen kann, ohne dass das Reden zu viel wird.

Bei solchen Bibelgruppen hängt vieles von den Verantwortlichen ab. Sie geben mit ihrem Führungsstil und ihrem Leben entscheidende Momente für das gemeinsame Klima vor. Weil die Bibel das Miteinander und die fundamentale Gleichheit aller Menschen bezeugt, entspricht ihr besonders die Form teilnehmenden Leitens. Dabei übernimmt die verantwortliche Person die Rolle der Leitung und versieht diesen Dienst mit allen Aufgaben für die Gruppe, ist aber in ihr ein Mitglied ebenso wie alle anderen. Daraus folgend kann und soll diese Rolle wechseln, soweit auch andere im Team dazu fähig sind.
Im Folgenden möchte ich jene drei Weisen vorstellen, die sich in verschiedenen Ländern und Bibelrunden als besonders geeignet erwiesen haben. Die erste, Lumko, ist eher emotional-meditativ, die zweite, Bludesch, stärker auf das Verstehen ausgerichtet, die dritte, Amos-Programm genannt, mehr aktuell und sozial.

11.2.1 Methode Lumko – Sieben Stufen

Lumko ist ein Pastoralzentrum in Südafrika, von wo aus sich vor knapp zwanzig Jahren diese Weise des Bibellesens nach Europa verbreitet hat. Sie wird auch Bibel-Teilen oder Methode der Sieben Stufen genannt. Die sieben Stufen lauten:

1) „Wir laden den Herrn ein."
   - kurzes Gebet: Die leitende Person bittet, ohne zu bestimmen, dass jemand aus der Gruppe für alle in zwei, drei Sätzen um Gottes Gegenwart betet.
2) „Wir lesen den Text."
   - Nachdem alle ihre Bibel zur ausgewählten Stelle geöffnet haben, erfolgt die Bitte, dass jemand für alle laut und langsam vorliest; die anderen lesen nicht mit, sondern hören zu.
3) „Wir verweilen beim Text. Welche Worte sind uns wichtig?"
   - Nach einer Zeit der Stille, etwa zwei Minuten zum eigenen nochmaligen Lesen der Stelle, sagen die Teilnehmer laut jene Worte, die sie betroffen haben, mit genügend zeitlichem Abstand.

     Am Ende nochmaliges lautes Lesen, wie unter 2).
4) „Wir schweigen."
   - ca. 4–5 Minuten Stille
5) „Wir sagen einander, was uns berührt hat."
   - Hier sind alle eingeladen, kurz mitzuteilen, warum sie ein Wort aus dem Text oder das eines anderen Mitglieds berührt hat.
6) „Wir besprechen, was der Herr von uns will."
   - Austausch darüber, welche Folgen das Gehörte für unser Leben hat.
7) „Wir beten."
   - Jede Person soll kurz Dank, Bitte oder Fürbitte aussprechen, evtl. in Verbindung mit den zuvor genannten Worten. Dann Abschluss mit gemeinsamem Gebet oder Lied.

Die Sätze in Anführungszeichen entsprechen den Ansagen des Leiters, die mit • eingeleiteten Erklärungen jenen Angaben, die er kurz und frei für die Gruppe wiedergibt. Das Schaubild fasst den ganzen Prozess zusammen:

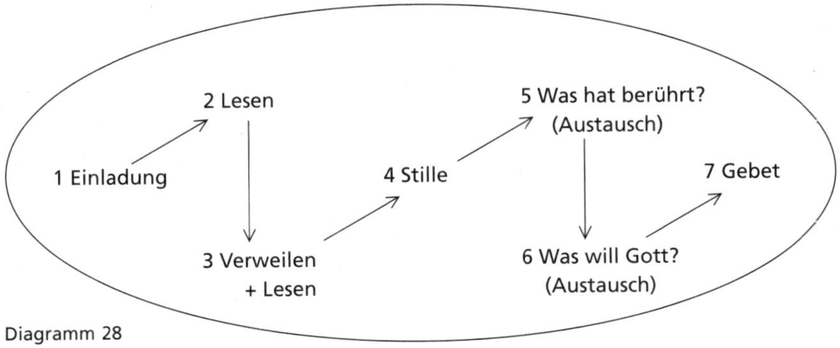

Diagramm 28

Das entscheidende Moment ist Stufe drei. Damit es dort zum meditativen Verweilen kommen kann, bedarf es einiger Hinweise:

- Die Worte beginnen ihre Kraft zu entfalten, wenn sie in die Stille hineingesprochen werden. Sie dürfen nicht schnell aufeinander folgen. Hilfreich ist das Bild vom Läuten einer Glocke. Erst wenn ein Wort, wie eine Glocke, ganz ausgeklungen ist, hat das nächste Platz. Wer sich mit diesen Vorstellungen schwer tut, kann sich damit behelfen, dass er in aller Ruhe mindestens siebenmal ruhig ein- und ausatmet, bevor er nach einem von anderen gesprochenen Wort sein eigenes sagt.
- Es geht um einzelne Worte und nicht um Sätze, die die Aufmerksamkeit zerstreuen würden. Ein Einzelwort wie „berührte" bündelt die Zuwendung viel stärker, als wenn sie auf einen ganzen Satz verteilt wird; außerdem haben die Teilnehmer den Zusammenhang durch die aufgeschlagene Bibel ohnehin vor Augen. Zusätzlich öffnen einzelne Worte sich für breitere Assoziationen und damit für mehr Verbindungen mit dem eigenen Leben.
- Zwei bis drei Meldungen pro Mitglied sind der Normalfall. Dabei können durchaus auch Wiederholungen vorkommen. Bei sieben Teilnehmern ergibt das insgesamt ca. 15 Worte, die wie ein Geflecht den ganzen Text tragen und sich auch über das Treffen hinaus tief einprägen.

Die Methode Lumko ist eher angebracht bei Menschen, die schon ein wenig miteinander vertraut sind, weil sie persönliches Beten erfordert. Mit ihrem Zugang über Gefühle vermag sie der Bibel sehr nahe zu kommen, wobei Texte mit Bildern oder Reden besonders dafür geeignet sind.

11.2.2 Methode Bludesch – Fünf Fragen

Bludesch ist der Name eines Dorfes im Walgau in Vorarlberg, wo diese Weise, die Bibel gemeinsam zu lesen, 1984 begonnen hat. Ebenso wie bei Lumko können auch dabei Nicht-Fachleute teilnehmen; die Anforderungen sind aber durch das Schreiben und bei Frage 2 etwas höher.

Die Methode Bludesch hat einen ähnlichen Rahmen wie das Bibel-Teilen, durch den Beginn mit Gebet und lautem Vorlesen sowie den Abschluss mit Lied oder Beten, parallel zu Stufen 1, 2 und 7 oben. Im Kern besteht sie aus fünf Fragen:

1) Was ist die zentrale Aussage?
2) Was verstehe ich nicht?
3) Welche Zusammenhänge gibt es?
4) Was gefällt mir, bzw. womit bin ich nicht einverstanden?
5) Was kann ich (können wir) konkret tun?

Diese fünf Fragen erarbeitet jede Person zunächst schriftlich für sich, in ca. 20 Minuten. Dann erfolgt der Austausch, reihum zu jeder Frage.
Bei Frage 1) soll man in einem Satz den wesentlichen Inhalt des zu besprechenden Textes zusammenfassen. Dies sammelt das Interesse für die Hauptbotschaft des Textes und gibt Orientierung für die weiteren Fragen.
Die Frage 2) möchte zu einem aufmerksameren Wahrnehmen führen. Was uns unverständlich ist, wird oft ausgeblendet oder übergangen, und das verkürzt nicht nur die Texte, sondern auch unseren Horizont.
Häufig ergeben die zu Frage 3) gefundenen Zusammenhänge Antworten auf das zuvor entdeckte Unverstandene. Als Zusammenhänge gelten zunächst die Texte davor und danach, wie bei 1.1.1 Kontext, dann vergleichbare Stellen, z. B. die Paralleltexte bei den synoptischen* Evangelien, sowie ähnliche Themen.
Durch die Vertrautheit mit dem Text, gewonnen mit den Fragen 1–3, haben die beiden letzten Fragen ein solides Fundament. Frage 4) lässt den Gefühlen Raum und Frage 5) will die Umsetzung ins Leben anregen, entsprechend Stufe 6 bei Lumko. Einerseits soll sie wirklich konkret, greifbar werden, anderseits nicht in Aktivismus ausarten, am wenigsten bei Gläubigen, die ohnehin schon engagiert sind.
Vor dem abschließenden Gebet soll die Person, die die Gruppe führt, ein Bild zu einem Aspekt des gelesenen Textes oder einfach zur Meditation in die Mitte legen. Eine Stille von 4–5 Minuten gibt den Teilnehmern Gelegenheit, nochmals in Ruhe auf Gesagtes zurückzublicken, es einwirken zu lassen oder innerlich zu beten.
Diagramm 29 gibt nochmals einen Überblick über diese Schritte:

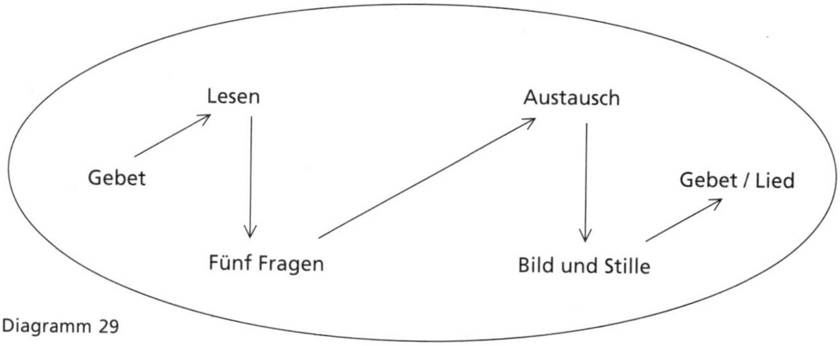

Diagramm 29

Die Methode Bludesch kann auf alle Texte angewandt werden. Mit einer kurzen Einführung in die Ziele der fünf Fragen können neu einsteigende Mitglieder sofort in der Gruppe mitmachen; schon nach wenigen Treffen ist der Ablauf so vertraut, dass es kaum mehr Erklärung oder starke Führung braucht. Der Schwerpunkt liegt hier eher auf dem Zugang über das Begreifen, doch sprechen die letzten beiden Fragen alle Dimensionen des Lebens an.

📖 Literatur: FISCHER, Beginn.

11.2.3 Das Amos-Programm

Die beiden Methoden Lumko und Bludesch setzen bei ausgewählten oder vorgegebenen biblischen Texten an und kommen von dort zu den Erfahrungen der Teilnehmer. Das Amos-Programm beschreitet den umgekehrten Weg. Es geht aus von Situationen der Gegenwart und fragt von dort nach biblischen Texten zurück.

Diese Weise des Bibellesens ist von seiner Entstehung und dem Umfeld dort stark sozial geprägt. Diese Ausrichtung erklärt den Namen Amos, in Erinnerung an den ebenso wirkenden Profeten. Die Methode besteht aus drei Schritten:

1) „Wir blicken auf das Leben."
   In dieser ersten Phase teilen die Mitglieder einander wichtige Erfahrungen mit. Aus diesen Ereignissen wird eines ausgewählt, das mehrere oder tiefer bewegt, und genauer angeschaut in seinen Aspekten.
2) „Wir hören auf Gott."
   Die Teilnehmer überlegen zunächst in einigen Minuten Stille, was Gott dazu sagen würde, und tauschen sich dazu aus. Dann versuchen sie, zu der ausgewählten Erfahrung ihres Lebens eine entsprechende Bibelstelle zu finden und in ihrem Licht die eigene Gegenwart neu zu sehen. Dabei ist meist aus mehreren vorgeschlagenen Stellen eine auszusuchen.
3) „Wir handeln in Liebe."
   Der biblische Text zeigt Weisen auf, wie die Teilnehmer den sie bewegenden Erfahrungen begegnen können. Diese Impulse für das Leben werden konkret im Handeln: „Wer wird was wann tun?"

Das Diagramm 30 verdeutlicht diesen Prozess:

Diagramm 30

Die Stärke des Amos-Programms liegt im engen Bezug zum Leben der Teilnehmer. Es verlangt in der ersten Phase Beschränkung beim Reden sowie sensibles Erspüren und Abwägen der Probleme, mit Rücksicht auf die Betroffenen, die sie vorbringen. Für den zweiten Schritt bedarf es eines weiten biblischen Hintergrundes, damit die Bibelstellen wirklich entsprechen und nicht aus einem zu begrenzten Kreis kommen, mit der Gefahr von Wiederholungen. Somit stellt diese Weise des Lesens an die Leitung höhere Anforderungen.

Alle drei Methoden zeichnen sich durch dasselbe Anliegen aus, die Bibel in Beziehung zur Lebenswelt zu bringen. Sie alle eignen sich für Menschen, die nicht speziell biblisch gebildet oder geschult sind. Es genügt, dass die Teilnehmer Interesse für die Bibel mitbringen und bereit sind, auf die Bibel und aufeinander zu hören. Günstig ist, wenn eine Person Verantwortung für die Leitung übernimmt und sich ein wenig vorbereitet oder sachlich informiert.

Als Zeitmaß für die Zusammenkünfte haben sich 1 1/4 bis maximal 1 1/2 Stunden als ideal erwiesen; so kann der Austausch sich auf das Wichtige konzentrieren und die Gefahr des Zerredens wird geringer. Danach mögen manche ruhig noch weiter im persönlichen Gespräch ver-

bleiben. Um den Unterschieden bei den Mitgliedern entgegenzukommen, empfiehlt sich nicht dauernd nur eine Methode zu verwenden, sondern gelegentlich abzuwechseln.
Für den schulischen Unterricht lassen sich die Methoden anpassen, indem nur einzelne Fragen oder Stufen genommen werden oder nicht alle jedes Mal antworten. Die genannten Weisen sind bereits in der Mittelstufe einsetzbar. Die manchmal bei Jugendlichen begegnenden Widerstände gegenüber dem Lesen der Bibel fordern Lehrende heraus, sie zu motivieren für den Dialog mit Gottes Wort und Mut zu Inhalten zu zeigen. Beides werden die Heranwachsenden später brauchen, verwenden und schätzen.

11.2.4 Weitere Methoden

Die Renaissance der Bibelarbeit seit dem Aufbruch im 2. Vatikanischen Konzil hat zu einer Fülle von Weisen der Beschäftigung mit der Bibel geführt. Sie reichen von intellektuellen Formen wie Bibelquiz bis hin zu fast therapeutischen Spielen wie Bibliodrama.
In der Literatur zu diesen neuen Arten der Bibelarbeit tritt der Aspekt der ganzheitlichen Beschäftigung vermehrt in den Vordergrund. Soll eine Bibelstelle wirklich in den Menschen hineingehen, so darf er nicht nur einseitig angesprochen werden. Von daher haben kreative Formen der Textbegegnung zugenommen, wie Spiel, Tanz, Singen, die den Körper und die Sinne einbeziehen. Dass dies vermehrt geschieht, ist dringend zu wünschen, und hier besteht ein weites offenes Arbeitsfeld.

🕮 Literatur: LANGER, *Handbuch*, vor allem Kap. 5; GIES, *Werkbuch*.

11.3 Schwierigkeiten mit der Bibel

Heute noch leben Menschen, denen in ihrer Jugend verboten war, eine Bibel zu lesen. Die Kirche befürchtete, dass die Gläubigen das Wort Gottes nicht oder falsch verstehen könnten. Tatsächlich passiert auch jetzt noch immer wieder, dass Menschen voller Begeisterung oder aus Interesse mit ihrem Lesen anfangen, dann aber auf Stellen treffen, die sie nicht begreifen oder welche sie sogar abstoßen, und daraufhin enttäuscht aufhören. Wir wollen im Folgenden einige der Grundprobleme ansprechen.

11.3.1 Harte Gottesvorstellungen

In Dtn 7,2 lautet die Aufforderung an die Israeliten bezüglich der Einwohner des Landes: „... sollst du gewiss den Bann an ihnen vollziehen“. Gott wird Anstiftung zum Töten in den Mund gelegt. Ps 94,1 preist gleich anfangs Gott zweimal als „Gott der Rache“ bzw. der Vergeltung in den gängigen Übersetzungen.
Doch auch im NT finden sich in Jesu Gleichnissen harte Vergleiche. Beim Hochzeitsmahl lässt der König den ohne Festgewand Erschienenen in die Finsternis hinauswerfen (Mt 22,13). Und Lukas beschließt das Gleichnis von den anvertrauten Minen mit dem Befehl des Königs, seine

Feinde umzubringen (Lk 19,27). Dies sind nur einige wenige Beispiele für harte Vorstellungen von Gott, und sie zeigen, dass dieser Zug nicht auf das AT alleine beschränkt ist.
Zunächst und als Wichtigstes ist dabei zu sehen, dass alles Reden von Gott bildhaft und menschlich ist (→ 8.1.1a). Wir können nicht anders als mit unserer Sprache und unseren Vorstellungen Aussagen über ihn machen, und diese treffen eben nur in eingeschränkter Weise auf Gott zu, wie er wirklich ist.
Bildhafte Aussageweisen wie Feuer, Zorn, Bann, Rache laden ein, den damit vermittelten übertragenen Sinn zu entdecken. So sind die Gleichnisse des NT Impulse, Gott nicht nur als windelweiche Gestalt wahrzunehmen, die alles toleriert und die der Mensch um seinen Finger wickeln kann, sondern als jemand, der Ansprüche stellt und ein bestimmtes Verhalten einfordert.
Die Bibel selber setzt noch ein Mittel ein, um Vorsicht bei den Aussagen über Gott zu wecken. Sie verbindet öfter mehrere Bilder und legt damit nahe, dass eine einzige Weise der Benennung für Gott nicht genügt. So vergleicht Hos 14 ihn mit Tau in v6 und mit einem grünen Wacholder in v9. Jes 63,16 und 64,7 verwenden im Gebet für ihn die Anrede „unser Vater“, 66,13 den Vergleich mit einer Mutter. Die Kombination von Bildern und Sprechweisen für Gott macht deutlich, dass er menschliche Vorstellungen überschreitet.
Weil die Bibel zugleich Gottes Wort und menschliches Sprechen über ihn ist, können sich darin auch Interessen gewisser Personen verbergen. Im Fall von Dtn 7 ist dies der Wunsch, den eigenen Anspruch auf das Land zu rechtfertigen. Hinter vielen Texten in Levitikus stehen Privilegien von Priestern. Heute kann und soll man diese Positionen und Forderungen kritisch sehen. Dazu hilft auch der Blick auf die Bibel in ihrer Gesamtheit und in ihrer Umwelt (→ Kap. 6) sehr.
Als eine für Nicht-Fachleute kaum zu lösende Schwierigkeit bleibt das Problem mancher Übersetzungen, vgl. auch 1.1.3 zu Ex 3,22, und des historischen Hintergrundes bestehen. Das hebr. Wort für Rache meint eigentlich Ausgleich und folgt notwendig aus Gottes Gerechtigkeit; damit klingt der oben zitierte Ps 94,1 ganz anders. Ebenso muss man die Vorstellung vom Bann an ihrem zeitlichen Ort sehen: Dtn 7 stammt aus einer Zeit, die ein halbes Jahrtausend später als die so genannte Landnahme ist und nachträglich vermeintlich richtige Anweisungen dafür zu geben versucht.

📖 Literatur: SAUER, *nqm*, 107 f.

Auch die Eigenart der Bibel, Gott direkt in der Welt auftreten und sprechen zu lassen, macht Menschen heute zu schaffen, die wesentlich zurückhaltender von ihm reden. Doch drückt sich in diesem literarischen Zug aus, dass die Autoren der Bibel mit Gott als erster Wirklichkeit rechnen, die stärker als weltliche Ursachen Einfluss auf das Leben nehmen kann.

11.3.2 Feinde und Gewalt

Dieses Thema setzt mit dem Mord Kains in Gen 4 ein und zieht sich bis zum letzten Buch der Bibel durch, der Offenbarung (z. B. Offb 20). Damit spiegeln die biblischen Bücher die reale Welt mit ihren Konflikten, ihrer Grausamkeit und ihrem Unrecht. Diese Zustände und Verhältnisse werden aber nicht einfach hingenommen, sondern kritisch betrachtet. Dabei ist zu unterscheiden zwischen Gewalt, die von Gott ausgeht, und solcher, die Menschen ausüben.

Was Gottes Gewalt betrifft, dürfte Ex 1 – 15 den Paradefall dafür darstellen. Gottes Macht steht einer menschlichen gegenüber, der des Pharao. Während Gott sich für Befreiung einsetzt (Ex 3,8 und öfter), immer wieder das Gespräch sucht (Ex 5 und 7ff), verkörpert der – nicht mit Namen genannte – Pharao brutale menschliche Gewalt: in Ex 1 Fron und Aufforderungen zum Mord an Kindern, in Ex 5 Verschärfung der Unterdrückung, in Ex 7– 11 in 3x3 Durchgängen ein lange hinziehendes Taktieren, mehrfachen Wortbruch und Gesprächsabbruch mit Todesdrohung (10,28). Als Pharao in Ex 14 gegen den eigenen Befehl zum Auszug (12,31–33) das einfache Volk militärisch verfolgt, geht er mit seiner Heeresmacht unter.
Diese Beispielerzählung zeigt, dass es bei dieser Auseinandersetzung nicht um rivalisierende Völker geht, sondern um unterschiedliche Machtansprüche: Gott möchte Befreiung schenken – der Pharao will abhängig halten und ausnützen. Gott möchte mit Einsicht gewinnen und im Gespräch überzeugen – der Pharao reagiert nur auf Druck und Verlust. Gott setzt Macht erst zuletzt ein – der Pharao geht von allem Anfang an gewalttätig vor, selbst gegen Unschuldige.
Bezüglich Gottes Gewalt hat die Bibel ein Prinzip: Sie erfolgt nie ohne Grund. Immer geht ein Vergehen voraus, das meist weit größer ist als seine gewaltsame Reaktion, die wieder auf einen Zustand der Gerechtigkeit hin zu korrigieren sucht. Und oft antwortet Gott mit Milde und Vergebung, die er als sein Wesen offenbart, sogar auf den Bundesbruch Israels mit dem Goldenen Kalb hin (Ex 34,6f).
Nicht so einfach und klar ist es mit Gewalt und Feindschaft unter den Menschen. Doch auch dabei vertritt die Bibel eine Botschaft ganz eindeutig: Gewalt hat nicht das letzte Wort. Zur Wahrnehmung dessen bedarf es aber übergreifender Zusammenhänge. Bei Joab, Davids Feldherrn, z. B. scheint sein Mord an Abner (2 Sam 3,27) zunächst ohne Folgen zu sein. Doch 1 Kön 2,28–34 schildern seinen gewaltsamen Tod. Solche größeren Zusammenhänge gelten auch für ganze Völker; Beispiele dafür sind Assur im Jesajabuch oder Babel bei Jeremia, wo jeweils die von diesen Nationen verübte Gewalt letztlich zum Gericht an ihnen selber führt (Jes 14,25; Jer 50f).
Zusätzlich übersteigt die Bibel das Freund-Feind-Denken auf zwei Weisen. Zum einen zeigt sie einen Weg auf, der von mehrfach vergeltender Rache (Gen 4,24: bei Lamech 77-fach) hin zur Liebe für Fremde (Dtn 10,18f) und Feinde (Mt 5,44) und zur Vergebung (Mt 18,22: auch 77-mal) führt. Zum anderen sprechen viele ihrer Texte von einer universalen Verständigung, die die verschiedenen Geschlechter, Altersgruppen, sozialen Schichten und Völker umschließt (Jes 2,2–4; 25,6–8; Gal 3,28; Eph 2,14 u. a.). Diesem Zug zur Überwindung der Freund-Feind-Schemata entsprechen der Hauptimpuls und die Gesamtdynamik der biblischen Bücher, trotz mancher entgegenstehender Texte, z. B. in Ester. Hier berühren sich der Charakter der Bibel als inspirierte* Offenbarung und ihre Einbindung in die ao Kulturen, mit all deren Grenzen.

11.3.3 Zur Geschichtlichkeit der Bibel

„Ist es nun so geschehen oder nicht?" – diese Frage begegnet häufig bei Menschen, die die Bibel in Ehren halten und erfahren, dass sich vielleicht nicht alles so wie berichtet zugetragen hat. Ausgehend von Text und Kommunikation (→ 7.2) lässt sich antworten: Auch biblische Texte geben die Sicht ihrer Autoren wieder. Sie stellen nur ein begrenztes Abbild von Realität dar, sind mit bestimmten Absichten geschrieben und wollen mehr als nur Bericht sein.

Auch gibt es kaum völlig objektive Berichte von Geschichte; diese sind vielmehr meistens mit einer Art von Deutung verbunden. Diese Koppelung von Geschichtsdarstellung mit der Autorenposition ist bei biblischen Texten nicht nur ein Manko, sondern enthält auch Vorzüge. Leser heute erfahren mehr als nur eine einmalige Tatsache, sondern zusätzlich eine Bewertung, manchmal auch ein Zeugnis; öfter sind in die Darstellung auch spätere Erfahrungen eingearbeitet, z. B. bei einigen Profeten, sodass der Text typische, allgemein gültige Züge erhält.

🕮 Literatur: FABER, *Theorie*, 128.

Auf diese Weise entschärfen sich die Probleme. Die zwei Berichte von der Belagerung Jerusalems durch Sanherib 701 (oben 8.1.1e) zeigen zwei Sichtweisen, wobei der längere, stark verändernde das Geschehen aus größerem zeitlichem Abstand deutet. Diese Zeit-Distanz gilt noch mehr für weiter zurückliegende Ereignisse, etwa Israels Volkwerdung und die Landnahme. Aber auch bei den Evangelien sind die verschiedenen Darstellungen und Wortlaute vom Auftreten Jesu nicht Anlass, alles als falsch oder erfunden anzunehmen. Im Gegenteil, diese mehrfachen Perspektiven gehen in den wesentlichen Anliegen überein und bezeugen so gerade in ihrer Mehrstimmigkeit angemessener den unauslotbaren Schatz des Lebens und der Hingabe Jesu.
Diese Sicht von Texten als Kommunikation bedeutet nicht, ihre Geschichtlichkeit aufzugeben. Vielmehr stellt sich verschärft die Frage nach ihrem eigentlichen historischen Ort (S5, als Umfeld des Autors S4). Dort liegt der erste Sitz im Leben* der Texte; für viele Bücher des AT sind das die Gruppen nach dem Exil und die Gemeinde am Tempel, für das NT wohl die zweite Generation der Gläubigen in den verschiedenen Gemeinschaften. Fernab davon, nur literarisch zu lesen, entsteht gerade von einem solchen Textverständnis her die Verpflichtung, die biblischen Texte in diesem Sinn immer auch geschichtlich zu lesen.

11.3.4 Die Beziehung zwischen AT und NT

Vor allem das letzte Jahrzehnt hat mehrere Bücher zu diesem Thema hervorgebracht. Damit ist eine Frucht des 2. Vatikanischen Konzils aufgegangen, das, wohl im Anschluss an Röm 11,18, das Volk des Alten Bundes als „Wurzel des guten Ölbaums, in den die Heiden als wilde Schösslinge eingepfropft sind" bezeichnet (Erklärung *Nostra Aetate* 4).
Diese grundsätzliche Wertschätzung für das AT war auf christlicher Seite leider nicht immer vorhanden, obwohl es die Bibel Jesu war. Über Jahrhunderte hinweg und bis heute betrachten viele die Texte des AT – und damit Gottes Offenbarung – als zweitrangig und übergehen sie, teils sogar systematisch. Demgegenüber steht die mutige Entscheidung der Kirche seit der Urgemeinde, die Bücher des AT in ihren Kanon aufzunehmen und liturgisch zu verwenden.
Für die beiden Teile der Bibel hat sich die Bezeichnung Testamente durchgesetzt. Sie ist nicht glücklich, weil es sich um Bünde und deren Schriften handelt, deren Verhältnis mit dem Bild von Wurzel und Zweig gut erfasst ist. Das AT ist die Wurzel, ohne die das NT unverständlich bliebe. Viele Wörter, Wendungen und ganze Texte im NT setzen zu ihrem Verständnis das AT voraus und mehrfach greifen ntl. Autoren ausdrücklich auf es zurück (→ 5.1.3).

So unentbehrlich das AT für das NT ist, so offen bleibt auch das AT für sich alleine (→ S. 127). Die Fülle an Linien und Aspekten des Tanach* bedarf einer bündelnden Perspektive, einer Linse, die dem darin enthaltenen Licht Konturen und Schärfe gibt. Für Christen ist die Gestalt Jesu jene Erfüllung, in der das Licht des AT am hellsten aufstrahlt.
Mit der Beziehung zum AT verbunden ist oft die Einstellung zum jüdischen Volk. Eine abwertende Haltung gegenüber dem AT führte auch zu antisemitischen Äußerungen und Taten – nicht bedenkend, dass Jesus selber Jude war. Im Römerbrief diskutiert Paulus ausführlich das Verhältnis zu den Juden; ihnen hat Gott zuerst und bleibend Heil angeboten (Röm 11). Gegen diese Erwählung darf man nicht Stellen wie Joh 6,41.52 u. a. anführen, die „die Juden" ablehnend gegenüber Jesus zeigen, weil diese Benennung nur eine Gruppe innerhalb des Volkes bezeichnet und den fortschreitenden Prozess der Ablösung bzw. Abgrenzung von ihnen spiegelt. Trotz dieser Abwehr bleiben sie für Christen Schwestern und Brüder im Glauben, denen Gott sich zuerst geoffenbart hat.

11.3.5 Einige Regeln

Wir können hier nicht auf alle Probleme und Schwierigkeiten eingehen. Doch haben sich für den Umgang damit einige Haltungen bewährt, die wir hier als Hilfen weitergeben wollen.

- Jeder biblische Text gilt zunächst für seine Zeit.
  Sein erster Sitz im Leben* ist jener Moment der Vergangenheit, in dem er geschrieben wurde. Von daher darf man und muss man nicht alles darin als ideal für heute übernehmen, z. B. was das Zueinander der Geschlechter betrifft; es kann sogar Kritik gefordert sein. Auch ist zu bedenken, dass manche Ausdrücke damals anders verwendet und verstanden wurden als in der Gegenwart.
- Der Zusammenhang gibt oft Hinweise zum Verständnis.
  Die kleinen Einheiten, die wir meist lesen oder in der Liturgie hören, unterbrechen die zu einem korrekten Verstehen notwendigen Verbindungen. Deswegen hilft es oft, auch noch das Vorhergehende und das Folgende zu lesen.
  So berichtet 1 Kön 18,40 Elijas Mord an den Baalsprofeten. Erst die Fortsetzung im nächsten Kapitel zeigt die Folgen für Elija auf: Todesgefahr, Flucht, Angst, Entbehrung, Sterbewunsch, Bestimmung eines Nachfolgers für ihn, usw. (1 Kön 19,1–18). Dieser Zusammenhang stellt jedem Leser drastisch die Konsequenzen seines früheren Tötens vor Augen. Manchmal, wie im Fall von Joab (→ 11.3.2), geht diese Verbindung über viele Kapitel hinweg sogar in ein anderes Buch hinein.
- Jeder Text ist innerhalb der gesamten Bibel auszulegen.
  Manche Formulierungen sind bewusst überspitzt, so die Aufforderungen Jesu zur Selbstverstümmelung, wenn etwas Anlass zur Sünde gibt (Mt 5,29f). Der Sinn dieser und anderer scharfen Worte besteht darin, mit aller Kraft zur Entschiedenheit in der Abwehr von Sünde zu motivieren. Sie sofort wörtlich umzusetzen liegt nicht in der Absicht Jesu, der gekommen ist, Leben zu geben in der Vergebung der Sünden (Mt 26,28).
  In ähnlicher Weise sind gerade bei schwierigen Texten andere zur gleichen Thematik heranzuziehen und zu bedenken. So können Missverständnisse, die durch isolierte Betrachtung einzelner, extremer Aussagen entstehen, vermieden werden. Statt dessen erhalten solche

problematischen Texte vom Gesamt der Bibel her eine Balance, weil deren Schwergewicht und Dynamik klare Akzente setzt: Sie schildert Gott als den einen, einzigen, universalen Gott der ganzen Schöpfung. Sie gibt seiner Heilsbotschaft Vorrang vor dem, was Konflikte nährt und zerstört. Sie möchte Gemeinschaft aufbauen unter allen Menschen.

Im Blick auf diese und andere Hauptakzente der Bibel können die meisten Schwierigkeiten relativiert werden, ohne sie zu übergehen. Doch erhalten sie durch andere, ergänzende, sogar auch korrigierende Texte zusätzliches Licht.

12. Kapitel

Die Bibel im Alltag

Die Bibel als Wort Gottes ist Einladung an den Leser, mit ihm selbst in tiefere Beziehung zu treten. Viele Menschen sind diesen Weg gegangen und haben dabei immer neue und bleibende Kraft in ihrem täglichen Leben gefunden.

12.1 Persönliche Schriftlesung

Eine große Zahl von Gläubigen liest oder betrachtet regelmäßig die Bibel. Hier seien zwei Weisen mit einer langen Tradition vorgestellt. Sie mögen als Anregung für jene dienen, die selber die Heilige Schrift wiederholt lesen und dafür vielleicht noch einzelne Momente dazugewinnen wollen.

12.1.1 Geistliche Lesung – Lectio divina

Der lat. Ausdruck *lectio divina* „göttliches Lesen“ bezeichnet eine Abfolge von sechs Stufen (Diagramm 31):

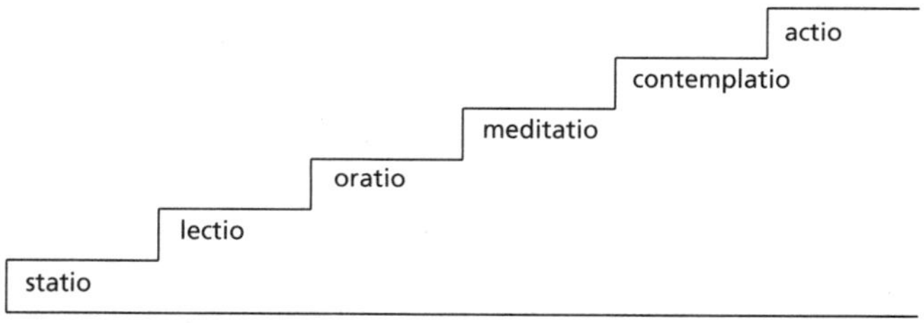

Diagramm 31

Die erste Stufe, lat. *statio* für Stehen, dient dem Innehalten und Bewusstwerden. Eine kurze Zeit der Stille hilft, die Probleme des Alltags für einen Moment beiseite zu lassen und neu aufnahmefähig zu werden.
Die zweite Stufe, *lectio* – Lesen, besteht in der langsamen, aufmerksamen Lektüre des Textes, die ihn und auch seine Details so gut es geht innerlich zu erfassen sucht.
Bei der dritten Stufe, *oratio* – Gebet, beten die Lesenden, Gott antwortend für die Gabe seines Wortes oder ihn bittend um das, was sie erhoffen.
Dieses Beten leitet über zur vierten Stufe, *meditatio* – Erwägen. Darin geht es um das nachsinnende Durcharbeiten jener Punkte des Textes, die wichtig oder bedenkenswert erscheinen.
Diese Phase des Überlegens bereitet die fünfte Stufe vor, *contemplatio* – Betrachten, die den eigentlichen Höhepunkt des Lesens darstellt. In ihr bleiben die Lesenden mit den sie ansprechenden Punkten in verweilendem Anschauen vor Gott.
Die letzte Stufe, *actio* – Tun, soll etwas von dem in der Lesung Erkannten im Leben umsetzen. Angezielt ist die Verwirklichung im Handeln, wie Stufe 6 bei Lumko und Frage 5 bei der Methode Bludesch (→ S. 160).

An Zeit sollte mindestens eine halbe Stunde zur Verfügung stehen, wobei die vierte und fünfte Stufe am längsten dauern. Zu beachten ist dabei, dass *meditatio* hier anders als das deutsche Wort Meditation verwendet wird, insofern Verstand und Überlegen eine größere Rolle spielen. Dem deutschen Wort Meditation, im Sinn von Betrachtung, entspräche eher die fünfte Stufe.

12.1.2 Ignatianische Schriftbetrachtung

Ignatius von Loyola hat mit seinem Werk „Die geistlichen Übungen" Grundlagen geschaffen, nach denen bis heute Exerzitien gegeben werden. Darin stellt er auch eine Weise vor, wie die Übenden Bibelstellen lesen sollen. Voraus geht, dass der Text bekannt ist, weil der Exerzitienbegleiter ihn in den wesentlichen Punkten knapp erklärt hat. Eine Person kann aber auch für sich solche wichtigen Aspekte herausfinden.
Die im Wesentlichen gleich bleibende Struktur (Geistliche Übungen 46–54; 101–109; 110–117) dieser Leseweise veranschaulicht Diagramm 32:

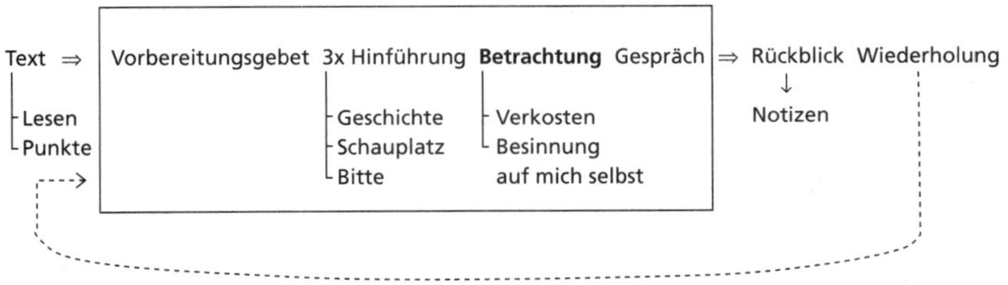

Diagramm 32

- *Vorbereitungsgebet:* Dabei soll man „Gott, unseren Herrn, um Gnade bitten, damit alle meine Absichten, Handlungen und Beschäftigungen rein auf Dienst und Lobpreis seiner göttlichen Majestät hingeordnet seien".
- Mehrere *Hinführungen:*
  a) die Geschichte in Erinnerung rufen = was hat sich zugetragen
  b) die Zubereitung des Schauplatzes = sich die Szene vergegenwärtigen, vergleichbar einem Drama im Theater mit der Inszenierung
  c) die Bitte, worum ich begehre = je nach Text oder eigener Situation Gott um das bitten, was wichtig erscheint.
- Eigentliche *Betrachtung* in mehreren, meist 3–5 Punkten: Es geht zunächst um das Verkosten dieser wichtigen Momente am Text, d. h. um ein Verspüren, was sie bedeuten und was ich dabei empfinde. Bei jedem Punkt soll der Betrachtende sich dann auf seine Person zurückbesinnen, um einen Nutzen daraus zu ziehen. Dazu helfen Fragen wie „Wo finde ich das in meinem Leben? Was folgt daraus für mich?"
- *Gespräch:* Im persönlichen Gebet mit Gott sind in vertraulicher Weise, „wie ein Freund zu einem anderen" Anliegen, Bitten, Bereitschaft, Bekenntnis usw. auszusprechen, je nach dem, was in der Betrachtung aufgegangen ist. Den Abschluss bildet ein Vater unser.

Das normale Zeitmaß für eine solche Schriftlesung ist eine Stunde. Dabei fällt weit mehr als die Hälfte auf die Betrachtung der einzelnen Punkte, der bei der *lectio divina* die Stufen vier und fünf zusammen entsprechen. Das Vorbereitungsgebet bleibt immer gleich; Hinführungen, Punkte und Gespräch ändern sich je nach Text und Situation. Zum eigenen Erkennen von Punkten sind die Hinweise bei Aktualisierung (→ 10.1) förderlich.

Nach der Schriftbetrachtung empfiehlt Ignatius, auf die Gebetszeit zu reflektieren. Dabei soll man erspüren, was sich bewegt hat, evtl. auch, warum es so gegangen ist, und dies niederschreiben. Zur Vertiefung legt er weiter nahe, mit derselben Stelle Wiederholungen zu machen, wobei jene Punkte aufzugreifen sind, die sich zuvor als anregend erwiesen haben.

Die beiden hier vorgestellten Weisen persönlichen Bibellesens sind keine starren Schemata, sondern können nach eigenem Empfinden abgewandelt werden, immer im Blick darauf, was mehr Frucht bringt. Ebenso eignet sich die Methode Bludesch (→ 11.2.2) mit ihren fünf Fragen für die eigene Beschäftigung mit dem biblischen Text in einfacher Art, allerdings unter Verzicht auf den Austausch und damit die Bereicherung durch die Gemeinschaft.

12.2 Beten mit der Bibel

Für Priester und Ordensleute gehört das Beten mit der Bibel zum gewöhnlichen Tagesablauf, weil sie zum Brevier verpflichtet sind. Doch haben sich auch andere dieser Praxis angeschlossen und beten Teile des Stundengebets jeden Tag.

Unabhängig davon gehört zu den persönlichen Schätzen von Menschen, manche Gebete der Bibel, vor allem Psalmen, auswendig zu kennen und so unabhängig von Buch, Licht, Umgebung jederzeit für sich beten zu können. Auf dem Hintergrund gesellschaftlicher Vorgänge und persönlicher Erlebnisse wachsen diese Gebete in ihrer Aussagekraft über die Jahre immer mehr und werden so noch vertrauter.

Bewährt haben sich auch die unterschiedlichen Formen biblischer Kalender, die für jeden Tag eine kurze Schriftstelle zur Lesung anbieten, evtl. mit einem kleinen Kommentar dazu, wie GCL-Kalender, Schriftlesungskalender, usw.

Bei allen diesen Formen geht es weniger um die Erfüllung eines Programms als einer Pflicht. Fruchtbarer ist es, die Verbindung eines biblischen Wortes mit dem eigenen Leben zu suchen. Dafür genügt oft, sich auf einen Satz oder einen Gedanken zu konzentrieren und diesen mit in den Tag hineinzunehmen, als eine Art Motto.

Eine Aussage wie „Gott hat längst Gefallen an deinem Tun" (Koh 9,7) vermag so auf den Alltag einzuwirken, Gelassenheit zu geben gegenüber dem Druck, ständig noch mehr machen zu müssen. Ein anderes Beispiel ist der Beginn von Ps 23 „Der Herr ist mein Hirte"; schon manche Kranke haben gesagt, dass das Aussprechen dieser Worte ihnen Kraft und Zuversicht gegeben hat.

Wer sich so auf Gottes Wort einlässt und es in sein Leben mitnimmt, kann reich beschenkt werden. Die Früchte dieser Begegnung mit dem sprechenden Gott sind vielfältig: Geduld, Trost, Hoffnung, aber auch gelegentlich, wo es nötig ist, Kritik und Korrektur, mit reinigender und heilender Wirkung. Das aus Ps 1 genommene Motto des Buches verspricht nicht zu viel.

12.3 Erfahrungswerte

Im Laufe längerer Beschäftigung mit der Bibel sammelt sich manches Bewährte. Auch wenn nicht alles für jede Person übernehmbar ist, so findet sich doch vielleicht das eine oder andere Brauchbare darunter.

- Für ein gutes Aufnehmen der Texte aus der Heiligen Schrift ist besser, täglich ein wenig zu lesen als unregelmäßig viel.
- Wer regelmäßig Bibel liest, wächst zusehends tiefer hinein und es wird leichter. Es ist wie mit einem Musikinstrument, wo auch das beständige Üben zu einer entsprechenden Vertrautheit und Fertigkeit führt.
- Bewegende Aussagen in Form von Schlüsselsätzen auswendig zu lernen führt zu einem bleibenden Schatz, mit starker Wirkung auf das Leben.
- Wenn sich eine Einsicht in eine Bibelstelle auftut, lohnt es sich, diese schriftlich festzuhalten. Dies gilt gleichfalls für jede intensivere Beschäftigung mit einem Text.
- Weil die Bibel selber sehr weit ist, sollten es auch ihre Leser sein bzw. werden. Dies legt nahe, ihr auf verschiedene Weisen zu begegnen: in projektiver Form, assoziierend und weiterdenkend; analytisch, genau untersuchend, mit Schritten und Zugängen wie hier im Buch; kreativ, das Erkannte schöpferisch umsetzend und sich aneignend, mit dem Ziel, den Text so gut wie möglich mit den eigenen Fähigkeiten aufzunehmen.
- Nicht immer erschließt sich die Bedeutung biblischer Texte einfach oder sofort. Hilfen können dann sein, mit anderen darüber zu reden, oft aber einfach auch das Warten; dies gilt ebenso für angestrengte Bemühung beim Studium der Heiligen Schrift, deren Sinn-Eröffnung sich nicht erzwingen lässt. Zu allem eigenen Mühen bedarf es da immer wieder auch der Geduld und des Gebetes.

- Weil die Heilige Schrift Geschenk des erbarmenden und Versöhnung schenkenden Gottes ist, sollte man sie nie als Waffe gebrauchen, d. h. ihre Worte nicht gegen andere richten. Sie will vielmehr zur eigenen Herzensumkehr und zur Begegnung mit Gott führen.

12.4 Reisen in biblische Länder

Wer viel gereist ist, hat reiches Wissen,
und der Erfahrene redet verständig
(Sir 34,9).

Fast so alt wie das Christentum selbst ist der Wunsch vieler Menschen, in der Bibel vorkommende Stätten und Orte zu besuchen. Aus alten Pilgerberichten wissen wir, dass spätestens seit dem 4. Jahrhundert in Jerusalem, im Bereich des Moseberges am Sinai und an zahlreichen anderen alt- und neutestamentlichen Orten und Lokaltraditionen ein offizielles, organisiertes und geregeltes Pilgerwesen herrschte, das auch die leibliche wie geistliche Versorgung der Pilger – in erster Linie durch Mönche – mit einschloss. Schon damals stand im Mittelpunkt dieser Fahrten die Verbindung konkreter Orte mit den entsprechenden Bibelstellen und im Zusammenhang damit persönliche Glaubenserlebnisse, durch die den Pilgern manches adäquater, besser und völlig neu verständlich wurde.

Eben darin besteht der unverzichtbare Wert, den biblische Studien-, Kultur- und Pilgerreisen auch heute noch haben. Dabei stellt das Reiseland die Umwelt der Bibel dar und erklärt sie, während umgekehrt die Bibel quasi als Reiseführer im biblischen Land dient. Wichtig sind hiebei nicht nur die historischen Stätten und archäologischen Zeugnisse im Einzelnen, sondern vor allem auch das Erleben der Landschaft. Dies einerseits deshalb, weil es das hl. Land als Ganzes ist, das zu den Wurzeln des Glaubens führt; dort hat die direkte Begegnungsgeschichte Gottes mit den Menschen begonnen. Andererseits werden viele Ausdrücke und Realien der biblischen Schriften erst durch die persönlichen Erfahrungen an diesen Orten wirklich verständlich. Was es beispielsweise im vorderen Orient heißt, Hirt einer Herde zu sein, oder was ein Seesturm auf dem See Gennesaret wirklich bedeutet, was eine Quelle in der Wüste hervorruft etc., kann nur jemand wirklich erfassen, der diese Gegenden kennt. Aber auch konkrete heute noch existierende Lebensbedingungen, Lebensweisen und Lebensanschauungen vermögen ein neues Licht auf manche Bibeltexte zu werfen. Auf Grund all dieser Aspekte lassen sich biblische Reisen für das Verstehen der biblischen Schriften nicht mehr wegdenken, weil sie uns der dort vorausgesetzten Welt und Kultur ein Stück näher bringen.

Natürlich bilden das heutige Israel/Palästina, die Sinaihalbinsel und Jordanien als die biblischen Kern- und Ursprungsländer das Hauptziel solcher Bibelreisen. Für ein besseres Verständnis der alt- wie neutestamentlichen Umwelt sowie des Ur- und Frühchristentums sind aber auch Reisen nach Ägypten, Syrien, Libanon, Türkei, Griechenland sowie – wenn politisch wieder möglich – in den Irak aufschlussreich und empfehlenswert.

🕮 Literatur: Thematische Artikel in *BiLi* 72/1 (1999).

Zum Ausklang

Ein ‚Leitfaden' will dieses Buch sein. Es möchte leiten auf einen Weg. Wie im ersten Bild sichtbar, will es Orientierung geben und zum selbstständigen Auslegen biblischer Texte führen. Zugleich ist es nur ein ‚Faden': Es kann lediglich Anhaltspunkte bieten, nicht jedoch das eigene Gehen ersetzen. Wir hoffen, dass dieser Faden dennoch genügend kräftig geworden ist, dass er eine Hilfe für viele sein kann.

„Wege in die Bibel" benennt sich dieses Buch. Angesichts des Umbruchs in den Methoden galt es, einerseits die Vielfalt dieser Wege der Auslegung aufzuzeigen, anderseits auch das sie alle Verbindende deutlich zu machen. Kap. 1 versucht die wesentlichen Momente in *einen* Weg zusammenzufassen, der den Anliegen der verschiedenen Methoden Rechnung trägt und ihnen ihren Platz im Gesamt des Verstehensprozesses gibt. Diese Bündelung der unterschiedlichen Aspekte in einen gemeinsamen Weg soll allen Interessierten ein Nachgehen im eigenen Auslegen ermöglichen, das sowohl verantwortlich als auch für heute relevant ist.

Der Titel nennt auch das Ziel: „in die Bibel". Alle Ausführungen hier wollen auf sie hinführen sowie den Zugang zu ihr erleichtern und vertiefen. Durch mehr als zwei Jahrtausende hat sie viele Kulturen, auch unsere, in den Bereichen von Sprache, Literatur, Kunst und Gesellschaft entscheidend mit geprägt. In ihrem Reden von Gott ist die Bibel auch in das neue Jahrtausend hinein Maß und Quelle von Kraft und Freude. *Das* Buch bleibt auch in Zukunft die Bibel.

Teil V

Anhänge

Anhang 1: Auflösung der Übungen

Kapitel 1

1.1.1 Die Einheit geht bis einschließlich 11,9. Nachher folgen mit Sem eine neue Person und deren Stammbaum, der sich durch Vokabular (Namen, Altersangaben, ...) deutlich von 11,1–9 abhebt.

- Nach dem Segensgebet, das in 1,11 endet, deutet das „aber“ in v12 einen neuen Abschnitt an, der sich dann auch auf „meine Umstände“ konzentriert. Der Abschnitt endet in v26 mit der Aussicht auf Paulus' Rückkehr zu den Philippern. In v27 spricht Paulus dann vom rechten Lebenswandel der Philipper, ändert also das Thema.

1.1.2 Es dürfte bei LXX und Sam eine Zufügung sein, aus Angleichung an v4. Die kürzere Lesart von MT verdient den Vorzug.

- In den ältesten und besten Handschriften ist die ganze Geschichte nicht überliefert. Hinzu kommt, dass die Geschichte stilistisch und vom Vokabular her untypisch für Johannes ist. Es ist also wahrscheinlich, dass sich nicht ursprünglich im Evangelium stand, sondern dass hier eine vielleicht mündliche Überlieferung später eingearbeitet worden ist.

1.2.1 In 11,1–4 sind menschliche Subjekte vorherrschend. Dagegen dominiert Jahwe in 11,5–9. So zeigen die Hauptpersonen zwei Teile in der Struktur auf.
Bei Jer 30f leitet „so spricht Jahwe“ jeweils kleine, zumeist poetische Abschnitte ein: 30,5–11.12-17.18 – 31,1; 31,2–6.7-14.15–22.23-26.35–37; nur 31,16 fällt aus dieser Verwendung heraus. Die Einleitung „siehe, Tage kommen“ dient für die prosaischen Teile 31,27–30.31-34.38–40.

- Das markanteste Gliederungsprinzip ist der ständige Ortswechsel innerhalb und außerhalb des Prätoriums. So wird der Prozess in sieben kleine Szenen unterteilt, die konzentrisch* angeordnet sind. An zentraler Stelle steht die Krönung Jesu und die Huldigung der Soldaten.

1.2.2 Der Kontrast zwischen menschlichem und göttlichem Tun sowie zwischen Absicht und Ergebnis erzielt ironische Wirkung:

Menschen:	↔	**Gott:**
v2 aufbrechen – finden – wohnen	↔	v5.7 heruntersteigen
v4 bauen bis zum Himmel – nicht zerstreuen	↔	v8f zerstreuen

- Die Ortswechsel im Prozess Jesu werden immer von Pilatus initiiert. Er stellt die Verbindung her zwischen den Juden draußen und Jesus innen. Durch Pilatus wird eine Spannung hergestellt, die auf die Begegnung zwischen Jesus und den Juden hinzielt. Der Höhepunkt der Erzählung wird erreicht, wenn Jesus von Pilatus nach draußen gezerrt wird. Dann weisen die Juden Jesus als König zurück und nehmen ihn zur Kreuzigung entgegen.

1.3.1 Der Wechsel vom Erzählen zum Begründen in v9 offenbart das Ziel des Textes. Die Erklärung des Namens Babel, in Verbindung mit Verwirren und Zerstreuen, beschließt menschliche hochfahrende Pläne und zeigt deren Scheitern auf.

- Die Passage besteht aus fünf Sätzen, die untereinander mit „und“ verbunden sind. Jeder dieser Sätze beginnt mit einem Relativsatz („Wer ...“). Die ersten drei Sätze sind parallel konstruiert und enden jeweils mit „der ist meiner nicht würdig“, während die beiden letzten Sätze auch parallel konstruiert sind („Wer ... der wird ...“), aber zusätzlich auch noch den Kontrast zwischen Leben finden und Leben verlieren aufbaut. Dieser Kontrast wird durch einen Chiasmus* betont: „finden ... wird verlieren ... verlieren ... wird finden.“ Dieses Gefüge aus parallelen Konstruktionen ist von großer Prägnanz und Einprägsamkeit und betont somit die Wichtigkeit der Schwierigkeiten der Nachfolge Jesu.

1.3.2 Die Wiederholung von „Auf, lasst uns ...!“ in v3f.7 ergibt eine Parallelisierung des Tuns der Menschen und Gottes. Dies verstärkt die Ironie.
Die Wortspiele in v3 sind „wir wollen ziegeln Ziegel“, „wir wollen brennen Brand“, „Ziegel zu Stein“ und der ganze letzte Satz, insbesondere „Asphalt – Mörtel“. Die leichten Verschiebungen innerhalb der Lautähnlichkeiten geben den letzten beiden Aussagen eine unsichere Note: Können Ziegel und Asphalt wirklich Stein und Mörtel ersetzen?

- Matthäus legt die Geschichte stark konzentrisch an: Das „große Beben“ v24 entspricht der „großen Stille“ v26; dem „Schlafen“ v24 entspricht das „Aufstehen“ Jesu v26. Damit konzentriert sich die Erzählung auf das in direkter Rede gehaltene Gespräch Jesu mit den Jüngern.

1.4.1 Das den Himmel erreichen wollende Tun der Menschen scheitert. Gott greift ‚heruntersteigend‘ ein, dass sein Plan (Gen 1,28 „füllt die Erde“) sich durchsetzt, hier in der Zerstreuung.

- In der Einleitung wird das Thema des Gerichtes angesprochen, in dem Jesus als Menschensohn (vgl. Dan 7) und König beschrieben wird. Beide Beschreibungen sind sehr bedeutungsvoll im AT. Im Dialog mit den Berufenen und Verdammten wird als Kriterium für das Gericht durch die Wiederholungen besonders das Handeln an den Geringsten betont. Die Gottesbeziehung wird also in direkten Zusammenhang mit der Beziehung zu den sozial Schwachen gestellt.

1.4.2 Gebrannte Ziegel an Stelle von Stein als Baumaterial weisen auf Verhältnisse in Schwemmländern hin. Für Bewohner von Hügel- oder Bergland weckt dies Staunen.

- Matthäus begegnet dem Vorwurf der Gesetzlosigkeit der Jünger mit einer zweifachen Widerlegung aus der Schrift und wirft den Pharisäern vor, durch ihre Vorwürfe das Wort des Propheten Hosea (6,6) zu verachten. Hos 6,6 erscheint schon zum zweiten Mal in Mt (vgl. 9,13). Diese Kombination zeigt, dass Matthäus der Schrift und dem Gesetz Hochachtung entgegenbringt, dass er es aber prophetisch in Barmherzigkeit auslegen will.

Kapitel 3

3.1.1 Fortlaufende Abwechslung zwischen Text und Kommentar; Auslegung auf die eigene Gemeinschaft hin.
Philo: wörtlicher und allegorischer Sinn; Josephus: wörtlicher oder allegorischer Sinn.
3.1.2 halachisch: Ableitung von verbindlichen Gesetzen aus der Bibel;
haggadisch: erbauliche und spirituelle Bibelkommentare.
3.1.3 Stellenwert des wörtlichen Schriftsinns;
die alexandrinische Schule.
3.1.4 Lehre vom vierfachen Schriftsinn;
Betonung des Literalsinns und ausgezeichnete Hebräischkenntnisse.
3.1.5 Literalsinn, allegorischer Sinn, moralischer Sinn, anagogischer Sinn;
Glossen und Quaestiones.
3.1.7 Hinwendung zum Urtext;
für die historisch-kritische Exegese;
den theologischen Schriftsinn bzw. den allegorischen oder geistlichen.
3.2.1 Text in der Endgestalt auslegen mit Mitteln der modernen Literaturwissenschaft;
nimmt den Einzeltext im Kontext der gesamten Bibel wahr.
3.2.2 Mehrdeutigkeit von Texten; betont die Rolle der Leser für die Konstruktion von Sinn.
Fixe Definitionen von Begriffen; „objektive“ Interpretationen.

Kapitel 4

4.1 Selbstaufforderungen stehen in v3f und 7. Sie unterstreichen die gegenläufige Bewegung im Tun von Menschen und Gott: ‚bauen … bis an den Himmel; … damit wir uns nicht zerstreuen‘ – ‚herabfahren … verwirren‘.

- *Wörter*: Viermalige Wiederholung von „Zeichen“ in den ersten beiden Versen: Deutung der folgenden Beispiele als christologisch, siehe auch das zweimalige „hier … mehr als“. Viermalige Wiederholung von „Geschlecht“ für Fragesteller, negative Deutung durch Assoziation mit Verdammnis; in der Antwort Jesu Funktion als Leitmotiv und Zusammenhalt durch das Auftauchen am Anfang und Ende.
  Konstruktionen: Parallelisierungen sehr häufig verwendet (v40; v41f; im Griechischen auch v39).

4.2 Gen 11,1–9 ist eine Ätiologie*: Es begründet, warum diese Stadt den Namen Babel trägt (v9).

- Die Gattung ist zunächst ein Streitgespräch, ausgelöst durch die Zeichenforderung. Hinweise sind die schweren Vorwürfe, die gegen die Fragesteller erhoben werden. Innerhalb des Streitgespräches findet sich ein Gleichnis vom heimatlosen Dämon. Die Stelle ist also eine gemischte Gattung.

4.3 2 Chr lässt seine Mutter Hamutal und seinen Vorvorgänger Jojakim aus. Dafür fügt es u. a. den Propheten Jeremia (v12) und die Mitschuld von Priester und Volk (v14) ein.

- In Markus existiert die Zeichenforderung, aber ohne die Beispiele des Jona, der Männer Ninives, der Königin des Südens und ohne das Gleichnis. In Lukas existieren die Beispiele und das Gleichnis, allerdings in anderem Zusammenhang und einer anderen Gattung. Im Denkmodell der Zwei-Quellen-Theorie hat Matthäus die Zeichenforderung bei Markus verbunden mit Beispielen und Gleichnis. Letztere könnten aus Q stammen. Zusammen ergeben sie bei Matthäus ein Streitgespräch mit den jüdischen Führern.

4.4 Die Schuld Zidkijas erscheint in 2 Chr 36 ausführlicher und massiver (v12f), als Auflehnung nicht nur gegen Nebukadnezzar, sondern auch gegen Gott und die von ihm gesandten Propheten, die völlig abgelehnt werden (v16). Die Erwähnung der Priester und des Volkes in v14 gibt auch ihnen Verantwortung am Geschehen. Das Ausbrechen des Zornes Gottes wird dadurch besser begründet und leichter verständlich.

- Das Beispiel des Jona wird umgedeutet auf die Auferstehung hin. Die Reihenfolge der Beispiele wird umgekehrt wegen des besseren Anschlusses an 12,40. Die Kombination von Zeichenforderung, Beispielen und Gleichnis in einem Streitgespräch ist matthäisch. Sie ergibt eine ungewöhnlich starke Verurteilung der Gegner Jesu, vgl. auch die viermalige Wiederholung von „Geschlecht“. Damit ordnet Matthäus das Material auf das ihm überaus wichtige Thema des Konfliktes Jesu mit jüdischen Führern hin.

Kapitel 5

5.1.1 *Inhalt:* Der herausfordernde Befehl Gottes (12,1–3) wird von Abram sofort ausgeführt. Beide sind wechselseitig vertraut: reden, erscheinen; Altar bauen und den Namen anrufen. Dazu treten mit Lot und Sarai (v4f) zwei auch für den späteren Verlauf wichtige Personen in den Blick. Das Land Kanaan erhält ab v5 besondere Aufmerksamkeit durch die Ortsnamen und Abrams Wanderungen.

Ausdruck: Der Erzähler berichtet nüchtern die Ereignisse, ohne eigenen Kommentar. Nur im letzten Satz von v6 gibt er eine zusätzliche Information. Mehr an Beteiligung zeigt sich in den Beifügungen „seine Frau" und „Sohn seines Bruders" in v5, die zusammen mit den anderen Angaben in diesem Vers den geforderten radikalen Bruch von v1 etwas mildern. Auf der anderen Seite lässt die Altersangabe „75 Jahre" in v4 den Gehorsam Abrams noch beispielhafter erscheinen.

Die Wiederholungen von Jahwe (v1.4.7–9), Land (v1.5–7), segnen (v2f), Namen (v2.8) deuten Schwerpunkte an. Der Auszugsbefehl von v1 realisiert sich in gleich mehreren Aufbrüchen ab v4.

- *Story:* Matthäus erzählt die Geschichte von Schriftgelehrten und Pharisäern, die von Jesus ein Zeichen wollen. Jesus lehnt die Zeichenforderung ab, verurteilt die Zeichenforderung auf das Schärfste und verweist auf Jona und die Königin des Südens. Die Verurteilung wird abgerundet durch das Gleichnis vom umherirrenden Geist.
- *Discourse:* Schwerpunkt der Erzählung ist der Konflikt, vor dem der Erzähler ganz in den Hintergrund tritt. Auch Ort und Zeit sind untergeordnet. Matthäus ordnet diesen Konflikt ganz auf die Rede Jesu hin. Die Schwere des Konfliktes wird durch den Gebrauch von Schimpfwörtern verdeutlicht wie auch durch die Anwendung des Gleichnisses vom herumirrenden Geist auf die Gegner Jesu. Das Argument Jesu wird durch den kunstvollen Aufbau mit Parallelführungen als stichhaltig gezeigt. Die erzählte Zeit des irdischen Auftretens Jesu wird aufgelockert durch den Verweis auf die in der Zukunft liegende Auferstehung. Damit wird der Leser eingeladen, die Auferstehung in seiner Zeit als Zeichen der Vollmacht Jesu zu interpretieren.

5.1.2 Der anfänglich unbegründete Befehl zum Fortgehen (v1) wird in v2f mit sieben weit reichenden Zusagen motiviert. Diese kreisen alle um Segen und Größe. – Die zweite kurze Rede in v7 greift das Land von v1 auf, das ‚Zeigen' dort überbietend durch das Versprechen des ‚Gebens' an Abrams Nachkommen. – Die indirekt erwähnte Rede am Ende von v8, im Anrufen des Namens Jahwes, kann zusammen mit den Altarbauten (v7f) als anerkennend dankbare Antwort Abrams angesehen werden.

- Die Gattung der Rede ist epideiktisch, da sie einen Tadel ausspricht. Die Rede belehrt in v40–42, besonders deutlich in der Konstruktion v40 „wie … so" und der zweimaligen Konsequenz in v41f „hier ist mehr als …" Die Rede ist unterhaltend durch das humorvolle Gleichnis des herumirrenden Geistes v43–45 und sie ist bewegend, weil sie die Konsequenzen einer ablehnenden Haltung Jesu gegenüber durch Bilder des Gerichts dramatisch aufzeigt (v41f).

5.1.3 Gott überlegt, die erste Abram gegebene Zusage der „großen Nation" einzuschränken, und begrenzt mit Moses Nachkommen weiterzuführen.

Das Vorhaben der Bewohner Babels, sich selber Ruhm zu verschaffen durch ein ehrgeiziges Unternehmen, ist gescheitert. Abram dagegen erhält für sein Ausziehen die Verheißung von noch mehr: Gott wird seinen Namen „groß machen", ohne menschliches Bemühen.

- Aufgenommen wird das Erzählmotiv von Jona im Bauch des Fisches. Allerdings verschweigt Matthäus, dass Jona wegen seiner Schuld im Bauch des Fisches ist. Wenn Jona dem Bauch des Fisches entkommt, so nicht, um seine Autorität zu unterstreichen, sondern um ihn zur Erfüllung eines Dienstes zu bewegen. Matthäus benutzt das Motiv des Jona also sehr frei, um den Vergleich mit der Auferstehung möglich zu machen. Das Motiv der Männer von Ninive ist weitaus treuer verarbeitet.

  2 Kön 14,25: In der Zeit Jerobeams II. geht ein Wort Jonas in Erfüllung. Jona 1,1 scheint sich mit diesem Namen und der Beifügung „Sohn des Amittai" auf diese Erwähnung im dtrG* zurück zu beziehen (ZENGER, *Einleitung*, 498). Das einzige andere Vorkommen steht in Mt 16,4. Matthäus will damit offenbar das Urteil über die Pharisäer und Sadduzäer (v1) verstärken.

5.1.4 Der Strukturalismus unterscheidet die konkreten Strukturen eines Textes von den „tiefen" Strukturen, die jeweils dem konkreten Text zu Grunde liegen. Während die konkreten Strukturen leicht am Text aufgezeigt werden können, werden die „tiefen" Strukturen nur im breiten Vergleich verschiedenster Texte in der Verallgemeinerung deutlich. Letztere haben somit den Charakter der Allgemeingültigkeit und Unumstößlichkeit.

- In Gen 12,1–3 ist Jahwe Sender, Abram Empfänger. Subjekt ist Gottes Rede, die als Objekt Abrams Aufbruch anzielt. In v4f erscheinen Lot, Sarai und die anderen Mitziehenden als Helfer auf der Wanderung.

5.1.5 Von dieser langen Wanderung werden nur einzelne Momente herausgehoben und damit betont: Relativ ausführlich wird der Aufbruch geschildert in v4f; zwischen Auszug und Ankunft jedoch klafft eine große Lücke. Dann stellen die kurzen Szenen in Sichem v6f und Bet-El v8 zwei Stationen auf dem Weg in den Süden v9 dar. Es handelt sich also um eine episodenhafte, stark geschnittene Darstellung.

- Zu dieser Übung gibt es keine Auflösung, lediglich verschiedene Entwürfe sind möglich. Einer wird hier angeboten: Die Szene beginnt mit einem großen Panorama, das Galiläa und den Jordan in den Blick nimmt. Jesus kommt zu Johannes, die Einstellung verengt sich also, bis nur noch Jesus und Johannes im Blick sind. Die eigentliche Taufe fehlt und muss erschlossen werden. Ein Schnitt führt vom Gespräch geradewegs zum Auftauchen Jesu aus dem Wasser, Johannes scheint nicht mehr im Blick zu sein. Die Perspektive wendet sich gegen den Himmel, die imaginäre Kamera nimmt die Perspektive Jesu ein, der die Taube sieht und die Stimme hört. Damit wird deutlich, wie göttlicher Segen auf das Land kommt und durch Jesus vermittelt wird.

5.2.1 Hinter jedem Text steckt patriarchalisches Gedankengut; die Übersetzung wurde aus männlicher Sicht angefertigt. Das Leben des Mose wird von Anfang an durch Frauen gewährleistet und vor männlicher Gewalt geschützt.
5.2.2 Option für die Armen; gerade der Arme und Bedürfnislose ist dazu fähig und erwählt, die Liebe Gottes zu verkünden.
5.2.3 Die völlige Zurückhaltung bei den Emotionen streicht das Tun und damit den Gehorsam Abrams noch mehr heraus, gerade angesichts der sonst mit Abschieden verbundenen Gefühle wie Unsicherheit, Schmerz, Trauer,... Dieser Kontrast zwischen menschlichen Abschiedserfahrungen und deren nüchterner Darstellung hier in Gen 12 kann in Lesenden verschiedene Reaktionen auslösen: Bewunderung, Überforderung, Verstörtheit, Staunen, Interesse...

- Jesus wird als zornig und betrübt beschrieben (v5). Ausgelöst wird dies durch die lauernde Haltung seiner Gegner, die ihn anklagen wollen, sowie ihre Hartherzigkeit dem kranken Mann gegenüber. Die Gegner reagieren auf den Zorn und die Traurigkeit Jesu mit dem Todesbeschluss (v6). Dem Leser wird angeboten, sich mit dem Zorn und der Traurigkeit Jesu zu identifizieren.

5.2.4 So ein Aufbruch wie der Abrams ist ein gravierender Einschnitt und bedeutet die Lösung vieler sozialer Bindungen. Auf der anderen Seite beginnen ein neues Kennenlernen an den verschiedenen erwähnten Orten ab v6, das Errichten religiöser Stätten, siehe die Altäre v7f, und ein Wanderleben, sichtbar im Zelt aufschlagen, aufbrechen v8 f. Manche Fachleute sehen den Sitz im Leben* dieser Erzählung in der Erfahrung der aus dem Exil neu ins Land Kommenden, die sich aber als besonders wichtig und hervorgehoben empfinden, wofür die Stichworte segnen und Namen in v2f zeugen.

- *Beschimpfungen*: Durch „böse und ehebrecherische Generation" (v39) und „böse Generation" (v45) wird „Generation" (v41f) generell zum Schimpfwort; dazu kommen Androhung der Verurteilung (v41f) und der Vergleich mit dem bösen Geist (v43–45).

Kontext: Die Beschimpfungen ergehen an die Gegner Jesu, die genauer als Schriftgelehrte und Pharisäer bezeichnet werden. Nimmt man an, dass die Härte der Auseinandersetzung eine besonders enge Beziehung beinhaltet, so kann sie als eine innerjüdische Auseinandersetzung gelten, in der Matthäus versucht, Schriftgelehrten und Pharisäern Legitimität als jüdische Führer abzusprechen. Dieser Verdacht, begründet durch eine einzelne Perikope, kann im gesamten Verlauf des Evangeliums erhärtet werden.

Kapitel 7

7.1.1 Zweimal werden in Joh 1 hebr. Benennungen (Messias, Simon) mit anderssprachigen Bezeichnungen ergänzt: griech. *christos* (= Gesalbter) und *petros* (= Fels; entsprechend dem aramäischen Beinamen Kephas).
7.1.2 Die schweren Gefährdungen und Mühsale seines Lebens (2 Kor 11,23–33) bewegen Paulus zu energischem Auftreten gegen seine Kritiker; sie sind auch mit Grundlage für seine kräftige Sprache und Entschiedenheit an anderen Stellen.
7.1.3 Lk 9,50 setzt bei den Jüngern und einschließend ein, mit doppelter Verneinung „nicht gegen euch", 11,23 dagegen bei Jesus und abgrenzend „nicht für mich"; dementsprechend verändert sich die Gesamtaussage und Zielrichtung, einmal andere aufnehmend, das andere Mal ausschließend.
7.1.4 Dieser Brief in Apg 15 teilt die Beschlüsse der Versammlung in Jerusalem (v19–22) den Christen in Antiochien mit und fasst sie in eine verbindliche Form.
7.1.5 Die unverständliche Schrift erschreckt zunächst den König (Dan 5,6) und führt nach dem Versagen der Weisen des Königs (v8) zum Herbeiholen Daniels (v13). Dieser vermag die Schrift zu deuten (v25ff), benützt aber die Spannung bis zu ihrer Erklärung zu einer langen kritischen Rede (v17ff).
7.1.6 Redeteile finden sich in Mt 4,3 f.6 f.8f, das entspricht gut der Hälfte des Textes. Die Antworten Jesu verwenden jedes Mal Zitate aus Dtn.
7.2.1 Das Auslassen einzelner Verse unterbricht den Zusammenhang, die Kohärenz wird gestört. Diese so zusammengeschnittene Lesung vom Freitag der zweiten Fastenwoche lässt überdies alle Elemente aus, bei denen eine Mit-Schuld Josefs anklingt.
7.2.2 Gen 11,7 = S1, erzählte sendende Figur; v8 = S2, fiktiver Erzähler
In 1 Kor spricht Paulus (S5–4) mit ‚ich' als impliziter Autor S3. „Euretwegen" und „euch" benennen implizite Adressaten E3, womit er sich an die Gläubigen in Korinth (E4–5) wendet.
7.2.3 In Mt 1 werden die Mütter bei Isai und David nicht erwähnt, auch nicht der Name Batseba bei Salomo.
Die Erfahrung der Auferweckung Jesu gibt den Jüngern im Nachhinein den Schlüssel für das Reden von „in drei Tagen aufrichten" in Joh 2,19 f.
7.3.2 Der verdichtete Charakter von Texten fordert zu seinem Erkennen meist wiederholtes Lesen, mit verschiedenen Zugängen, um den wichtigen Aspekten gerecht zu werden.
7.3.3 Viele Gründe können Lesen schwer machen, u. a.: Der Autor kann andere Empfänger angezielt oder zu wenig deren Grenzen bedacht haben; möglicherweise liegen Probleme mit dem ‚Kanal' vor; immer aber ist aktive Mitarbeit der Lesenden gefordert.

Kapitel 9

9.1.1 Ps 27 überträgt Licht als Metapher auf Gott.
Babylon ist in Offb 18 Symbol für eine Macht, die sich gegen Gott stellt.

9.1.2 Mk 1,41 weist 6 ÄE auf; aus dem Zusammenhang kann 41f als performatives Sprechen verstanden werden.

9.1.3 Der zweite Versteil von Ps 8,5 steigert mit „des Menschen Kind" und „sorgen/kümmern" Gottes Gedenken des Menschen im ersten Teil. Ähnlich ist das „Krönen" in v6 eine positive Fortführung zum „wenig entbehren" der ersten Hälfte. Alle vier Aussagen und auch noch die folgenden zwei in v7 unterstreichen zusammen Gottes intensive, erhöhende Zuwendung zum Menschen.
„Halleluja" rahmt Ps 113; v1 ist parallel gebaut (a = Aufforderung zum Lob; b, b′ = jeweils Bezug auf Gott: Diener bzw. Name Jahwes): a-b II a-b′.
Die Schilderung der inneren Vorgänge in Joh 12f zeigt einen allwissenden Erzähler.

9.2.1 In Gen 12,1–3 decken sich erzählte Zeit und Zeit des Erzählens; in v4ff werden mehrere Wochen oder Monate in nicht einmal zwei Minuten berichtet.
- „Nach sechs Tagen" verbindet mit der ersten Leidensankündigung zuvor (Mk 8,31ff), sodass die Verklärung noch in derselben Woche erfolgt. Die ersten beiden Verben in v2 sind im Präsens und sprechen so die Leser stärker an, bevor mit „und er wurde verwandelt" die Narrative einsetzen. V9 gibt in der indirekten Rede eine Vorausdeutung.

9.2.2 Gen 12 nennt mit Sichem und Bet-El Orte, die später bei Jakob wichtig sind (Gen 28,19; 33,18). Die Orakeleiche wird in Dtn 11,30 im Pl. wieder erwähnt, und Ai ist in Jos 7 bedeutend. Die genannten Orte sind also allesamt für die Zukunft wichtig und belegen in ihrer Abfolge einen Zug nach Süden (auch v9 „Negev").
- Mk 8,22 schildert das Geschehen aus der Sicht einer Gruppe, v23 aus der Sicht Jesu, und v24 aus der Sicht des Blinden. Dabei verändert v23 den Ort aus dem Dorf hinaus und den Fokus bis hin zu Augen und Handauflegung; ganz nah und damit intensiv erscheint so der persönliche Kontakt und das Bemühen Jesu um Heilung.

9.2.3 2 Sam 11 zeigt eine kontrastierende Bewertung des Todes Urijas durch David und durch Gott. In v25 rahmen Aufforderungen an den Boten solche an Joab; David möchte offenbar über seine Schuld hinweg wieder den Krieg weiterbringen.
- Der letzte Vers der Abschiedsdialoge bei Joh nennt gleich drei Absichten Jesu: Gottes Namen bekannt machen, im Futur, und dass Gottes Liebe zu ihm und Jesus selber in den Gläubigen sei, durch „damit".

Kapitel 10

10.3 Ijob; 2 Kor 1,12 – 2,4; 2 Kor 1,12; 2,4; 1,12.17.22;
SCHWERTNER, *Abkürzungsverzeichnis*, 40 oder: IATG², 40.

Anhang 2: Raster für Analysen

2/1 Eigene Erarbeitung ganzer biblischer Bücher

in einfacher Weise, zunächst mit kürzeren Büchern beginnend
- Erstes Lesen, ganz langsam
  - Was spricht mich an? ✍ aufschreiben
- Zweites Lesen, auf Wiederholungen/Themen achtend
  - Gibt es Verbindungen, Zusammenhänge? ✍ aufschreiben
- Drittes Lesen, bei jedem Kapitel innehalten:
  - Worum geht es? Wie lässt sich das in 1–3 Sätze zusammenfassen?
- Auswertung: Hauptaussagen, Fragen und Themen formulieren, evtl. mit Gegensätzen
  - Worauf lässt sich das anwenden?
  - wichtige Formulierungen zum Merken festhalten
- Kontrolle: Überprüfung des Erarbeiteten
  - Information durch Einleitungen, Kommentare*, Gespräch
- Vergleich mit Auswertung und abschließende Wiederholung des wichtig Gewordenen

2/2 Einfaches Schema für Erzählanalyse

A) *Zeitgerüst* → 9.2.1
- Narrative*
  Erzähltempo (erzählte Zeit - Zeit der Erzählung)
  Reihenfolge und Zeitangaben

B) *Kommunikationsebenen* → 7.2.2
unterscheiden v.a.
- Erzählung und Rede
- erzählte Figuren (S1, E1)
- Erzähler (S2)
- sonstige Bemerkungen

C) *Orte und Bewegungen* → 9.2.2
solche Veränderungen sind oft mit Personen verbunden
und erlauben eine Abgrenzung oder Unterteilung (→ 1.1.1 bzw. 1.2.1)

D) *Wahrnehmung und Wissen*
- Wer sieht und wie? → 5.1.5
- Wer weiß? Was, woher? → 9.2.3

E) *Darbietung* → 1.3.1
- Auswahl
- Anordnung
- Objekte, sind oft symbolisch

F) Sprache
- Wiederholungen
- Stil und Stilmittel → 1.3.2
- Wortwahl

G) *Hintergründe*
- Bleibt etwas doppeldeutig oder offen?
- Identifizierungen
- Absichten?

Die gesammelten Beobachtungen sind in einer Auslegung (→ 2.1.7–8) zusammenzufassen. Dabei bewähren sich drei bis vier einfache Sätze mit Schlüsselbegriffen und Oppositionen der Erzählung. Weitere Schritte → 2.2–3; für genauere Untersuchungen → 5.1.1.

2/3 Raster für die Auslegung von Psalmen

A) *erstes Lesen* in der Muttersprache

✍ Ersteindruck niederschreiben

- Was fällt auf oder zieht an?
- Welche Bilder werden verwendet?
- Anfang (= Überschrift?) und Ende (= Ziel?) reflektieren

B) (wenn möglich) *Übersetzen* mit Textkritik → 1.1.2–3

✍ dabei Erkenntnisse notieren

C) *eigentliche Analyse*, Achten auf

Kommunikationsstruktur

- Rede und Anrede (2. P., 1. P. Pl., Zitate)
- Personen, ihr Auftreten

Stilmittel → 1.3.2

- Parallelismus (9.1.3), Wortspiele,...

Wiederholungen und Wortfelder, wichtige Motive

✍ damit einen Titel formulieren

Aufbau und Bewegung → 1.2, dafür helfen auch:

- strukturiertes Aufschreiben
- Auswendiglernen

✍ Formen, Gattung, Gestalt erkennen

Kontext → 1.1.1

- Zusammenhänge mit dem Psalm davor und danach sowie mit anderen verwandten Psalmen

Symbole und Bilder

🕮 Literatur: KEEL, *Welt.*

literarische Verbindungen → 5.1.3

- nahe oder ähnliche Formulierungen, Ursprünge von Wendungen
- Verwendung im NT

✍ die wichtigsten Beobachtungen zusammenzufassen versuchen in einer Gesamtauslegung mit wenigen Sätzen → 2.1.8

D) *Literatur* lesen und einarbeiten → 2.2

E) *Vertiefung* durch Aktualisierung → 11.1

- Was bedeutet der Psalm für uns heute?

kreative Umsetzung

- einen ähnlichen Psalm für die eigene Gegenwart schreiben
- singen, Bilder zeichnen, Gesten ausdrücken,...

Anhang 3: Zeitrahmen

Historisch-archäologische bzw. politische Perioden in Israel/Palästina

8500v–4000v	**Jungsteinzeit**	
8500–6500	Vorkeramische Jungsteinzeit	Höhlenkulturen; aber auch erste Siedlungen und Städte (Jericho)
6500–4000	Keramische Jungsteinzeit	
4000v–3200v	**Chalkolithikum**	mehrere Städte; Heiligtümer, Kupferabbau im Negev
3200v–1200v	**Bronzezeit**	
3200–2000	Frühbronzezeit	Siedlungen und Städte in ganz Kanaan
2000–1500	Mittelbronzezeit	
1550–1150	Spätbronzezeit	Untergang einiger Städte; „Exodus“ und sog. „Landnahme“
1150v–587v	**Eisenzeit**	
1150–1000	Eisenzeit I („Richterzeit“)	Entstehung von zahlreichen dorfartigen Siedlungen im Hinterland
1000–932	Eisenzeit IIA (geeintes Königreich Juda-Israel)	David (1004–965) baut viele Städte aus; Tempel in Jerusalem.
932–850	Eisenzeit IIB (N- und S-Reich)	N-Reich (Hauptstadt Samaria) erlebt Blüte unter Omri (885–874) und Ahab (871–852), S-Reich (Hauptstadt Jerusalem) ist deutlich schwächer.
850–587	Eisenzeit IIC	720 Untergang des N-Reiches durch innenpolit. Krisen und neuassyrische Expansion; Juda erlebt noch kurze Blüten unter Hiskija (782–609); 587 Eroberung durch die Neubabylonier.
587v–333v	**Babylonisch-persische Zeit**	
587–539	Babylonische Zeit	Babylonisches Exil
539–333	Persisches Großreich	538 Edikt des Kyrus; 520–515 Wiederaufbau des Tempels; Wiederherstellung Jerusalems unter Nehemia (445–433) und Esra (um 400).
332v–63v	**Hellenistische Zeit**	Ständige Auseinandersetzungen zwischen Ptolemäern und Seleukiden; 167–141 Makkabäeraufstand
63v–324n	**Römische Zeit**	
–37v	Hasmonäische Zeit	
37v–70n	Herodianische Zeit	ab 19v Bau des 2. Tempels; zwischen 7 u. 4v Geburt Jesu; ca. 30n Tod Jesu; ab ca. 45n Beginn der paulinischen Missionen. 67n–73n erster jüdischer Krieg; 70n Zerstörung Jerusalems.
70–135	Röm. Statthalterschaft	132–135 Bar Kochba Aufstand
135–324	Zeit der Aelia Capitolina	313 Toleranzedikt von Mailand
324n–638n	**Byzantinische Zeit**	Nach dem Konzil von Nizäa (325) und der Erhebung des Christentums zur röm. Staatsreligion entstehen in Palästina zahlreiche Kirchenbauten.

Anhang 4: Hinweise für ausführlichere Textuntersuchungen

(z. B. Diplomarbeiten oder Dissertationen)

Beginn mit den Schritten von Kap. 1, zusätzlich sind besonders nützlich

- Text gleich in ÄE untergliedern → 9.1.2
- Wortstatistik erstellen → 1.2.1
- wichtige Wörter/Wendungen mit Konkordanz untersuchen → 5.1.3
- auf Reden und Sprechakte achten → 7.2.2 und 9.1.2
- Handlungsgerüst und Tiefenstruktur wahrnehmen → 9.1.3
- Wirklichkeitsebenen unterscheiden → 9.2.3

✍ diese Beobachtungen in einen ersten Entwurf (→ 2.1.8) zusammenführen.
Auf dieser Basis ist dann das ganze Buch zu lesen, in dem der zu besprechende Text steht. Dabei ist vor allem auf dessen Stellung im Gesamt und auf nahe Verbindungen mit anderen Passagen zu achten.
Je nach den besonderen Merkmalen des Textes bzw. den sich durch die Beobachtungen stellenden Fragen können passende Methoden aus Teil II zur Vertiefung herangezogen werden. Sie helfen, zusammen mit der Lektüre der Sekundärliteratur (→ 2.2), ein facettenreiches, möglichst entsprechendes Bild vom Text zu gewinnen.
Dieses lässt sich in einer eigenen Auslegung (→ 2.3) darstellen, einschließlich der Relevanz, die es für die Gegenwart enthält (→ 11.1).

Hilfsmittel zur Literatursuche und -bewertung

Hinweise auf Rezensionen finden sich im Elenchus Bibliographicus, neuerdings auch in BILDI, ATLA (→ gleich unten: Die Bibel am Computer) und BiBiL; weiters IZBG; OTA und NTA (engl.).
Eine Auswahl von Zeitschriften, die häufig lange und qualifizierte Besprechungen bringen: Biblische Zeitschrift (BZ), Theologische Literaturzeitung (ThLZ), Theologische Revue (ThRv); Zeitschrift für die Alttestamentliche Wissenschaft (ZAW); Zeitschrift für die Neutestamentliche Wissenschaft (ZNW); auf franz. Revue Biblique (RB); auf engl. Catholic Biblical Quarterly (CBQ); Journal of Biblical Literature (JBL); New Testament Studies (NTS); Vetus Testamentum (VT).

Die Bibel am Computer

Übersetzungen der Bibeltexte sind heute in vielen Sprachen auch elektronisch verfügbar. Bei speziellen Bibelprogrammen sind oft noch Hilfsmittel wie Karten, Lexika oder kleinere Kommentare enthalten.
Größere Bibelsuiten enthalten Originaltexte, Übersetzungen, Konkordanzen und andere Hilfsmittel unter einer Oberfläche. Die Originaltexte sind in der Regel so aufbereitet, dass auch grammatische Analysen und Suchen möglich sind. Suiten sind in der Regel sehr teuer, doch lohnt sich die Nachfrage nach Nachlässen für Studenten oder Fakultätsangehörige. Die gängigsten Suiten sind:

- Accordance von Gramcord (www.oaksoft.com) für Macintosh mit englischer Benutzerführung
- Bible Works (www.bibleworks.com) für Windows mit englischer Benutzerführung
- Logos Systems (www.logos.com) für Windows und Macintosh mit englischer oder deutscher Benutzerführung
- Bibloi (www.silvermnt.com) für Windows.

Das umfangreichste Programm ist Logos, das mit sehr vielen Zusatzmodulen aufwarten kann. Es wird in verschiedenen Varianten vertrieben, von denen eine die Stuttgarter elektronische Studienbibel (www.sesb-online.com) ist. Auch Bibleworks ist sehr umfangreich und im akademischen Betrieb weit verbreitet.
Textverarbeitung mit griechischen und hebräischen Schriftzeichen geschieht in der Regel mit Zeichensätzen, die von der Society of Biblical Literature (www.sbl-site.org) erhältlich sind. Auch frei herunterladbare Zeichensätze von Bibleworks sind im Umlauf.
Informationen finden sich auf
www.uibk.ac.at/bibhist/repschinski/hilfsmittel/index.html.de.
Internetressourcen sind häufigem Wechsel unterlegen und oft schnell überholt. Zu spezifischen Themen kann daher nur die eigene Suche empfohlen werden. Die Literaturrecherche wird besonders unterstützt durch die Biblische Literaturdatenbank Innsbruck BILDI (www.uibk.ac.at/bildi).
Der bedeutendste bibliographische Index wird von der American Theological Library Association (ATLA) auf CD-Rom herausgegeben. Mit englischer Benutzerführung und Stichwörtern sind die wichtigsten Zeitschriften und Sammelbände seit 1949 indiziert. Außerdem existiert eine CD mit speziell für Bibelwissenschaften ausgesuchten Datensätzen.

Anhang 5: Umschriften

Hebräische Umschrift

(1. Zeile: Buchstabenname; 2. Zeile: hebräisch; 3. Zeile: Umschriftzeichen; 4. Zeile: Zahlenwert)

Alef	Bet	Gimel	Dalet	He	Waw	Zajin	Chet	Tet	Jod	Kaf
א	ב	ג	ד	ה	ו	ז	ח	ט	י	כ/ך
ʾ	b	g	d	h	w	z	ḥ	ṭ	j	k
1	2	3	4	5	6	7	8	9	10	20

Lamed	Mem	Nun	Samech	Ajin	Pe	Sade	Qof	Resch	Sin/Schin	Taw
ל	מ/ם	נ/ן	ס	ע	פ/ף	ץ/צ	ק	ר	שׁ/שׂ	ת
l	m	n	s	ʿ	p	ṣ	q	r	ś/š	t
30	40	50	60	70	80	90	100	200	300	400

Achtung: Die für die jeweilige Schrift übliche Schreibrichtung ist einzuhalten; d. h. ein von rechts nach links geschriebenes hebräisches Wort wird in Umschrift von links nach rechts wiedergegeben (z. B.: יהוה - *jhwh*). Um sich leichter zurecht zu finden, empfiehlt es sich, Ausdrücke in Umschrift kursiv zu schreiben, wie es auch im vorliegenden Buch gehandhabt wird. Bei k, m, n, p, ṣ ist der jeweils zweite hebräische Buchstabe der „Endkonsonant"; d. h., wenn ein Wort auf einem dieser Konsonanten endet, so ist diese Form zu verwenden. Dem gegenüber sind ś und š von einander verschiedene Konsonanten.

Griechische Umschrift

(1. Zeile: Buchstabenname; 2. Zeile: Griechische Großschreibung; 3. Zeile: griechische Kleinschreibung; 4. Zeile: Umschriftzeichen)
Zahlenwerte werden im Griechischen durch Buchstaben sowie ansonsten veraltete griechische Zeichen (ϡ, ϝ) ausgedrückt. Doch tauchen sie im Neuen Testament nicht auf. Deshalb werden die Zahlenwerte der Buchstaben in der folgenden Tabelle nicht weiter berücksichtigt.
Die alexandrinischen Grammatiker bildeten ein System von Lesezeichen, zu denen *Akzente und Spiritus* gehören. Akzente deuten die Betonung von Worten an, Spiritus lediglich die Aussprache eines Vokals am Beginn des Wortes. In der Umschrift tauchen Akzente nicht auf, bei den Spiritus wird lediglich der Spiritus Asper als h umgeschrieben. Akzente und Spiritus tauchen über oder, bei Großbuchstaben, vor den Vokalen auf. Beispielhaft werden sie hier über dem Alpha gezeigt: ά (Akut); ὰ (Grave); ᾶ (Circumflex); ἀ (Spiritus lenis); ἁ (Spiritus asper). Akzent und Spiritus können kombiniert werden, z. B. in ἅ oder ἆ. Über einem Rho am Beginn eines Wortes taucht immer ein Spiritus asper auf (ῥ). Daneben gibt es noch andere Lesezeichen. Von ihnen erscheint die Dieresis vor Allem über dem Iota oder dem Ypsilon (ϊ, ϋ). Die Dieresis wird ebenfalls nicht umgeschrieben.

Eine letzte Besonderheit ist das *Iota subskriptum*. Dabei handelt es sich um ein Iota, dass ursprünglich auf einen Vokal folgte (αι), später aber unter diesen Vokal wanderte (ᾳ). Es kann ebenfalls mit Akzenten und Spiritus kombiniert werden (ᾄ). Das Iota subskriptum wird ebenfalls nicht umgeschrieben.

Alpha	Beta	Gamma	Delta	Epsilon	Zeta	Eta	Theta	Iota	Kappa	Lambda	My	Ny
Α	Β	Γ	Δ	Ε	Ζ	Η	Θ	Ι	Κ	Λ	Μ	Ν
α	β	γ	δ	ε	ζ	η	θ	ι	κ	λ	μ	ν
a	*b*	*g*	*d*	*e*	*z*	*ē*	*th*	*i*	*k*	*l*	*m*	*n*

Xi	Omikron	Pi	Rho	Sigma	Tau	Ypsilon	Phi	Chi	Psi	Omega	Spiritus asper
Ξ	Ο	Π	Ρ	Σ	Τ	Υ	Φ	Χ	Ψ	Ω	ʽ
ξ	ο	π	ρ	σ/ς	τ	υ	φ	χ	ψ	ω	ʽ
x	o	p	r	s	t	y(u)	ph	ch	ps	ō	h

Anhang 6: Glossar

Aktantenschema: Strukturierte Darstellung der Handlungen, Reaktionen und Interaktionen aller Personen eines Textes (→ 5.1.4).

Aleppo-Codex: Hebräische Bibelhandschrift aus der 1. Hälfte des 10. Jhs., die in Jerusalem verfasst wurde und von dort schließlich über Kairo nach Aleppo gelangt ist. Leider sind der Großteil des Pentateuch, der Schluss von Hld sowie die Bücher Koh, Klgl, Est, Dan, Esra und Neh verloren gegangen.

Allegorie: griech. „anderes reden"; geht davon aus, dass einem Text oder Ausdruck ein tieferer, verborgener, hinter der wörtlichen Bedeutung liegender Sinn zukommt (→ 3.1.1).

Alliteration: Wiederholung der gleichen Laute oder Silben in mehreren aufeinander folgenden Worten, v.a. – aber nicht nur – am Wortbeginn (→ 1.3.2).

Amulett: Kleiner, oft mit Symbolen oder Inschriften verzierter Anhänger, der seinem Träger Schutz und Kraft verleihen sollte.

Anagogie/anagogisch: griech. „hinaufführen", „emporrichten"; geht davon aus, dass jeder Bibeltext auch eine eschatologische Aussage enthalten muss, die im Leser Hoffnung hervorrufen soll (→ 3.1.5).

anthropomorph: griech. „menschengestaltig"; Bezeichnung für die menschenähnliche Vor- und Darstellung von übermenschlichen Wesen, v.a. von Göttern (→ 8.1.1a).

Apokalyptik: Jüdische Strömung um die Zeitenwende, die das baldige Ende der Welt und damit das Nahen des Reiches Gottes, verbunden mit einer strengen Scheidung zwischen erlösten Gerechten und verdammten Frevlern, erwartete und sich intensiv darauf vorbereitete.

Apokryphen/apokryph: wörtl. „verborgen"; bezeichnet meist religiöse Schriften des Frühjudentums oder des frühen Christentums, die nicht in die Bibel aufgenommen wurden (→ 8.1.3c).

Apophtegma: Witzige Äußerung oft biografischen Charakters, die sich angesichts der Lage des sich Äußernden als besonders treffend erweist (→ 4.2).

Assonanz: Auffallende Häufung eines Vokals in mehreren aufeinander folgenden Worten.

Ätiologie: wörtl. „Ursachenlehre"; in der Literatur Bezeichnung für eine Erzählung, die den Grund für eine Tradition oder Tatsache erklärt (→ 4.2).

Äußerungseinheit: Kleinstes sprachliches Ausdruckselement, das für sich selbst und aus sich selbst einen eindeutigen Sinn ergibt (→ 3.2.1).

bibliografisch: wörtl. „ein Buch bezeichnend"; meint alle zur sicheren Identifizierung eines bestimmten Buches oder Schriftstückes notwendigen Informationen. Wichtig v.a. bei Literaturnachweisen und Zitationen (→ 10.3).

Casus pendens: Ist eine den semitischen Sprachen eigene Art der Satzkonstruktion, bei der das stark betonte Hauptnomen an der Spitze des Satzes steht (→ 1.3.1).

Chiasmus: Kreuzweise Anordnung von einander entsprechenden Satz- oder Textgliedern nach dem Schema: ab-b'a' (→ 1.3.2; 9.1.3 u.v.a. Diagramm 23).

Chreia: Anderes Wort für → *Apophtegma*

Chronologie/chronologisch: von griech. „Zeit"; Darstellung eines Sachverhaltes unter Berücksichtigung der zeitlichen Abfolge der Einzelereignisse (→ 9.2.1a).

Code: bedeutet in der Sprachwissenschaft die Kenntnis jener Konventionen, durch die einem sprachlichen Ausdruck (meist einem Wort) der damit bezeichnete Inhalt zugeordnet werden kann (→ 7.1.1; 7.2).

Codex Leningradensis: hebräische Bibelhandschrift aus dem Jahr 1008; älteste erhaltene Handschrift, die den vollständigen Text der hebräischen Bibel enthält.

deuteronomistisch: Im Geiste des Deuteronomiums und unter Verwendung deuteronomischer Sprache verfasste oder überarbeitete biblische Texte.

Deuteronomistisches Geschichtswerk (dtrG): Bezeichnung für die Bücher Jos – 2 Kön, wobei manche auch Dtn selbst dtrG zuschreiben.

Diachronie/diachron: wörtl. „durch die Zeit hindurch"; Betrachtung biblischer Texte unter der Rücksicht ihrer Entstehung, Entwicklung und Fortschreibung. Ziel ist die Herausarbeitung der verschiedenen Textstadien (→ Kapitel 4).

Diaspora: wörtl. „Zerstreuung"; Bezeichnung für das zwangsweise oder freiwillige Leben von Juden außerhalb Israels/Palästinas. Diaspora in diesem Sinne gibt es seit dem Fall des Nordreiches 722.

Elohist: Vermutete Quellenschrift innerhalb des Pentateuch, die um 800 im Nordreich entstanden und an der Verwendung des Gottesnamens *„elohim"* erkennbar sein soll (→ 4.3).

Epiphanie: anderes Wort für → *Theophanie*

Etymologie/etymologisch: Erklärung der Bedeutung eines Wortes vom Ursprung und der Geschichte des Wortes selbst her.

Exegese: wörtl. „Auseinanderlegung"; Fachterminus für das wissenschaftliche Bemühen, die biblischen Texte zu verstehen, zu deuten und zu erklären.

fiktiv: bezeichnet etwas nicht wirklich Existierendes, etwas Erfundenes, nur auf Vorstellung bzw. Annahme Beruhendes (→ 7.2.2; 8.1.1e).

Form: Die Textwissenschaft versteht unter „Form" eine kleine, aber einem charakteristischen Schema folgende Spracheinheit, die klar abgegrenzt und nach verschiedenen Kriterien weiter untersucht und gedeutet werden kann (→ 4.1).

Gattung: Überbegriff für längere Texteinheiten oder ganze Texte, die nach einem ganz bestimmten und charakteristischen sprachlichen wie formalen Schema funktionieren; z. B.: Gebete, Gleichnisse, Briefe, usw. (→ 4.2).

Glosse: Anmerkung, die ein früher Leser bzw. Schreiber am Rand oder zwischen den Zeilen eines Bibeltextes angebracht hat, um schwierige Worte oder Passagen zu erläutern, und die dann im Verlauf der weiteren Tradierung des Textes in den Text selbst eingedrungen ist (→ 3.1.5).

Griesbach-Hypothese: Eines der Erklärungsmodelle für die Abhängigkeitsverhältnisse der drei synoptischen Evangelien (→ 4.3 bzw. *Synopse/Synoptiker*).

Haggada: hebr. „Erzählung"; bezeichnet den zur religiösen Erbauung gedachten Teil der rabbinischen Bibelauslegung, der keine verbindlichen religiösen Gesetze enthält (→ 3.1.2).

Halacha: hebr. „das Gehen"; bezeichnet jenen Teil der rabbinischen Bibelauslegung, der die verbindlichen religiösen Gesetze festschreibt (→ 3.1.2).

Hermeneutik: vom griech. „erklären", „übersetzen"; Kunst oder Grundlage, sich einem Text so zu nähern, dass das Textverständnis der Textintention möglichst nahe kommen kann; bei an sich vieldeutigen Texten versteht man unter Hermeneutik die verschiedenen persönlichen Zugangsvoraussetzungen, die zu jeweils unterschiedlichen Textverständnissen führen.

Historisch-kritische Methode: Methode der Bibelauslegung, die mehrere Einzelschritte umfasst, die alle auf die Erforschung des Ursprungs, der Geschichte, Entwicklung und gesellschaftlichen wie lokalen Verortung der Texte abzielen (→ Kap. 4 bzw. *Diachronie/diachron*).

Inspiration/inspiriert: vom lat. „einhauchen"; Überzeugung, dass die biblischen Schriften nicht nur situationsbedingte Äußerungen menschlicher Verfasser sind, sondern auch dem besonderen Antrieb des Geistes Gottes ihre Entstehung verdanken. Als solche enthalten sie göttliches Offenbarungsgut (→ 8.1.1b).

Jahwist: Vermutete Quellenschrift des Pentateuch, die um 950 (oder nach neueren Thesen auch später) im Südreich entstanden und an der Verwendung des Gottesnamens „Jahwe" erkennbar sein soll (→ 4.3).

Kanon/Schriftkanon: griech. „Richtschnur", „Rohrstab", „Lot"; bezeichnet in der Bibelwissenschaft die Zusammenstellung der für eine religiöse Gemeinschaft verbindlichen und damit „heiligen" Schriften (→ 8.1.3).

Kode → *Code*

Kohärenz: vom lat. „zusammenhängen"; bezieht sich in der Textwissenschaft auf jene Merkmale, die einem Textabschnitt den inneren Zusammenhang verleihen und ihn damit auch gleichzeitig von den Abschnitten davor und danach abgrenzen (→ 1.1.1 und Exkurs S. 105).

Koine-Griechisch: Bezeichnung für die griechische Umgangs- und Literatursprache der hellenistisch-römischen Zeit (im Unterschied zum klassischen Griechisch der Antike); sowohl die LXX als auch die ntl. Schriften sind in Koine-Sprache verfasst.

Kommentar: Erklärungen zu einzelnen biblischen Stellen oder Büchern; als Buchtyp umfasst ein Kommentar meist eine historische, gesellschaftliche und literarische Einordnung, einen Aufriss über die Entstehung und Entwicklung des Textes selbst, ein umfassendes Literaturverzeichnis über Sekundärliteratur zum entsprechenden Bibeltext sowie vor allem eine meist groß angelegte Auslegung des gesamten biblischen Buches (→ 10.2).

Konjektur: lat. „Vermutung"; Vorschlag einer Änderung des überlieferten Wortlautes eines biblischen Textes, um den Text verständlicher zu machen, ohne dass es dafür Bezeugungen in entsprechenden Handschriften der Textüberlieferung gäbe (→1.1.2).

Konkordanz: Verzeichnis, das alle in der Bibel vorkommenden Worte mit den jeweiligen Stellen auflistet; oft innerhalb eines Wortbereiches zusätzliche Aufgliederung nach den auftretenden grammatikalischen Formen.

Lectio brevior: Entscheidungsprinzip in der Textkritik, nach dem bei mehreren textlichen Varianten in verschiedenen Handschriften jener der Vorzug zu geben ist, die den kürzeren Text bietet (→ 1.1.2).

Lectio difficilior: Entscheidungsprinzip in der Textkritik, nach dem bei mehreren textlichen Varianten in verschiedenen Handschriften jener der Vorzug zu geben ist, die den schwierigeren Text bietet (→ 1.1.2).

Lexem: Nicht mehr verkleinerbarer Träger einer begrifflichen Bedeutung; kann ein Wort, Wortteil oder eine Wortverbindung sein (→ 9.1.1).

Literalsinn: Bezeichnung für die wortwörtliche Bedeutung eines Textes (im Gegensatz zu einem „übertragenen" oder → *„allegorischen*" Schriftsinn; → Kapitel 3).

Logienquelle (Q): Von der Evangelienforschung angenommene Sammlung von Worten Jesu, die den Verfassern des Mt- und des Lk-Evangeliums vorgelegen haben soll; siehe dazu auch unter → *Synopse/Synoptiker.*

Manuskript: lat. „mit der Hand Geschriebenes"; bezeichnet in der Bibelwissenschaft frühe handschriftliche Textfragmente, deren Umfang von einigen Worten bis zu ganzen biblischen Schriften betragen kann. Diese bestehen meist aus Leder oder Papyrus und sind vor allem für die Textkritik (→ 1.1.2) von entscheidender Bedeutung.

Masora: aramäisch „Überlieferung"; von jüdischen Gelehrten im 6. bis 11. Jh. erarbeitete Anmerkungen zum Konsonantentext der hebräischen Bibel. Die Masora besteht aus einer Vokalisierung des Textes, Anmerkungen zum Text an den Seitenrändern sowie einigen Bemerkungen am Ende jedes biblischen Buches.

Masoreten: Jüdische Gelehrte des Mittelalters, die die Überlieferung des hebräischen Bibeltextes standardisiert haben, indem sie die → *Masora* schufen.

masoretischer Text (𝔐/MT): Von den → *Masoreten* geschaffener, vokalisierter und kommentierter, verbindlich gewordener hebräischer Bibeltext.

metalinguistisch/metasprachlich: bezeichnet das theoretische Erörtern von Sprache, das Reden über Sprache auf einer höheren Ebene (→ 9.1.2).

Metapher: vom griech. „übertragen"; stillschweigende Identifikation einer Größe mit einer anderen durch Übertragung einer Bildvorstellung auf eine andere, um diese zu bereichern, zu verdeutlichen und lebendiger zu machen (→ 9.1.1).

Metonym: vom griech. „anders benennen"; Ersetzen eines Ausdrucks durch einen anderen, der mit ihm in einem vordergründigen und realen Zusammenhang steht, um dadurch gezielt ganz bestimmte Assoziationen hervorzurufen und so die Aussage des Textes auszuweiten (→ 9.1.1).

Midrasch: vom hebr. „suchen", „erforschen"; Rabbinische Auslegung zu einem Buch der Bibel (Kommentar), die vor allem auf eine Aktualisierung des Textes ausgerichtet ist (→ 3.1.4).

Mischna: hebr. „Wiederholung", „Lehre"; ist um 200 n. Chr. die erste fix festgelegte und autoritative Sammlung von religiösen Gesetzen des Judentums.

Morphem: griech. „Gestalt"; kleinste bedeutungstragende Elemente einer Sprache, die in keine sinnvollen kleineren Elemente mehr zerlegt werden können (z. B.: Hund, zwei, es; → 9.1.1).

Narrativ: Bezeichnet die Erzählzeit, mit deren Hilfe eine linear fortgeführte Handlung geschildert wird. Im Hebr. besteht sie aus einer Aneinanderreihung von Waw-Imperfekt-Formen (auch nach der hebr. Bildungsart „wajjiqtol-Formen" genannt), im Griech. aus Aoristbildungen (→ 9.2.1).

Ostrakon: Mit Tinte oder durch Einritzung beschriftete Keramikscherbe, die im Zuge einer archäologischen Grabung gefunden wird (→ 6.4).

Paradigmatische Achse: Bezeichnet den meist automatisierten sprachlichen Prozess, bei der Bildung einer Aussage aus mehreren ähnlichen Worten jenes auszuwählen, das für die beabsichtigte Aussage am besten passt (→ 7.1.3).

Parallelismus: Ist ein grundlegendes Merkmal der semitischen Poesie, wobei zwei aufeinander folgende Sätze oder Zeilen mit anderen Worten und Bildern inhaltlich das Gleiche zum Ausdruck bringen (→ 9.1.3). Im NT kann es auch grundsätzlich gleich strukturierte Elemente innerhalb eines Textabschnitts bezeichnen.

Pentateuch: griech. „aus 5 zubereitet", „Fünfteiler"; Bezeichnung für die 5 Bücher Gen, Ex, Lev, Num und Dtn als erster Teil des AT, auch → Tora genannt.

performativ: vom lat. „völlig bilden", „vollziehen"; bezeichnet in der Sprachwissenschaft das so genannte „vollziehende Sprechen", bei dem mit dem Aussprechen einer Äußerung gleichzeitig eine Handlung gesetzt wird (→ 9.1.2).

Petucha: von hebr. „offen"; frühes Gliederungsmerkmal des hebräischen Bibeltextes; wird im Text durch ein offenes פ (p) gekennzeichnet und markiert den Beginn eines neuen Großabschnitts, meist nach einer Leerzeile oder einer nicht ganz ausgeschriebenen Zeile.

Phoneme: vom griech. „Laut", „Ton"; kleinste, eindeutig wahrnehm- und unterscheidbare, eigenständige Laute (→ 9.1.1).

Piel: hebräische Stammform des Verbums, die faktitive oder resultative Bedeutung ausdrückt; das heißt, das Subjekt bewirkt am Objekt den im Wort selbst ausgedrückten Zustand.

Pragmatik/Textpragmatik: vom griech. „Tat", „Tun"; bedeutet, dass jede sprachliche Äußerung einen bestimmten Zweck verfolgt bzw. bei den Adressaten ein bestimmtes Verhalten bewirken will. Diese hinter einem Text stehenden Absichten und Werte zu erkennen und sich von ihnen betreffen zu lassen, ist zu einem integrativen Bestandteil heutiger Bibelauslegung geworden (→ 1.4.2).

Priesterschrift: Vermutete Quellenschrift des Pentateuch, die um 550 oder später in Babylon entstanden sein soll.

Progymnasmata: Lehrbücher der Rhetorik, die in der intellektuellen Ausbildung der griech.-röm. Antike – vor allem in der Kaiserzeit – zur rhetorischen Bildung für alle möglichen Redesituationen benutzt wurden (→ 5.1.2).

Pseudepigraphie: Fiktive Zuschreibung einer Schrift an einen berühmten Autor, von dem das Werk nicht stammt, um dieser Schrift größere Autorität zu verleihen (→ 7.2.2).

Q → siehe Logienquelle

Quaestio: lat. „Frage"; im Hochmittelalter (→ *Scholastik*) entstandene Weise der Bibelauslegung, bei der sich aus dem Text ergebende Fragen fortlaufend gestellt und in einer Art Exkurs beantwortet wurden. Diese Methode wurde in der Folge von der systematischen Theologie übernommen (→ 3.1.5).

Redaktion/Redaktor: Unter Redaktion versteht man den Prozess der Zusammenfügung, Überarbeitung und kommentierenden (Neu-) Anordnung überlieferter Texte und Textteile mit dem Ziel, ein Textganzes mit einer pointierten Gesamtaussage zu erhalten. Als Redaktoren werden die hinter diesem Prozess stehenden Personen bezeichnet (→ 4.4).

Redundanz: Sich wiederholende Elemente eines Textes, die diesem Text dadurch zu innerem Zusammenhalt verhelfen. Oft markieren sie auch den Anfang und das Ende einer Texteinheit, indem Elemente des Anfangs am Ende nochmals wiederholt werden (→ 1.1.1).

Scholastik: Im Hochmittelalter ausgebildete Schultheologie und -philosophie, deren Methodik vor allem im Ausbau der Form der → *Quaestiones*, der Distinctiones (scharfe Abgrenzung und analytische Unterscheidung der Begriffe) und der Disputationes (logisch aufgebaute Beweisführung und Erörterung von Gründen und Gegengründen durch formale Dialoge) bestand. Sowohl Einzelergebnisse als auch Methodik der Scholastik prägen die wissenschaftliche Theologie bis heute (→ 3.1.5).

Semantik: Teildisziplin der Sprachwissenschaft, die sich mit der wörtlichen Bedeutung von sprachlichen Ausdrücken beschäftigt. Dies kann sowohl die Wort- als auch die Satz- oder sogar Textebene betreffen (→ 1.4.1).

Septuaginta (LXX): lat. „siebzig"; griech. Übersetzung der hebr. Bibel, begonnen um 250 v. Chr. in Alexandrien, abgeschlossen wohl erst nach der Zeitenwende. Der Name geht auf die Legende zurück, dass 70 (oder 72) Übersetzer den gesamten Text in 72 Tagen übersetzt hätten.

Setuma: hebr. „geschlossen"; frühes Gliederungsmerkmal des hebr. Bibeltextes; wird im Text durch ein geschlossenes ס (s) gekennzeichnet und markiert den Beginn eines neuen Unterabschnitts, meist nur nach einem kurzen Zwischenraum innerhalb einer Zeile.

Siegel: In der Antike gebräuchlicher Stempel mit charakteristischen Motiven aus den Bereichen der Religion oder des Alltagslebens zur Bezeichnung des Eigentümers von Gegenständen oder der Echtheit eines Schriftstücks (→ 6.4).

Sitz im Leben: Historische Situation, der eine bestimmte Textgattung ihre Entstehung verdankt und innerhalb der sie in der Regel auch verwendet wurde (→ 4.2).

Stele: Im alten Orient aufgerichteter, frei stehender Steinblock mit meist geglätteten Seitenflächen; als Kultstele repräsentiert sie (mit oder ohne Schriftzeichen und Symbole) eine Gottheit, als Gedächtnis- oder Erinnerungsstele ist sie beschriftet und/oder bebildert und rühmt meist die Tat(en) eines Herrschers oder sonst eines bedeutenden Menschen (→ Kapitel 6).

Symbol: griech. „zusammenwerfen"; bezeichnet Ausdrücke, die mit einer gewissen Selbstverständlichkeit einen sehr viel weiteren Bedeutungsumfang wecken, als diesem konkreten Ausdruck an und für sich zukommt (→ 9.1.1).

Synchronie/synchron: wörtl. „gleichzeitig"; meint meist die Betrachtung biblischer Texte in der uns vorliegenden Endfassung, ohne nach der historischen Entstehung und Fortschreibung einzelner Textschichten zu fragen (→ 5.1; 7.2.1).

syndetisch/asyndetisch: Bezeichnung dafür, ob zwei aufeinander folgende Sätze oder Satzteile durch ein Bindewort miteinander verbunden sind (syndetisch) oder unverbunden nebeneinander stehen (asyndetisch) → 1.3.1.

Synonyme: Worte mit gleicher oder ganz ähnlicher Bedeutung, die wechselweise benutzt werden können.

Synopse: griech. „Zusammenschau"; bezeichnet die Nebeneinanderstellung des Mt-, Mk- und Lk-Evangeliums, die über weite Passagen hinweg vom Aufbau her und teilweise sogar bis in den Wortlaut hinein identisch sind. Für diese Übereinstimmungen gibt es im Wesentlichen zwei Erklärungsmodelle: Die → *Griesbach-Hypothese* und die verbreitetere → *Zwei-Quellen-Theorie* (→ 4.3).

Synoptiker: Bezeichnung für die Verfasser des Mt-, Mk-, und Lk-Evangeliums oder auch diese Evangelien selbst.

Syntagmatische Achse: (Syntagma = Satzglied); Bezeichnung für die Zusammenstellung mehrerer Wörter zu einer Äußerung, um dadurch die gewünschte Aussage zu erzielen (→ 7.1.3; 9.1.2).

Talmud: Hauptwerk des rabbinischen Judentums, das → *halachische* Auslegungen der hebräischen Bibel sammelt, vergleichend nebeneinander stellt und so verbindliche religiöse Gesetze formuliert. Es gibt zwei Formen des Talmud, den umfangreicheren Babylonischen und den kürzeren Jerusalemer.

Tanach: Kunstwort, das die Teile der hebräischen Bibel beschreibt: Tora (Gesetz), Nebi'im (Propheten), Ketubim (Schriften); (→ 8.1.3b).

Textpragmatik: → *Pragmatik*

Thema - Rhema: Gliederungsschema von Sätzen in das, worüber etwas ausgesagt wird (Satzgegenstand oder Thema), und das, was darüber ausgesagt wird (Satzaussage oder Rhema; → 9.1.2).

Theophanie: griech. „Gotteserscheinung"; in der Bibelwissenschaft Bezeichnung für Darstellungen des Kommens Gottes, die meist von gewaltigen Naturerscheinungen begleitet sind, wobei Gott selbst dabei aber unsichtbar bleibt. Wenn Gottes Erscheinen v.a. den Zweck der Rettung von Menschen hat, spricht man auch von → *Epiphanie*.

Topographie: Erfassung und Wiedergabe des Geländes mit seinen Oberflächenstrukturen und Formen, aber auch der auf ihm befindlichen Gegenstände wie Gewässer, Gebäuden, Wegen sowie auch natürlichen Grenzen und antiken Straßen und Ortslagen (→ 6.1; 9.2.2).

Tora: hebr. „Gesetz", „Weisung"; hebräische Bezeichnung für die 5 Bücher Gen, Ex, Lev, Num und Dtn als erster Teil der hebräischen Bibel und des AT (→ *Pentateuch*).

Tradition: lat. „Überlieferung"; geprägtes, schriftlich oder mündlich überliefertes Erzählgut und die damit zusammenhängenden Vorstellungen (z. B. „Exodustradition" und die Vorstellung von einem befreienden Gott).

Tropologie/tropologischer Schriftsinn: vom griech. „Sitte", „Gesinnung" abgeleitet, bedeutet Tropologie „Sittenlehre" und tropologische Schriftauslegung die vor allem in der Väterexegese entwickelte Ableitung von ethisch-moralischen Verhaltensanweisungen aus den biblischen Schriften (→ 3.1.3).

Typologie: griech. „Abbild"; Deutung von biblischen Gestalten und Ereignissen als (teils den Bibelautoren unbewusste) Voraus-Darstellungen eines sich später in voller Wirklichkeit ereignenden Geschehens. Solche typologischen Deutungen finden sich bereits innerhalb der Bibel selbst, werden dann aber vor allem von den Kirchenvätern gern angewendet (→ 3.1.3).
Vulgata (V): lat. „die Allgemeine"; Lateinische Übersetzung der hebräischen Bibel, die um 390 n. Chr. von Hieronymus im Auftrag von Papst Damasus angefertigt wurde.
Welt des Textes: Bezeichnet das Eigenleben und die Eigendynamik, die ein Text – auch was den Bedeutungsumfang betrifft – unabhängig von seiner Entstehung, Entwicklung, der Autorintention etc. entwickelt und entfaltet (→ 5.1).
Zwei-Quellen-Theorie: Eines der Erklärungsmodelle für die Abhängigkeitsverhältnisse der drei synoptischen Evangelien (→ *Synopse/Synoptiker*).

Anhang 7: Literaturliste

Texte

Bamberger S., *Raschis Pentateuchkommentar. Vollständig ins Deutsche übertragen und mit einer Einleitung versehen*, Frankfurt ³1935.
Biblia Hebraica Stuttgartensia, hg. von K. Elliger und W. Rudolph, Stuttgart ⁴1990.
Biblia Hebraica Stuttgartensia transcripta, von W. Richter (ATS 33, Bände 1–16), St. Ottilien 1991–1993.
Ignatius von Loyola, *Geistliche Übungen und erläuternde Texte*, übersetzt und erläutert von P. Knauer, Graz 1978.
Die Interpretation der Bibel in der Kirche. Das Dokument der Päpstlichen Bibelkommission vom 23. 4. 1993, mit einer kommentierenden Einführung von Lothar Ruppert und einer Würdigung durch H.-J. Klauck (SBS 161), Stuttgart 1995.
Septuaginta, hg. von A. Rahlfs, Stuttgart ⁹o.J.
Novum Testamentum Graece, hg. von K. und B. Aland u. a., Stuttgart ²⁷1993.

Übersetzungen

Die Bibel. Elberfelder Bibel. Revidierte Fassung, Wuppertal 1985. – große Nähe zum Urtext
Die Bibel. Einheitsübersetzung der Heiligen Schrift. Altes und Neues Testament, Stuttgart 1980. – offizielle katholische Übersetzung, z. T. ökumenisch erarbeitet
Die Heilige Schrift des Alten und Neuen Testamentes, Zürich 1931. – protestantische Übersetzung; Verbindung von Nähe zum Urtext mit gottesdienstlicher Eignung
La Bible. L'Ancien Testament, (Bibliothèque de la Pleiade) Paris 1959. – sehr getreue französische Übersetzung
New American Bible, Nashville 1970. – katholische Bibel für liturgischen Gebrauch
Septuaginta Deutsch, Stuttgart ²2010. – erstmalige Übersetzung des ganzen griechischen AT auf Deutsch, wichtiges Arbeitsinstrument für die LXX*
The New Revised Standard Version, Oxford 1991. – englische Bibel, um Nähe zum Originaltext und geschlechtsneutrale Sprache bemüht
Zürcher Bibel, Zürich 2007. – neue Übersetzung der reformierten Kirche, recht nahe am Urtext und doch gut verständlich

Hilfsmittel

Aland, K., *Vollständige Konkordanz zum griechischen Neuen Testament unter Zugrundelegung aller modernen textkritischen Textausgaben und des Textus Receptus*, 2 Bde., Berlin 1978–1983.
Aland K. und B. Aland, *Der Text des Neuen Testaments : Einführung in die wissenschaftlichen Ausgaben sowie in Theorie und Praxis der modernen Textkritik*, Stuttgart ²1989. – Standardwerk zur ntl. Textkritik
The Anchor Bible Dictionary, hg. von D.N. Freedman, 6 Bde., New York 1992. – ausgezeichnetes amerikanisches Lexikon
Aletti, J.-N. u. a., Vocabulaire raisonné de l'exégèse biblique. Les mots, les approches, les auteurs, Paris 2005. – hilfreiche Erklärungen wichtiger exegetischer Fachbegriffe
Bauer W., *Griechisch-deutsches Wörterbuch zu den Schriften des Neuen Testaments un der frühchristlichen Literatur*, bearbeitet von K. und B. Aland, Berlin – New York ⁶1988. – ausgezeichnetes Standardwerk mit ausführlichen Stellenangaben
Bazyliński, S., A Guide to Biblical Research. Introductory Notes (SubBi 28), Rom 2006. – sehr detaillierte Informationen für das Verfassen exegetischer Arbeiten
Herders großer Bibelatlas, deutsche Ausgabe hg. und bearb. von O. Keel und M. Küchler, Freiburg – Basel – Wien 1989. – z.Zt. modernster Bibelatlas

Blass F. und A. Debrunner, *Grammatik des neutestamentlichen Griechisch*, bearbeitet von F. Rehkopf, Göttingen [17]1990. – Standardwerk
Even-Shoshan A., *A New Concordance of the Old Testament. Using the Hebrew and Aramaic Text*, Jerusalem [2]1989.
Gesenius W. und E. Kautzsch, *Hebräische Grammatik*, Leipzig [28]1909.
Goldstein H., *Kleines Lexikon zur Theologie der Befreiung*, Düsseldorf 1991.
Görg, M. und B. Lang (Hg.), *Neues Bibel-Lexikon*, Zürich 1991 ff. – Abk.: NBL; theologische, literarische und historische Artikel; noch nicht abgeschlossen.
Hebräisches und aramäisches Handwörterbuch über das Alte Testament, hg. von W. Gesenius und F. Buhl, unveränderter Neudruck der 1915 erschienenen 17. Auflage, Berlin – Göttingen – Heidelberg 1962.
Theologisches Handwörterbuch zum Alten Testament, hg. von E. Jenni und C. Westermann, 2 Bde., Gütersloh [5]1994. – Abk.: THAT
Hatch, E. und H.A. Redpath, *A Concordance to the Septuagint and Other Greek Versions (Including Apocryphal Books)*, 2 Bde., Nachdruck Graz 1955 ([2]1937, [1]1906).
Jenni E., *Lehrbuch der hebräischen Sprache des Alten Testaments. Neubearbeitung des „Hebräischen Schulbuchs" von Hollenberg-Budde*, Basel – Frankfurt [2]1981.
Joüon P., *Grammaire de l'hebreu biblique*, Rom 1923.
Joüon P. und T. Muraoka, *A Grammar of biblical Hebrew* (SubBi 14, I–II), Rom 1991.
Hebräisches und aramäisches Lexikon zum Alten Testament, hg. von L. Koehler u. a., 5 Bde., Leiden u. a. [3]1967 ff.
Mandelkern S., *Veteris Testamenti Concordantiae. Hebraicae atque chaldaicae*, 2 Bde., Graz 1955.
Neue Konkordanz zur Einheitsübersetzung der Bibel. Erarbeitet von F. J. Schierse. Neu bearbeitet von Winfried Bader, Düsseldorf/Stuttgart 1996.
Rehkopf, F., *Griechisch-deutsches Wörterbuch zum Neuen Testament*, Göttingen 1992. – knapp
Reventlow H.G., *Epochen der Bibelauslegung*, 3 Bde., München 1990 ff.
Schmid, J., *Synopse der ersten drei Evangelien mit Beifügung der Johannesparallelen*, Regensburg Sonderausgabe, [10]1992. – gebräuchliche deutsche Synopse.
Schoeps J.H., *Neues Lexikon des Judentums*, Gütersloh – München 1998.
Schwertner S.M., *Internationales Abkürzungsverzeichnis für Theologie und Grenzgebiete. Zeitschriften, Serien, Lexika, Quellenwerke mit bibliografischen Angaben*, 2. überarbeitete und erweiterte Auflage, Berlin – New York 1992. – Abk.: *IATG*[2], enthält Konventionen zum Zitieren in wissenschaftlichen Arbeiten
Stuttgarter Neues Testament. Einheitsübersetzung mit Kommentar und Erklärungen, Stuttgart 2000.
Synopsis Quattuor Evangeliorum, bearbeitet von K. Aland, Stuttgart [15]1996. – griech. Standardsynopse mit Beifügung aller Parallelen und dem Text des Thomasevangeliums; existiert auch mit beigefügtem deutschen oder englischen Text auf gegenüberliegenden Seiten.
Tov E., *Textual Criticism Of The Hebrew Bible*, Asssen – Maastricht 1992; auf Deutsch: Tov E., *Der Text der hebräischen Bibel. Handbuch der Textkritik*, Stuttgart 1997 (übersetzt von H.-J. Fabry). – grundlegend, ausführlich
Bibeltheologisches Wörterbuch, hg. von J.B. Bauer u. a.; Vierte, völlig neu bearbeitete Auflage. Graz – Wien – Köln 1994.
Exegetisches Wörterbuch zum Neuen Testament (3 Bde.), hg. von H.R. Balz und G. Schneider, Stuttgart – Berlin – Köln [2]1992. – Abk.: EWNT; knapper als ThWNT durch Beschränkung auf ntl. Literatur, aber neuer
Theologisches Wörterbuch zum Alten Testament, hg. von G.J. Botterweck, H.J. Fabry und H. Ringgren, 8 Bde., Stuttgart – Berlin – Köln – Mainz 1973 ff. – Abk.: ThWAT, Standardwerk, konzipiert wie ThWNT
Theologisches Wörterbuch zum Neuen Testament, begründet von G. Kittel, hg. von G. Friedrich, 10 Bde., Stuttgart 1933–1977. – Abk.: ThWNT; Standardwerk, untersucht griechische Begriffe auf deren Bedeutung in griech. und ntl. Literatur
Vollständige Synopse der Evangelien. Nach dem Text der Einheitsübersetzung. Hrsg. von Otto Knoch unter Mitarbeit von Eugen Sitarz, Stuttgart 1988.
Würthwein E., *Der Text des Alten Testaments. Eine Einführung in die Biblia Hebraica*, Stuttgart [2]1988. – klassisch, knapp

Weitere Literatur

verwendete Abkürzungen zeigen Schwerpunkte an:
b = biblisch; l = literarisch; m = methodisch; t = theoretisch oder hermeneutisch.

Adam G. u. a., *Einführung in die exegetischen Methoden*, München [5]1975. – zur wissenschaftlichen Arbeitsweise 96ff (aber alt); m
Adam A.K.M., *What Is Postmodern Biblical Criticism?* Minneapolis 1995. – zu Trends in neuerer Exegese, v.a. mit dekonstruktionistischen Zügen
Albertz R., *Religionsgeschichte Israels in alttestamentlicher Zeit I* (GAT 8/1), Göttingen 1992.
Alonso Schökel L., *A Manual of Hebrew Poetics* (SubBi 11), Rom 1988. – hilfreich und wertvoll; b
Alonso Schökel L., *A Manual of Hermeneutics*, Sheffield 1998. – vielseitig, zu verschiedenen Aspekten des Verstehens; t
Alter R., *The Art of Biblical Narrative*, New York 1981.– sehr empfehlenswert; b, m
Bar–Efrat S., *Narrative Art in the Bible* (JSOT.S 70), Sheffield 1989. – bes. c5 Stil und c6 Analyse von 2 Sam 13; m
Bartelmus R., *Einführung in das Biblische Hebräisch*, Zürich 1994. – neuere, knappe Grammatik
Berger K., *Einführung in die Formgeschichte* (UTB 1444), Tübingen 1987. – umstrittenes Standardwerk zur formkritischen Methode; t

Berger K., *Exegese des Neuen Testaments* (UTB 658), Heidelberg 1977. – in vielem nach wie vor interessant; m
Berger K., „Hellenistische Gattungen im Neuen Testament“, in: *ANRW*, ed. W. Haase, vol. 11.25.2, 1031–1432. Berlin, New York, 1984.
Berger K., *Historische Psychologie des Neuen Testaments* (SBS 146/147), Stuttgart 1991.
Berlin A., *Poetics and Interpretation of Biblical Narrative*, Sheffield 1983. – gut: c3 zu „points of view“ und c4 zu Rut; m, b
Borgen P., *Philo Of Alexandria. An Exegete For His Time* (NT.S 86), Leiden – New York – Köln 1997.
Brinker K., *Linguistische Textanalyse: Eine Einführung in Grundbegriffe und Methoden*, Berlin, 6. durchges. und erg. Aufl. 2005. – klar, grundlegend; t, l
Broer I., *Einleitung in das Neue Testament*, Bd. 1 (NEB.NT.E 2/1), Würzburg 1998. – auf zwei Bände angelegte Einleitung, Bd. 1 zu Mt, Mk, Lk, Apg, Joh, 1–3 Joh, Offb; derzeit auf dem neuesten Stand
Broich U. und B. Pfister, *Intertextualität. Formen, Funktionen, anglistische Fallstudien* (Konzepte der Sprach- und Literaturwissenschaft 35), Tübingen 1985. – Sammelwerk, vom Beginn dieser Untersuchungsweise; l
Bühlmann W. und K. Scherer, *Sprachliche Stilfiguren der Bibel. Von Assonanz bis Zahlenspruch. Ein Nachschlagewerk*, Gießen [2]1994. – hilfreiches Standardwerk; b, l
Bultmann R., „Das Problem der Hermeneutik“, in: H.G. Gadamer und G. Boehm (Hg.), *Seminar: Philosophische Hermeneutik*, Frankfurt 1976, 239–264.
Butting K., *Die Buchstaben werden sich noch wundern. Innerbiblische Kritik als Wegweisung feministischer Hermeneutik*, Berlin 1994.
Cardenal E., *Das Evangelium der Bauern von Solentiname. Gespräche über das Leben Jesu in Lateinamerika* (Bd. 2: Bis zu Tod und Auferstehung), Wuppertal 1978. – Beispiel für befreiungstheologische Auslegung
Coats G.W. (Hg.), *Saga, Legend, Tale, Novella, Fable. Narrative Forms in Old Testament Literature* (JSOT.S 35), Sheffield 1985.
Conrad D., „Hobby oder Wissenschaft? Biblische Archäologie und ihre Stellung im Kanon der theologischen Fächer“, in: *ZDPV* 115 (1999) 1–11.
Conroy C., *Absalom! Absalom! Narrative and Language in 2 Sam 13–20* (AnBib 81), Rom 1978. – b
Coreth E., *Grundfragen der Hermeneutik*, Freiburg 1969. – lohnendes Standardwerk; t
Culler J., *Dekonstruktion. Derrida und die poststrukturalistische Literaturtheorie*, Hamburg [2]1994.
Dohmen C., *Die Bibel und ihre Auslegung*, München: Beck 1998.
Dohmen C. und G. Stemberger, *Hermeneutik der Jüdischen Bibel und des Alten Testaments* (Kohlhammer Studienbücher Theologie 1,2), Stuttgart – Berlin – Köln 1996.
Donner H., *Geschichte des Volkes Israel und seiner Nachbarn in Grundzügen* (Grundrisse zum AT 4), Göttingen 1987. – Standardwerk zur Geschichte Israels
Donner H., *Pilgerfahrt ins Heilige Land. Die ältesten Berichte christlicher Palästinapilger (4–7. Jahrhundert)*, Stuttgart 1979.
Draisma S. (Hg.), *Intertextuality in Biblical Writing* (FS B. van Iersel), Kampen 1989.
Drewermann E., *Tiefenpsychologie und Exegese*. 2 Bde., Olten – Freiburg 1991.
Egger W., *Neutestamentliche Methodenlehre. Einführung in linguistische und historisch-kritische Methoden*, Freiburg – Basel – Wien 1987. – sehr brauchbar; m
Egger W., *Nachfolge als Weg zum Leben* (ÖBS 1), Klosterneuburg 1979. – Vorstufe zu seinem Methodenbuch, am Beispiel Mk 10,17–31; b, m
Faber K.G., *Theorie der Geschichtswissenschaft*, München [5]1982.
Fischer G., „Für den Beginn brauche ich weniges. Gemeinsam Bibel lesen“, in: *Entschluss* 43,4 (1988) 30–32.
Fischer G., *Jahwe unser Gott. Sprache, Aufbau und Erzähltechnik in der Berufung des Mose (Ex 3–4)*, (OBO 91), Fribourg 1989. – synchrone Analyse von Ex 3f
Fischer, G., Das Trostbüchlein. Text, Komposition und Theologie von Jer 30–31 (SBB 26), Stuttgart 1993.
Fohrer G. u. a., *Exegese des Alten Testaments* (UTB.Th 267), Heidelberg [6]1993.
Fokkelman J.P., *Narrative Art in Genesis. Specimens of Stylistic and Structural Analysis*, Sheffield [2]1991. – in vielem beispielhaft; b
Fokkelman J.P., *Reading Biblical Narrative. A Practical Guide*, Leiden 1999. – gut verständlich, anregend; m, b
Fries H. und H. Liebing, „Tübinger Schule“, in: *LThK* 10. Freiburg 1965, 390–393.
Fritz V., *Einführung in die biblische Archäologie*. Darmstadt 1985.
Gies, W., Das große Werkbuch zur Bibel. Spielen, erzählen, gestalten in Gemeinde, Schule und Gottesdienst, Freiburg 2007. – sehr wertvoll und anregend für bibelpastorale Praxis
Greimas A.J., *Strukturale Semantik. Methodologische Untersuchungen*, Braunschweig 1971.
Groß W., *Die Satzteilfolge im Verbalsatz alttestamentlicher Prosa. Untersucht an den Büchern Dtn, Ri und 2 Kön*, Tübingen 1996.
Gunneweg A.H.J., *Geschichte Israels. Von den Anfängen bis Bar Kochba und von Theodor Herzl bis zur Gegenwart*, Stuttgart – Berlin – Köln [6]1989.
Gutzen D. u. a., *Einführung in die neuere deutsche Literaturwissenschaft. Ein Arbeitsbuch*, Berlin 7. überarbeitete Auflage 2006. – dicht, klar; l, m
Hardmeier C., *Prophetie im Streit vor dem Untergang Judas* (BZAW 187), Berlin 1990. – gut c2 zur Erzählanalyse; t, b
Hardmeier C., *Texttheorie und biblische Exegese. Zur rhetorischen Funktion der Trauermetaphorik in der Prophetie*, München 1978. – im theoretischen Teil damals bahnbrechend; t, l
Herrmann S., *Geschichte Israels in alttestamentlicher Zeit*. München [2]1980.

Holthuis S., *Intertextualität. Aspekte einer rezeptionsorientierten Konzeption* (Stauffenburg Colloquium 28), Tübingen 1993.
Huning, R., Bibelwissenschaft im Dienste popularer Bibellektüre (SBB 54), Stuttgart 2005. – beste Darstellung des Werkes und Zugangs von Carlos Mesters zur Bibel
Iser W., *Der Akt des Lesens. Theorie ästhetischer Wirkung* (UTB 636), München ³1990. – klassisch für Lesen; t
Jahnow H. u. a., *Feministische Hermeneutik und Erstes Testament. Analysen und Interpretationen,* Stuttgart – Berlin – Köln 1994.
Jamieson-Drake D.W., *Scribes and Schools in Monarchic Judah. A Socio-Archaeological Approach* (JSOT.S 109), Sheffield 1991.
Janssen C. und R. Lamb, „Das Evangelium nach Lukas. Die Erniedrigten werden erhöht", in: *Kompendium feministische Bibelauslegung*, hg. von L. Schottroff und M.T. Wacker, Gütersloh 1998, 513–526.
Kahrmann C. u. a., *Erzähltextanalyse. Eine Einführung. Mit Studien- und Übungstexten,* Königstein (überarbeitete Neuausgabe), 1986. – hilfreich für die Analyse textlicher Kommunikation; t, l
Kaiser jr. W.C., *A History of Israel. From The Bronze Age Through The Jewish War*, Nashville 1998.
Kaiser O., „Die alttestamentliche Exegese", in: G. Adam, *Einführung in die exegetischen Methoden*, München ⁵1975.
Kalkbrenner A., „Quidquid Peregrinus?", in: *BiLi* 72 (1999) 5–9.
Keel O., *Das Recht der Bilder gesehen zu werden. Drei Fallstudien zur Methode der Interpretation altorientalischer Bilder* (OBO 122), Freiburg – Göttingen 1992.
Kennedy G., *New Testament Interpretation Through Rhetorical Criticism.* Chapel Hill, London, 1984.
Kenyon K.M., *The Bible And Recent Archaeology.* London ²1987.
Koch K, *Was ist Formgeschichte? Neue Wege in der Bibelexegese,* Neukirchen ³1974.
Krätzl H., „Vom Kennenlernen des Heiligen Landes", in: *BiLi* 72 (1999) 3–5.
Kreuzer S. und D. Vieweger, *Proseminar I – Altes Testament. Ein Arbeitsbuch.* Stuttgart – Berlin – Köln 1999. – konzentrierte Darstellung, lohnend die Abschnitte „Folgendes Vorgehen hat sich bewährt"; m
Kselman J.S. und A. Suelzer, „Modern Old Testament Criticism", in: *The New Jerome Biblical Commentary,* hg. von R.E. Brown u. a., New Jersey ²1990, 1113–1129.
Kselman J.S. und R.D. Witherup, „Modern New Testament Criticism", in: *The New Jerome Biblical Commentary,* hg. von R.E. Brown u. a., New Jersey ²1990, 1130–1145.
Lämmert E., *Bauformen des Erzählens,* Stuttgart ⁸1983. – grundlegend für Zeitgerüst von Erzählungen; l
Langer W., *Handbuch der Bibelarbeit*, München 1987.
Laughlin J.C.H., *Archaeology And The Bible,* London – New York 1999.
Lausberg H., *Handbuch der Literarischen Rhetorik. Eine Grundlegung der Literaturwissenschaft,* Stuttgart ³1989.
Lohfink G., *Jetzt verstehe ich die Bibel. Ein Sachbuch zur Formkritik*, Stuttgart 1973. – noch immer unübertroffen; b, m
Lotman J.M., *Die Struktur literarischer Texte* (UTB 103), München 1972. – erhellend zum Verstehen von Texten; t
Marguerat D. und Y. Bourquin, *La Bible se raconte. Initiation à l'analyse narrative,* Paris 1998. – ausführliche, illustrierte Einführung in die Erzählanalyse; m, b
Martinez M. und M. Scheffel, *Einführung in die Erzähltheorie.* München ⁶2005. – verständlich und wertvoll; m
Metzger M., *Grundriss der Geschichte Israels.* Neukirchen–Vluyn ⁴1977.
Meynet R., *L'Analyse Rhétorique. Une nouvelle méthode pour comprendre la Bible,* Paris 1989. – v.a. auf Kleinformen und Strukturen ausgerichtet; t, m
Niehr H., „Auf dem Weg zu einer Religionsgeschichte Israels und Judas. Annäherungen an einen Problemkreis", in: B. Janowski und M. Köckert, *Religionsgeschichte Israels. Formale und materiale Aspekte*, Gütersloh 1999, 57–78.
Noth M., *Geschichte Israels.* Göttingen ⁷1969.
Pestman P.W., *The New Papyrological Primer,* Leiden – New York – Köln ²1994, 1–65.
Powell M.A., *What is Narrative Criticism?* (Guides to Biblical Scholarship. New Testament Series), Minneapolis 1990.
Raffelt A., *Proseminar Theologie. Einführung in das wissenschaftliche Arbeiten und in die theologische Bücherkunde.* Freiburg ⁴1985. – wichtig die Hinweise zum wissenschaftlichen Vorgehen; t
Richter W., *Exegese als Literaturwissenschaft. Entwurf einer alttestamentlichen Literaturtheorie und Methodologie,* Göttingen 1970. – Klassiker, vom Begründer der nach ihm benannten Schule; m
Rösel M., *Bibelkunde des Alten Testaments. Die kanonischen und apokryphen Schriften,* Neukirchen–Vluyn 1996.
Sauer G., „*nqm* rächen", in: *THAT* II (1979) 106–109.
Schäfer R., *Die Bibelauslegung in der Geschichte der Kirche,* Gütersloh 1980.
Schirrmacher T., *Die Vielfalt biblischer Sprache. Über 100 alt- und neutestamentliche Stilarten, Ausdrucksweisen, Redeweisen und Gliederungsformen* (Biblia et Symbiotica 15), Bonn 1997.
Schmeller Th., „Soziologisch orientierte Exegese des Neuen Testaments", in: *BiKi* 44 (1989) 103–110.
Schmid H.H., *Die Steine und das Wort. Fug und Unfug biblischer Archäologie,* Zürich 1975.
Schmid H.H., „*'mr* sagen", in: *THAT* I (1978) 211–216.
Schmidt E.R. u. a. (Hg.), *Feministisch gelesen 1. 32 ausgewählte Bibeltexte für Gruppen, Gemeinden und Gottesdienste,* Stuttgart 1988.
Schmidt W.H., *Exodus* (BK II,1), Neukirchen 1988.
Schnelle U., *Einleitung in das Neue Testament* (UTB 1830), Göttingen ²1996. – derzeit aktuellste vollständige Einleitung in das NT
Scholz S., „Exodus. Was Befreiung aus ‚seiner' Sicht bedeutet", in: *Kompendium feministische Bibelauslegung*, hg. von L. Schottroff und M.T. Wacker, Gütersloh 1998, 26–39.

Schreiber A., *Die Gemeinde in Korinth: Versuch einer gruppendynamischen Betrachtung der Gemeinde von Korinth auf der Basis der ersten Korintherbriefes* (NTA 12), Münster 1977.
Schreiner J., *Das Alte Testament verstehen* (NEB Erg. 4), Würzburg 1999.
Schunack G., „Neuere literaturkritische Interpretationsverfahren in der anglo-amerikanischen Exegese", *VF* 41 (1996) 28–55.
Schüssler Fiorenza E., *Brot statt Steine. Die Herausforderung einer feministischen Interpretation der Bibel*, Fribourg 1988.
Schweizer H., *Biblische Texte verstehen. Arbeitsbuch zur Hermeneutik und Methodik der Bibelinterpretation*, Stuttgart 1986.– in vielem anregend; öfters schwer; m
Simian–Yofre H., *Introduzione alla Metodologia Esegetica*, Rom 1993. – bester italienischer Überblick; m
Ska J.-L., J.-P. Sonnet und A. Wénin, *L'analyse narrative des récits de l'Ancien Testament* (CEv 107), Paris 1999. – nützliche kurze Einführung; m
Ska J.-L., *„Our Fathers Have Told Us": Introduction to the Analysis of Hebrew Narratives* (SubBi 13), Rom 1990. – systematisch, aber begrifflich schwer; hilfreich die Tabellen S. 107–114 für Fachausdrücke in Englisch, Französisch, Deutsch, Italienisch und Spanisch; t, m
Söding T., *Wege der Schriftauslegung. Methodenbuch zum Neuen Testament,* Freiburg 1998. – ausführlich, v.a. in den Wegen der Analyse; m
Soggin J.A., *A History Of Ancient Israel. From The Beginnings To The Bar Kochba Revolt,* Philadelphia 1984.
Spilsbury P., *The Image of the Jew in Flavius Josephus' Paraphrase of the Bible* (TSAJ 69), Tübingen 1998.
Stangl R., „Der pastorale Sinn biblischer Pilgerreisen", in: *BiLi* 72 (1999) 15–16.
Stanzel F.K., *Theorie des Erzählens* (UTB 904), Göttingen [3]1985. – wichtig für Romananalysen; l
Steck O.H., *Exegese des Alten Testaments. Leitfaden der Methodik. Ein Arbeitsbuch für Proseminare, Seminare und Vorlesungen,* Neukirchen, 13., durchgesehene Auflage 1993. – viel verwendet; sehr gut die gegliederten Literaturlisten; m
Steins G., *Die „Bindung Isaaks" im Kanon (Gen 22)* (HBS 20), Freiburg 1999. – berücksichtigt stark die intertextuellen Bezüge; b
Stenger W., *Biblische Methodenlehre* (LeTh 18), Düsseldorf 1987. – leicht verständlich; m
Stock K., „Die Berufung Marias (Lk 1,26–38)", in: *Bib* 61 (1980) 457–491.
Struppe U. und W. Kirchschläger, Einführung in das Alte und Neue Testament, Stuttgart 1998.
Theissen G., *Psychologische Aspekte paulinischer Theologie* (FRLANT 131), Göttingen 1983.
Titzmann M., *Strukturale Textanalyse. Theorie und Praxis der Interpretation* (UTB 582), München 1977. – Einführung in Strukturalismus
Tuckett C.M. (Hg.), *The Scriptures in the Gospels* (BEThL 131), Louvain 1997. – Untersuchung intertextueller Zusammenhänge in Evangelien
Utzschneider H. und S.A. Nitsche, *Arbeitsbuch literaturwissenschaftliche Bibelauslegung*, Gütersloh 2001. - hilfreich das Kapitel zur Analyse von Erzählungen (§ 5a); m
Vogt J., *Aspekte erzählender Prosa,* Opladen [6]1984. – knappe, erhellende Einführung (die 7. Auflage 1990 ist dagegen um vieles erweitert); l
Walz P.A., „Augustini de Dacia O.P. ‚Rotulus Pugillaris'", in: *Angelicum* 6 (1929) 548–574.
Watson W.G.E., *Classical Hebrew Poetry* (JSOT.S 26), Sheffield 1984. – grundlegend für poetische Untersuchungen; b
Weippert H., „Das Land der Bibel nicht nur mit der Seele suchend", in: *ZDPV* 112 (1996) 170–185.
Wellek R. und A. Warren, *Theorie der Literatur*, Frankfurt 1972. – wegbereitend für Werkinterpretation; l
Zenger E. (Hg.), *Einleitung in das Alte Testament,* Stuttgart: Sechste, durchgesehene Auflage 2006. – Standardwerk
Zima P.V., *Literarische Ästhetik. Methoden und Modelle der Literaturwissenschaft* (UTB 1590), Tübingen 1991.
Zwick R., *Evangelienrezeption im Jesusfilm. Ein Beitrag zur intermedialen Wirkungsgeschichte des Neuen Testaments* (SThPS 25), Würzburg 1997. – Einfluss des NT auf Film
Zwick R., „Filmwissenschaft und Exegese. Auf den Spuren des impliziten Betrachters der ‚Auferstehung' des Besessenen von Gerasa (Mk 5,1–20)", in: *Exegese und Methodendiskussion,* hg. von S. Alkier und R. Brucker, Tübingen – Basel 1998, 177-210. – zur Analyse im Filmblick; t, m
Zwick R., *Montage im Markusevangelium. Studien zur narrativen Organisation der ältesten Jesuserzählung* (SBB 18), Stuttgart 1989. – zur Analyse im Filmblick; t, m
Zwickel W., „Religionsgeschichte Israels. Einführung in den gegenwärtigen Forschungsstand in den deutschsprachigen Ländern", in: B. Janowski und M. Köckert, *Religionsgeschichte Israels. Formale und materiale Aspekte,* Gütersloh 1999, 9–56.

Anhang 8: Bibelstellenregister

(in Auswahl; für Ex 3 – 4 und Lk 4,14–30 siehe auch die Beispiele in Kap. 1, 4 und 5)

Altes Testament

Neues Testament

Anhang 9: Stichwortverzeichnis

Anschrift der Autoren:

Karl-Rahner-Platz 1
A-6020 Innsbruck
Österreich